当下的骰子

福柯的光与影

汤明洁◎著

上海人民出版社

目　录

主体问题

知识问题

权力问题

代前言*：机器论死亡

“出去！”，就是死亡的各个驿站
佯作死亡，自相矛盾的死亡，有用的死亡
活在保持于生命中的死亡里
充当河流与构图、时间与作品

* “当下的骰子”来自福柯在1970年发表的文章《哲学剧场》（Theatrum Philosophicum）中的一个表述：“如果存在总是如此，这不是因为存在是一，而是因为在当下这一掷（骰子）中，偶然的一切才被肯定。”福柯这里“偶然的一切才被肯定”的意象，可以说既是对马拉美名诗《掷一下骰子，从不破坏偶然》（Un coup de dés jamais n'abolira le hasard）中“不破坏偶然”的肯定，同时又推进了一层：当下的骰子一掷，虽然不破坏偶然，但会将偶然中的一切肯定下来。

关于“骰子”的意象，还有一段记录：塞涅卡在一部讽刺作品《神圣的克劳狄乌斯变成南瓜》中让宙斯与河神之女埃癸娜所生之子埃阿科斯去审判罗马帝国第四任皇帝克劳狄乌斯。其中在讨论克劳狄乌斯该受何种惩罚时，塞涅卡比较了几种“极刑”的弊端：西西弗斯的搬运工作足够长，坦塔洛斯如果没有被释放会死于饥渴，伊克西翁的火轮最后会变得缓慢。他们决定不让克劳狄乌斯逃过任何这些有限性的解脱，于是想出一个新的神级惩罚：在一个没有底的盒子里掷骰子。

隐喻和神话的具体内涵将在本书中展开。此处对书中内容编排做一说明。本书主体（横排文字）由学术期刊论文、学术会议论文、书籍篇章、媒体文章和对话构成，页边竖排文字来自研究日常的简短笔记，且会随机出现，其意图：一个是要体现“骰子”的意味，一个是取“边缘”之意，一个是与正文的线性阅读（学术写作）形成对比，一个是给予读者碎片化阅读的可能。

在无声爆炸中最后的光芒

加倍的秘密将大门关闭
一个定义不清的启示和预警动作
无论如何，绝对吐露了一些事情
死亡、门锁和这个关闭的开口
指明了起源与取消无关

在此刻以及也许是永远
秘密典礼不指出秘密所隐藏的事物，而是
用生命无休止的再现来充斥
使秘密晦暗和不可打破的东西
死亡的突然空无和星辰的即刻诞生

观看需要拆分
像死亡那样被包裹的死亡
溜进悬搁语言的黑色薄片
解冻时间，与事物押韵，观看阿波罗主义的标准属性
死亡在这里被呈现为复数

所以，我穿越如此多海洋、如此多国家
我曾想……
通过一条更为悠长的道路
乞求残酷民族的死亡

怒火，非人性的，应该是在死亡之后

——2020年4月4日 *

---

* 仿照雷蒙·鲁塞尔《我如何写作我的某些书》(*Comment j'ai écrit certains de mes livres*)，补充一个此“代前言”的前言。
采取诗歌的形式，但并不是传统意义上的诗歌；语句完全来自我所翻译的两部作品中关于死亡的论述，一个是罗兰·巴尔特的《论拉辛》，一个是米歇尔·福柯的《雷蒙·鲁塞尔》。
这个说明故意粗略得像对鲁塞尔语言机器的粗略模仿。
粗略是让作者退居次要、让符号自己跳舞的尝试动作。
粗略是作者不对不可见性负责的读者姿态。

理 论 篇

追寻当下——一种考古学的定向

一、何谓当下？

本文标题受福柯 1966 年献给让·蒂博杜（Jean Thibaudeau）的一篇题为《追寻逝去的当下》(«À la recherche du présent perdu»)①文章的启发，而福柯这篇文章的标题也许受到了普鲁斯特的启发。谓之“启发”，就是它们之间同中有异。普鲁斯特的《追忆似水年华》(À la recherche du temps perdu，直译:《追寻逝去的时间》) 中，可能范围更广、手段更多样的“追寻”仅限于“记忆”范围内的“回忆”“想象”甚至“构造”，“时间”则直接意味着叙事主体的“年华”。福柯在比较蒂博杜的两部作品《皇家仪式》和《开启》后，指出两种语言经验（叙事模式）：一种是以经典叙事中的“英雄”或“事件”为轴心（既在场又缺席），做旋转木马式的循环（这也是传统史学屡遭诟病的目的论式的“宏大叙事”）；一种就是普鲁斯特式的在记忆深渊中的“追忆”：早晨从之前的过去开始，夜晚只提供将要到来的同一重复。福柯认为后

闲暇就是有能力使用自己闲暇的意志。

① M. Foucault, *Dits et écrits. 1954—1988*, t. I, Gallimard, Paris 1994, p.504.

者并不构成对重拾时间（过去）的叙事，后者构成的是对连续当下的叙事。

因此问题不是要追究是什么构成了所谓的“过去”，反而是将错就错地追问“何谓当下”？这就是为什么福柯将普鲁斯特的《追寻逝去的时间》转换为《追寻逝去的当下》。那么何谓当下？在蒂博杜的《开启》中，“当下”提供的不是闪烁的被重构过去的时间汇聚点，而是“在无法挽回的散布中开启时间”①。这意味着在后康德时代，如果我们不得不承认普鲁斯特式的认知主体视角不可避免，那么“当下”与“过去”和“未来”一样，都不是客观时间上的实体点；“当下”是“过去”和“未来”相对得以定义的前提，是开启时间（眼皮开启的世界舞台）的条件。

如果“当下”是开启时间的条件，是“在无法挽回的散布中开启时间”，那么皮埃尔·马舍雷（Pierre Macherey）重拾“定向”②的哲学问题，就显得极为必要。因为在“颠覆定向观念”的诸多时刻中，后康德时代（普鲁斯特或蒂博杜）展现的世界不再有实体中心，所有的规则都要从认知主体的“当下”发明。这意味着传统叙事中那个既在场又缺席的轴心现在由“我”占据，由认知主体的“当下”占据。

不过，普鲁斯特的“我”和蒂博杜的“我”（也是康德的主体与福柯的主体）是有区别的：前者的“追忆”如白日的

『拉辛式情欲永远只通过叙事表达。想象总是回溯性的，回忆总是带有意象的尖锐性，这就是支配真实与非真实交流的程式。人们像回想某种真正「场景」般回想爱情的诞生……这里似乎有某种鬼魂附身的感觉：过去重回当下，然而过去并没有停止被构造为回忆；主体经历场景，但既不会被场景吞没，也不会受之欺骗……这些爱情场景是些名副其实的幻象，回想这些场景是为了让愉悦或酸涩继续下去……一言以蔽之，在拉辛式情欲中，现实总是不断落空，而意象却不断膨胀：回忆承继事实，并逾越之。这种欺瞒的好处就是，情欲意象是可以调适的。』

——罗兰·巴特，《论拉辛》

---

① M. Foucault, «À la recherche du présent perdu», *L'Express*, n° 775, 25 avril-1er mai 1966, pp.114—115. Cf. *Dits et écrits*, vol.I, Paris, Gallimard, 1994, p.505.

② Pierre Macherey, *S'orienter*, Éditions Kimé, Paris 2017.

光芒（“我”）照亮过去的暗夜；后者的“追寻”如黑夜一角（“我”）撞击白日，从而在这个黑夜一角的周围汇聚和四散着光芒、距离和图像。两者都预设了自身作为光与影的某种身份和与世界发生作用的方向：后者把自我认作光，得到的是重复碎片所见的事物（在世界 / 暗夜中）的不连续性；前者承认自我的暗影属性，用其不断溢出自身的“当下”（在世界 / 白日中）构成自我的连续性，并在这种流通中不断坠入自身散落的厚度之中。马舍雷的问题正是在此提出的：如何在思想中定向？自我与世界，谁是光？谁是影？

透过你的眼，我看春天，也值得批判。

福柯在蒂博杜两部作品中看到的世界经验的变化，就像蒂博杜的隐喻：舞台上的歌唱者变成了嘴巴里的舌头。这与《词与物》中厄斯怠纳（Eusthènes）一语双关的嘴巴 / 宫殿（palais）异曲同工，与同样擅长一语双关的雷蒙·鲁塞尔所塑造的能在口腔里同时唱出四个声部的吕多维克异曲同工。正因为这个既处于中心又晦暗不明的当下、饶舌多话又夜间活动的“我”是在事物的散布中活动，甚至表现在事物的散布中，所以在思想中“定向”就是要将“我”置于其所言之中，去追踪其无止息流动性的通道。因而会有雷蒙·鲁塞尔提出的问题：如果（“我”的）可见性妨碍我们看到事物，那么“我们不能从可见者自身来谈，而是要从不可见者要求或允许的这个距离深处来谈”①。这样才会有蒂博杜所谓微妙建构的文本建筑：“言说，以其暗夜般的当下，无边无

① 米歇尔·福柯：《雷蒙·鲁塞尔》，汤明洁译，上海：上海人民出版社 2023 年版，第 133 页。

在读书（生活）中产生问题/疑问，就是在别人铺好的道路上看到别的道路，在可能性的不可能性中看到不可能性的可能性。

将问题/疑问转化为行动，就是抵抗；持续的行动，就是新的生命。

际地张开时间的嘴唇。”①

二、诊断当下

按照福柯的分析，如果哲学家这样的事物依然存在，这并不是因为其活动或者其行为能够自成一体或不言而喻，而是因为哲学家本质上担负着一个不可转移、不可化约的任务：

> 如果能够存在一种不仅仅是数学或语言学或人种学或政治经济学内在理论活动的哲学，如果有一种独立和摆脱所有这些领域的哲学，那么我们可以这样定义这个哲学：一种诊断活动。诊断当下，说出什么是当下，说出我们的当下何以不同于且绝对不同于所有并非我们当下的一切，即我们的过去。哲学家现在所担负的任务也许就在此。②

如果不是作为反思与研究最常见的对象，那么“当下”会是对大多数人来说最具明见性的事物。然而，这个“明见性”却至少存在以下两个谬误。

有关当下“明见性”的第一个谬误可以称作人类中心主义错误 / 幻觉。这种错误 / 幻觉自以为可以简单地通过有意识的认知进入真理，将世界封闭于一个线性时间的循环之

---

① M. Foucault, «À la recherche du présent perdu», in *Dits et écrits, op. cit.*, p.505.

② M. Foucault, *Dits et écrits. 1954—1988*, t. I, *op. cit.*, p.331.

中。但在弗洛伊德对无意识的发现之后，这种仅仅通过当前主体意识而获得的当下模式不再能够被接受，并且失去了其整个陈旧的（非常理论性的）明见性。让·依波利特（Jean Hyppolite）因此构造了一种时间模式：思想的当下在存在论意义上并没有与思想的过去相分离，后者的存在可以毫无减损。初看来，这种共时性（synchronicité）似乎是去历史化的甚至反历史的，因为历史维度似乎必然预设接续性。不过，如果我们以另一种角度去看历史，那么，当下与过去的同时性（simultanéité）与它们的接续性一样，都可以是一种构造性的历史事实。历史与接续性并不是在所有意义上都是等同的。

过去与当下的这个共时性关系可能并不新鲜，但强调这种共时性的意义在于它初看起来是不可见的，对主体自我来说，它并不处于透明区域。过去与当下的这种共时又不可见的关系也存在于东方与西方、理性与非理性、革命态度与旧制度遗产的关系之中。这种关系是时间张力的某种优先模式。在福柯《词与物》“通过某个中国百科全书所引发的笑声中找到它们的诞生之地”之前，在这种关系被“赤裸裸的思之不可能性”、被中国分类学（尽管其所涉及的中国百科全书是博尔赫斯式图书管理员的发明）的他异性摇撼之前，福柯已经看到西方理性（ratio）普遍性的统一论式自负只能基于与东方的扭曲分割才能建构起来：

> 东方，被看作起源，被幻想为令人眩晕之点，由此诞生了回返的诸种乡愁和承诺。东方呈现于西方的殖民

在一个国际研讨会里，一位法国的男性学者提到法国的女性权益已经进步到拥有『不被凝视』的权利，以至于他无比愤慨地要从『观看自由』的角度提出质疑。

在某美剧中，一位妖娆的女性说：『我可以是受害者，也可以是受益者。』问题不在谁的感受，而在谁的power。Féminisme如果要说成是『女权主义』的话，那么那个『权』首先不是right（权利），而是power（权力／力量）：没有power，哪来的right。

与其谈『启蒙』(Aufklärung),不如谈『启发』(initiations),因为上帝说有光,但没说得救。

理性之下,却又无限地不可进入。因为东方依然总是界限:开端之夜,西方自我封闭之所在,但在这个开端之夜,西方划出一条分割线,东方对于西方来说就是一切其所不是,因而西方还要在东方寻找其原初真相。①

理性与非理性的分割也是同样的道理。《疯狂史》(1961年)第一版序言中涉及东方和西方的这一段话,从一开始就体现了福柯对某种无意识路径的研究兴趣。福柯当然不是第一个更不是唯一一个(但无疑是最清楚地)勾勒出这种混淆的人。在福楼拜撰写和重写了三次的《圣·安东尼的诱惑》中,产生于隐士心中的欲望多次唤出东方的千年女王、从亚洲赶来的诸神以及以色列的诸王:"在萦绕着东方往事的埃及之夜的空间中,展开了整个欧洲文化:中世纪与其神学,文艺复兴与其博学,现代与其世界和生命的科学。"②

因此,有关当下"明见性"的第二个谬误,我们要在安德烈·冈德·弗兰克(Andre Gunder Frank)或杰克·古迪(Jack Goody)的视角下去看当下与过去之间无法解开的关系,因为在弗兰克和古迪看来,"在世界视野下,占据舞台中心的是亚洲而非欧洲"。因而如果过去完全支配当下,就需要重新在东方找到我们在西方找到的意义;或者相反,当下完全支配过去,那就又回到某种语法错误之中:进入某种出于划分的时间循环,这个划分使得当下成为一个被过去和

---

① M. Foucault, *Dits et écrits. 1954—1988*, t. I, *op. cit.*, p.159.

② M. Foucault, «Un fantastique de bibliothèque. Sur le Saint-Antoine de Flaubert», in *Dits et écrits, op. cit.*, p.293.

未来框限的形象。然而，当下并不是过去的未来——已经在其不可改变的形式中明确下来，也不是将要到来的过去——保留着其内容的同一性。根据柏格森对记忆的分析，当下通过对自身的某种扭曲把握其自身的阴影，依波利特称这个扭曲为“拐点”。

因此，当下并不仅仅是对过去的一个简单重现，不仅仅是在新的事物中对过去的一种重生，而更是过去与当下冲突的一个效果：

> 过去并不能完全侵入当下，当下会抵抗过去的重现。当下总是与其自身的过去处于辩证关系中；当下将过去驱逐到无意识之中，从过去分裂出诸多模糊的意指；当下在真实世界的现实中投射先前生活的幻影；当下将过去的主题转换到［当下］有效的可被认可的表达层面中（即升华）；简言之，当下设立了一整套防御机制……①

这是福柯描述弗洛伊德有关“早期创伤”时的一段话。重要的并不是过去的创伤在当下症状中再现，也不是过去在当下的存在，而是过去在一种乔装改扮的形式下存在、坚持和重现的方式。以至于“需要理性”的主体，依据主体的“主观区分原则”②，不再能认出过去，不再能区分过

① M. Foucault, *Dits et écrits. 1954—1988*, t. II, *op. cit.*, p.63.

② Kant, *Qu'est-ce que s'orienter dans la pensée?*, trad. A. Philonenko, Vrin, Paris 1959, p.88.

『人们都说没有幸福的爱。实际上，没有合法的爱。被允许的爱是相对于性之本质的一个特例，这个性之本质即性是被禁止的：爱是禁忌之网在其复杂网络中间留出的空白格。我们当然可以为自由之爱而存在，但我们就会像是黑雪的信徒。用语内部的矛盾和不知疲倦的诗意幻想。』

——福柯，《性课程》

去。换言之，当下与过去的共时关系并不是否认演化的静态剖面，相反，这种共时关系是演化得以进行的条件。因此，我们不能将这种关系局限于一个简单的变化之中，不能将之建立在一个与其解释性原因完全孤立的场域中，而是要观察和描述其他诸改变，这些改变应该同样呈现在同时代性（contemporanéité）的场域中。

根据福柯对德勒兹《差异与重复》的解读：

> 当下是骰子的一掷……当下既是游戏中的偶然，也是作为偶然的游戏本身；骰子和规则是一下子被抛出来的……因此，偶然绝不是支离破碎地四处分布；而是整个一下子确立起来的……当下作为差异的恢复，作为说出差异的重复，一劳永逸地确立了偶然。①

任何原因都不能给出过去与当下的差异，甚至偶然也不能解释改变：偶然只是对按照规则而被掷出的骰子的一个概要，而原因则是偶然的另一个名称。黑格尔是原因之王，他呈现了历史中所有伟大经验的内容，并使之内在于当下。而这样做只有一个目的，就是证明这些经验是在我们自身中呈现的，或者我们是呈现在这些经验之中的。这个神奇的综合只会将一切都以记忆的形式内在化，而先前则是以我思或主体原则的形式进行内在化。按照福柯的解读，布朗肖就是“文学中的黑格尔”②，但布朗肖同时也是黑格尔的对立面：对

① M. Foucault, *Dits et écrits. 1954—1988*, t. II, Gallimard, Paris 1994, p.47.

② *Ibid.*, p.61.

黑格尔来说，世界历史存在于知识的记忆之中；对布朗肖来说，所有世界文学的伟大作品存在于一个并非属于我们的外部。“当下”对于黑格尔来说就像一个紧实的内在，而对于布朗肖来说则是遗忘形式下的谜之散布。同样，福柯从蒂博杜那里获得的就是这样一个在无可挽回的散布中打开时间的“当下”。

三、考古学定向

如果时间的拾取不是为了提供一个在过去的连续性中建构的当下，如果不再有某个形而上学能够使人相信有某种从起源就被给予的目的，如果过去不再在当下仍然为秘密激活某种从一开始就决定的形式而活跃，那么，如何在这个散布的当下定向呢？正如阿甘本所言，考古学是进入当下的唯一方式[①]，这与福柯对考古学的理解一致：

> 一种历史-政治倾向，不是基于过去与当下的相共性关系，而更是基于连续性关系，基于实际确立战略对象、策略和斗争的可能，确切的说，按照战略对象、策略和斗争的可能建立历史-政治倾向。[②]

阿甘本在福柯的考古学中所发现的，是一种对驱魔的谋

① G. Agamben, “Philosophical Archaeology”, *Law and Critique*, Vol.20, n° 3, 2009.

② M. Foucault, *Dits et écrits. 1954—1988*, t. II, Gallimard, Paris 1994, p.321.

兰心大剧院所引尼采语原文来自 Nachgelassene Fragmente Sommer—Herbst 1882, 383. Das Verlangen nach Gegenliebe ist Eitelkeit und Sinnlichkeit.（对爱的回报的渴望是虚荣和肉欲。）这句德语原文的流俗说法 Das Verlangen nach Gegenliebe ist nicht das Verlangen der Liebe, sondern der Eitelkeit（渴望得到爱的回报不是对爱的渴望，而是对虚荣的渴望）隐含『政治正确』。

只有还身在这个现代性的井底之蛙才会认为这就是普遍理性，这就是天。

反姿态，一种为了摆脱的捕捉："一个人必须有能力将主体的构造容纳在自己的历史情节（plot of history）之内，这正是为了有能力一劳永逸地免除这个构造"。这个需要像厄运一样"一劳永逸地"摆脱的主体构造正是过去、当下和未来之间的这种线性时间的形而上学。

如果考古学的第一功能就是驱除这种主体定向，那么考古学自身的指向是什么？这就是福柯所谓"历史性先天"（*a priori* historique）。我们可以通过多个具有同样指向的概念来接近这个概念，尽管这些概念并不都冠以考古学之名。

第一个可以帮助我们理解"历史性先天"（*a priori* historique）的概念是尼采的"涌现"（*Entstehung*），这是一个所有枝节、诡计和伪装都可能发生的点。1971年，福柯在《尼采、系谱学、历史》中将"涌现"（*Entstehung*）与"起源"（*Ursprung*）对立起来，后者意味着"已然存在之物"，前者则表明"完全另一回事"："绝不是它们的本质和无日期的秘密，而是它们并无本质这个秘密，或者它们的本质是基于与其不相干的形象一点一点构造起来的。""起源"有一种可笑的庄重："人们通过指出其神圣的诞生，想要激起人之主权的感觉：而这现在已经成为禁路，因为在这条路的门口有符号。"① 最后，"起源"是"一种不可避免会丢失的联结，在那里，事物的真相与话语的真相结合在一起，而话语的真相会立刻模糊并丢失事物的真相"。考古学正是朝向这个"完全另一回事"。

① F. Nietzsche, *Aurore*, § 49.

第二个帮助我们理解“历史性先天”（*a priori* historique）概念的是弗兰茨·奥维贝克（Franz Overbeck，尼采的朋友）的“前史”（*Urgeschichte*）。“前史”与“历史”是异质的，“历史只有在遗迹可被理解且有可靠书写证据可用的时候才会开始。前史则在这些之后或之外”①。“前史”并不忽略过去，但这个过去比过去更甚，这是一种“合格的过去或升至次幂的过去——一种‘超越过去’（*Mehr-als-Vergangenheit*）或一种‘超-过去’（*Übervergangenheit*）：没有任何事物或者几乎没有任何事物在其中会‘过去’。”奥维贝克用作品及其作者的关系来解释历史与前史的关系。②

第三个帮助我们理解“历史性先天”（*a priori* historique）概念的是杜梅泽尔极端历史的边缘——“本原”（*arkhè*）。对杜梅泽尔来说，“本原”（*arkhè*）表示分析和解释印欧社会与宗教中支配世界历史之力量的层面。因此，“本原”（*arkhè*）不是一个编年史因素，而是一种在历史中发生作用的力量；它不是以文档或实体的秩序显现，而是在涌现和未来、过去与当下之间构成一个诸历史趋向的场域。

所有这些概念与福柯的“历史性先天”指向几乎相同。简言之，就是知识或某种知识可能性的条件，这个条件出现在过去，但在当下以不可见的方式发挥作用。之所以是“先天”（*a priori*），是因为它是不依赖于当下的诸经验的条件；

人之自然（谬误）演变为『原罪』，成为终身内省的假想敌：比如性。性为什么能承担『原罪』的角色？因为性是人最自然（愉悦）最日常（繁衍）最无法摆脱（生老病死）的东西，具备被赋予永恒瑕疵从而终极恐惧的可能性，当『得救』与『真实』一样被人思考/怀疑之时，『得救』就也成为万劫不复的不确定性。

---

① F. Overbeck, “Kirchenlexicon Materialien. Christentum und Kultur”, In *Werke und Nachlass*, vol.VI/I, ed. B.v. Reibnitz. Stuttgart: Metzler, 1966.

② 这个关系也表现在康德及其著作之间。雅可比与门德尔松之间的争论是康德哲学的构成性因素之一。按照海德格尔的话来说，康德哲学后来的封圣就是某种 Léthé（遗忘）。

但它同时又是历史性的，因为它居于某些尚未走出的历史之中。

这也是为什么为了在当下中进行定向，按照阿甘本的话来说，需要某种考古学回退。这不是回返到无意识之中，也不是回返到某种被遗忘的过去，而是一种朝着历史性先天的建立之点重新定向，朝向本原的涌现之点，朝向意识与无意识、历史与前史未加区分之点。瓦尔特·本雅明（W. Benjamin）和恩佐·梅兰德里（Enzo Melandri）提出了两种截然相反的考古学回退概念。一种是天使的回退，这种回退朝向未来，并同时看向过去：过去以一种“历史复原”（apocatastase historique）①的方式完全投入当下。末世论现实被本雅明看作是历史的，就像“先天”在福柯那里具有历史性的身份和效果。另一种是狄奥尼索斯的回退，这种回退朝向过去，并同时看向未来，以后退的方式进入未来：这是理性化的反向操作，同时是这种理性化的整合和分化。②无论如何，这两种方式的不可见目标是出现在这两种方式视线交叉点的当下，这个当下既是在过去中到来的未来，又是在未来中抵达的过去。

不过，这个“当下”是困难的，因为这是无意识与意识、前史与历史的分割点。这个“当下”脱去了所有表征时间的方式，脱离了主体的意识和主权的控制和乐趣。在对表

女性进行的创作，并没有使自己成为『主体』，因为其创作还是以『女/性』为对象，不管是女巫、月经还是床垫，都已经是被『男性社会』历史构造了的『对象』。其实，『主体』的位置，并没有什么可争取的——这本来就是个虚位。『创作』才更为重要，必须『发明』一套不（限于）以『女/性』为题材（对象）的话语/事件，而仍然可以有力地与现有『话语体系』抗衡。

---

① W. Benjamin, *Das Passagenwerk. In Gesammelte Schriften*, ed. R. Tiedemann and H.Schweppenhäuser, vol.I. Frankfurt a. M.: Suhrkamp, 1982, p.572. “复原”（apocatastase）指将所有事物最终重置为其原初状态。

② E. Melandri, *La linea e il circolo. Studio logico-filosofico sull'analogia*, Macerata: Quodlibet. First published in 1968, 2004, p.67.

征性概念的缺乏中，当下的涌现，这个非-我的剥离性揭示，构成了一个令人炫目的断裂：这个断裂让人失明，损害明见性，人们不再能够活着和思考。但这种经验的不可能性向我们敞开了未被祈求、未曾经历但又被体验、被保留为“痛苦”的经验。这些经验在具有支配性的日常时间里，只能浸没于遗忘；抵抗的操作就是重构这些经验的机会，换言之，就是一种重新定向的可能性。悬而未决之当下诸褶的永远磁化：这也许就是考古学定向的真正含义。

【原文为法文，为2018年参加土耳其加拉塔萨雷大学（Galatasaray University）哲学系举办的国际学术会议“东方、定位与困惑”（Orient，Orientation，Désorientation）的参会论文，法文原文载于《东方、定向、去定向、重定向》（*Orient, orientation, désorientation, réorientation*, Éditions Mimésis, Paris, 2019）】

福柯考古学与系谱学的关系：辨析与反驳

只有原本脆弱的东西，才会碎裂得无可挽回。一开始只有一两条裂缝，你可以让它碎裂得更绚烂些。这样你就可以在夜里，从各个角度端详它。可怜的物性人生，毫无意志之美。

1966年福柯在《词与物》交付出版后，开始重新思考在这部“人文科学考古学”中所提出的方法问题。在给沃尔夫和萨丕尔的信中，福柯写道：“哲学是诊断的事业，考古学是对思想的描述方法。”①（2001a，p.36）此时，福柯已出版关于疯狂、疾病和语言的三本著作，其中的研究方法都与考古学②有关。萨特同年在批判福柯的那篇著名文章中，特意点名批评福柯的“考古学”（cf. Sartre，1966），称其是用分层代替转化的地质学。但萨特的批评遭到了福柯的明确反驳：“考古学，如我所理解的，既不隶属于地质学（如对地层的分析），也不隶属于系谱学（如对开端和延续的描述），而是在话语的档案模式中对话语的研究。”（Foucault，2001a，p.623）1969年，福柯专门出版方法论著作《知识考古学》，对之前“盲目进行的研究进行方法上和有控制的修补”（cf. Lecourt，1970）。

不过，福柯对自身方法的阐述和辩解，在数量、动机

---

① 本文所涉外文原文，均为笔者所译。

② 关于“考古学”概念（包括“系谱学”概念）的词源、古代和历史用法等较为复杂，笔者将专篇另论，本文暂不赘述。

和效果上，往往都不如评论者的误解来得气势汹涌，以至于辩解本身都会造成新的误解。《知识考古学》被认为遍布语词“荆棘”，只有繁复的语词革新，并无新的思想。但也有人认为该书是全新的且尚未完成的，这会让人难以辨清方向，因此有待其中的概念在之后的研究中发生作用才能做出判断。但没等人们在“知识考古学”的概念中真正辨清考古学的方向，福柯在 20 世纪 70 年代又引入了一个与考古学似乎旗鼓相当的方法论概念：系谱学[①]（généalogie）。因为福柯在 70 年代有诸多关于“系谱学”的讨论[②]，而且在访谈中也明确说过“我会给我所做的工作一个笼统的名字：道德系谱学”（Foucault，2001a，p.1621），学界（尤其是英美学者）普遍认为福柯在研究方法上发生了一个从考古学到系谱学的重大转向（cf. Gutting, Davidson, Kremer-Marietti）。

那么，福柯的考古学与系谱学到底是什么关系？从考古学到系谱学是不是一种转向呢？

福柯说他的考古学要做的是『自身文化和理性的内部民族学（ethnologie）』。但一个文化只能通过其档案中的可能陈述来得到表达。因此要理解我们（中国或西方）当今话语的一般秩序，要么是从内部反复试探边界，要么是从远处画出虚线。

① 国内学界也有译作“谱系学”，本文认为“谱系学”的译法比较接近中国的“谱牒学”，强调的是“谱（依照事物的类别、系统制定的表册）”，其中的“系”有系统的意思；“系谱学”的译法取自日译“家系図”“系譜学”“系図学”之一种，强调的是“关系”，而不是“谱”。对于该词的理解和翻译，还可参见：钱翰：《福柯的谱系学究竟何指》，载于《学术研究》2016 年第 3 期，第 155—159 页。

② 包括福柯 1970 年在法兰西公学院的就职演说《话语的秩序》，1971 年发表的文章《尼采、系谱学、历史》，1975 年在《规训与惩罚》一书开头的方法论说明，以及编入《权力与知识：福柯访谈及其他（1972—1977）》中的几篇文章等。

『写作，就是摇撼世界的意义，对之提出间接的质疑，作家则通过最后的悬搁，放弃予以回答。而答案，我们每个人都能给出一个，这带来回答的历史、回答的语言和回答的自由；但正如历史那样，语言和自由在无止境地改变，人们对作家的回答也是无止境的：人们永远也无法停止回答那没有任何答案的写作——确认，然后争论，尔后替换——，意义在流走，而问题长存。』

——罗兰·巴特，《论拉辛》

一、福柯与康德：考古学中的系谱学问题

1971 年《纽约时代书评》的一篇书评称福柯的《词与物》之所以被称为“人文科学考古学”，是因为“考古学”这个词具有“从弗洛伊德以来，超出其通常领域的深度和生成意味”（Steiner，1971，pp.23—31）。福柯强烈反对这个说法，称其“考古学”概念来自康德，这个考古学的意思应该是“使得某种形式的思想成为可能的历史”（Foucault，2001a，p.1089）。

福柯参考的康德文本，是康德 1793 年为回答普鲁士皇家科学院的问题“从莱布尼茨和沃尔夫以来德国的形而上学有什么真正进展?”而撰写的手稿（cf. Kant，1804）。虽然这篇手稿既没有提交，也没有完成，但这是康德第一次使用“哲学考古学”（Philosophische Archäologie）这个概念，并用之描述其“哲学式哲学史”理想：“哲学式哲学史本身之所以可能，不是历史的或经验的，而是理性的，即：先验的（*a priori*）。尽管它［哲学式哲学史］建立理性事实，但它并不是从历史叙述中借取事实，而是从人类理性的本性中提取事实作为哲学考古学。”（Kant，1973，pp.107—108）在康德看来，这个“使得某种形式的思想成为可能的”就是人类理性的本性。如果历史是某种对“事物所是”的经验知识，那么康德的这个“哲学史”就不是由历史经验决定的，而是由理性本身决定的。这就是康德的“哲学考古学”。福柯对康德“哲学考古学”的借鉴，包含两个正面借鉴和两个反面借鉴，这些借鉴成为福柯考古学的核心，也在其后来的系谱学

阐述中得到加强。

第一个正面借鉴是，（与康德一样）通过“考古学”肯定秩序的先在性和考察的后在性。在某种预先建立的框架中认识到经验对象，这才是“经验”秩序的含义。对福柯来说，这种先在的“秩序”并不是“考古学”的考察认识构造出来的，而是“考古学”所要考察的各种认知、机构和实践之可能性的条件；这是某种经验现实产生的条件，而不是认知经验的条件。福柯考古学对这种“先在秩序”的兴趣在于：它能避免由于对某种实践的肯定而蕴涵的所有理论先见。福柯的考古学不是要在“惰性实践（pratico-inerte）”的视角上解释秩序，而是要在“活性理论（théorico-actif）”（Foucault，2001a，p.526）的角度构造分析。这一点在《尼采、系谱学、历史》中也有所体现，“我们在事物的历史开端上所找到的，不是还保存着这个事物起源的同一性，而是种种其他事物的不一致（discorde），是不调和（disparate）。”（Foucault，2001a，p.1006）系谱学要做的是与考古学相同的事：“让现在已然丢失的千万事件，在其空洞综合的场所和位置上迅速大量繁衍。”（Foucault，2001a，p.1009）

第二个正面借鉴则是福柯采取了与康德相同的认识论位置。当福柯的考古学像康德的“哲学考古学”那样去思考“使得某种形式的思想成为可能的”条件时，其实福柯也和康德一样要面临思考者本身的主体位置问题。福柯在考古学时期之所以悬搁“原因”问题，在很大程度上，也是为了避免“现象学路径”，避免观察主体的优先性甚至预设一个先验意识。在这个意义上说福柯借鉴康德，不是说福柯继承了

『一个陈述，不需要是某人才能产生，不需要诉诸任何我思或先验主体而使之成为可能，不需要「自我」来第一次或再次说出它，也不需要时间中的心智来保存/传播/收取它。主体那里有的是陈述的位置：陈述是某种特殊堆积的东西，它因之得以保存/转化/重复。这个堆积就像储备存货，它不是匮乏的反面，而是匮乏的效应。』

——德勒兹，《福柯》

思想自由，有时又叫作怀疑主义或者思想放纵，不是理性的敌人，而是秩序的敌人。

康德对这个认识论位置的选择，而是说福柯继承了这个认识论的悖难：如果认知主体自身的可能性条件决定了对认知对象可能性条件的认知，那么这种认知必然陷入某种表象，这就不符合“高贵”的真理原则。很多学者（如德里达）批评《疯狂史》试图对疯狂（缄默）进行理性研究的计划是不可能的，即一个理性的认知主体不可能认识到一个非理性的主体。虽然福柯强调其考古学所要揭示的，正是使得这种言说疯狂的“不可能性”或“缺席”成为可能的实践条件，但这似乎也不能解决福柯本人的认识论位置问题。尼采的系谱学似乎为福柯解决了这一考古学盲点。在《尼采、系谱学、历史》中，福柯揭示了确定历史学家自身位置的需要，“[传统]历史学家想方设法消除在他们的知识中能够暴露其观看地点、所在时刻、所采取之决意以及他们无法回避之激情的事物……”，但系谱学家“不拒绝自身固有的不公正系统”，系谱学家并不是要“无轻重等级地知道一切，无高低区别地理解一切，无差别地接受一切”（Foucault，2001a，p.1018），系谱学家不需要像政客一样为宣称真理而否认身体，“这些华而不实之物的不现实性，恰恰反映出我们自身的不现实性”（Foucault，2001a，p.1021）。因此，福柯的考古学选择走向尼采系谱学“牺牲认知主体”的道路，这不是福柯对其早期考古学的转变，反而是对其早期非主体中心主义主张的深化：“信仰曾经要求人体的献祭，知识现在召唤以牺牲认知主体为代价来体验我们自身……认知的激情也许甚至会危害人性……如果激情不危害人性，它就会消亡于虚弱。我们更喜欢哪个呢？……我们想让人性在火与光中告终，还是在沙石中告终？”（Foucault，2001a，p.1023）在人性被认知真理的激情戕害与削弱认知激情之间，福柯如早期考古学时期一样，一直选择的是后者：“总有一天人会消失，如同大海边际沙子铸就的面孔那样消失。”（Foucault，1966，p.398）

第一个反面借鉴是：福柯考古学涉及秩序的“经验”，是使得不同观念、科学、理性在不同时期得以显现出来的“历史性先验（*a priori* historique）”。这与康德的“可能经验的普遍和必然条件”截然不同，“这绝对不是某种‘感知的先验条件’”（Foucault，2001a，p.1107）。康德诉诸普遍必然的原则来定义这个先在的秩序，不管这些原则是理解力的纯粹概念，还是使得形而上学科学在历史中显现的原则。福柯则与康德拉开距离，因为福柯不是在必然性下考虑给定时期支配知识的认识论配置；福柯也不会用“最终目的”来考虑这个秩序（如由人类理性决定）。普遍原则和目的论问题，超出了考古学考察的范围。在《尼采、系谱学、历史》一文中，形而上学、普遍原则或者目的论问题则不仅不属于系谱学，还是系谱学要明确反对的：传统的“起源”概念预设“同一性”“高贵”和“真理”，但系谱学家倾听历史所看到的，则是“不一致”“卑微”和“错误”，“历史，带着它的种种强度、衰退、秘密的狂暴、盛大的狂热行动以及昏厥，就是未来的机体本身。要在起源的遥远理想中为这个机体寻找灵魂，必须得是形而上学家”（Foucault，2001a，p.1005—1008）。

福柯对康德的第二点反面借鉴，可以从阿甘本在《哲学考古学》（cf. Agamben，2009）一文中对康德和福柯“考

通过询问各历史阶段对不正常事物如何进行问题化和解决，展开各历史阶段问题化和解决方案的不同，从而认清不正常事物正常和不正常的各面，从而突破主体某历史阶段的主体性特征所带来的视域狭限，达到对不正常事物的综观。

『科学总是出现于某个先已存在的技术变革框架之中。学者只是参与明晰、精炼或明确一个源自经验的知识。至于学者在反思中可能出现的概念化工作，极少是来自对技术成果的观察，而更是因陷入无法理清的「将死」所做的权宜。』

——卢迪内斯库，风暴中的哲学家

古学”的解读得到说明。对阿甘本来说，康德的“哲学式哲学史”引入了一个“本质上不同质的事物”，作为“事实上的开端”与作为“先验形而上学的开端”之间会有一个“构造性缺口”，因为康德将哲学史上“应该发生”和“能够发生”排除在哲学的真实历史之外。阿甘本由此将福柯的考古学视为暴露这种预设和排斥逻辑之悖谬的科学。在这个意义上，福柯从康德那里借用“考古学”概念的真正内涵就在于：康德制造了这个排斥逻辑，福柯则是要揭露这个排斥逻辑，建立被排除出某种秩序的异质者与被包含在这个秩序中事物之间的关系。在《尼采、系谱学、历史》中，福柯也同样表达了考古学揭露排斥逻辑的主旨。“当光明不再来自穹顶和凌晨，我们才能勉强‘在影子最短的时候’走出这一历史。”（Foucault，2001a，p.1008）理性与非理性的排斥逻辑，正常与病态的排斥逻辑，能指与所指的排斥逻辑，正是福柯早期三本典型考古学著作的主要问题。在福柯所理解的系谱学中，对这种排斥逻辑的揭示则体现在“来源”（Hernunft）和“涌现”（Entstehung）概念上。在“来源”分析上，对于个体，“同一属性的情感或观念”对“在个体中交错并形成难解之网的所有微妙和独特内在之标记”进行排斥；对于事件，时间上的“连续性”对“意外、微小偏差、错误、评估失误、糟糕计算，亦即那些诞生对我们来说存在并有价值之事物的一切”进行排斥；对于遗产，“稳定”和“统一”的成果构成对“碎片化”和“异质性”的排斥；对于身体，“沉思生活”排斥“过去事件之烙印”的欲望、衰退、争斗和冲突。可见，系谱学的“来源”分析和考古学一样要揭示这些排斥逻辑。同样，系谱学的“涌现”分析则要表明这种排斥逻辑中“从动的现实片段”，表明这种排斥过程中的力量游戏，各种力量的出场，这些力量对峙的场所，这些力量之间的支配关系。这些系谱学的工作正是在延续这样一个考古学的区分——“没有被置放在编年起源位置上的异质分层”与某种“质的他者”之间的区分。系谱学和考古学一样，是要建立作为异质者被排除出某种秩序的事物与被包括在知识秩序中的事物之间的关系。

二、福柯与尼采：系谱学中的考古学主旨

福柯使用的“系谱学”一词来自尼采，但尼采在何种意义上使用这个词？福柯又是在何种意义上使用和改造尼采的“系谱学”概念？这些使用和改造与福柯的考古学主旨是什么关系？

首先，尼采在《论道德系谱学》的前言中提到自己的目标：构造“真正的道德史”，反对“在空洞和碧蓝中进行构造的英国假设”。为反对这样的思辨假设，尼采要求我们考虑：“什么是可以证明的，什么是实际上可以肯定并实际上存在的”（Nietzsche，1994，p.7）。这对福柯肯定是有吸引力的：“系谱学是灰色的，它谨小慎微，耐心收集文献”（Foucault，2001a，p.1004）。但福柯即使在提出系谱学之前，也是这么做的：“对无用博学深度同情”（Foucault，1980，p.79）。

其次，对尼采来说，系谱学还必须运用阐释方法，“根

虽然观看必不可少，但我们并不活在观看里（当然很多人让自己活在观看里）。所以观看本是件无所谓的事，但很多我们从小就觉得无所谓也实际上无所谓地对待的事，让我们与社会（人）格格不入。所以，很多不妥协的人只能与自己的动物伴侣生活在一起。

本没有道德现象，只有对现象的道德阐释”（Nietzsche，1973，p.108）。这种对现象和道德阐释的区分，反对将现象作为基本事实的实证主义，“没有事实，事实就是不存在的那个事物，只有阐释”（Nietzsche，1968，p.481）。尼采的道德史就是阐释史，道德只有在自然现象受制于道德阐释时才会出现。

这些考虑在福柯的《尼采、系谱学、历史》一文中扮演不可忽视的角色，但在福柯后期的工作中，并未产生什么成果（cf. Sluga，2010）。因为正如Gutting所说，《尼采、系谱学、历史》一文只细致总结了尼采的系谱学观点，没有提出自己对这些观点有效性的看法，因此不能像哈贝马斯那样认为福柯完全同意这篇论文的每个观点。福柯自己也承认：“我喜欢使用我所喜欢的作家。对尼采思想唯一有效的礼物就是使用它、使之变形、使之呻吟和抗议。如果评论者说我忠于或不忠于尼采，这绝对是无关紧要的。”（Foucault，2001a，p.1621）福柯在《尼采、系谱学、历史》一文中强调“戏仿”（早期考古学时期表现为“虚构”），其实就是在试图减轻尼采系谱学方法的阐释概念。福柯的这种态度，体现了他在早期考古学研究中就秉持的对整个阐释事业的怀疑主义。这在他的早期著作中是很明显的，如《知识考古学》中的考古学考察肯定不是去进行任何阐释，而“是去建立我称之为实证性的东西”（Foucault，1972，p.125）。当然，福柯的考古学也并不仅限于实证主义的经验考察，即只是描述优先于解释。福柯的确认为：尼采的阐释能够带来“隐藏在某个起源之中意义的缓慢展现……阐释就是用暴力或隐瞒来攫

文本与作者的关系就只（应）有这只手，不是『左撇子（Gaucher）的手，而是笨拙（gaucherie）的手。承认吧，好影像就是绝对不像的相似，不与其所表现的事物重合，不顾及影像的清晰，不顾及百科全书撰写者的说教甚至已经具有实证主义的野心；好影像敞向『一切溢出人类轮廓、使其松弛、将之诱向远离自身区域、使之克服自然禀性的事物』。

取本身并没有本质意涵的规则系统，并强加给这个系统一个方向，使之服从新的意志，使之进入另一个游戏”（Foucault，2001a，p.1014）。但尼采对道德在阐释意义上之存在的揭示，是为福柯的考古学提供了“挖掘”的对象和方向，而不是方法。也就是说，福柯并没有因此让自己在研究中进行各种阐释，而是把尼采所揭示的“道德阐释”作为自己考古学研究的内容。这也解释了为什么福柯后期的工作并没有在“阐释”上有什么成果。

然后，系谱学对象的特定范围、解释的特定模式、特定的文本形式，系谱学对与权力相关的主体性形式的涌现和转化进行果断叙述，意图引入被叙述历史所涉及的读者来进行怀疑和自我反思。这些都可以为福柯的考古学事业提供一个新的批判实践的范式：用权力的方式说明主体形成的历史过程，并用这些说明反对主体性的给定形式（cf. Saar，2008）。但福柯不接受尼采系谱学诉诸心理学和整体性理论，对于尼采的权力意志和认识相对主义，福柯都持保留态度（cf. Gutting，1990）。福柯也没有将尼采的目标——重构“人类道德之过去那整体的、漫长的、难以解释的象形手稿”（Nietzsche，1994，p.7）——作为自己的目标，福柯既不认为这是容易做的，也不认为自己能做到，更不认为尼采做到了。福柯在早期考古学时期就承袭了巴什拉的“区域理性”，即进行时间性的、文化性的、特殊主题的（疯狂、犯罪、疾病、性）研究。福柯对马克思主义和精神分析的接受，其条件就是限制整体化理论的总体效果，福柯认为马克思主义、精神分析的一些一般观点能够为局部

布朗肖很坏或很残酷，在评性史第二卷愉悦的使用末，无限悲哀地送给福柯一句第欧根尼引用亚里士多德的话：Ὦ φίλοι οὐδεὶς φίλος。这句臭名昭著被德里达和尼采误解的话，1616 年就已被文献学家 Isaac Casaubon 解释为『泛友者无友』，而不是『噢，朋友们，不存在朋友』。可性史不是寻柏拉图之爱的。

『如果我们假设在不间断的表征和印象之链中，最简单的是最小程度的相共性，且诸表征、诸印象之间没有一丁点儿相共性，那么前一印象唤起后一印象，使印象重新显现，并由此准许其表征出现在想象中，就都不可能了。』
——福柯，词与物

研究提供工具，其前提就是“这些话语的理论整体处于暂停中”（Foucault，1980，p.81）。因此，当1984年有人再次问福柯：是否能将他的工作描述为“新的道德系谱学”，福柯回答说：“如果不考虑题目的严肃性和尼采留给这个题目的宏大标记，我可以说是的”（Foucault，2001b，p.1550）。但问题在于，非整全性的系谱学还是尼采意义上的系谱学吗？

最后，尼采对现代奴隶道德起源的考察，是要使这种道德无效，这种考察首先是具有摧毁性的，它要为新的估价清理基础。在这个意义上，尼采的系谱学是政治的。但福柯从考古学延续下来的批判分析，并不旨在“摧毁”。例如，福柯在1968年就称“知识型并不是某种隐藏的重大理论，而是一个散布空间，一个开放空间，一个可能对关系进行无限描述的开放空间……话语不是纯粹主体性突然侵入的场所，而是对于各种主体来说差异性位置和功能的空间。”（Foucault，2001a，p.704）可见，福柯的批判分析并非要寻找对过去的“摧毁”，而是对当下空间的开放；并非要寻求主体的“死亡”，而是主体差异和作用空间的打开。当福柯在《尼采、系谱学、历史》中说“在影子最短的时刻走出这一历史”的时候，就表明福柯所理解的具有积极态度的“系谱学”，与尼采的系谱学截然不同。

总之，这里呈现出了一个与尼采系谱学不太一样的福柯式系谱学，这种福柯式系谱学实际上就是福柯考古学的延续，“考古学和系谱学并不是两种方法，考古学就是福柯式的系谱学”（Bert，2006，pp.53—60）。

三、对几种转向说的反驳

不过，有很多学者还是认为《知识考古学》出版后，随着福柯进入法兰西公学院，其研究方法发生了从考古学到系谱学的重大转向。这种主张的理论依据主要是福柯此时从结构主义转向解释学（cf. Dreyfus & Rabinow，1982），从研究知识话语转向研究权力实践（cf. Green，2004），从进行批判分析转向进行因果分析（cf. Gutting，1990）。之所以从考古学到系谱学构成一个方法上甚至哲学思想上的转向，是因为学界将考古学和系谱学看作是对立的：考古学是固定的结构，而系谱学是历史导向；考古学考察的话语结构是静态的，而系谱学是对人类知识的动态看法；考古学只研究话语的内在特征，而系谱学考察话语间的转换（cf. Sluga，2010）。

这些划分要么依据对福柯研究阶段的抽象概括，要么基于福柯研究对象的改变。但这样的划分往往忽略了这些不同研究在深层次上的关联和进展。虽然要想给福柯找到一个“唯一正确的立场”既不会有结果，也颇为讽刺，但简单地认为福柯前后不一致或对自己早期的研究进行了彻底的否定，也很难真正把握其工作的整体要旨。因此，要想真正理解福柯的思想，必须反思这些表面转变的深层关联。

四、从结构主义到解释学

当人们认为福柯从结构主义到解释学的转变，表明了福

康吉莱姆为福柯辩护，为英雄主义辩护，老生常谈卡瓦耶斯用战斗至死的行动驳斥了批判结构主义没有主体性的存在主义的虚伪。

在黑暗中追求光明才是英雄主义的人，在光明中追求光明不过是光明极权的傀儡。

柯的研究方法从考古学转向系谱学，这必须解决两个层次的问题：首先，福柯是否有一个从结构主义到解释学的转变？其次，结构主义是否就是考古学的，解释学是否就是系谱学的？

对于第一个层次的问题，需要去细究福柯的结构主义标签和解释学标签是如何来的，这其中其实颇有争议。福柯早期的考古学著作的确问世于法国结构主义浪潮盛行之际，但福柯对结构主义既有继承又有转化。例如，“épistémè”概念是福柯《词与物》研究的基石，也是福柯被诟病为“结构主义”的重要依据。但这个概念在《知识考古学》中消失了，这难道不是说明，在转向系谱学之前，考古学就已经在试图摆脱结构主义？但这里要反思的问题是：《知识考古学》作为对之前研究所进行的方法论修补，为何却要放弃其基石？法国学者认为：放弃正是为了坚持（cf. Lecourt，1970）。福柯本人认为 épistémè“不是某个时代的认知总和或一般风格，而是多样性科学话语的间距、距离、对立、差异、关系……知识型并不是所有科学共有的历史切片，而是各种特有剩余的同时性游戏……知识型不是理性的一个普遍阶段，而是连续变动的复杂关系。”（Foucault，2001a，p.704）

在这个意义上，“épistémè”被翻译或理解为具有固定结构的“型”，本就忽略了福柯在这个概念中所蕴含的“连续变动”和“复杂关系”，如果必须要把这个概念译作“型”，那么这个“型”本身则是一个散布和变动的系统，类似于由特定时期特定类型话语构成的档案群，它是用来进行描述的符号，不是起历史决定作用的实际力量。但学界基于对“知

18世纪的放荡小说（roman libertin）作家除了萨德外，还有Réveroni Saint-Cyr，她的名言：『爱是狂犬病，通过咬噬传染。』语言如同作为笼子和面纱的『去动机制』，是谓文明（文化）。

识型”的误解，给福柯贴上结构主义标签，使福柯不得不在之后的讨论中避讳这个容易（已经）被误解的概念。尽管“知识型”概念在反对所有认知和历史的“人本主义”或“人类学”理论上具有深刻的论战效果。但将“知识轮廓”描述为遵守特定结构法则的“知识型”概念，只能将意识形态构造的历史看作粗暴的“转变”、神秘的“断裂”、突然的“分裂”。福柯在《知识考古学》中想要中止的就是这种类型的历史，但这个放弃决不能被理解为倒向敌人阵营，更不能被理解为改变初衷。在一定程度上，“考古学”概念与“知识型”概念的遭遇类似（被认为具有结构主义特征）。福柯在中后期著作中也较少提及“考古学”这个概念，而是更多地使用“系谱学”概念（这是学界持转向说的依据之一），这其实是福柯在概念游戏上使用了相同的策略：放弃正是为了坚持，“我的考古学更多得益于尼采的系谱学，而不是准确意义上的结构主义”（Foucault，2001a，p.627）。

同样，关于“解释学”标签，在上文关于福柯系谱学之尼采来源问题的讨论已经表明，尼采的系谱学是阐释性的，但福柯所理解和接受的系谱学概念则对阐释功能有所保留，福柯在后期的研究工作中也并未真正贯彻尼采意义上的阐释工作。

对于第二个层次的问题，美国学者的著作《米歇尔·福柯：超越结构主义和解释学》可以给出一个回答。该书认为福柯受结构主义影响并致力于反对人本主义，因此福柯的工作是要发现一种新的方法同时避免当时盛行的两股浪潮：存在主义现象学和结构主义人类学，而这个新方法就是“考古

『心怀感激在某种意义上的数学必要性，指明了反抗的时间和地点：寡情是自由的强制形式……寡情的模式实际上是家长式的：英雄必须对其君主心怀感激，这就像孩子对给予其生命的父母心怀感激。但由此，寡情也就是重生。寡情在这里就是一种真正的分娩……在形式上，义务……是一种关系……是不可忍受的一个信号：只有通过真正的震撼、灾难性的外延，才能打破它。』

——罗兰·巴特，《论拉辛》

欲使中医现代化，人们不仅要懂西医，还要懂西哲。就像批判中医的，不仅要批判中医理论，还要批判整个中国哲学。至于二者在现代纠结的许多问题，得共同究『现代性』的责。

学”（cf. Dreyfus, H. L. & Rabinow, P., 1982）。所以该书最后将福柯的“考古学”方法分为两个路径：“结构主义的考古学”和“解释学的考古学”，不仅承认了福柯对“结构主义”和“解释学”的超越，还认为考古学无论在所谓“结构主义时期”还是所谓“解释学时期”都是根本方法，不存在从结构主义的考古学转向解释学的系谱学一说。

五、从知识话语到权力实践

学界一般认为“话语实践”属于福柯的知识考古学研究，“非话语实践”属于福柯的权力系谱学研究。因此，福柯的研究对象从知识话语转向权力实践，也意味着研究方法的转向。这种断然分割实际上是将福柯的道德考古学狭隘化为以对象定义的方法，但福柯的考古学本身则是一个研究场域，“考古学不是一个学科，而是一个研究领域”（Foucault, 2001a，p.526）。这个研究领域包含实践、机构和理论，考古学要追问的是使它们成为可能的条件。这意味着考古学的研究对象既涉及话语实践、非话语实践甚至涉及实践的主体，其重点是要对它们的关系法则进行描述。福柯在《词与物》出版后的诸多访谈中都表明，他的每本著作都不是单独的和终结的，相反是一系列研究的各个部分。福柯在晚期甚至提出“实践整体”（知识-权力-伦理）的概念，这实际上是对考古学作为研究领域的一个完善，福柯从知识话语到权力实践甚至主体伦理的考察，并不是研究方法的“变化”，而应该理解为福柯整体哲学思考的逐步前进和补充。

而且福柯对“权力实践”的关注，在考古学时期既已开始。法国学者提出福柯在突尼斯写作《知识考古学》时，在突尼斯经历了“真正的政治经验”，这是促成福柯后来转向权力领域研究的原因之一。而这点在《知识考古学》中不是没有痕迹的（cf. Serres，2006）。加拿大学者则认为要更好地理解福柯在所谓“考古学时期”提出的反人本主义，必须参考福柯在1966年访谈中提到的战后政治因素（cf. Hacking，2005）。因此，对权力实践的考虑，并不是从对权力本身的直接研究开始，它其实渗透在对知识话语的研究和思考之中，反之亦然。

六、从批判分析到因果分析

被批判的成为最流行的。

有美国学者认为福柯的考古学描绘了断裂两边的结构，却没有说明从一个结构到另一个结构的运动是如何发生的，因此，考古学分析应该被看作初步的描述阶段，需要由因果说明完善。福柯的批判分析针对某种特定的话语系统，研究与这个系统相关的排斥形式，这与考古学方法相符，二者都是对独立于有关起源之因果问题的话语结构进行分析。而福柯的因果分析，则是走出特定话语系统，处理话语系统形成的过程。因此，考古学可以被定义为非因果模式的批判分析，系谱学可以被定义为非批判模式的因果分析。（cf. Gutting，1990）

福柯在早期考古学时期，的确对促使历史进程的力量保持沉默。《词与物》英文版前言就认为因果解释（通常用在哲学和科学史中）“与其说是实际的，不如说是不可思议的……在这本书里，我将原因问题搁置一边。我选择仅限于去描述转化本身……”（Foucault，1994，xii—xiii）然而，福柯的考古学，也并不是不考虑“原因”问题，而是以不同于传统哲学的路径来考虑提出“原因”问题的方式，“从在这些话语存在本身中起作用的规则角度”（*Ibid.*）来考虑提出这个问题。福柯从康德“哲学考古学”那里借鉴了“使得某种形式的思想成为可能的历史”，也就是说考古学研究的是可能性条件，要将以认知主体为基础的“因果分析”进行非主体中心主义的考古学转化。福柯用话语内、话语间和话语外的“依赖游戏”来说明这种转化，“我想要用所有这些依赖的游戏，代替因果指派的简单均等性；通过解除无限化约给原因的优先性，使得关联的多形簇显现出来……”（Foucault，2001a，p.708）

如果说福柯在系谱学代表作《尼采、系谱学、历史》中探讨了“因果问题”，但这并没有引入一种与考古学时期“依赖游戏”不同的“因果关系”，这篇文章反而是延续了早期考古学对传统“起源”概念的拒斥。“为什么系谱学家尼采拒斥寻求起源（Ursprung）呢？……如果系谱学家注意倾听历史，而不是信奉形而上学，他会学到什么？……事物没有本质，或者他们的本质是基于曾与之不相干的形象一点一点构造起来的。”（Foucault，2001a，p.1006）这如同在《疯狂史》中，“疯狂”的形象是由与之（从现代的观点来看）并不相干的“理性”形象构造起来的一样，系谱学家并不是要做超出违背考古学家的“因果分析”。当然福柯并没有因为拒斥“起源”问题，就取消考古学对“可能性条件”的

古希腊研究专家Dodds对古希腊晚期的评价是：『神已去，仪仍在，意无存。』这可以用在很多历史上『意识形态（作品）』的命运，比如上帝和人；也可用在很多西方或古代观念在中国的遭遇，比如自由或儒家。这也是为什么如今功能主义盛行的原因。

探究，福柯用“来源”（Hernunft）和“涌现”（Entstehung）来“认出历史的种种事件、跌宕和意外，认出那些摇摇晃晃的胜利和难以消化的失败”。系谱学也是要“滞留在开端的种种细枝末节和偶然事件上，密切注意它们不值一提的恶意……毫不害羞地‘挖掘沟洼’……”（Foucault，2001a，p.1006）在这个意义上，福柯是在用他所理解的尼采“系谱学”为自己的“考古学”提供依据，甚至也可以说，福柯在用自己的“考古学”来理解尼采的“系谱学”。

至于考古学中的“批判分析”，则在“系谱学”中不仅没有消失，反而得到加强。在《尼采、系谱学、历史》中，福柯提出系谱学是一种“实际的历史”（wirkliche Historie），这种“实际的历史”就在于批判类似于康德理论预设的“前历史性（supra-historique）视角”。福柯还认为要做这种“实际的历史”，就要有一种“历史感（le sens historique）”，这种“历史感”具有“区分、分配、分散，任由间距和边缘发挥作用”的尖锐度；这种“历史感”将属于人之不朽的东西重新引入发展变化；这种“历史感”“打碎具有安慰性的承认游戏……不让任何迷恋将我们引向千年的目的”；这种“历史感”顺应斗争的偶然，不服从任何目的论；这种“历史感”颠倒远近、上下关系，不做哲学的仆人仰望真理，而要做解药的科学，把握兴衰、起落、毒物和解毒物的差异；这种“历史感”不假装回避自身固有的不公正系统，而是在自身立足点的垂直维度实现历史的系谱学。如果一定要说这种“批判分析”与福柯早期考古学的“批判分析”有什么差异的话，那就是福柯通过尼采的“视角主义”明确了自身“考

堂吉诃德的真实性在于语词彼此编织起来的关系，这是语言唯有在文学中仅存的与事物的古老隶属关系，唯有在文学的非理性和想象中才重又显现的相共性。推问：各种形而上真理、逻辑规律的真实性同理吗？（语词的编织构造能力，与事物的古老关系，得失如何呢？）

希波克拉底说：'Ο βίος βραχὺς, ἡ δὲ τέχνη μακρὴ, ὁ δὲ καιρὸς ὀξὺς, ἡ δὲ πεῖρα σφαλερὴ, ἡ δὲ κρίσις χαλεπή.（生命短暂，技艺长存，时机易逝，经验主义是危险的，论证是艰难的。）据古代医学理论，危险论＋冷凝黑胆汁会造成懦弱卑鄙的民族

古学”批判的立足点。这并不是一个需要按照“真理主体”标准安放的“无偏见”场所，“考古学”的批判恰恰是要立足“当下”，从“当下”的问题出发，“如果在这个基底上没有出现某种缺陷（断裂，faille），考古学就既不可能也没必要”（Foucault，2001a，p.528）。

结论

学界也不乏其他反对转向说的讨论，如《作为批判的系谱学》一书就认为福柯的系谱学实际上也是考古学（cf. Koopeman，2013）；有人认为福柯并不是用系谱学代替考古学，而是在考古学中整合了“第二个轴心”，将考古学放到一个更为广泛的框架中（cf. Davidson，1986）；有人则把福柯考古学和系谱学的关系视作方法与目标的关系（cf. Mahon，1992）。要理解福柯考古学与系谱学的关系，还有许多需要解读和分析的文本。例如，《监视与惩罚》虽然被看作福柯对系谱学方法的第一次应用，但其中所体现的福柯对系谱学的特定使用，却表明系谱学绝不是对考古学的替代。福柯1971年的《话语的秩序》虽然推进了福柯的系谱学概念，但也并没有以具体和特定的方式确立系谱学和考古学的区别。

福柯晚期也提出“系谱学阐释的结构”有三个可能的系谱学领域，这三个领域是“我们自身的历史存在论”分别与真理、权力场域和道德的关系。福柯指出《疯狂史》包含这三个轴线，《临床医学的诞生》和《知识考古学》属于与真理关系的轴线，《监视与惩罚》属于与权力关系的轴线，《性

史》属于与道德关系的轴线。（Foucault，2001a，p.1437）可见，福柯将其早期考古学工作也囊括在这个后来所宣称的“系谱学”框架中。这至少说明福柯早中晚期的研究并没有从考古学到系谱学的转向问题，而是有一些一以贯之的方法主张。无论这些方法主张被冠以“考古学”之名还是“系谱学”之名，这二者都不是对立关系。考古学可以被看作是福柯进行研究和分析的方法性框架，系谱学则是把话语分析为事件的理由和目标。在方法论意义上，系谱学不是在取代考古学，而是在完善早期考古学未尽周全的做法，考古学的主旨则在这个过程中不断充实、清晰和强化。

参考文献：

Agamben, G., 2009, “Philosophical Archaeology (abstract)”, *Law and Critique*, Vol.20, n°. 3.

Bert, J.-F., 2006, «La contribution foucaldienne à une historicisation du corps», *Corps*, n° 1.

Davidson, A. I., 1986, “Archeology, Genealogy, Ethics”, in *Foucault: A Critical Reader*, ed. David Hoy, Basil Blackwell.

Dreyfus, H. L. & Rabinow, P., 1982, *Michel Foucault: Beyond Structuralism and Hermeneutics*, Chicago, University of Chicago Press.

Foucault, M., 1966, *Les mots et les choses*, Paris, éditions Gallimard.

——, 1972, *The Archaeology of Knowledge*, trans. A. M. Sheridan. New York, Pantheon Books.

——, 1980, *Power and Knowledge. Selected Interviews and other Writings, 1972—1977*, ed. Colin Grodon, New York, Pantheon Books.

——, 1994, *The Order of Things*, New York: Vintage Books.

——, 2001a, *Dits et écrits I. 1954—1975*, Paris, Éditions Gallimard.

——, 2001b, *Dits et écrits II. 1976—1988*, Paris, Éditions Gallimard.

Green, C. D., 2004, "Digging Archaeology: Sources of Foucault's Historiography", *Journal of the Interdisciplinary Crossroad*, n°1.

Gutting, G., 1990, "Foucault's Genealogical Method", *Midwest Studies In Philosophy*, XV.

Hacking, I., 2005, «*Les Mots et les choses*, forty years on», For Humanities Center, Columbia University, 6th October.

Kremer-Marietti, A., 1974, *Michel Foucault et l'archéologie du savoir*, Seghers.

——, 1985, *Michel Foucault: Archéologie et généalogie*, Paris, LGF.

Koopeman, C., 2013, *Genealogy as Critique: Foucault and the Problems of Modernity*, Bloomington and Indianapolis: Indiana University Press.

Kant, I., 1804, "Preisschrift über die Fortschritte der Metaphysik (1804)", *Kant's Gesammelte Schriften* „Akademieausgabe", Königlich Preußische Akademie der Wissenschaften, Berlin 1900ff, Band XX, 1942.

孤独是自由者无尽的洗礼，自由是上帝永不承诺的兑现。

别人的学术是玩『起来』，我的『学术』是做『下去』。『下』去，下到底层并只在底层；是下『去』，一去不复返。

上面车水马龙，腾云驾雾的人群卷尘土掀地皮；下面黑漆漆，是蚯蚓般用身体阅读根系。

——, 1973, *Le progès de la métaphysique en Allemagne depuis le temps de Leibniz et de Wolf*, trad. L. Guillermit, Paris, Vrin.

Lecourt, D., 1970, «Sur l'archéologie du savoir（à propos de Michel Foucault）», *La Pensée*, n°152.

Mahon, M., 1992, *Foucault's Nietzschean genealogy: Truth, power, and the subject*. Albany, NY: State University of New York Press.

Nietzsche, F., 1968, *The Will to Power*, trans. W. Kauffman and R. J. Hollingdale. New York: Vintage Books.

——, 1973, *Beyond Good and Evil*, trans. R. J. Hollingdale. London: Penguin Books.

——, 1994, *On the Genealogy of Morality*, ed. K. Ansell-Pearson, trans. C. Diethe. Cambridge: Cambridge University Press.

Serres, A., 2006, «L'Archéologie du savoir: la dimension critique», *Foucault à l'œuvre*, SHS.

Saar, M., 2008, "Understanding Genealogy: History, Power, and the Self ", *Journal of the Philosophy of History*, n°2.

Steiner, G., 1971, "The Mandarin of the Hour. Michel Foucault", *The New York Times Book Review*, n°8.

Sluga, H., 2010, "I am Simply a Nietzschean", *Foucault and Philosophy*, ed. Timothy O'Leary & Christopher Falzon, Blackwell, 2010.

Sartre, J.-P., 1966, «Jean-Paul Sartre répond», *L'Arc*, n°30.

【发表于《哲学研究》2018 年第 7 期】

福柯知识考古学的认知和主体变革

『为了逃脱康德的陷阱，必须杀死斯宾诺莎。』

——福柯，求知意志的教导

一、内部与外部

福柯在《词与物》发表当年（1966）的一次访谈中说：《疯狂史》是差异（différence）的历史，《词与物》是相共（ressemblance）与同一（Même）的历史。①《疯狂史》考察的是（西方）理性社会如何在分割、断裂的历史中被迫安置自身，而这种安置正是通过非理性与理性的相互确立进行的。《词与物》面对的也是这同一个分割和断裂的西方理性历史，但它转而考察这个西方理性秩序的建立，反思历史上曾经存在的把握相似和差异事物的方式。这个反思不是为了确立或确证所谓西方文化的诸种知识型，相反，它是要批判这些知识型对于世界的逐步丢失；这个反思也不是为了证成某种纯粹理性主体在西方科学知识中的存在，相反地，它是要发现这种知识中的主体性以及主体性中的外在理性强迫。

这二部著作其实都是在阐明我们通常所理解的作为西方文化之标签的“科学理性”的内在生成演化史，这也意味

① DE, N° 34, «Michel Foucault, *Les Mots et les Choses*»（entretien avec R. Bellour）, *Dits et écrits, I. 1954—1975*, Édition Gallimard, Paris, 2001, p.34.

着所谓“西方科学理性”并不具有同时、同一和同质的概念恒定性。这就像英美学者闹出的结构主义笑话一样。处于同一时代的列维·施特劳斯、拉康、阿尔都塞和福柯，被英美学者视作标志法国理论（French Theory）的结构主义者。但实际上，他们彼此谁也不认为与另外三者有什么共同之处。“只有那些在外部观看的人会认为他们一样，但只要从内部来看问题，则处处都是差异。”①

对于中西文化差异的问题也是一样。中西文化差异通常被界定为理性的差异，即西方文化往往代表着科学理性，而中国文化则依此标准纠结着自身的合理性，有时甚至被西方思想判定为不科学或非理性。福柯对“西方科学理性”内部理性与非理性的生成演化所进行的知识考古学考察，很好地剖析了存在于西方内部的（即理性与非理性的）差异文化，并将其成功地置放于一个不断被“丢弃”的世界之中。而福柯又指出，内部和外部观察视角的变化能够更加深入到差异的实质问题。那么，对于中西文化差异问题，如果我们尝试打破这种传统的内部和外部的界限，将中西文化共同看作世界的一个内部，从外部对它们进行一次考古学考察，是否会更有利于剖析所谓中西文化的差异，并有助于探索一个中西贯通的路径呢？

笔者在本文中尝试提出一种运用福柯考古学方法来面对差异文化问题的路径。那么何谓福柯的考古学方法？这种考古学方法又是如何面对差异？如何安置面对差异的主体呢？

对死亡体验的不可知与对死亡的知识是两码事。不可知可能带来恐惧，也可能不，没有必然。恐惧的来源可能是对不可知的恐惧，也可能是对已构造的死亡经验的恐惧。不存在非此即彼，而是两种并列的可能。

---

① DE, N° 54, «Interview avec Michel Foucault», *Dits et écrits, I. 1954—1975*, Édition Gallimard, Paris, 2001, p.681.

二、认知和主体的变革

劳动者的善良就像土里长出来的果实，文明是对这种善良的良好使用和回报。

在《疯狂史》的考古学中，我们可以看到话语与事件、过去与当下、否定与差异、主体与对象这四种关系的消融，看到差异的非话语性（non-discursif）、非过去性（non-passé）、非否定性（non-négatif）和非主体性（non-subjectif）关系；在《词与物》的考古学中，我们可以看到陈述（énoncé）、实事（actualité）、批判（critique）和解置（dis-positif[①]）如何提供了贯通差异文化的可能。本文将结合《疯狂史》和《词与物》这四个方面的问题视角，来共同说明福柯考古学所进行的认知和主体的变革，并以中西文化差异问题为例进行具体分析。

（一）陈述：非话语性的话语

陈述（énoncé）是在《知识考古学》[②]中阐明的重要理论概念。福柯花了该书三分之一的篇幅用来分析“话语构建”（les formations discursives），然后又用剩下篇幅的一半来辨析这种经由“话语构建”而定义的“陈述”（énoncé）与“档案”（archive）的关系。考古学描述就是在这些辨析

① 法语词 dispositif 表示构成某个装置机制的元素总合，positif 表示实证性、肯定性、正面性等含义。这里用 dis-positif 这个略微的变化来表明：一方面，主体装置的拆解，且这种拆解是以其实证性、肯定价值的拆解；另一方面，dis- 词缀表达相反和对立的意思，亦即是说“非主体性的主体”被对置于空洞和概念性“主体”的对面，即对象的层面。但它又不是主体的对象，而是主体本身。

② Michel Foucault, *L'archéologie du savoir*, Édition Gallimard, Paris, 1969.

框架下进行的。对于福柯来说，“话语构建”本身并不是话语，它是使话语成为可能的东西。福柯在《知识考古学》出版同年（1969）的一次电台采访中，对这一点有更清晰的说明：“‘考古学’这个词……我想要理解成某种对于档案的描述……它是对在某个文化中……被言说的这一特别广阔、厚实、复杂的事物之总体的描述……去看看这些事物，这些通过我们的文化而被言说之事物的生命、无声但又聒噪的活动，是如何能够被言说、存在、起作用并最终被转化。”①

福柯肯定他的考古学是一种对档案式“陈述”的研究，这意味着其研究对象仍然是话语 / 文本。但这些话语作为已被历史中的主体说出的“陈”述，已不再是（作者）活生生的“我思”，尤其不能再放在另一个（研究者）“我思”的记忆（mémoire）、想象（imagination）和理性（*ratio*）中进行运筹。历史学家（思想史家）很容易将某个文明或文化出现的各种“话语 / 文本”统统放到自身的“我思”中加工处理，对他们进行关联、统一、规制和理解。福柯强调历史话语一旦被“陈述”，就应该被视作（或者就已经成为）客观的，不可也不应进行思维加工。考古学呈现的不是考古学家的话语（这个话语，在康德认知主体之局限性的质问下，总脱不了“表象”的指责），不是考古学家的认知（这种认识总会因历史学家本身的认知构造模式而被诟病），更不是考古学家自身的历史处境。在考古学“陈述”中，考古学家并

人是可以活在人法（真理）之外的，在犬儒主义（或现代人所称疯子）眼里，这正是人之自由所在，浮士德丢失的正是这种自由，康德将这种自由化作对知识的无尽批判，可人们就真的懂得阿Q吗？作为后犬儒主义的革命与艺术就真的是在为自由呐喊吗？自由可被呐喊吗？

① Georges CHARBONNIER reçoit Michel FOUCAULT à l’occasion de la sortie de son livre *L’archéologie du savoir*, 02 mai 1969, Émission *Sciences et techniques*, http://www.ina.fr/audio/PHD94040862.

不存在。

在这点上，中西文化差异问题就常常会带出历史学家（研究者）本身的话语、认知和处境的不同。以中西方权力关系的考察为例。古今中外的大多数哲学/史家都认为中国千百年来的权力关系都是以“三纲”为根本。因而，在中国当代，保守派（如方朝晖）断定中国是一个更适于父权专制（家长制、君主制）的文化地域，激进派（如景海峰）则认为这个文化之根要彻底拔除，调和派（如李存山）则试图将“三纲”的制度刚性赋予“五常”的儒家理想。① 他们的考察多以历史出现的关于君臣、父子和夫妻关系的文本为根据，并以此分析它们的关联。

但对不同时期（如先秦、两汉）、不同作者（如孔孟荀、董仲舒）的文本进行统一的理路分析，只能带出（作为认知主体的）分析者之“我思”的统一逻辑；对于我们的传统与我们的当下关系的判断，只能是分析者对事物的态度。逻辑关系可能不是态度选择的唯一缘由，否则也不会出现“一个史实”（事实上，他们各自选取了对他们的态度有利的史料）却与当下有“三种关系”的情况。之所以会出现这种分歧，正在于每位阐释者对不同时期不同作者所进行的“融贯”分析（如果说这里有某种融贯性，这也是概念的语法和逻辑融

命题（proposition），永远可以用形式化方式进行抽象构造，『可能』和『真实』是无差别的。句子（phrase）；一个句子被说出，意味着其他句子/诸多样性和丰饶被隐在，每个被说出的句子都是尖头孕妇。陈述（énoncé），因其既有规则又有事实，对立于命题和句子，因其规则裹胁事实，不仅少有事实被说出，更是少有事实可被说出。

① 参见景海峰：《“三纲五常”辩义》，载蔡德麟、景海峰主编，《全球化时代的儒家伦理》，北京：清华大学出版社2007年版，第177页；方朝晖：《“三纲”真的糟粕吗？——重新审视三纲的历史与现实意义》，载《天津社会科学》2011年第2期；李存山：《对“三纲”本义的辨析与评价》，载《探索与争鸣》2012年第2期；方朝晖、李存山：《三纲之辩》，载《光明日报》，2013年2月25日。

贯性）；而对这种分析中史料选择和角度决策起决定作用的，是其自身的“当下（生活）”，这个“当下”不但显然已经与每一个古代作者决然不同，还可能与其同时代的其他阐释者不同。换言之，任何评论者都不能代古代的原作者说话，任何评论者也不能代替同时代的所有其他人来判断所谓“我们当下”的时代精神。这就是说，不存在作者，只存在档案记录员。

然而，在档案陈述中研究者“我思”的消失，并不是说考古学研究只是对故纸堆的陈列。这种研究主体本身话语逻辑的隐退，最终是为了让位于话语实践本身。福柯说：“我认为人们在言说的时候会做某些事情，其方式完全与人们在制造某个物品时会做某些事情一样。话语一旦被制造，它就存在了；话语一旦存在，它就会继续有效；话语一旦继续有效，它就会发生作用；话语一旦发生作用，它就会发生转化；话语一旦发生转化，它就会有其后果，等等。”[①] 这里也不是说“说话就是做事”，而是说“说话会导致做事”，做事还会导致“对象”的产生，导致“话语”的转变。比如在君臣、父子和夫妻关系的历史发展中，《礼记·坊记》说：“天无二日，土无二王，家无二主，尊无二上，示民有君臣之别也。”《礼记·内则》说：“父母怒、不说，而挞之流血，不敢疾怨，起敬起孝。”《仪礼·丧服传》说：“未嫁从父，既嫁从夫，夫死从子。”这三者本并无直接关联和比照，但到《韩

『理论上的反人道主义［反人本主义］以及拒斥主体性在历史中的僭越，这涉及将心理经历的所有形式排除在政治参与之外，并再次表明在此领域，概念哲学对于意识哲学的优越性……这有可能会毁灭主体概念本身，并将这个概念溺死在极权类型的逻辑结构之中。』

——卢迪内斯库，风暴中的哲学家

① Georges CHARBONNIER reçoit Michel FOUCAULT à l’occasion de la sortie de son livre *L’archéologie du savoir*, 02 mai 1969, Émission *Sciences et techniques*, http://www.ina.fr/audio/PHD94040862.

非子·忠孝》篇即变为："臣事君，子事父，妻事夫，三者顺则天下治，三者逆则天下乱，此天下之常道也。"继而到董仲舒变为"三纲"。

"语词与其对象的作用关系比语词的意义更能造成对象的差别。"① 考古学不论儒家理想的对错，但论儒家思想及其变化对中国历史的塑造。孔子伟大之处不在于所言至理，而在于周游列国，弟子三千。考古学不论后世儒家的思想来自先秦儒家、法家还是阴阳家，而论其对诸子的改变及其践行。董仲舒既提出"任德不任刑"(《春秋繁露·基义》）又提出"屈民而伸君"(《春秋繁露·玉杯》)，既说"屈民而伸君"，又说"屈君而伸天"。这里重要的不是这些话语在当时政体制度基础上的进步或道德理想上的退步，而在于这些话语导致的社会现实、主体行为和必然后果：因为"天子受命于天"，"君臣有别"不再止于书生理想；"以道事君，不可则止"已不再为书生所能控制，"君为臣纲"已为政制事实；因为"君为臣纲"的事实，董仲舒既不能"唯大人为能格君心之非"(《离娄》上），亦不能讲阴阳灾异或谴告，终至"不敢复言灾异"。考古学不论君臣、父子和夫妻到底是不是有共同的关系结构，而论这种话语的并置所导致的事实的同构。

"如果说对象并没有在那里对着话语，好像与话语面对面，这是因为**是话语制造了这些对象**。"② 从文本上来说，孔

现代语法发明者弗朗茨·波普，以语法比较的形式研究创生现代语，『话语构成语法』变成『语法构成语言』，著有神书梵语/古波斯语/希腊语/拉丁语/立陶宛语/斯拉夫语/哥特语和德语之比较语法，巴别塔的非神学证明、动词词根化，以词指（自然）物变成了以词指（人）事，说即相涉而非相知。主体性深植于语言。

---

① DE, N° 60, Introduction, *Dits et écrits, I. 1954—1975*, Édition Gallimard, Paris, 2001, p.773.

② Georges CHARBONNIER reçoit Michel FOUCAULT à l'occasion de la sortie de son livre *L'archéologie du savoir*, 02 mai 1969, Émission *Sciences et techniques*, http://www.ina.fr/audio/PHD94040862.

孟的确没有说过“三纲”；从立意上来说，董仲舒也没有排除“责难于君”的可能。那么“三纲”和“君命不可违”的现实后果则是这些书生“话语本身的力量”所致：不是儒家主张“三纲”或“绝对君命”，而是这些儒家理想与历史事件一起制造了这种社会现实的“怪胎”，是（儒家）话语制造了专制暴君。话语的“理性”力量是由不得说话人当下之“我思”的。

（二）实事：非过去性的过去

《知识考古学》出版前一年，福柯提道：“我希望有时间在下一本书中分析历史话语的问题，这本书会叫作：《过去与当下：人文科学的另类考古学》。”[①] 这个书名当然并没有出现，但随后福柯就出版了《知识考古学》（1969）。显然，这个考古学就是要处理人文科学的“过去与当下”问题。如果东西文化差异的问题在一定意义上也可以被看作“过去与当下”的问题，即文化传统的过去和文化主体的当下，那么我们或可从福柯考古学中关于过去与当下的反思中探得一二启示。

19 世纪末 20 世纪初的战争给西方和中国都带来了巨大的冲击。战争冲击对西方造成的经济和政治“断裂”甚于文化主体的“断裂”，因为一定程度上战争本身就是由一个世纪以前“科学理性”带来的社会结构变化所造成的：“科学民主”是因而不是果。而战争冲击对中国的作用则相反：文化主体的“断裂”甚于经济和政治的“断裂”。在中国，“科

有人问 Aristippe：你从哲学那里学到什么？答：能够自由地对所有人说话。Aristippe 是被暴君 Denys 吐吐沫的哲学家，他说：如果连吐沫都忍受不了，如何钓大鱼呢？

---

① DE, N° 58, «Réponse à une question», *Dits et écrits, I. 1954—1975*, Édition Gallimard, Paris, 2001, p.704.

学/民主革命”并不是自发的，它是由战争造成的社会经济断裂产生的巨大空洞——亦即巨大“民族精神创伤”所迫切要求的：“科学民主”是果而不是因。

福柯在其学术生涯发表的第二篇文章《1850年至1950年的心理学》(1957)中，阐述了这种精神创伤对过去与当下冲突的构造作用：“精神创伤是感情意涵的颠覆……当新的意涵不能够超越或与旧意涵相统一，那么个体就会固着于过去与当下的冲突之中。”① 由社会主体理性的自发变化和养成所引发的战争创伤不会破坏其本身的主体理性。而由战争创伤强制下引起的主体理性变革，则必然使得主体理性不仅要面临巨大的“断裂”空白，还要在这个断裂所带来的中国传统文化的“过去”与西方现代理性的“当下”冲突中进行选择。问题就在于一个有精神创伤的主体（无论个体的还是集体的），还具有进行选择的健全理性（或自由）吗？换句话问，中国人对“科学民主”的崇尚是心甘情愿、身体力行的吗？从国人对差异文化的不断质疑中可以看出，这是成问题的。如果一种理性样式和政治模式（或曰一种文化）不是以文化主体内在接纳和主导的方式进入，那么结果就必然造成文化主体言与行的差异政治。这也是为什么会出现虚假科学和虚伪民主的缘故。

『批判不是反对。人文主义没有扩充人，反而缩减了人。』
——阿尔托

这一点，还可以解释为何当今儒学复兴得到大量支持。这并不是因为儒学的“三纲”价值观（当然，“三纲”并不能囊括儒学）符合某些人的利益，因而这些人要将其“重

① DE, N° 2, «La psychologie de 1850 à 1950», *Dits et écrits, I. 1954—1975*, Édition Gallimard, Paris, 2001, p.156.

新”① 拿来为自己辩护；而是因为中国的文化主体（从普通民众到知识精英）一直未脱离“过去”（东方）与“当下”（西方）的价值冲突之中，一直处于这种精神冲突的“创伤（空洞）”之中，一直以一种虚伪的、阳奉阴违的文化模式来应对各种变革。面对这种“中西文化差异”的创伤性空洞，单一地主张西方的科学理性只会使创伤加剧而促使更大的反抗，所以人们只能用映射在现实世界的、对过去生活的幻象（如儒学复兴），用一种过去熟知的、手到擒来的旧价值来满足和抚慰这个空洞。这就像在福柯的《疯狂史》中，代表着现代精神科学的精神疗养院不过是古典时期的精神病院，古典时期精神病院不过是中世纪的麻风病院。过去并没有过去，过去就在我们当下的上方蔓延，这种“当下”与“过去”的重叠式蔓藤结构就是我们的现实。

那么应该如何面对这种“过去”与“当下”的断裂呢？福柯在《疯狂史》《临床医学的诞生》以及《词与物》的考古学探索中，一个核心问题就是打破或者重置这种看似外部主导、实际上内在于文化主体的当下与过去的线性时间关系。同样是在那篇讨论 1850—1950 年心理学发展的文章中，福柯提出弗洛伊德心理学的贡献在于“赋予（感情、精神）意涵以客观状态（un statut objectif）”②。这个“客观状态”就是没有主体图示（schéma du sujet）的“文化介质（un

关于日本文乐木偶戏，巴特连续写了三篇短文。表面上在谈戏剧，实际上在谈哲学。不懂戏剧，问题不大；不懂哲学，就不知所云了。用异国的实事思考（解答）自己的哲学问题，这也是巴特聪明所在。

① 某种意义上，“三纲”式的政治模式早已以军事管理模式深入在现实之中。

② DE, N° 2, «La psychologie de 1850 à 1950», *Dits et écrits, I. 1954—1975*, Édition Gallimard, Paris, 2001, p.157.

milieu culturel）”。什么叫没有主体图示的文化介质？这就是文化主体及其对象被置于同样的“事物”层面，文化主体当下的精神创伤、社会处境和价值偏好相对于其所面对的文化对象，不具有优先性（先验性）。这当然不是对前者（文化主体的境遇）的否定，反而是将其纳入文化考察的对象之中，纳入具有客观状态的“文化介质”之中，并作为一个重要的考察因素；而不是在对这种主体性的无视①中，任其发生隐蔽却要害的作用。这也就是说，如果我们要考察中西方文化的差异，要选择是激进拥抱现在、保守回到过去还是在二者之中做某种尚不明确的调和，必须把做选择的主体“当下”纳入到选择所需考虑的“现实”中来。在这个“现实”中，过去和当下不是线性的时间关系，而是某种发散的“距离”②。这个距离不是横向的时间距离，而是纵向的重叠距离：“最古老的反而处于最邻近的顶峰”③。

（三）批判：非否定性的差异

但考古学并不是要在一个整全性的历史视角上将文化差异贯通起来，不是要以任何一种一般性的标准建立某种“时代精神”：既不是要回到过去的安稳，也不是朝向当下所谓的理性进步。相反，考古学特别要对差异进行肯定，要在差异的刺痛中维持主体的清醒。就像福柯在《词与物》中探讨

读性史的时候，我们也反思福柯从古希腊找到的『积极性』(activité）核心社会价值与『男子气概』(virilité）的天然联系。问题是：这种天然联系在文明的历史发展进程中，已经不再天然甚至不再成立。无论是技术进步还是文化开明，都让男女在能力上的公平分配成为可能。那么，仍然依据原始社会分工将现代男女社会功能对立起来的想法和做法，就是在用旧的合法性证构新世界，如果这不是倒退或阴谋，那至少是不负责任和无耻的。

---

① 这种无视有的是无意识的，即出于无知；有的则是有意识的，即出于谋略。

② DE, N° 17, «Distance, aspect, origine», *Dits et écrits, I. 1954—1975*, Édition Gallimard, Paris, 2001, p.308.

③ *Ibid.*

的各个时期的知识型，这并不意味着后一个时代一定具有优于前一个时代的认知总和或一般形式，而是说存在着多样化知识话语的差距、距离、对立、差异和关系，反而是认知的某种形式（知识型）对这些差异进行了一般化的掩盖、否定和排序。那么，对于两种不同文明，既要确立并强调这个差异，又不能用否定的方式进行这种确立和强调；既要拒绝对差异文化进行排序，又要拒绝用一个做另一个的衡量尺度。

福柯的“不连续”思想可以为此提供证明。只有在假设了某种连续性的情况下，我们才会将差异看作是先后、好坏、优劣的变化。而“不连续”思想则是要细致入微地确立间距，杜绝一般性的、抽象的、第一因式的、普适效应的“进化”（殖民？）模式，而是在每个具体性中分析变化。这意味着“表征哲学的终结，差异哲学的开端”①。差异哲学不是一个微不足道的哲学革命，考古学就是这个哲学革命的方法论：它拒绝否定性，因为否定性只会将差异缩减为无、零、空、虚，“西方哲学家君主式的、冠冕堂皇的、精打细算的呼声想要让整体、类比、相似、不矛盾占有统治地位，要将差异化简为否定（非 A 即否定 A）”②。

孔孟荀的谏君策略也可为此提供一证。孔子谓“勿欺也，而犯之”（《论语·宪问》），到孟子那里则是“责难于君谓之恭，陈善闭邪谓之敬”（《孟子·离娄上》），这里“陈善闭邪”已与单纯的“犯”有所不同；到荀子，“以德覆君而

分析哲学是修辞学而不是哲学，是朝臣而不是明君，它不会说话（ergon）只会听话（logos）。

① DE, N° 64, «Ariane s'est pendue», *Dits et écrits, I. 1954—1975*, Édition Gallimard, Paris, 2001, p.797.

② *Ibid.*, pp.796—797.

考古学的维度就是，历史不仅有水平和垂直的方向，还有空间对角的搭接向量。

化之，大忠也；以德调君而辅之，次忠也；以是谏非而怒之，下忠也”(《荀子·臣道篇》)，这里就区分了“以道事君”的方法，并不是一谏了之的。可见，先秦儒家“犯君”的否定性与“事君”的差异性是不可分割的，这里提倡的是对差异的否定性进行有差异的“否定（批判）”。在这方面，柏拉图则提供了反面教材。柏拉图三赴西西里都遭失败，因为他教授狄奥尼修斯哲学，然而狄奥尼修斯没有将哲学运用于施政之中，而是写了份“学习报告”，因此柏拉图就直接跟狄奥尼修斯说他没有好好“学哲学用哲学”，从而触怒狄奥尼修斯，遭到驱逐。这里，不能只是单方面地斥责“暴君不可教也”，还应反省柏拉图虽然有“辅君以德”的良好愿望，但他自己却并没有实现“以德覆君”的“大忠”，在方法上犯了“以是谏非而怒之”的“下忠”。他对差异的否定性进行了无差异的否定。

不对差异进行简单的否定，还可从福柯考古学研究的一个重要特点上看到：即“兼容并包”，在研究素材的选择上“没有选择性”。这个“没有选择性”并不是说真的不选择，而是不依赖任何当下的规则进行筛选。差异只有在不被人为排除的情况下才会显现出来，只有在这种显现下，差异的贯通之处才是可能的。

举例来说，关于柏拉图的政治理念，福柯的考古学研究的是柏拉图的书信。① 福柯也不严格去追究书信的“真伪”，而是对于一切冠以“柏拉图”之名的书信都作以研究。因为

① M. Foucault, *Le gouvernement de soi et des autres*, Cours au Collège de France. 1982—1983, Paris, Seuil/Gallimard, 2008.

即使是假冒的，也是实际存在的，也是在当时当地的历史境况下试图或已经发生着作用的。而这就足以证明其“存在”价值，比“真相”往往更重要。比如柏拉图的第五封书信，可能既不是柏拉图所写，也并不是一封真正的书信，但福柯认为这封信有它自身的价值，“就像一种申明，一个小论文，某种公开信……公众对之有所见证”①。正是在这一层面的研究上，我们将发现东西方权力关系的某些贯通之处。而这些，仅仅在柏拉图的《理想国》中是看不到的。正是在这封“真假不明”却“产生实效”的信中，雅典民主的没落对于柏拉图“哲学王”（philosophe roi）理想的转变以及哲学家作为政治顾问的角色功能才得以阐明：哲学家是“每个政制声音的捍卫者”②。

因此，不难理解为什么汉儒董仲舒在“汉承秦制”的时代，并没有完全沿袭孔子的教诲：因为其所处的“大时局”已与孔子不同。这并不是哲学家对当政者的阿谀奉承，而是哲学家“捍卫社会安定”的责任。柏拉图也是这样做的，当他从苏格拉底之死看到雅典民主衰落之时，他并没有试图纯

Renan de Calan 认为福柯是诸科学的神话学研究者。对人文科学的考古学方法的批判，本身也是考古学批判的对象，这个层面的批判可以是无穷和循环的。福柯的深邃不在于改善『哲（科）学』(xx-logie）而在于改善『生活』(vie)。『哲学』不停重复批判的游戏，却总忘记批判的目的；科学不断翻新『真理』的游戏，却把真理的意义扔给『哲学』。

---

① M. Foucault, *Le gouvernement de soi et des autres*, Cours au Collège de France. 1982—1983, Paris, Seuil/Gallimard, 2008, p.194.

② 在柏拉图的第五封书信中，哲学家不是要提供最好的政治体制设想，而是提供使得某种政治体制得以留存和兴旺的东西——政制（*politeia*）与民声（*phônê*）的一致。因为使得一个生命体有活力的东西，就是不违背自身：人民的建制必须表达人民自身的声音，“如果某个政体模仿另一个政体的声音，这正是使其灭亡的时刻”。因而某种政体的生命力不在于是否强加一个最好的政治体制，而在于对其现实政体的捍卫；不再关注城邦建制（*polis*），而是关注社会风习（*êthos*）；不再将民主之精髓“讲真话（*parrêsia*）”付诸政治领域，而是付诸“伦理”领域。

粹以“理念之光”来挽救雅典民主；而是改变哲学家自身的角色，从一个“民主政治的直言者”变成一个“专制政治的直言者”，即变成一个塑造君主道德的教诲者。这也是为什么柏拉图唯一真实的政治行为是三赴西西里谏言专制君主，而不是在坏的雅典民主中去宣称真理。前者才是能够实际发生作用的哲学，后者不仅会自取灭亡还会使得本已败坏的雅典民主进入更糟糕的境地。董仲舒也一样，他并没有放弃一个大儒的使命“正君之心”和“以道事君”，他提出“君为臣纲”是符合当时政治制度（“任德教而不任刑”）之“民声”的，服从一个现实和运行良好的政治制度是为“大臣”之本。因而对于君权的限制不应由施行具体事务的“臣”来承担，而应由外在于这一行政关系的“阴阳灾异”来承担。

（四）解置：非主体性的主体

在本文第一节“非话语的话语”中所揭示的话语本身的力量，一方面指话语自身具有的“普遍语法”的逻辑力量，另一方面也可以指由话语造成的、话语之外力量的衍生。对于后者，通常有两种提法：一个是话语之外就是人，另一个是话语之外是无活力的事物。如果肯定后者，会带来所谓“人的死亡”；肯定前者，则会引向康德式的先验意识。

首先，福柯的考古学反对前者这种以认知主体可疑的普遍性意识结构进行唯一裁断的路径。福柯在《词与物》的研究中跨越了西方文艺复兴时期（15、16 世纪）、古典时期（17、18 世纪）和现代（19 世纪至今）的生物学（自然史）、政治经济学（经济学）、语言学（普遍语法）的发展过程。

我始终知道，说出『我反对』，太突兀，太不学术，太不懂政治，太不食人间烟火，关键是，太无用。
但我还是要说，还是会在衡量我头颅重量的每个时刻，说这句话，做这件事。
说也许只是掉脑袋，但不说就是把脑袋、骨头和心通通泡在糠菜里窒息、喂狗。
我还是选择说，掉下来的脑袋，砸在地上，埋进土里，也许无声、无用、无益，但肯定有涟漪、有温暖、有生命。

如果肯定康德先验意识的普遍性，这种知识型的差异和变化就无从发生，也无以描述这些不同类别知识的构造方式。“先验主体的理性结构太宽泛，太笨拙，以至于不能察觉所有这些狭小、细腻但又十分重要的差异。”① 可见，先验主体意识不仅不能统归中西文化的差异，就连对西方文化自身发展的差异也无能为力。

其次，福柯也并不肯定后者。关于这一点，可以参考福柯在《词与物》中关于叠加在“律则”（*ratio*）世界之上的“我思”（*cogito*）的想象功能来得到说明。没有“我思”的想象过程，比较、分析和综合都不可能。想象之所以能够使得一个过去的观念重新出现，是因为事物的“相共性”允许其观念在“我思”的想象中复-现（表征，*re*-présentation）一个与其具有“相共性”的过去事物的观念。由于现实的印象在“我思”中不断流转，两个印象本身静止地并置起来供“我思”进行比较是不可能的。但在“我思”的所有观念、图像和感知中，有些不引发关于其自身的观念，它们自我呈现着，却总是只能引起自身外的其他观念。比如，火的影像只不过是红色和闪烁的图像，但它却常常是热或痛的符号，因为这是它通过“我思”的认知或经验常规下必然引发的另一个感知。在这个意义上，能指的观念就是那些能够消退其感知自身的观念并转让给其他感知的观念。

这就带来两个结果。一方面，一些事物的多样性得不到

当人被看作疯子／病人，当人把自己当作活着的／说话的／工作的存在，人是通过什么真理游戏来思考其自身的存在呢？通过什么真理游戏，人类存在被认作是欲望的存在呢？

——福柯，性史第二卷，愉悦的用法

① Georges CHARBONNIER reçoit Michel FOUCAULT à l'occasion de la sortie de son livre *L'archéologie du savoir*, 02 mai 1969, Émission *Sciences et techniques*, http://www.ina.fr/audio/PHD94040862.

『只有在眼睛自己的空间中才有不可见……未被隐藏者所隐藏的，不被揭露者所揭露的——可能这才是可见者本身。』
——福柯，雷蒙·鲁塞尔

观念的反映，因为它不具有这种能指与所指可相互剥离的条件；另一方面，这种能指的支配性和通透性并不是其自身的自然属性，而是“我思”在支配它，使它通透，让它消退，将它划分，把它隐藏，并最终通过忽略其自身而把它认作另一个观念。这些都是按照“我思”的意志或需要、认知或习惯来进行的。在这个意义上，差异是“我思”的表征体系无法容纳的，“我思”只能穿过类比的厚度在同构的基础上建立认识。从另一个角度来说，如果只有“同一性”是使得“我思”保留印象（认知）成为可能的方式，那么“差异性”在认识论层面上就被忽略（消除）则是不可避免的。这就是为什么我们会对差异文化如此耿耿于怀，不管是激进派、保守派还是融合派，都是试图消解这种差异。

因此，福柯对于话语之外力量的回答具有复杂性，这既非单纯的人，又非纯粹无活力的事物，这就是我们这里所说的“非主体性的主体”，这是“一整个实践规则（un ensemble de règles pratiques），它们被绝对地强加于所有想要在这个（实践）范畴中言说的个体”①。话语的形式性是有限的，一组声音，一段文字，哪怕是这段声音和文字具有强大的逻辑力量，也不能取代这个形式性所需要的具体条件：也就是使得话语成为自治、融洽和科学之实践的，是其所关联的各种不同的元素，如机构、技术和其他话语；只有和这些东西一起，话语游戏才能进行下去。这些元素和法则，并不

① Georges CHARBONNIER reçoit Michel FOUCAULT à l’occasion de la sortie de son livre *L’archéologie du savoir*, 02 mai 1969, Émission *Sciences et techniques*, http://www.ina.fr/audio/PHD94040862.

仅仅是语词的逻辑语法规则，它们也并不呈现在言说者的意识之中；但这些法则使得人们可以根据语词发生关联，使得某些对象显现出来。话语正是在这些对象的层面进行言说。

1962 年，福柯在“《对话录：卢梭评判让·雅克》引言”一文中比较分析了卢梭的《忏悔录》和《对话录：卢梭评判让·雅克》中主体的两种不同构建方式。在《忏悔录》中，“单独的我（Moi seul）”既是单一的也是唯一的，是“与自我不可分割的临近，与他者绝对的差异”①。然而这样一个卓绝和如此与众不同的“我”的单元，它需要“读者”将多种多样的激情、印象、样式以一种绝对忠诚的方式——同一性——集合在这个被预设的“单元”里。但在《对话录：卢梭评判让·雅克》中，言说主体（“我”作为主体）则与这个被言说的主体（“我”作为对象）是相分离、相叠加的，换句话说，是有缝隙的。“我”不再是通过“错误、虚伪、撒谎”都无处落脚的、不可置疑的“真诚”建立的。而是在一个打开的空间，他者可以以其“顽固、恶毒和改变一切的固执决定”参与到主体的建构中来。

可以说《忏悔录》就是笛卡尔式“我思”的主体建构模式，《对话录》则具有后来康德哲学问题中“哲学思想反思自身当下”②的视角。但这后者的重点并不单在“分离和叠加”，而在于以此打开的主体空间。这一空间在卢梭的《对

柏拉图主义的『朝向自身』在于其 **réminiscence**（回忆）并不区分存在物（对象）与灵魂（主体），进入真实的光芒普照一切存在，包括灵魂自己，因为灵魂也是一种存在。而公元 **2** 世纪末德尔图良为还上帝以自由——上帝无义务必然拯救受洗之人——，则开始强调人在洗礼前自身的净化告白（*paenitentiae disciplina*）。

① DE, N° 7, Introduction, in *Rousseau juge de Jean-Jacques. Dialogues, Dits et écrits, I. 1954—1975*, Édition Gallimard, Paris, 2001, p.204.

② DE, N° 339, «What is Enligthenment?», *Dits et écrits, II. 1976—1988*, Édition Gallimard, Paris, 2001, p.1382.

> 『当一个论述会直接或间接导致惩罚之后果（甚至决定一个人之生死），且建立在一个科学知识的基础上（至少论述主体之身份确保了这样的一种基础），却又会让人觉得其内容荒谬可笑时，这样一个同时具有上述三个特点的论述就非常值得我们高度关注。』
>
> ——福柯，不正常的人

话录》中是让·雅克的灵魂，在索莱尔斯的《公园》里是将同一性多样化并混杂差异的不可触摸、不可解除的镜像空间。[1] 福柯在《违抗之前言》中，更是提倡将其著名的“分裂（coupure，分离 séparation，间距 écart 等）”概念表达为“差异的存在”（l’être de la différence）[2]。

“幻想并不脱离想象的机制，它将身体的物质性拓扑化。因此要解放这个物质性真假、存在与否的二难悖谬（这只是幻影-复本一劳永逸的反响），让这些幻想跳舞、模仿，好像某种超级存在。”[3]

三、自我的反殖民

中西文化差异可以说是在不同地域历史性“事件”推进下产生的，考古学的视野给我们带来了“非话语性的话语”“非过去性的过去”“非否定性的差异”和“非主体性的主体”。这使我们不得不正视“无文化标签”的共同问题。在这个意义上，中国人对西方思想的学习和运用，不是要做“思想的掮客”，不是要代之“殖民”，而是首先要进行自我的“反殖民”，在完成一个具有完备理性的自我之后，才能对各种差异思想做到收放自如。

---

① DE, N° 17, «Distance, aspect, origine», *Dits et écrits, I. 1954—1975*, Édition Gallimard, Paris, 2001, p.301.

② DE, N° 13, «Préface à la transgression», *Dits et écrits, I. 1954—1975*, Édition Gallimard, Paris, 2001, p.266.

③ DE, N° 80, «Theatrum philosophicum», *Dits et écrits, I. 1954—1975*, Édition Gallimard, Paris, 2001, p.947.

这里所要反对的，不是贴有“西方”或“中国”标签的明确的敌人或朋友，而是我们身处其中的、无处不在的“(集体 / 社会)文化”本身。这里不涉及要在西方文化和中国文化之间确定某种原初性（originalité），而是要在双方的各种因素间建立某种可见的和不可数的关联。这个中西文化（差异文化）的关联，既不是要用某种缺乏反思或根本不可思的概念、影响和模仿系列来建立相似性的关联，也不是要用某种接续、发展和流派的方式建立替代的关联。这种关联是彼此面对、在旁和保持距离，既基于差异性又基于同时性，确立一个有幅员的网络。即便“我思”的历史性使得这个网络呈现为接续、交叉和扭结的连续性，但“我思”所进行的批判，仍可以使其成为可逆转的运动。这个“我思”的逆转，也许会改变某些特性，但它不会破坏这个差异文化的网络，因为可逆转性、可贯通性正是这一网络的本质原则。我们要做的，是让作为批判次级形式的语言不再是某种派生的、偶然的和必然通过文本借鉴而来的语言；是要用陈述和实事来表达，让解置的主体来说话。那么这种批判的语言就能同时既是次级的又是基本的，它就会使得“文本网络成为语词自身的缄默”①。当语词缄默的时候，差异文化就成为我们生命的土壤，而不再是我们思想中的问题。

【发表于《哲学动态》2017 年第 5 期】

每个人的成长都承受着诸种痛苦，有的人选择铭记一辈子，有的人选择忘记。无论怎样选择，当下都是时空的立体雕刻，你所能做的最好的努力，就是与它们和平相处，以更强大的自己朝想要的方向不懈前行。

① DE, N° 17, «Distance, aspect, origine», *Dits et écrits, I. 1954—1975*, Édition Gallimard, Paris, 2001, p.306.

方 法 篇

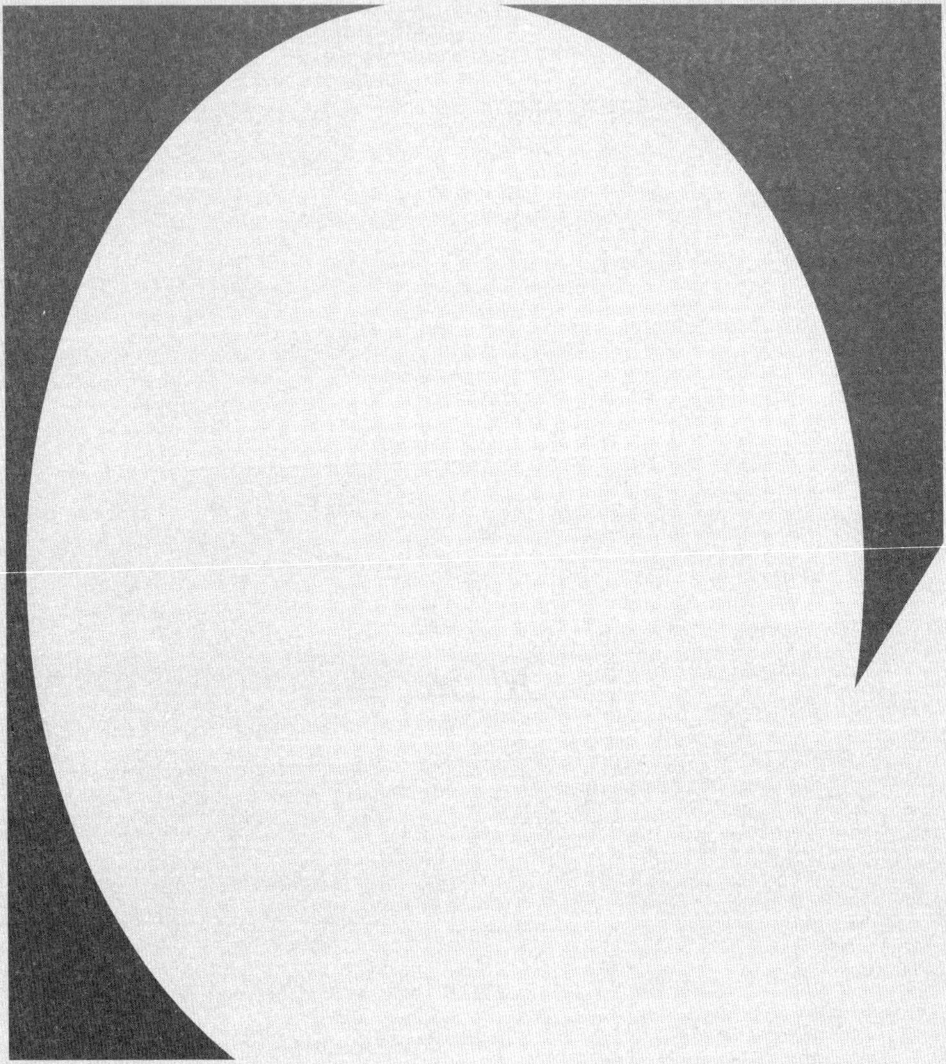

福柯对西方主体理论的质疑、重建及其方法论启示

『如果存在总是如此，这不是因为存在是一，而是因为只有在当下这一掷（骰子），偶然的一切才被肯定。』

——福柯，哲学剧场

福柯“对主体理论的质疑”[①]关键在于拷问“人类主体运用于自身的理性形式”[②]，而理性的这些形式恰恰处于“历史内部”[③]，这个处于“历史内部”的理性形式并“不是从外部加诸于认知主体，而是其本身就是构成认知主体因素”[④]的政治和经济条件。要考察福柯“对主体理论的重建（réélaboration）”[⑤]，需要追随福柯的轨迹，在其所展现的多样性历史中，来直接面对这些主体的构造过程。

---

① Foucault, M. 2001, «Conversazione con Michel Foucault» («Entretien avec Michel Foucault»; entretien avec D. Trombadori, Paris, fin 1978); n°281, in *Dits et écrits (1954—1988)*, Paris, Gallimard.

② Foucault, M. 2001, «Structuralism and Post-Structuralism» («Structuralisme et poststructuralisme»; entretien avec G. Raulet), *Telos*, vol.XVI, n° 55, printemps 1983; n° 330, in *Dits et écrits* (1954—1988), Paris, Gallimard.

③ Foucault, M. 2001, «A verdade e as formas juridicas» («La vérité et les formes juridiques»); trad. J. W. Prado Jr., *Cadernos da P.U.C.*, n° 16, juin 1974; n° 139, in *Dits et écrits* (1954—1988), Paris, Gallimard.

④ *Ibid.*

⑤ *Ibid.*

思想与现实的差距并不总是不可取的。比如，在斯多葛派那里，让自己总是生活在生命最后一天的这个想法并不符合事实，但这可以磨炼人的精神，让人勇于面对不可避免的死亡并珍惜当下的生活。

一、别样意志

福柯对主体问题的揭示，首先并不是从他的那些改变着或印证着各种人文科学领域变革的大部头著作中体现出来的，而是在其所立足的哲学和政治选择中：

“对我来说，政治是我选择尼采或巴塔耶经验方式的契机。对于二战后二十来岁的年轻人来说，对于没有被战争气息带走的人来说，当面临在杜鲁门的美利坚和斯大林的苏维埃，在陈旧的法国工人国际和基督教民主之间做选择的时候，应该选什么呢？在这样一个世界，成为一个资产阶级知识分子、教授、记者、作家或其他是难以容忍的。战争经历使我们迫切需要一个与我们所生活的这个社会极端不同的社会。这个曾使纳粹成为可能，并被纳粹撂倒的社会，这个被打包到戴高乐那边的社会。面对这一切，大部分法国年轻人的反应是深彻的恶心。人们不仅需要一个不同的世界和社会，而且是一个与我们自己相异的社会；人们希望成为在一个完全别样世界里的完全别样的人。因而大学向我们推崇的黑格尔主义的历史的连续理性不能使我们满足，同样，推崇主体至上及其奠基性价值的现象学和存在主义也不例外。”①

这是福柯对“主体”理论进行问题化研究的原因之一，

---

① Foucault, M. 2001, «Conversazione con Michel Foucault»(«Entretien avec Michel Foucault»; entretien avec D. Trombadori, Paris, fin 1978), *Il Contributo*, 4e année, n° 1, janvier-mars 1980; n° 281, in *Dits et écrits* (1954—1988), Paris, Gallimard.

这个问题化研究不仅是一种想要与过往时代有所不同，想要从中解放出来的意志，更是对这种意志的反思。福柯 1978 年表达的这个“意志”，其实在其 1954 年第一篇关于宾斯万格的梦之解释中就已见苗头，“通过与使清醒意识心驰神往的客体性相决裂，通过重建人类主体的极端自由，梦不无矛盾地揭示了朝向世界的自由运动，揭示了自由得以塑造世界的原始出发点”①。与一定的客观世界相断裂，重建人类主体的某种极端自由，这就像那个“想要别样的意志”，并呼应了福柯晚期对于斯多葛精神性（spiritualité）的研究，比如马可·奥勒留的“使（人的）灵魂（显得）伟大（*megalophrosunê*）”②的分析法，比如塞涅卡的使人变得渺小的综合法。这些从被给予世界中解放出来的主题几乎贯穿了福柯所进行研究的所有时期，这些主题无一不是与一定的意识、一定的“我思”、一定的主体功能相关联，它们既是福柯本人的又是其所研究对象的意识、“我思”和主体之作用。

然而这一“在主体面前形成的大窟窿”③，这一从公元前 3 世纪第一个拉丁语作家普劳图斯（Plautus）那里就被称

『语言用不着你去建构，因为是它在建构你。』
——布朗肖，永别，结构主义

① Foucault, M. 2001, «Introduction», in Binswanger (l.), *Le Rêve et l'Existence* (trad. J. Verdeaux), Paris, Desclée de Brouwer, 1954; n° 1, in *Dits et écrits* (1954—1988), Paris, Gallimard.

② Marc Aurèle, *Pensées*, livre III, 11, cf., Foucault, M., *L'herméneutique du sujet*, Cours au Collège de France. 1981—1982, Paris, Seuil/Gallimard, 2001, p.278.

③ Foucault, M. 2001, «Introduction», in Binswanger (l.), *Le Rêve et l'Existence* (trad. J. Verdeaux), Paris, Desclée de Brouwer, 1954; n° 1, in *Dits et écrits* (1954—1988), Paris, Gallimard.

如果考古学是分析屈从性知识的方法，那么系谱学就是让这些屈从性知识登台上演反对所谓科学话语的策略。
——福柯在法兰西学院

作“cogito”① 的“当即”（immédiate）层面，从福柯 1954 年那篇文章开始就被看作是某种“整平化和社会化的空间”②。福柯对于“我思”自由运动（比如在梦中）的认识并不表现为对另一个世界的构造，“梦并不是对另一个世界的另一种经验方式，而是做梦主体对此世经验的一种极端方式，如果说这种方式在此意义上是极端的，这只是说存在在此不被宣称为世界”③。这一观点大抵来自弗洛伊德，因为弗洛伊德“在梦的经验里，发现了将做梦者置于梦语谵妄（drame onirique）内部处境的迹象，就好像梦不满足于用图像象征化和诉说之前经验的历史，就好像梦是在经历主体的整个存在”④。

主体整体存在的这个意涵，尽管首先通过我思、意识或沉思主体表现出来，但又立即超出了其诞生之地，即那个对世界进行空洞象征的领域：弗洛伊德的无意识不是一个意识领域的东西，我思的“无思”（impensé）不是我思。福柯在完成了《古典时期疯狂史》和《词与物》的研究后，在 1967 年的一次访谈中说道：

我并不否认我思，我仅限于观察到我思的方法论生

① «Sed quom cogito, equidem certo idem sum qui semper fui»（当我思考时，我当然是我一直所是的同一个人）; cf., Plautus, *M. Accii Plauti Comoediae*, Volume 1, AMPHITRUONIS, 290.

② Foucault, M. 2001, «Introduction», in Binswanger (1.), *Le Rêve et l'Existence* (trad. J. Verdeaux), Paris, Desclée de Brouwer, 1954; n° 1, in *Dits et écrits* (1954—1988), Paris, Gallimard.

③ *Ibid.*

④ *Ibid.*

> 产力最终并没有我们所认为的那样巨大，不管怎么说，我们今天是能够完全跨越我思，进行那些在我看来是客观的和实证的描述。尽管人们在数世纪以来就已笃信不从我思出发就不能分析认识，但我不诉诸我思而能够在整体性上对知识的各种结构进行描述，这就是极说明问题的。①

从这里可以看出，人们通常所理解的福柯对于“我思”、意识或主体的否定，其实只是对这些概念的首要（primat）地位的否定。福柯所质疑的，正是存在主义或现象学将“我思”、意识和主体当作知识或人之自由的基础，这种主体哲学认为：在“我思”的基础上，人可以作为其自身认识的对象，从而可以成为其自身自由和存在的主体。但福柯指出：“这个传说中的人，这个人类自然或这个人类本质甚或人类特性，从未有人找到过。”②

你在翻译符号的所指，可符号在玩自己能指的游戏。

二、谬误经验

虽然在福柯看来，传说中的“人”在历史上从未出现，

① Foucault, M. 2001, «Che cos'è Lei Professor Foucault?» («Qui êtes-vous, professeur Foucault?»; entretien avec P. Caruso; trad. C. Lazzeri), *La Fiera letteraria*, année XLII, n° 39, 28 septembre 1967; n° 50, in *Dits et écrits* (1954—1988), Paris, Gallimard.

② Foucault, M. 2001, «Foucault répond à Sartre» (entretien avec J.-P. Elkabbach), *La Quinzaine littéraire*, n° 46, 1er-15 mars 1968; n° 55, in *Dits et écrits* (1954—1988), Paris, Gallimard.

世界的道理就那么摆着，多少人费尽心机要告诉你，可你却迷失在各式各样的藏宝图中。最傻的是，不同类型的藏宝图还相互鄙视。

但疯狂主体、疾病主体和犯罪主体却充斥着世界。福柯对这些对象的研究共同隶属于将“认知的主体”视为“谬误”主体的同一问题化领域，隶属于福柯对于知识传统领域的同类型研究，隶属于对同一古典和现代时期的研究，这些研究共同构成了康吉莱姆式的“谬误哲学”①。而就“谬误”主体这一问题化领域，《古典时代的疯狂史》是一个典型呈现。1961 年的《古典时代疯狂史》是福柯的“首要”著作，之所以“首要”，不仅是在时间意义上，更是在它几乎囊括了福柯之后研究所有问题的意义上，例如：奇幻想象的迷雾、惩戒社会及其刑罚机构、资本主义的人口功能、基督教主体的悔告供认、人类行为的非正常性、主体性与真理的交互以及自我治理的无能和必要等等。这部著作就像福柯思想的模阵，疯狂问题在其中表现为可以将所有主体理论重置的“生命谬误”。相对于存在主义或现象学的“意义、主体和体验的哲学”，福柯的这部《疯狂史》与康吉莱姆的《正常与病态》(*Le Normal et le Pathologique*)一样是同属于对“谬误、概念和生命的哲学”②，它们在另类视角下重新思考和重新提出了主体问题。

福柯在《疯狂史》提出了理性对疯狂的四种意识。这四种意识分别是“对疯狂的批判意识”“对疯狂的实践意

---

① Cf., Foucault, M. 2001, «Introduction by Michel Foucault»(«Introduction par Michel Foucault»), in Canguilhem (G.), *On the Normal and the Pathological*, Boston, D. Reidel, 1978; n° 219, in *Dits et écrits* (1954—1988), Paris, Gallimard.

② *Ibid.*

识”“对疯狂的陈述意识”和“对疯狂的分析意识”①，我将这四种意识归为三大主题：

其一，“疯狂主体的机构”，即“对疯狂的实践意识”。对福柯来说，“人文科学与历史之间陈旧的传统对立（前者研究同时性和无演化性，后者研究连续的巨变）已经消失”②，所以在处理疯狂的机构问题时，不能按照同时性而是要按照历时性，也即需要研究疯狂主体的机构（institutions）或者设置（dispositifs）在不同历史时期的形成和变化。

这首先涉及对“理性对疯狂之意识”的分期问题。福柯进行的分期不是依据理论演变而是依据实践事件的断层。在这个意义上，福柯常说的“笛卡尔时刻”（moment cartésien）并不仅仅指笛卡尔在《第一哲学沉思集》（1641）中说出排斥疯狂的那句名言“什么？它们是疯子”③的时刻，而是一系列将这一“古典时期”召唤出来的事件，这些事件比笛卡尔的声言要更早，甚至是他做出如此声言的原因。这就是那些将神圣苦难转化为平庸穷苦、将传统宗教极刑从驱逐出教转变为死刑的宗教改革事件，这就是那些建立医疗总署和逮捕流浪者的国家法令事件，这就是那些将宗教禁忌去神圣化和道德化的伦理变革事件。正是通过这些实际发生的事件，福柯定义了17世纪及17世纪的疯狂，我将这一时期称为“驱

伯里克利说民主就是『为普遍利益』，柏拉图说得有个掌握『真理』的王，亚里士多德说不管是君主/贵族还是大众，德性（为城邦而不为己）为要。政治理论所以总被无穷无尽地批判，因为所谓理想政治（普遍利益）并不存在。

---

① Foucault, M., *Histoire de la folie à l'âge classique*, Paris: Éditions Gallimard, 1972, pp.216—220.

② Foucault, M. 2001, «Sur les façons d'écrire l'histoire» (entretien avec R. Bellour), *Les Lettres françaises*, n° 1187, 15—21 juin 1967; n° 48, in *Dits et écrits* (1954—1988), Paris, Gallimard.

③ R. Descartes, *Méditations métaphysiques*, Paris: Flammarion, 1992, p.59.

逐道德谵妄”的时代。然而，古典时代并不是同质的。如果说 17 世纪可以被称为大禁闭（l’internement）的时代，那么 18 世纪则是精神病院（l’asile）的时代。后者完全不是对监禁疯狂的解除或是对疯狂的解放，而是相反，精神病院时代以解放的名义禁闭疯狂，它不是用铁链禁闭疯狂，而是用知识的枷锁禁闭疯狂。因此，我又将 18 世纪称为“隐喻解放”的时代，也就是说，18 世纪身体的“自由”恰恰标志着对思想的禁闭。

在此历史分期的基础上，需要补充一个简短的“历史沉淀”。就像福柯在对拉辛（Jean Racine）《安德罗马克》（*Andromaque*）的分析中所说：整个对知识的考古学“已经在悲剧的简单闪烁中，已经在《安德罗马克》最后的遗言中告诉我们了”①。《安德罗马克》的最后遗言宣告了沉淀在疯狂的俄瑞斯忒斯（Orestes）脑中的知识类型：永恒的厄里倪厄斯（Érinnyes），奇幻想象的图景和道德谵妄。这些沉淀说明了俄瑞斯忒斯的疯狂，但这些因素并不是来自俄瑞斯忒斯自身。它们的确存在于俄瑞斯忒斯的“我思”之中并经由其思想表达出来，但它们却是先前历史时代的产物，比如永恒的厄里倪厄斯产生于古希腊，奇幻想象的图景产生于中世纪，道德谵妄产生于古典时期。反思这三个表明疯狂主体的时代设置可以说明：每一历史时期的特定实践和事件构成了后续时代人们的一系列集体记忆，这会在个体的“我思”中形成某种不以个体“我思”为主导的思想沉淀，即历史性先天

存在与虚无在二战期间，就是『to be or not to be』（抵抗还是苟活）的意思。把政治问题哲学化，在现实中，就是给猥琐披上高尚的外衣。在这点上，萨特与海德格尔也许并无二致。只是时间是『自由』的s端，虚无是『自由』的m端。

① Foucault, M., *Histoire de la folie à l’âge classique*, Paris, Éditions Gallimard, 1972, p.314.

不是合法/非法的问题，而是服从/斗争的问题。
权力技术而已，说什么无耻不无耻，你是有什么不切实际的预设吗？

(*a priori* historique)。这并不是说“我思”是某种实体领域，人们可以在里面放置历史（集体）记忆，而是说“记忆”是人的一种功能，它构成了我们通常所说的“我思”的一大特性。但如果我们到此为止认为“我思”、意识和主体只不过是一个装满历史实践的无差别的记忆盒子，那么现实中发生歧视、驱逐和转换的情况又会引发新的问题，因为俄瑞斯忒斯并不是在这些无差别的历史记忆中举棋不定，他完全是非常清醒地认为：事实上，他的疯狂并不是这些浮现在脑中的历史沉淀可以解释的，而是他所爱的人，“然而不要，请你们走开，让赫尔迈厄尼（Hermione）来。”①

其二，“对疯狂的批判意识”。无论是黑格尔或萨特的主体意识的神秘整体性，还是著名的黑格尔式或现象学式问题——“所有这些是如何可能达至一个意识、一个自我、一个自由和一个存在的?”②——都蕴含着一个问题：“我思”的自由批判了“我思”的无理性（déraison），但这“自由”和这“无理性”却并非是界限分明和历史恒定的。在此问题视角下，在不同历史时期中，无理性和理性、自由和服从其实是难分难解的。在仍然相信“上帝存在”的时代，疯狂是“相对于理性”的，二者“永恒可逆”，“所有疯狂都有判决和掌控它的理性，所有理性都有它在其中发现自身可笑的疯狂。”③ 在笛卡尔依据对“良知”（bon sens）的伦理选择而对

① Foucault, M., *Histoire de la folie à l'âge classique, op. cit.*, p.316.

② Foucault, M. 2001, «Nietzsche, la généalogie, l'histoire», *Hommage à Jean Hyppolite*, Paris, P.U.F., coll. «Épiméthée», 1971; n° 84, in *Dits et écrits* (1954—1988), Paris, Gallimard.

③ Foucault, M., *Histoire de la folie à l'âge classique, op. cit.*, p.49.

疯狂进行驱逐的时代，这个“良知”其实是基于对其所处的历史和社会现实的掌握和认识，同时，自由（即“我思”的无理性）被同样属于“我思”的意志所驱逐，“在这里，理性-无理性的区分就像是一个决定性的选择，在这个选择中，有主体最为本质的更或是最应为之负责的意志。”① 这一理性（“我思”的产物之一）对疯狂（“我思”的另一产物）的驱逐，甚至都不是来自医学认识，即并非来自科学知识。

在这一点上，福柯的提示给人深刻的启发：“在‘我思’之前，在理性与无理性之间有某种非常古老的对意志和选择的运用。”② 因而，需要对笛卡尔所提出的“良知”概念进行更为细致的考察。但对于笛卡尔“我思”的研究，不等于对笛卡尔的理论推理进行逻辑分析（更或是不应该满足于这些我思和理性的逻辑推理，因为对这个推理本身的运用就是为了证明“我思”的这个运用的合法性或可靠性），而是考察那些使得笛卡尔“我思”得以运作并进行推理和排斥的条件，因为“哲学家的问题不再是要知道所有这些是如何可思的，亦不是世界是如何被主体体验、试验和穿透的。现在的问题是要知道什么是加诸每个主体的那些条件，那些使主体能够成为我们周遭系统性网络中被采纳、起作用和充当网结的条件”③。通过后者的这个研究，我们可以在笛卡尔那里发现一个简化和变形了的斯多葛精神性（spiritualité），“依据理性，

我们会说lol，却不会大笑。

① Foucault, M., *Histoire de la folie à l'âge classique, op. cit.*, p.186.

② *Ibid.*, p.187.

③ Foucault, M. 2001, «Nietzsche, la généalogie, l'histoire», *Hommage à Jean Hyppolite*, Paris, P.U.F., coll. «Épiméthée», 1971; n° 84, in *Dits et écrits* (1954—1988), Paris, Gallimard.

所有你不具备的好也都是完全在你的力量之外的……你要习惯于不去欲求它”①。所谓“良知”以及作为科学法则的“清楚明白”从而就完全是一种伦理选择，这个伦理选择要求人们抛弃自己对之无能为力的欲求，这也是福柯在其晚期研究中所说的“真理的伦理学（l’éthique de la vérité）”。从这一点来看，这一顺应人类存在（这一“人类学”还处于基督教神学“上帝存在”的阴影之下）的选择——即“真理伦理学”，在康德时代被转化为对物自体的不可知，也就不足为怪了。

其三，对疯狂的分析意识和陈述意识。这要求澄清事物本身是如何在这个以人自身伦理选择为基础的笛卡尔式我思中丢失的，以及这个完全是人类学的限制是如何阻碍了人自身的认识。这一点主要体现在古典时期精神医学的非科学性发展之中。

首先，在患病主体方面，作为认知对象的疯狂并不是在其自身（既作为医学的又作为法学的）的整体存在中被看待的。17 世纪的大禁闭在封建社会朝向资本主义社会的变革运动中发明了疯狂的各种形象。这些疯狂之形象的建立不仅没有任何医生的实际介入［福柯称医生在这一“去精神病学的事业（entreprise de dépsyciatrisation）”中扮演着“认知的身份性主体（sujet statutaire de connaisance）”②角色］，还掺杂着将疯子按照权利主体的条件来定义的司法经验。如果说这

真正的公共意见，即使在共和政体，也只能是形而上幻想。内在性的普适化可沟通性本身就是可疑和虚幻的，其运用的私利可能性无穷。

---

① 涉及《谈方法》第三原则，*Discours de la méthode, op. cit.*, p.112。

② Foucault, M. 2001, «Le pouvoir psychiatrique», *Annuaire du Collège de France*, 74e année, Histoire des systèmes de pensée, année 1973—1974, 1974; n° 143, in *Dits et écrits* (1954—1988), Paris, Gallimard.

戳风车的堂吉诃德 v.s. 色情狂贾斯丁与朱丽叶。相似性与表象的极品，近代开端与现代开端的黑哲学喜剧。『阴影之下，是待吞的茫茫大海』，朱丽叶，所有可能欲望的主体，『总是更加隐僻地无名繁盛着』。

两个完全不同的领域在疯狂这里的历史性综合构成了疯狂自身的存在，那么这一复杂的存在整体则给 18 世纪的医生提出了巨大的难题：严肃实证的医学科学如何处理由庸医和资产阶级公民法权定义的疯子呢？

其次，在医疗主体方面，正是这一“认知的身份性主体”建立了 17 世纪以来对疯狂的治疗史：医学将这些由大禁闭发明的疯狂形象毫不犹豫地继承下来并将之作为病人的本来特性，医生只有通过其自身的想象来连接和测量道德和身体机制的复合体。不无讽刺的是，17 世纪医生的想象神奇地符应了关于“谵妄者”的想象，对复合性疯狂的治疗通过医生的综合性想象完成了。可 18 世纪实证医学对于“清楚明白”的要求（医学实践的要求和哲学思想的要求差了一个世纪）却遭遇了无法化约的困难：所有可见的，医学把它视为物理性疾病；所有剩下的，也就是所有不可见的，医学将其推到精神疾病，也就是精神病学的领域。不幸的是，这一实证主义的划分方式却是将道德伦理和身体机制更深刻地混淆了。将所有因素整平在同一可见性基准下的分类方式必然遭遇到疯狂之历史社会复杂性的顽强抵抗，这是人类历史性对有限认知进行嘲讽的第一步。第二步则是实证医学将这些分类阻碍推向精神病学，推向那个只会将对疯狂的认识变得更为模糊的精神病学。精神病学必然遭遇因果关系、激情和意象的循环，不得不发明那个滋生更多问题的心理学，“心理学冲击和物理学介入相互叠加，但从不沟通”①。

① Foucault, M., *Histoire de la folie à l'âge classique, op. cit.*, p.407.

于是在这“科学的精神病学”出现之际，又产生了“对疯狂的陈述意识”。史上首次医患之间直接面对即是在实证主义医学的自然分析之后，在实证主义医学剥除了所有可见因素之后进行的。从而，精神病学对疯狂的治疗只能通过“对疯狂之语言和真实的综合”①来进行，因为谵妄被认为只能存在于非存在（non-être）中（这一观点从笛卡尔开始），也就是说，只能存在于疯子的“我思”中，存在于其纯粹语言性和想象性的推理之中。不无悖谬的是，在医生那里，发生作用的是笛卡尔式普遍理性“我思”，是这个“我思”去面对疯子的“我思”和疯子的“现实”，也是这个“我思”用“现实”治愈“我思”。当然，医生的“我思”和病人的“我思”不是一回事，更确切地说，在他们二者那里，是“我思”的不同功能在发生作用。

对《疯狂史》这三个主题的研究显示了“我思”的三个功能：对社会实践的记忆、对历史伦理的良知以及基于语言的分析和想象。这也在一定程度上呼应福柯主体研究的三个轴心问题：权力，知识和伦理。

三、普遍语法

《词与物》处理与《疯狂史》相同的历史时期（分期），但《词与物》将《疯狂史》在“谬误哲学”一面所观察到的理性主体的构造在“知识型”那一面深化下去了。在这

请书法家写一个『悲』字，字是优美的，可优美的『悲』字表达的却是让人痛苦的东西。体会到音乐形式美的是在欣赏音乐，体会到音乐所表达的悲伤仍然觉得美的，是在欣赏生活。音乐和所有其他表达形式一样，用其特有的元素表达着与经验的某种相似性。

---

① Foucault, M., *Histoire de la folie à l'âge classique, op. cit.*, p.638.

统计数据可以证明『生命政治』的合理性，同样也可以证明其非法性。
只是统计什么？如何统计？是否公布？
这些科学问题不是没有答案，而是没有人敢问，更没有人敢/能公布。
记者和律师都是我喜欢甚至尝试过的职业，但在我们的社会里，这都是不可能的职业。
哲学家可能吗？只要忘掉记者和律师的抱负。

里，不仅理性主体的政治、经济和哲学条件与疯狂主体一样是通过某个历史时期的历史性所塑造的，而且这个历史性本身也在一定程度上由认知主体的模式所构造，比如文艺复兴时期的“相共”（ressemblance）模式、古典时期的“表征”（représentation）模式和现代的“意指”（signification）模式。

然而，这并不是说现象学意义上的人或认知主体以“意义赋予者”[1]的方式介入了历史。使《词与物》对理性主体的研究与《疯狂史》对理性（以拒斥“谬误”的方式定义出来）主体的研究区分开来并获得不可替代价值的是：对理性主体“语言式结构”（structure de type linguistique）[2]的揭示。《词与物》不仅揭示出“我思”的运用背后隐藏着“我说”“我劳动”“我活着”，更为深刻的是它还揭示了“我”的使用背后，在所有这些已经在《疯狂史》中揭示出来的社会历史条件背后，还隐藏着语言的社会历史结构，正是这个结构更为根本地构造了理性的认知主体。并且，这个语言结构作用于认知主体的方式，不是像外部历史社会事件那样外在地作用于主体（从而主体还可以像在疯狂那里那样有退避于自我内部的可能性），而是对于理性主体和谬误主体同样至关重要的内部作用方式，即作为其认知的条件和可能性发生着作用。在这个意义上，语言结构对主体构成的关键作用，

---

① Foucault, M. 2001, «Structuralism and Post-Structuralism» («Structuralisme et poststructuralisme»; entretien avec G. Raulet), *Telos*, vol.XVI, n° 55, printemps 1983; n° 330, in *Dits et écrits* (1954—1988), Paris, Gallimard.

② *Ibid.*

对于塞万提斯、狄德罗和康德和对于堂吉诃德、拉蒙的侄儿和萨德是一样的。福柯早期关于《雷蒙·鲁塞尔》和《知识考古学》的研究即在某种程度上是对这一语言问题的发起或对这一历史语言结构的总结。对这一问题的研究主要集中在《词与物》上。

《词与物》这部著作本身艰深难懂（即使在法国学界也是如此），因此对《词与物》的研究必须是细致、详尽和逐章逐段的线条式文本解读。但福柯在这部著作中对三个典型历史时期（文艺复兴、古典时期和现代）的研究绝不是线条式连续的，而是始终彼此对照比较，描述标志性人物的时代差异，标注断裂点。我以认知主体的三种历史模式为标识，将这三个时期表述为：相共性、表征和意指。这并不是说这三个概念是相互独立和隔离的，正相反，古典时期的“表征”通过对文艺复兴时期的“相共性”才能更好地说明；如果不了解古典时期的“表征”，亦不能更好地理解现代的“意指”。

因为存在着这样的链条，福柯对于我们自身当下的“历史系谱学”才会从现代溯及古典时期，从古典时期溯及文艺复兴时期或更远的中世纪或古代。相对古典时期和现代来说，福柯对于文艺复兴时期的研究相对薄弱，因为这一时期主要作为古典时期和现代的参照点。很难说福柯对于这种回溯没有某种对特定时期的独特倾向，但这一点需要在具体的问题中讨论。比如福柯对博尔赫斯所描述的“中国百科全书”发出的情不自禁的“笑声”，并不是嘲讽的，而是尴尬的。这也不是来自中西差异的尴尬境地，因为对于当代中

现代同性恋的风行与古代同性恋的没落矛盾吗？不矛盾。因为现代性整个建立在『过度编码』（surcodage）之后的『解码』（décodage），这个资本式解码是超级概念的自由，不是古代建立在神圣而又实在基础上的爱情自由。

国人来说，这个“中国百科全书”同样是可笑的。尽管从未有人真的在中国古代典籍中找到这样一个博尔赫斯所描述的“中国百科全书”，大多数学者将它看作“博尔赫斯的玩笑”，但福柯的重点并不在这个“中国百科全书”的真实性，并不在地理区域的差异性，而是在于历史性共有场所（lieu commun historique）的丢失。福柯所要强调的是时间力量，是我们自身的历史性存在使我们对我们自身感到陌生。

那么什么是这个我们不能再认出自己的“陌生”呢？这就是存在的语法，事物本身的语法，我们自身作为自然事物并与其他事物共享自然法则的语法。在这个意义上，对于16世纪“相共性”的研究相对于我们现在的知识有一种“奠基者”（bâtisseur）① 的意义。16世纪将事物并置在一起的力量就是事物本身的相共性（ressemblance），尽管是人将这些事物并置在魔法、鬼怪学、占星术和数学之中，是人依据其自身的感知相共性原则将它们安置于某种秩序之中，但这个文艺复兴时期的“人”对上帝的信仰是如此虔诚，对世界如此的感知是如此不可动摇，以至于这个认知的主体只不过是在上帝不可抗衡的世界之下一个沉静、惰性和封闭的观察者，人与所有其他事物同等和交互地分享着同样的原则。在这个意义上，由于人本身也是世界中所有事物中的一部分，人作为“认知的主体”的设置也即是所有世界上其他事物本身的设置，也就是说，具有事物本身的多样性和复杂性。

然而，古典时期在这一“认知的主体”设置中添加了一

Brissot说公共舆论的丑闻效应可以在共和政体达到约束和治理的效果，而在专制政体却只能造成伪善。因为在前者中，个体见解构成社会关系的根本；在后者中，个体见解毫无新意、充满神秘语汇。可伪善与见解虚隐都是结果。

① Foucault, M., *Les mots et les choses*, Paris, Édition Gallimard, 1966, p.32.

个“轻微”的改变：多样性事物相互之间复杂的相共性关系变成了一个事物对其他所有事物的表征（représentation）。这个表征所有其他事物的事物就是“语言”。正因此，堂吉诃德不再能认出羊群、仆人和客栈，他看到的都是城堡、妇人和军队。因为他依据其仅有的语言阅读经历来读解世界，而这个语言所记述的世界只不过是世界的镜像之一。这并不是说在古典时期之前就没有语言，而是说从古典时期开始，对世界的认识为对世界语言镜像的认识所替代，简单说来，就是书本知识代替了对现实世界的实际认识。但在这一时期，这些对世界的语言镜像是通过“我思”、通过人的思想产生的，而这个“我思”本身也是属于世界的，所以事物本身理性的“理知”（*Mathesis*）和“我思”的“创生”（*Genèse*）并不损害符号（signes）在分类（*Taxinomia*）中的存在，二者就像同谋者一起重组知识世界，重组生命、自然和人。但问题在于，当涉及不能被语言（我思、理性）表征、分类、陈述和交流的事物时，这一语言镜像化、重组化、分类化世界的认知活动必然丢失某些属于事物本身的东西。而不能被表征的这一部分事物在语言镜像活动中是永恒存在的，因为这恰恰是语言镜像的一个不可避免的条件，因而也是语言镜像无法摆脱的缺陷和悖谬：如果能指不脱离所指，就不存在节约记忆的语言功能，就不存在表征，亦不存在语言。

不过，在古典时期，这一脱离并不完全。在这个时期的表征中，就像委拉斯凯兹的《宫娥》向我们展示的：画家（表征者，认知主体）、画布（表征，认知活动，充斥着能指的场所）和国王（被表征者，认知对象，事物本身）都有各

『女人，就是男人的客体，但完全是由男人的主体性构成的客体。所以她是外在化的主体性：她对男人的欲望既是被显现的（男人最内在的真相，在他所爱的女人那里），又是一种无法化约的但变成进入男人的（在频繁变化、情感、内心形式下）主体性的客体性（因为女人就是记忆，就是忠诚），这也是她的未来，但变成了对象，因为欲望的对象，是另一世界、记忆、时间。在家中、在那空无一物的冷淡中呈现的，正是这个外在化的主体性和这个变成内在的客体性。』

——福柯，性课程

乌切洛（Paul Uccello）的夜间狩猎：
『不清楚是观看在移动，还是事物在呈现自身』
『那全部可见的事物从来不是整个被看到的』
『时间总是绝对地处于圆圈的直线上』

自的位置，只是它们的形象或远或近，或清晰或模糊。表征（能指，知识）即便可疑、不确定、不令人满意，通过与事物本身混杂在一起，存在于事物本身之中，即在物自体之中，它与物自体也并不是格格不入的。

但从康德开始的现代，这个能指与所指的脱离变成全面的和完全隔绝的。是语言，而不是认知主体，抛弃了多样性的“我思”生成（*genèses*）、事物“理知”（*mathesis*）和符号“分类”（*taxinomia*）。生命、自然和人，所有由语言、语言的逻辑语法和语言构成的知识所表征和反思的事物，都必须顺服于语言并仅仅是语言的单一规则之下。这就是意指（signification）的世界，这就是康德与萨德的世界。语言的创生力量无限蔓延在现代性中，在康德的纯粹思辨中和在萨德的纯粹欲望中发挥着同样的威力。在这个现代性中，似乎人的自由、意志和主体性找到了一个自我解放的空间，但这个空间只不过是“意识的形而上学背面”（l’envers métaphysique de la conscience）①。在“意指”世界的自由、意志和主体性，用福柯的话来说，“只不过是儿童游戏池中的暴风雨”②。

四、性与生命

对福柯晚期重返主体问题的研究，需要与对《疯狂史》和《词与物》的研究有所不同。原因在于：首先，对于福柯

① Foucault, M., *Les mots et les choses, op. cit.*, p.222.

② *Ibid.*, p.273.

本人来说，《性史》第二、三卷与第一卷之间有很大转变，“完全是在另一个形式下”①；其次，这部《性史》是未完成的著作②。《性史》第一卷与福柯 70 年代在法兰西公学院的研究和讲座有关，《性史》第二、三、四卷则与福柯 80 年代在法兰西公学院的研究和讲座有关。比如，1981 年《主体性与真理》对从古希腊到希腊罗马时期婚姻和同性恋的研究，1982 年《主体解释学》对“关照自身”的研究，就分别在《性史》第二、三卷中按照历史时期的顺序得到了重新组织。涉及刚刚面世不久的《性史》第四卷，福柯在 1984 年法兰西公学院讲座最后一次课关于“讲真话”(*parrêsia*)的研究中也做了说明，“我也许会尝试在明年将这个主题继续下去……在古代哲学之后，就是基督教……如果我能继续，这对我来说就是一个起点；如果由你们接手（这项研究），这就是一个邀请。”③ 福柯关于基督教“讲真话”(*parrêsia*)的研究（亦即在《性史》第四卷《肉体的供认》中所做的研究），其实在 1984 年的这最后一次课中已经有了一个简单的

在语言中出现问题，并不意味着只能一必须解决语言问题。从词与物到性史便是从语言魔咒走出去：心无语言，那么说的就不是语言，而是存在。

① Foucault, M. 2001, «Usage des plaisirs et techniques de soi», *Le Débat*, n° 27, novembre 1983; n° 338, in *Dits et écrits* (1954—1988), Paris, Gallimard.

② 《性史》第一卷发表时其计划是出版 6 卷本，即第一卷《知识的意志》，第二卷《肉体与身体》，第三卷《儿童圣战》，第四卷《女人，母亲和歇斯底里》，第五卷《心术不正者》，第六卷《人口与种族》。福柯从开始撰写第二卷《愉悦的使用》(研究古希腊时期）时就改变了这个计划，《性史》于是又变成了四卷本，第三卷《关照自身》(研究希腊罗马时期)，第四卷《肉体的供认》(研究基督教时期)。可惜的是，在其意外去世之前，只完成了第三卷，第四卷的研究则停留在其浩瀚的手稿之中，并部分地呈现在其后期的法兰西学院讲座之中。

③ Foucault, M., *Le courage de la vérité. Le gouvernement de soi et des autres* II, Cours au Collège de France. 1983—1984, Paris: Seuil/Gallimard, 2009, p.290.

陈述，更不要说，基督教的“讲真话”问题其实在 1980 年《对活者的治理》即已出现，并一直贯穿在福柯晚期的法兰西公学院讲座之中，尤其这一问题还始终作为对照点出现在 1983 年、1984 年《对自我和对他者的治理》中对“讲真话”的系列研究里。

因此，《性史》第一卷较少涉及“主体”问题，而更与福柯 70 年代关于“权力”的研究相关。反过来，关于“主体”的研究，又不能仅限于《性史》第二、三、四卷，还应细致考察福柯从 1981 年到 1984 年法兰西学院讲座中所做的具体研究。从对福柯最后四年在法兰西公学院的讲座和《性史》第二、三、四卷的研究来看，性主体，就像疯狂主体一样，是一个独特和有生命力的领域，为我们对福柯“主体”问题的研究提供了丰富的素材和思路。

首先，性主体这个领域是独特的。就像福柯 1970 年在一篇评论作家 Pierre Guyotat 的文章中所说的，“这也许是个体与性的关系第一次如此坦诚和决绝地被颠覆了：人物不再在各种因素、结构和人称代词中被抹去，而是性从个体的另一端中跑出来，并停止作为‘被奴役者’。”① 由此，“性”（sexualité）成为历史社会结构摧毁作为整体的个体之后，唯一保留下来的能够给主体以广泛性的地层。在这篇关于 Pierre Guyotat 的文章之后，1977 年福柯又在另一篇文章《并非性的国王》（*Non au sexe roi*）中确立了“性”的重要性，即“性”

在枷锁下呻吟的人（类）其实承受不了真正自由所带来的不确定/无所依和深彻的恐惧，于是呻吟成为对人之自由本质的意淫和对其所依附枷锁的同谋，于是呻吟成为在枷锁下卖命的生产力，于是呻吟最后变成了枷锁。呻吟另外还有一个名字叫批判。批判并不真的为打破所有人的枷锁，而是为了登上上层枷锁的宝座。

① Foucault, M. 2001, «Il y aura scandale, mais...», *Le Nouvel Observateur*, n° 304, 7—13 septembre 1970; n° 79, in *Dits et écrits* (1954—1988), Paris, Gallimard.

是“我们人类主体真相凝结的故土，它也是人类的未来”①。

其次，性主体也是一个非常有生命力的领域。因为这个领域涉及主体与真理、主体与权力、主体与自我的多重关系，不仅涉及具有性主动行为的主体，还涉及对自己和对他人“讲真话”和“进行控制”的主体。福柯在《性史》第二卷谈到研究和写作计划变更的时候，多次提出这些问题，“为什么性行为、性主动性和性愉悦会成为道德忧虑的对象？为什么这一伦理关照会显得比其他领域的道德关注更为重要？”② 于是，福柯对“性主体”的问题化必然导向一个对更久远时代的考察，一个对尚处于更原初状态的“性”考察，一个对权力、真理和主体之渊源的考察，这就是对古代社会的考察，这就是对 *aphrodisia*（古希腊的“性”）的考察，这就是对伦理系谱学的考察。“是的，我在写伦理系谱学。这就是作为伦理行动之主体的系谱学，或是作为伦理问题之欲望的系谱学。”③

推动知识型转变的都是知识型的短脚：堂吉诃德暴露了文艺复兴时期的相似性纰漏，萨德昭示了古典时期的表征不能，整个后现代在嘲弄现代性的人型结构弱势。可后现代只是作为像堂吉诃德/萨德这样的指示剂，却并没有产生新的知识型或找到（回）亲近存在的方式。后现代并不是一种与之前的知识型相并列的知识型，而只是火山口。

---

① Foucault, M. 2001, «Non au sexe roi» (entretien avec B.-H. Lévy), *Le Nouvel Observateur*, n° 644, 12—21 mars 1977; n° 200, in *Dits et écrits* (1954—1988), Paris, Gallimard.

② Foucault, M. 2001, «Preface to the History of Sexuality» («Préface à l'Histoire de la sexualité»), in Rabinow (P.), éd., *The Foucault Reader*, New York, Pantheon Books, 1984; n° 340, in *Dits et écrits* (1954—1988), Paris, Gallimard.

③ Foucault, M. 2001, «On the Genealogy of Ethics: An Overview of Work in Progress» («A propos de la généalogie de l'éthique: un aperçu du travail en cours»; entretien avec H. Dreyfus et P. Rabinow; trad. G. Barbedette et F. Durand-Bogaert), in Dreyfus (H.) et Rabinow (P.), *Michel Foucault: Beyond Structuralism and Hermeneutics*, 2e éd. 1983; n° 326, in *Dits et écrits* (1954—1988), Paris, Gallimard.

正是由于福柯对“性”的问题化的特殊性和复杂性，由于他没有将其研究计划完整地浓缩于一部独立的著作中，而是分散在其后期在法兰西学院的讲座中，研究者必须重新组织这些或多或少离散、断裂和倒置的篇章。因此，对这部分的研究不能严格按照福柯著作或其讲座的时间顺序，而需要按照问题本身的关联来组织。比如，福柯 1981 年的《主体性与真理》即是其《性史》第二、三卷的先导性研究，是福柯对伦理主体系谱学研究的开端；福柯 1982 年的《主体解释学》虽然比 1983 年和 1984 年的法兰西讲座在时间上要靠前，但它处理的问题更为系统化、更具开放性、更有扩张性，对这部分的研究应该放在对 1983 年、1984 年讲座的研究之后。

另一个不应按时间顺序重新组织福柯后期研究的原因是福柯的这些研究本身具有一种叠加、转换和延伸的结构。虽然福柯将自己的研究分为三个轴心（知识、权力和主体）这一点是很明确的[①]，但必须注意的是，福柯在其后期研究中对“知识、权力和主体”这三个现代概念做了重要的改换：第一，知识理论被替换为与真理关系的历史分析，这是“基于对话语实践和语词化历史形式”的分析；第二，权力理论被替换为与他者关系的历史分析，这是基于“治理性的进程和技术”进行的分析；第三，主体理论被替换为与自我关系的历史分析，这是基于“主体实效的……模式和技术”进行的分析。[②]

短脚的生发之壤从未消失，那就是无意识领域——不仅仅是指个体的无意识领域，也是对世界的不可意识之领域。只要知识（认知）基于意识（conscience），这个无意识领域就会随时出来作祟。因此力学（théorie de pouvoir）研究颇为重要，因为无意识领域是通过力量（pouvoir）作用于意识领域。

① Foucault, M., *Le Gouvernement de soi et des autres*, Cours au Collège de France. 1982—1983, Paris, Seuil/Gallimard, 2008, p.41.

② *Ibid.*, p.42.

因此，关于 *aphrodisia* 的主题属于第一个轴心的问题，也就是主体与真理的关系问题，即判真模式（modes de véridiction）问题。这也就是说，古代的“性”问题实际上是一种性行为自由的主体处理他与一系列“真理”之关系的问题，这些“真理”包括健康、经济（家政）、对男性主体性之爱和对永恒性的追求。这正是《性史》第二、三卷中的四大主题。然而，福柯在 1981 年《主体性与真理》中清晰而明确地提出了古希腊时期性行为之伦理态度的两个原则的：“社会与性的同质异形（l'isomorphisme socio-sexuel）”原则和“主动性（l'activité）”原则[①]。正是这两个原则的瓦解导致了希腊罗马时期和古希腊时期“性”问题一个重大而根本的分野。在古希腊的 *aphrodisia* 中至为根本的并不仅仅在于 *aphrodisia* 是一个欲望（désir）、愉悦（plaisir）和性行为（acte）不可分解的整体，更重要的是，这个整体允许性行为主体既在自然层面又在社会层面充当一个自由主体。也就是说，性自由首先是身体及身体关系的自然属性，尤其是对于具有插入和勃起天然主动性的男性身体来说。其次，性自由在古希腊社会中也具有社会价值，正是因为男性具有这种天然的主动性特征，他才能够保护城邦、安排经济运作和延续种族。在这样一个崇尚“主动性”和“社会与性同质异形”原则的古希腊社会，节制、婚姻和同性恋中的禁欲（l'ascèse）只能在自由主体的意志下才能施行。这也就是说，自然和社会是存在规则和限制的，但永远是自由主体的意志

现代生物学的功能主义可以用『显者离之，连之者不可触』概括，这也是现代性的范型。

① Foucault, M., *Subjectivité et vérité*, Cours au Collège de France. 1980—1981, Paris, Seuil/Gallimard, 2014, pp.79—92.

来决定如何依据“真理”来控制其自身的 *aphrodisia*（即欲望、愉悦和性行为的整体）。不幸的是，这个基于自由主体的 *aphrodisia* 文化从希腊罗马时代开始坍塌了。

第二个轴心问题，即关于主体与权力、与他者的关系问题，用福柯后期的话来说，这就是“治理性”（gouvernementalité）问题，关于“讲真话”（*parrêsia*）的主题就是围绕着这一轴心进行的。尽管“讲真话”的主题首先是出现在《主体解释学》中关于精神指导（direction de la conscience）的问题上，但这一主题是在1983年和1984年《对自我和对他者的治理》中得到充分的和系谱学的阐明的。可以说作为精神指导因素之一的“讲真话”问题是福柯在之后两年里继续对之进行深入和系谱性研究的原因。出于这一对于主题的安排，我们需要将《主体解释学》和《对自我和对他者的治理》中关于“讲真话”的研究分开而论。一方面，是作为“治理性”的“讲真话”的系谱学。另一方面，是《主体解释学》中将“讲真话”视作与自我的关系，也即“关照自身”和“自身技术”的主题。

治理者都是专业的政治家，被治理者在斗争方面够专业吗？

关于“讲真话”在其古代社会中的系谱学，这涉及从伯利克里到苏格拉底到柏拉图直到犬儒主义的一系列发展变化。“讲真话”之所以能够成为“治理性”的技术，在于它与真话（discours vrai）、求真活动（*alèthurgie*）和主体判真（la véridiction du sujet）几个相关和相近概念紧密相连。在我们今天，很容易把“讲真话”简单地理解为某种语言形式的话语或孤立的言说行为。但这个概念却更为复杂。伯里克利的“讲真话”概念涉及一个四边形的结构：民主制度是其体制性节点，优胜性是其政治性节点，真理话语是其认知性节点，斗争和风险是其伦理性节点。[1] 这些体制性、政治性、认知性和伦理性因素是伯里克利时代“讲真话”的必要因素，因为缺少任何一个，在政治领域，“讲真话”都会沦为虚假和有害的活动。

在苏格拉底的“讲真话”概念中，由于处在古希腊最糟糕的民主的时代，苏格拉底拒绝政治性的“讲真话”，即拒绝在真正的政治领域，也就是在国民议会中“讲真话”，所以苏格拉底提倡伦理性的“讲真话”。福柯认为苏格拉底的这种伦理性“讲真话”是从关于“苏格拉底之死”[2] 的一系列文本中体现出来的，比如柏拉图的《申辩》《克里同》和《斐多》，以及杜梅泽尔（Dumézil）对于苏格拉底最后遗言“克里同，我们还欠阿斯克莱匹乌斯（Asklépios）一只公鸡。不要忘了还债”[3] 的解读。对于苏格拉底来说，糟糕的民主就像糟糕的专制一样，不值得冒生命危险去“讲真话”。但是，当“讲真话”作为忧虑（souci）的实践，作为自我关照（souci de soi）的实践，作为由自身掌控时局的实践，作为不被他人左右的实践，作为男性主体自我决定自身事务的实践，作为拥有自身主体性的实践，作为成为自身主体的实践，“讲真话”又是

孤独是自由者无尽的洗礼，自由是上帝永不承诺的兑现。

① Foucault, M., *Le gouvernement de soi et des autres*, Cours au Collège de France. 1982—1983, Paris, Seuil/Gallimard, 2008, pp.157—158.

② Foucault, M., *Le courage de la vérité. Le gouvernement de soi et des autres* II, Cours au Collège de France. 1983—1984, Paris, Seuil/Gallimard, 2009, p.69.

③ Platon, *Phédon*, 118 a, trad. P. Vicaire; cf., Foucault, M., *Le courage de la vérité. Le gouvernement de soi et des autres* II, Cours au Collège de France. 1983—1984, Paris, Seuil/Gallimard, 2009, p.105, note 2.

『博爱将不再被人体验，因为博爱只能在感性的波动中存活，而这种感性的波动，根据抽象情形的原则，不过是错误的波动……只有形同陌路/互不理睬、彼此毫无义务的个体，才不得不用契约加以凝聚。』

——克罗索斯基，萨德，我的邻居

值得为之而活着并在必要的时候为之献身的。这一苏格拉底式的伦理性“讲真话”随后被柏拉图发展为哲学式的“讲真话”，又被犬儒主义发展为以实际生活方式来“讲真话”。

由于“苏格拉底之死”涉及“关照自身”的一个重大起源论据，它蕴含着将对《主体解释学》的研究放在最后的原因之一。这也可以理解为福柯在70年代的一系列政治活动之后，在80年代做出了对伦理主体进行系谱性研究的重大转变的原因，“我非常赞同说我更感兴趣的是道德而不是政治，或者不管怎么说，我更感兴趣的是作为伦理的政治”①。这一作为伦理的政治尤其表现在福柯在《主体解释学》中对于阿尔西比亚德（Alcibiade）的分析，在这里，关照自身、对自我的忧虑和实践、对自我的治理是对他者进行治理的条件。正如福柯所说，“关照自身的必要性与权力的施行相关联。”② 但从苏格拉底本身意义上的“关照自身”（*epimeleia heautou*）到柏拉图意义上的“认识自我”（*gnothi seauton*），揭示出了“自我作为灵魂”（le soi-âme）和“自我作为生命”（le soi-*bios*）之间的一个重大区别。这个区别就是阿尔西比亚德与《拉凯斯篇》的区别，就是晚期柏拉图和苏格拉底式柏拉图的区别。

对于“自我作为生命”的关照总是要求某种“认识自

① Foucault, M. 2001, «Preface to the History of Sexuality» («Préface à l'Histoire de la sexualité»), in Rabinow (P.), éd., *The Foucault Reader*, New York, Pantheon Books, 1984; n° 340, in *Dits et écrits* (1954—1988), Paris, Gallimard.

② Foucault, M., *L'herméneutique du sujet*, Cours au Collège de France. 1981—1982, Paris, Seuil/Gallimard, 2001, p.37.

身”，但这是某种“关联于生命（*bios*）问题”① 的认知。这一“认知”不是通过对神性或绝对真理的话语性、形而上式或命令式的灵魂沉思获得，而是通过人自身实际的体验、考察和操行获得，这一通过有意志的实践所获得的“认知”对于人来说只是一种对生活的选择，而且是一种需要为之付出实际努力和切实的自身改变的选择。这个“生命”的选择指向某种“有价值的生活”概念，即通过某种生活方式达到一种“幸福”和“善好”的状态，这是一种“有意外，有必然性（的生活），也是一种我们能够通过自身达成、通过自身决定的生活”②。因此，福柯又说，“生命（*bios*），就是古希腊的主体性”③。这个主体性是一种治理性，就像在 *aphrodisia* 中，它表现为一种对节制的自愿操行。真正的治理性只属于自由人，属于能够按照已知真理选择自身生活方式的人。但对于这个主体性的使用却存在着一个问题。当涉及自我的治理，作为生命的自我同时也是一种人类生命，对于这个主体性的使用可以是一种选择自身存在方式的自由；当涉及他者的治理，这个他者有可能是神圣真理，或某种社会或历史性的真理，这一“自我关照”的领域，就会变成了灾难性的媒介，就会变成牧师、社会或国家权力的立足点。

将《主体解释学》放在最后进行研究的另一个原因是，

『在现代启蒙的判断下，梦被视作全无意义的东西，那些忙于制造机器，在现实中只看到他们能征服和操纵的东西的人将自己视作「现实主义者」；他们对每一种类型的汽车都使用专门词汇，然后在表达最为丰富多彩的情感经验时，只有一个字眼：爱。』

——弗洛姆，被遗忘的语言

① Foucault, M., *Le courage de la vérité. Le gouvernement de soi et des autres* II, Cours au Collège de France. 1983—1984, Paris, Seuil/Gallimard, 2009, p.148.

② Foucault, M., *Subjectivité et vérité*, Cours au Collège de France. 1980—1981, Paris, Seuil/Gallimard, 2014, p.36.

③ *Ibid.*, p.255.

它涉及一个对主体“权力–知识–伦理”三元结构的全面阐释：在“关照自身”中，对主体性的运用表现为治理功能；在“转变自身”（conversion à soi）中，对主体性的运用则表现为判真（véridiction）功能；在“操行”（l’*askêsis*）中，对主体性的运用表现为精神性（spiritualité）功能。对主体性的第一个使用体现在古希腊时期，后两个则体现在希腊罗马时期。这也就是说，古希腊时期的主体性是某种对自身和对他者的治理性，“关照”（*epimeleia*）要求同时关照自身并关照他人，即关照城邦。城邦的拯救（salut）也是自我的拯救。到了希腊罗马时期，“关照自我”只有唯一一个目的，那就是“自我”，只有唯一一个可能的回报，那就是自己对自己的主宰。作为主体，作为脱离于不能如其所需地做出要求的非主体状态的主体，唯一可以“自由地、绝对地和永久地（进行要求的）……就是自我”①。因而，对自我实践和生活技艺的教育可以普及到每个人身上，但获得拯救却只能依靠每个人自己，也就是说依靠每个人自身的努力。在希腊罗马时期，已经没有了城邦政治，也没有了通过城邦拯救而获得个人拯救的机制，这里只有个体化的政治和个体化的拯救。在希腊罗马人那里，通过自身获得自身的拯救就是要不断进行操行（l’*askêsis*）。这些操行有两个进程：一个是获得对真理的认识，一个是将真理身体力行（mise en œuvre）。在第一个进程中，主要是对主体性进行某种清洗式（cathartique）的

希腊不区分私人和公共生活，个体（贵族）自由才可能促成民主政治，能够自制才意味着能够治理他人。罗马帝国时代已是君主专制，法典染指个体（性）自由，私人和公共生活的划分表面上既保障个体价值又迎合国家利益，可造就的是分裂/被动的个体，不是自由而自制，而是法制才自治，此时个体（自由）价值已被公共价值定义。

① Foucault, M., *L’herméneutique du sujet*, Cours au Collège de France. 1981—1982, Paris, Seuil/Gallimard, 2001, p.128. 这一点，正是康德“自律即他律”的希腊罗马起源。

使用，它表现为认识真理过程中的某种伦理（l'éthique）态度，比如专心、禁欲等；在第二个进程中，主要是对主体性进行某种政治式（politique）的使用，它表现为将真理付诸实践的某种存在模式（l'*êthos*）体验，比如在面对死亡或面对欲望对象时，人切实的宁静状态。

五、方法论启示

福柯对于我思或主体的首要性和奠基身份的批评，对于人的空洞构造的批评，没有诉诸对存在主义或现象学哲学文本本身的分析，这是因为这些理论是自洽的知识体系，而内部批评不可能质疑甚至摧毁自己的前提。但福柯从我思或主体所进行的边界划分，从这个划分产生的“谬误”经验，发现和反思了奠基我思或主体理论的重要问题。如福柯研究疯狂主体、疾病主体和犯罪主体的历史构造，就揭示了为获得理性知识而葬送整体的“我思”或“认知的主体”的问题。对于疯子、疯狂的传统定义，历来建立在“我思”之无序性的基础上，建立在疯子被排斥为非认知主体并被视作认知对象的基础上，建立在人具有某种普遍性的真相并能够将之说出的基础上。

虽然福柯对疯狂主体之历史构成的研究只是对主体进行历史研究的一个特例，但这个特例揭示了几乎所有之后用来客体化主体的因素和历史结构。历史性的主动性层面使得人能够参与其中，即使有时候是以理性、认知主体或有限人性的名义，但这一层面总是留给人的主动性一个空间，使人能

罗兰·巴特对西方语言（现代语言）的批判（反省），可以体现在发现俳句的美与哲学意义。这也多少适用于现代汉语与古代汉语的对峙。

Hercule Poirot，这个小胡子大侦探应该是哲学家的典范：真相是从实事中找出来的，不是在脑子里发明出来的。

够安置其自由、意志或主体性，尤其当疯狂的存在总是保留着某种无理性的神秘内核，当疯狂作为最为忠诚的笛卡尔主义者从不背叛其自身“我思”时。不过，福柯所揭示的最为残酷的并不是这一执拗的、仍然保留着自由希望的疯狂，而是理性与疯狂的区分并不是绝对的。理性和疯狂一样，都具有相同的“神秘内核”：历史性或历史性先天（*a priori historique*）。并且这个历史性先天将认知主体和疯狂谵妄者置于同一命运之下：“普遍语法”的木偶戏。这正是《词与物》的研究所揭示的。

福柯通过《疯狂史》和《词与物》，通过疯狂主体和理性主体的对峙，通过揭露构造认知主体的条件和形式，“摧毁了主体的绝对权力”（ruiner la souveraineté du sujet）①，并在此基础上开展重建主体问题的工作。这个重建的方法论关键在于：“摧毁主体绝对权力”，并不是对主体的否定，更不是对人的自由、意志和主体性的消灭。在这个“摧毁主体绝对权力”的工作之后，正如福柯所说，“就涉及重新引入那些我在最初的这些研究中或多或少搁置的主体问题，尝试捕捉那些在其整个历史中出现的道路和困难”②。但福柯对主体问题的重返是朝向一个新的维度、一个新的领域和一个新的历史时期：这就是一个涉及和联结权力–知识–主体的三轴维度，这就是关于“性”的领域，这就是既在现代性之外又在

---

① Foucault, M. 2001, «Le retour de la morale» (entretien avec G. Barbedette et A. Scala, 29 mai 1984), *Les Nouvelles littéraires*, n° 2937, 28 juin-5 juillet 1984; n° 354, in *Dits et écrits* (1954—1988), Paris, Gallimard.

② *Ibid.*

现代性之中的古代时期。

在这个意义上，福柯对“主体研究”的重建在方法上有两个特点：一方面，这个研究需要在对于古代、古典时代和现代的考古学研究中开展，也就是在这个人类主体赋予自身的那些理性形式所在的历史内部中进行；另一方面，这些人类主体运用于自身的理性形式不是脱离主体的抽象形式，不仅仅存在于已分化的和作为构造结果的理性主体、健康主体、守法主体和禁欲主体那里（这一部分在西方传统哲学中已经有丰富的研究），而是更有可能体现在疯狂主体、疾病主体、犯罪主体和性主体这些看似边缘的主体之中。

在这种独特方法论的视角下，我们就会发现：福柯从早期的博士论文《古典时代疯狂史》（1961）到晚期最后一部法兰西公学院讲座《真理的勇气》（1984），几乎都围绕着反思和重建某种“主体理论”，而这种对“主体”的问题化研究和探索，以及这些问题化本身的关联和机理在很大程度上就体现在福柯对“我思”“主体”和“主体性”三个概念的问题转化之中。

首先，“我思”（cogito）这个概念，可以理解为福柯的“认知的主体”（sujet de connaissance）①。这个概念之所以在福柯那里十分关键，并不像传统哲学所认为的那样在于“我思”作为认知的基础和条件，而在于“我思”作为“认知的

① 这里“认知的主体”和“认知主体”（sujet connaissant）有一定区别，前者是更为广泛的进行认知活动的主体，后者则局限在笛卡尔以来的具有或按照普遍理性模式进行认知的主体。参 Foucault, M. 2001, «Nietzsche, la généalogie, l'histoire», *Hommage à Jean Hyppolite*, Paris, P.U.F., coll. «Épiméthée», 1971; n° 84, in *Dits et écrits* (1954—1988), Paris, Gallimard.

主体”的一部分，作为“为了成为纯粹思辨而仅仅受制于理性”[1]的知识所分解和牺牲掉的本身自由的整体，也就是说，福柯这里的“我思”不是通常所区分的理性与非理性的主体中“理性”的那一部分，而是先于这个区分，包含这二者的整体。其次，“主体”（sujet）这个概念，可以理解为福柯所说的“主体悖谬”[2]中的“主体”，我又称之为“康德陷阱”中的“主体”，也就是康德所设想的既作为知识的构造者又作为知识的构造对象的“主体”设置。在历史中，主体这两个层面之间存在着交互性，这一交互性既由它们之间的力量差异所推动，又在寻求各自强势的过程中继续制造着差异。第三，正是在这个意义上，“主体性”（subjectivité）这个概念可以理解为福柯所说的“是在与其自身真相的关系中所构制和所改换的东西中被设想的”[3]。福柯在 1981 年《主体性与真理》的法兰西公学院讲座开篇说道：“没有独立于真理关系的主体理论”[4]。因而，研究福柯的“我思”“主体”和“主体性”，也不能说是一种纯粹的主体理论研究，而是一个对于主体和真理之间关系或者悖谬的研究。只是对于福柯来说，

---

① Foucault, M. 2001, «Nietzsche, la généalogie, l'histoire», *Hommage à Jean Hyppolite*, Paris, P.U.F., coll. «Épiméthée», 1971; n° 84, in *Dits et écrits* (1954—1988), Paris, Gallimard.

② Foucault, M. 2001, «Human Nature: Justice versus Power» («De la nature humaine' justice contre-pouvoir»; discussion avec N. Chomsky et F. Elders, Eindhoven, novembre 1971; trad. A. Rabinovitch), in Elders (F.), éd., Reflexive Water: *The Basic Concerns of Mankind*, Londres, Souvenir Press, 1974; n° 132, in *Dits et écrits* (1954—1988), Paris, Gallimard.

③ Foucault, M., *Subjectivité et vérité*, Cours au Collège de France. 1980—1981, Paris, Seuil/Gallimard, 2014, p.15.

④ *Ibid.*

这个关系（悖谬），即便在历史中具有交互性，这个交互性也不是朝向乔姆斯基所提出的“将主体悖谬重新引入语法分析领域”①，而是相反，“将对于理解，对于理解的各种规则、体系、整体性转换视角引入个体性认知游戏之中”②，也就是说，不是让“主体悖谬”破坏科学真理，而是要把它重新置入其自身的“个体性认知游戏”之中。

正是在这个“个体性认知游戏”的层面，关于“我思”“主体”和“主体性”的研究才显得格外重要，因为个体性主体表现为一种穿透他所面对的世界积极力量的源泉。当人们不再被动地回应他们所在的环境条件，当人们希望能活着或更好地活着，当人们不再单纯地顺应他们所被给予的东西，似乎就出现了某种人的主动性、意志和自由，人也因此被定义为人类主体。古希腊“主体”的主动性（activité）表现在与自然的斗争，中世纪“主体”的主动性表现在与上帝的对峙，古典时期“主体”的主动性表现在对科学的发现，而我们的主动性，我们现代“主体”的主动性表现在面对当下，面对那个具有双重“包袱”的当下：即必须面对历史和未来，必须是一个具有“主体历史”③的主体性，必须是一个

死亡是人类生活时间性的终结，疯狂是人类生活动物性的终结。

① Foucault, M. 2001, «Human Nature: Justice versus Power» («De la nature humaine' justice contre-pouvoir»; discussion avec N. Chomsky et F. Elders, Eindhoven, novembre 1971; trad. A. Rabinovitch), in Elders (F.), éd., Reflexive Water: *The Basic Concerns of Mankind*, Londres, Souvenir Press, 1974; n° 132, in *Dits et écrits* (1954—1988), Paris, Gallimard.

② *Ibid.*

③ “我想要做一个主体的历史，这不应该是需要叙述其生成和结果的某日之事件的历史”。cf., Foucault, M. 2001, «Le retour de la morale», n° 354, in *Dits et écrits* (1954—1988), Paris, Gallimard.

有着不同主体化模式的“我们自身”（nous-mêmes），必须是一个有着“将人类存在转化为主体的各种客体化模式”[①]的主体性。因此如果要从福柯那里有所受益，就绝不仅仅是进入到那些由知识的结构和历史性所决定的主体的认知当中，而更是要进入到将我们自身的主体性和“我思”的自由付诸身体力行的行动（*ergon*）中。这也许就是福柯在主体问题上给予我们的最本质启示。

【发表于《比较哲学与跨文化哲学》第 17 辑】

匿名的理想目的是：任何人（包括机器人、屏幕另一边的狗）都在（并可以）做同样的事，且没有别的方式。作者和审稿人都是如此。可事实怎么可能如此？真正的客观公正不在于你在不知道对方是谁的情况下的盲目客观公正，而是你明知对方是谁，还能客观公正。

对于可以客观公正审稿的人来说，匿名并无必要；因为做不到这一点的人，匿名也没用，匿名反而可能是胡说八道的遮羞布。

① Foucault, M. 2001, «The Subject and Power» («Le sujet et le pouvoir»; trad. F. Durand-Bogaert), in Dreyfus (H.) et Rabinow (P.), *Michel Foucault: Beyond Structuralism and Hermeneutics*, Chicago, The University of Chicago Press, 1982; n° 306, in *Dits et écrits* (1954—1988), Paris, Gallimard.

反思批判：论福柯的现代性启蒙哲学

一、研究导引

关于福柯与康德，国内外学界讨论最多的，是二者关于启蒙问题的主张，但这些研究（尤其是国内）多数集中于二者的同名文章“何谓启蒙?”。可我们知道康德发表“何谓启蒙?”（1784）之时刚刚完成其哲学奠基之作《纯粹理性批判》（1781），“何谓启蒙?”中关于启蒙的主张不可避免地会受到《纯粹理性批判》中批判思想的影响。

对福柯来说更是如此。福柯集中长篇讨论康德“何谓启蒙?”一文的地方实际上有三处。第一处是福柯 1978 年 5 月 27 日在法国哲学协会宣读的报告，福柯自己不但没有给该报告命名，而且在该报告中表达了为之命名的困惑，因为福柯在其中虽然讨论了康德的启蒙（*Aufklärung*）和批判，但福柯结合自己当时对治理化的历史研究，给出了与康德截然不同的批判概念。1990 年《法国哲学协会公报》在出版这个报告时，颇为犹豫地将其命名为“何谓批判?［批判与启蒙（*Aufklärung*）］”（Foucault，1978a-1）。有意思的是，詹姆斯 · 斯密特 1996 年编纂的《何谓启蒙? 18 世纪的答案和 20

无差别劳动力的『平等』只是资本追求交易效率的遮羞布，是不考虑性、生育负担的更深刻剥削。这个女性的处境其实是人之处境的放大镜：不接受剥削就别想独立。不接受机制的构造，就没有创造自我的可能。在这个意义上，女性主义的真正对手（问题）不是自以为不卑微的男性，女性主义的真正优势恰恰在于比无限膨胀的男性人类更自知人之为人的局限。

世纪的问题》[①] 收入了大部分18世纪和20世纪关于启蒙问题的讨论，其中收入并翻译了福柯1978年的这篇“何谓批判?”（Foucault，1978a-2），却对福柯其他直接命名为“何谓启蒙?”的文章视而不见。事实上，编者尖锐地看到康德那篇18世纪的“何谓启蒙?”一文本身并不是问题而是答案，而20世纪的问题（至少在福柯那里）不是“何谓启蒙?”而是“何谓批判?”。

2015年法国VRIN哲学书店专门出版了《何谓批判?附：自我的教养》（*Qu'est-ce que la critique? suivi de La culture de soi*）[②]，编者根据收藏在法国国家图书馆的福柯手稿，增补了福柯在1978年报告中没有宣读的部分，同时，附加了福柯1983年4月在加利福尼亚大学伯克利分校宣读的报告“自我的教养”以及随后与该校哲学系、历史系和法语系的三场辩论。而1983年正是福柯在法兰西公学院讲授《自我与他者的治理》的一年，福柯在该年研究古希腊 *parrêsia*（讲真话）概念之始，又特别对康德“何谓启蒙?”一文进行了长篇讨论，这就是我们这里讨论福柯与康德关于启蒙问题的主张必须考虑的第二处（Foucault，1983b-1）。法国《文学杂志》1984年以“未刊课程”（Un cours inédit）为名出版了这个讲座的节选，我们现在能见到的两个英译本都是以这个节选为基础。有趣的是，这两篇英译本一个名为“康德论启

Jazz 适合所有劳动的节奏，深邃地摇摆身体。

① 参见詹姆斯·斯密特：《启蒙运动与现代性：18世纪与20世纪的对话》，徐向东、卢华萍译，上海：上海人民出版社2005年版。

② 参见米歇尔·福柯：《什么是批判？/自我的文化——福柯的两次演讲及问答录》，潘培庆译，重庆：重庆大学出版社2017年版。

蒙与革命”（Foucault，1983b-2），另一个名为“讲真话的艺术”（Foucault，1983b-3）；而1994年法国伽利玛出版社出版福柯文集《言与写》时，收入的也是这次讲座课程的节选，编者将其命名为“何谓启蒙？”（Qu’est-ce que les Lumières?）。从两版法文和两版英译标题的天壤之别可以看出，福柯该讲座课程的内容在当时既出人意料又让人摸不着头脑，而且可能由于外文标题的混乱，目前国内研究者很少直接将这个讲座与福柯对康德启蒙的解读联系起来。

福柯长篇讨论康德启蒙概念的第三处是我们经常见到的、首先出现在1984年《福柯读本》中的英译本（Foucault，1984c-1），1994年《言与写》收入该文时按照英文版标题译为“何谓启蒙？”（Foucault，1984c-2）。福柯彼时受邀主持美国加利福尼亚大学贝克莱分校“雷金特讲席”（Regent’s lecture），福柯不仅专门写了这篇文章再次阐释康德的“何谓启蒙？”，还邀请哈贝马斯、理查德·罗蒂、查尔斯·泰勒、休伯特·德雷福斯来共同讨论（cf. D’Entrèves，1999，p.337；McQuillan，2012，p.79），可惜由于福柯的意外病逝，这次讨论未能成行[①]，不然这又会是20世纪哲学的一次重要事件。

康德所主张的『如果不自由就无所谓道德』与法学传统的主张『疯子免责并限其自由』现代版——『疯子无自由意志，故疯子免责』有苟同的蹊跷：罗马法限制的自由只是惩罚手段，到现代，自由意志变成人之本性。吊诡之处在于：如果心理决定论（意志由非我决定）成立，无人需为道德负责，人人皆疯子，因为绝对不被决定的意志在现实中是不存在的。

① 福柯关于古希腊 *parrêsia* 在基督教中发展变化的研究，由于福柯意外病逝而被迫终止，关于这一点参见：M. Foucault, *Le courage de la vérité. Le gouvernement de soi et des autres II*, Cours au Collège de France. 1983—1984, Paris, Seuil/Gallimard, 2009, p.290。现已在法国出版的《性史》第四卷《肉体的供认》虽是福柯关于基督教问题的研究，但第四卷手稿1982年已经完成，先于《性史》第二、三卷，福柯在其中发生的思想变化和未尽研究笔者将另文详论。

当然，福柯对康德批判哲学和启蒙概念的“兴趣”还远不止这三处，且不论福柯在其1966年的重要著作《词与物》中将康德批判哲学作为现代性的重要坐标，这个“兴趣”从70年代末开始成为福柯研究的主线：福柯1978年为乔治·康吉莱姆《正常与病态》在美国出版而写的英文版序言、1979年为法国《新观察》创始人让·丹尼尔（Jean Daniel）的《断裂时代》写的书评“令人不适的道德”、1980年为《不可能的监狱——19世纪惩治系统研究》写的后记、1982年在《福柯：超越结构主义与解释学》中的文章“主体与权力”、1983年的对话“结构主义与后结构主义”等等。（cf. Foucault，1978a-3，pp.72—73）

性史第四卷应改名为：『福柯勇斗早期教父』。

批判和启蒙可以算是康德的关键词，但似乎不能算是康德哲学的核心概念。正如知识和权力似乎是福柯的关键词，但却不是福柯哲学的核心概念。关键词是常常被提到但未必贯穿哲学家主旨的能指所在，核心概念往往是隐而不现却会击中哲学家要旨的所指所在。福柯70年代末以来哲学研究的核心概念是康德的启蒙（*Aufklärung*），但这是什么意义上的“启蒙”？这与康德的批判哲学以及福柯的历史-哲学批判又是什么关系？为什么我们最终要说福柯的研究是作为启蒙的现代哲学呢？

二、启蒙与两种现代性

我们通常认为康德批判哲学中的哥白尼革命是哲学史上解决对象与认知差异问题的重大创举，福柯称“康德批判标志着我们**现代性**（modernité）的开端”（1966，p.255），有美国学者称福柯的这一评价“是对18世纪末‘人’成为人文科学特权对象之历史发展的彻底批评”（McQuillan，2012，p.66）。福柯1966年在《词与物》中对康德批判哲学的这个评价的确不具有我们通常所持的赞誉态度，如果说这并没有表现出美国学者所说的那种“彻底批评”，那么这至少是一种中性的“描述”：“在《词与物》中，我想要表明在18世纪末和19世纪初，人是从怎样的碎块和片段中组构起来的。我试图描述这个形象之**现代性**的特征。”①（Foucault，1994，tome. I，p.541）对福柯来说，康德的批判哲学正是使人文科学进入“人类学沉睡”（Foucault，1966，p.351）的奠基，就是我们“现代性”的肇始和典型代表。同年，福柯在评论E. 卡西尔的《启蒙哲学》时说：“两百年来，谜之康德主义（l’énigme kantienne）让西方思想呆若木鸡，使之对自身的**现代性**（modernité）置若罔闻。”（Foucault，1994，tome. I，p.546）这里又出现了“现代性”一词，但意义显然与前者不同。

这个“现代性”看似是一个模糊的概念，但根据定义角度的不同，我们发现其实在福柯这里有两种现代性：第一种“现代性”是指与特定历史时期相关的存在方式，虽然历史学家、哲学家乃至国内和国外对“现代”这个历史时期的起点和终点界定不尽相同，但在福柯的《词与物》中，这个“现代”与历史时期相关，但不限于历史时期，因为这

词与物中共有空间的缺失使得我们无法思考博尔赫斯笔下中国百科全书的罗列，正如花样年华中王家卫用电影制造的张曼玉与梁朝伟两个已婚男女的共有空间，使得一阵风都能产生欲望。

① 本文除康德引文之外的所有引文都是笔者根据法语原文译出。

奥古斯丁发明的其实不是欲望主体，而是禁欲主体，人似乎只有在节制的行动中才可能是主体。这与『自杀』才是真正的『自决』同质。

个“现代性”以康德批判哲学为标志和基础，它不随时代的前进而终结，所以福柯直到 1967 年还会说：“对于这个从 1790—1810 年开始直到 1950 年的现代时期，我们需要摆脱它”（Foucault，1994，tome. I，pp.598—599），这就是福柯 60 年代所要摆脱的康德—劳永逸建立的具有人类学维度的现代性；第二种“现代性”取的是“现代”这个概念的本义，即当下、现在的存在方式[①]，在这个意义上，任何历史时期的人在谈论他们自己的时代时，就是在谈论他们自己的现代性，不过，福柯对这种“现代性”的关注一开始不是来自康德，而是来自尼采：“尼采发现哲学的独特活动在于诊断工作：今天我们是什么？这个我们生活其中的‘今天’是什么？”（Foucault，1994，tome. I，p.601）

这两种“现代性”概念的区分，将福柯对康德的解读和态度分为两极：一极是对康德批判哲学的人类学解读，即认为康德的理性批判实际上开启的是陷于“人类学沉睡”的认识论时代，这个解读与胡塞尔在《欧洲科学的危机与先验现象学》（1936）中对心理主义的批判异曲同工（Foucault，1978a-1，p.43），只是福柯更针对康德所代表的现代性，对“人类中心主义”的批判也更为彻底，他要解除的是人类认知主体在整个知识体系中的奠基作用（Foucault，1994，tome. I，p.610）。其实福柯并不是第一个提出要摆脱康德施

① 法语 modernité 是对 moderne（现代的）一词的名词化，moderne 来自拉丁语 modernus（现代的、新近的、当前的），后者衍生自 modo（此刻、现在），参见：*Le Grand Gaffiot, Dictionnaire latin-française*, Paris, Haccette, 2000, pp.996—997。

加在现代思想上的这个认识论奠基的人。荷尔德林和海德格尔回到希腊的运动，马克思和列维·斯特劳斯回到认知局限问题的运动（cf. Frédéric，1995，p.8），早已将康德团团包围，“它伴随海尔格尔而来，因为海德格尔试图在回返希腊起源中重拾与存在的根本关系。它伴随罗素而来，因为罗素对哲学进行了逻辑批判，它还伴随语言学家和像列维·斯特劳斯这样的社会学家而来。”（Foucault，1994，tome. II，p.424）

这个康德开启的认识论时代在某种程度上也与 18 世纪启蒙运动以来工具理性占统治地位的“现代性”相关，福柯对这个“现代性”的批判继承了（但不等同于）法兰克福学派在《启蒙辩证法》（1947）中的主张，福柯也看到启蒙运动承诺人在理性到来的当代历史中获得解放，“启蒙的任务之一就是增衍理性的政治权力”（Foucault，1994，tome. IV，p.134）。不过，“启蒙所提出的通过理性获得自由的承诺反而在理性本身的统治中被颠覆了，理性越来越多地窃取了自由的位置……这是一个已被法兰克福学派观察到的事实：知识大系统的形成也有奴役的效果和功能”（Foucault，1994，tome. IV，p.73，p.89）。这是人们耳熟能详的法兰克福学派的核心批判，但法兰克福学派对康德启蒙的一个继承则不为人熟知，这一点涉及下文将要讨论的福柯对康德解读的另一态度。

福柯对康德态度的另一极是对康德“何谓启蒙？”一文涉及“当下”（présent）问题的赞赏态度，“在我看来，在康德文本中第一次出现的问题是当下的问题，这是现实的问题，这是：今天在发生什么？现在在发生什么？这个我们

『当精神治疗师选择融入美国健康体系（这个体系迫使他们追随某种医疗生涯并成为某种卫生工作理想的服务者）之时，电影工作者则掌握了弗洛伊德的学说，能够将之转化为对「美式生活」的有力批判工具。』

——卢迪内斯库，风暴中的哲学家

在其中的‘现在’是什么？这个我书写的场所、立足点是什么？”（Foucault，1983b-1，p.13）“这是第一次一个哲学家如此紧密和内在地将其知识论与这个知识论的意义相关联，将其对历史的反思与其写作和之所以写作之特定时刻的特定分析相关联。”（Foucault，1984c-2，p.568）福柯认为康德这篇文章是哲学史上第一次考察现实、当下、今日，思考思想直接依靠的时代，对福柯来说这是哲学史中一个非常重要、非常奇怪和完全决定性的事件。因为这区别于柏拉图在《理想国》中将当下作为整体革命的一个时刻，区别于奥古斯丁在其历史阐释学中将当下作为下一个事件的征兆，区别于维柯在《历史哲学原理》中将当下作为新世界的过渡阶段。这是哲学家第一次意识到哲学思想的对象不再是定义跨历史的真理，而是对当下此刻的确定，“哲学家第一次提出哲学任务不仅是分析科学知识的体系或形而上学基础，还要分析历史事件、近来的事件、现实事件”（Foucault，1994，tome. IV，pp.562—567，pp.679—688）。

福柯认为康德1784年（写于9月，发表于12月）的“何谓启蒙？”一文是第一次将哲学思考与历史现实结合起来。当然，福柯还提到了康德同年11月同样在《柏林月刊》还发表了“世界公民观点之下的普遍历史理念”，以及其后一系列有关历史的哲学论文，如“种族概念的定义”（1785）①、“人类历史起源臆测”（1786）、“关于哲学中使用目

Schreber以其谵妄出名，写了部神经病回忆录，被荣格推荐给弗洛伊德，成为后者『五个精神分析』中妄想狂案例：谵妄产生于力比多的自我压抑，为自我防卫进行的自身无意识外因化投射；后又被拉康在1954—1955年的研讨会里作为精神病范型研究，并因此提出了『过期父权』的符号化现实再现造成妄想性幻觉。

① 该文出现在法文版《康德历史哲学》（Kant, *La Philosophie de l'histoire*, trad. S. Piobetta, Paris, Gonthier, 1947）中，未被收入中文版《康德历史哲学文集》（2016）。

的论原则”（1788）、“重提这个问题：人类是在不断朝着改善前进吗？”（《系科之争》，1798）。（Foucault，1983b-1，p.9，p.17）福柯只对涉及启蒙运动的“何谓启蒙？”和涉及法国大革命的《系科之争》感兴趣，因为福柯看重的不仅仅是哲学与历史的关联，更是哲学家在写作时采取的相对于历史当下的纵向位置，福柯称之为“与其自身现实的‘矢状’关系”（Foucault，1994，tome. IV，p.681）。福柯推崇的这种诊断当下的哲学任务“不是分析事物、行为及其生成，而是分析影响到一系列元素或一系列行为的关系；它在事物的现实平衡中研究事物的总和，更甚于研究事物在历史中的进程”（Foucault，1994，tome I，p.581）。而福柯之所以认为康德的启蒙概念开启了这个哲学任务，那是因为福柯在康德关于启蒙的考察中发现了这一珍贵的先例：“哲学家实际上停止去说永恒存在的事物。哲学家的任务是去说正在发生的事物。”（Ibid.）

这显然与通常的历史学、哲学史和历史哲学截然不同。但无论是康德本人的批判哲学还是历史哲学其实都并没有真正延续福柯从“何谓启蒙？”中发现的珍贵先例，但这并不妨碍后康德的哲学家沿着康德“何谓启蒙？”建立的历史–哲学反思维度前进，“（康德启蒙一文创立的）这种哲学形式，从黑格尔到法兰克福学派，经由尼采、马克斯·韦伯，建立了一种反思形式，我的工作就是在这种反思形式中进行的。”（Foucault，1994，tome. IV，p.688）福柯从70年代末开始不仅发现了后康德哲学的这种“启蒙”进路，而且自己也不再像60年代那样通过脱离（第一种）现代性的运动来关注

基督教对于现代哲学和政治的一个要命的发明在于『永恒的顺服状态』，由洗礼-忏悔-修道制度建立起来的上帝-原罪-顺服关系，并没有因『上帝死了』而消失。取而代之的是赛先生和德先生之子『法』先生，『科学/法律面前人人平等』，无非是『上帝面前人人平等』的翻版。可为什么古代也有Logos，却没有人的绝对服从和绝对平等呢？

（第二种）现代性，而是在康德“何谓启蒙？”所创立的历史–哲学反思中实践（第二种）现代性。

前面提到的法兰克福学派恰是此继承的另一个绝佳例子。法兰克福学派批判启蒙运动以来工具理性的统治，其问题思路是：如果权力、治理化因为在理性上自我证明为正当，那么理性难道不应对权力过度、治理化负有历史责任？（Foucault，1978a-1，p.42）但这种批判之所以可能，就是提出知识统治的历史效果问题，就是将理性与其历史的命运内在地联系在一起。（cf. Frédéric，1995，p.11）仅进行纯粹的概念思辨或仅进行纯粹的历史考察都不可能得出法兰克福学派的结论，这也是大多数对法兰克福学派之批判的批判没有意识到的问题。福柯与法兰克福学派的相同点正在于此，这与尼采反对获胜理性的唯一历史和统治也是一致的。

『考古学就是分析词与物相遇的那电光火石之地。』
——菲利普·萨博，《阅读词与物》

三、治理与两种批判

区分福柯的两种现代性，不但帮助我们理解福柯对康德由反对到赞赏的态度转变，还有助于我们反思康德和福柯各自批判实践的差异和得失。因为我们可以由此出发，更具体地探究二者的批判工作究竟有何不同，继而理解康德和福柯分别代表的所谓现代哲学与后现代哲学工作各自的要旨和意义，尤其是二者的继承关系。

1978 年福柯在法国哲学协会做关于“何谓批判？［批判与启蒙］”的报告时，正值他刚刚结束在法兰西公学院的系列讲座课程《安全、领土、人口》，在这个讲座课程中，福柯考察了反-指导（contre-conduites）的历史：从中世纪末期抗拒指导的反叛活动到 16 世纪的宗教改革运动，尤其是路德的新教改革。如何从这些历史经验中描绘“批判态度”（attitude critique）的特征？福柯在 1978 年的报告中格外强调了治理性（gouvernementalité）的历史与批判态度的历史的部分重叠，无论是基督教的圣经批判、文艺复兴时期的自然法批判还是科学革命之后的确定性批判，它们都“在治理术面前，就像其对立面，更或同时是搭档和对手，就像不信任、不服、限制、为之寻找恰当尺度、转化、寻求逃脱这些治理术的方式，总之，以有所保留的名义替代这些治理术，但也正是如此就像治理术的发展脉络……不被治理或不被这样治理，不以如此代价被治理……不被如此治理的艺术。”（Foucault，1978a-1，p.38）由此，福柯从治理与批判的关系角度对康德“何谓启蒙？”中的批判问题进行了拓展和重构。

批判与治理术的这种既是搭档又是对手的关系表明，对治理化的批判不是来自权力外部，而是以抵抗的形式进行的治理术的内部争论，这种批判并不是要与治理化的一切形式背道而驰，而是最终要成为治理术发展的一个促进工具。这一点首先可以从康德“何谓启蒙？”一文的写作背景中得到说明。刊登康德这篇文章的《柏林月刊》是由“启蒙之友联盟”（又名“柏林星期三学会”）成员约翰·埃里克·比斯特（Johann Erich Biester）创办的，而这个“启蒙之友联盟”本身则是由上院议员、军队议员、宫廷教师、宫廷医生、教育部参议员、司法部长秘书和出版商等身居高位的人构成（cf. Schmidt，1996，pp.237—241）。当时这些拥护启

John Law 1717 年在美国法属殖民地创立 Compagnie d’Occident，1720 年开始将在法国本土关押的疯子大批招到美国充当无本劳动力，50 年后美国独立战争爆发，随后爆发法国大革命。这些 bandouliers du Mississippi 提供了我们每次看美国西部牛仔片时的背景，美国梦的魅力可能要拜对『疯狂』的驱逐所赐。

蒙的知识分子对于“启蒙”的尺度是有争议的，如在《柏林月刊》提出“何谓启蒙?”这个问题的启蒙温和派策尔纳（Johann Friedrich Zöllner）并不反对启蒙，而是反对“启蒙”的过度使用和普适化，这与激烈反对教会控制并主张由国家权力取而代之的比斯特相悖。康德是比斯特的通信者和朋友（cf. Schmidt，1996，p.263），在比斯特就“何谓启蒙”问题向康德约稿前，康德的《纯粹理性批判》已经发表，且在《纯粹理性批判》第一版前言的一个脚注中，康德称：“我们这个时代是一切一切都必须受批判的真正的**批判时代**。”（Kant，2018，p.4）可见，比斯特看中的是康德对“一切一切”的批判，这种普遍性对当时的激进启蒙派是极其受用的。

康德在《纯粹理性批判》第一版前言里的这个对“一切一切”进行批判的雄心壮志，多半是受到启蒙运动上升阶段的鼓舞。可即使在启蒙运动高唱理性凯歌的范围内，康德真的可能对“一切一切”都进行批判吗？福柯1978年在《安全、领土、人口》中的研究发现了基督教牧师治理中权力技术和自我技术相汇合的微妙设置，这一点所显示的康德批判的缺口，恐怕正是18世纪激进启蒙派所期许的，但这个期许绝不是也不可能是对“一切一切”的批判。基督教的牧师治理（gouvernementalité pastorale）是一种全面的服从关系，它包含对三重“真理”的服从：（1）作为教条（dogme）的真理；（2）作为对个人的特定和个体化认知的真理；（3）经过反思的技术，包含一般规则、特定认知、训诫、考察方法、供认、对话等（cf. Foucault，1978a-1 p.37）。宗教权力

德勒兹和加塔利注重Schreber的父亲到底对他干了什么：发明了虐童刑具—反手淫器——绑住双手睡觉。谵妄是什么？就是对教化体系的异想：对『自由』的无尽欲求是人类对不断历史化的自然教化之最大的谵妄，这一谵妄构成一切社会革命和政治的根基。因而当每个个体懂得节制，政治就都破产了。

通过要求对这三重“真理”的服从构成了两种类型的主体：经由控制与依赖服从他者的主体和经由意识或自我认知从属于自身身份（identité）的主体。（cf. Foucault，1994，tome. IV，p.227）那么，康德是否以及如何展开对这两种类型主体的批判呢？

（1）康德在“何谓启蒙”中的确对“经由控制与依赖服从他者的主体”进行了批判，康德对“不成熟状态”的定义即“没有别人（权威）的指导，就没有能力使用自己的理性”就是证明。但康德认为脱离这种不成熟状态的条件是区分“服从”和“自由使用理性”。与康德“不成熟状态”对应的是基督教名训：“服从，不要使用理性”，与康德“成熟状态”对应的则是腓特烈二世的名言：“服从，你可以尽你所能地使用你的理性。”（Foucault，1984c-2，p.565）康德为后者找到的哲学道路（辩护）就是区分理性的公共使用和私人使用，但这个哲学道路的现实条件是开明专制与自由理性的协议：只要需要服从的政治原则本身符合普遍理性，自主理性的自由公共使用就是服从的最佳保障。显然，这是哲学家康德单方面向专制君主腓特烈二世提出的协定，全盘反对启蒙的宗教神秘主义者腓特烈·威廉二世在“何谓启蒙？”发表后两年继位，康德无意间重蹈了柏拉图在叙拉古的覆辙。

不过，我们要强调的是康德在“何谓启蒙？”中的批判并没有也不能像《纯粹理性批判》中的批判宣称的那样将“一切一切”置于理性的公开审判之下（cf. McQuillan，2012，p.73）。虽然有人可以辩护说理性在私人领域的使用

翻译的时候，理解和不理解，是否理解到作者深层次的嘲讽和批判，二者往往会南辕北辙，甚至后者会导致致命的翻译错误。

The Danish Girl 过于强调女主对变性丈夫的宽容和爱，这的确是现实中缺乏的，做到这一点是第一阶段的文明。但因而也忽略了对变性本身的反思，即宽容不意味着不反思、不批判、不探寻另一种『逆天』的可能，这会是第二阶段的文明。

就是服从，因为这个服从是对本身符合（且不论理论和现实的差距）普遍理性的政治原则或建制的服从，因而这种服从并非奴役，而是经过（普遍理性）反思的同意。但这个辩护忽略了非奴役之服从的自愿原则，普遍理性的合法性在于它并非外在于主体自身的力量，它让无论是私人领域的政治原则还是公共领域的学者反思免于批判的合法性效力在于它是一种“非强制公共合法性（non coercitif de légitimation publique）”（Kompridis，2003，p.635）。理性在私人领域的服从依据入职的自愿和政治原则（预设）符合普遍理性，这实际上将自愿原则与普遍理性原则在程序上从而在现实上分裂开来，因而无法在同一层面同时保证二者。由此可以说康德虽然批判了“经由控制与依赖服从他者的主体”，但这种批判是有所保留的，我们可称之为“对他者的错层式不完全批判”。不过，在这种批判保持了对当下历史现实之“关注”的层面，它仍然属于福柯所看重的“启蒙”精神，它符合上一节所论第二种现代性的定义。

（2）服从的另一个类型“经由意识或自我认知从属于自身身份”，不仅不是康德批判的对象，相反，在某种程度上，这正是康德通过理性批判所要建构的。在基督教时代[1]，这个自身身份是通过基督教牧师治理中涉及的三重真理中的后两点“作为对个人的特定和个体化认知的真理”和“经

① 福柯在1981年的法兰西公学院讲座课程《主体性与真理》中发掘出基督教文学和古希腊罗马时期世俗文学的承继关系，参见：M. Foucault, *Subjectivité et vérité*, Cours au Collège de France. 1980—1981, Paris, Seuil/Gallimard, 2014, p.17。因此这里基督教时代表现出来的治理特征还可延伸到更早，此处不再赘述。

过反思的技术”（cf. Foucault，1978a-1，p.37）建构起来的。康德通过理性批判为建立纯粹理性的治理系统提供预备工作，而由诸如理性的来源、边界和标准构成的形而上学原则正是一种经过反思的技术，这种技术本身为得到普遍化的正当性，必须排除感知、经验和传统，这即是康德所谓的纯粹批判，“我所说的批判，并不是对书籍和体系的批判，而是就理性撇开一切经验所取得的一切知识，撇开其中一切经验成分，转而对理性能力本身进行的批判；因此这种批判在于一般地判定形而上学到底可能还是不可能，在于规定形而上学的来源、范围和限度是什么。而这一切都要从原则出发。”（Kant，2018，p.5）但康德这里并没有批判基督教牧师治理的这种个体技术，只是将之去宗教化（世俗化）和形而上学化。

我们由此可以理解康德批判哲学所谓批判“一切一切”是何意味，这个批判已经不是“何谓启蒙？”一文中“不被治理”、“不被如此治理”的反抗。康德承认并有意划定理性批判与启蒙批判的这个界限，对纯粹理性的批判不能像启蒙批判中对教会和国家的批判那样，因为纯粹理性已经不能再检验自身了。理性批判与治理性的关系不再是对抗性的、促其改进的建构，而是直接的先验性上层建构，但这种先验建构最终还是会被用于发现和纠正个人的特定和个体化认知，从而在现实中制造出普遍化的个体真理：纯粹理性。康德批判哲学中的批判是理性自我训练、自我服从的一种方式，正如康德启蒙概念中的批判是治理性自我革新、自我进步的一种方式。因此，我们可以称这第二种批判是“建构自我

1965年1月5日，飞机从突尼斯杰尔巴岛起飞，福柯看到『从地面到海岸线的突然转变』，并在一张明信片上写下了词与物的最后一句话。

服从的先验批判”，在它构成上节所述第一种现代性的意义上，这正是福柯作为启蒙的现代哲学所反对的，“总之，将批判态度转换到【康德纯批之】批判问题的这个运动，甚或在批判计划（这个批判计划是为了让认知能够对自身有正确的认识）中重新考虑启蒙事业的这个运动，这个转换的运动和岔开难道不是将启蒙问题偏离到【康德纯批之】批判中的方式？现在难道不应该尝试走一条相反的道路？难道我们不能尝试在另一个方向上走这条道路？而且如果必须提出认知与其统治的关系问题，那么首要的就是要从某种不被操纵的决定性意志出发，这个决定性意志既是个体的也是集体的态度，正如康德所言，就是脱离自身的不成熟状态。态度问题……”（Foucault，1978a-1，p.53）

四、作为启蒙的现代哲学

有学者提出，康德的“何谓启蒙?”其实不是在批判对象上而是在批判效果上定义启蒙。（McQuillan，2012，p.70）这也是福柯从康德“何谓启蒙?”中提取“批判态度”的方向之一，“如果治理化就是在社会实践的现实中，通过声称真理的权力机制让个体服从的运动，那么，批判就是主体给予自身追问真理之权力效果以及权力之真理话语之权利的运动；批判，就是意愿不服从的艺术，就是有反思地不顺从的艺术。批判本质上的功能就是在所谓真理政治的游戏中去奴役化……这个定义与康德给出的定义相差不远：不是康德批判的定义，而是康德启蒙的定义”（Foucault，1978a-1，

Anaxagore 也是二元论，但他说：人死后，心智（esprit, mind）不会消失，灵魂（âme, soul）却会终结。因为前者是普遍唯一的第一动力，后者只是前者的产物。因为在他看来，心智与物质相区别但不是非物质，具有灵魂的意志力和普遍性（无差别性），但没有灵魂那个体性的自由本质。这种二元论是不是很虚伪？还是其编织能力更强？

pp.39—40），这是福柯对康德所代表的两种现代性所做出的分界点，只有在启蒙意味着“意愿不服从”“有反思地不顺从”时，福柯才是康德启蒙的继承者。

福柯从 20 世纪 70 年代末以来反复重新解读康德的“何谓启蒙？”一文，不是要考察启蒙理性是什么，而是要考察将理性置于成熟地位的历史时期意味着什么，福柯要描述的是哲学（或者理性）与历史相互包裹的结构，福柯认为康德“何谓启蒙？”一文使得“在一般历史的范围内解读哲学，以及将对哲学的阐释作为整个历史接续的原则，同时成为可能”（Foucault，1994，tome. IV，p.763）。在这个意义上，黑格尔和海德格尔都属于“现代”之列，因为历史不再是哲学的反思对象，而是哲学的存在方式。而法国认识论（从孔德到康吉莱姆）都应被理解为对康德“何谓启蒙？”所确立的特定任务的重新实施，“一个半世纪以来，在法国，科学史自身承担着种种至少是公认的哲学挑战。像科耶夫、巴什拉和康吉莱姆的著作……的作用就像重要哲学发展的策源地，因为它们在不同方面开动启蒙这个当代哲学必不可少的问题。如果要在法国之外寻找与卡瓦耶、科耶夫、巴什拉、康吉莱姆相应的工作，可能就要在法兰克福学派那里去找了”（Foucault，1994，tome. II，p.432，p.438）。

不过，这里有必要区分福柯与法兰克福学派的区别。法兰克福学派的工作是辨别什么是启蒙产生的理性主义，而这种理性主义又何以能够使统治的一般进程得以发生。这并不是福柯的工作思路，“我们要去分析这个似乎属于我们现代文化本身的理性主义吗？这是某些法兰克福学派的路

词与物 1966 年 4 月出版，末尾说：如果这些布局因某个事件而发生突变（但我们充其量能猜测到这个事件的可能性，到现在我们还不知道其形式和前途）——那么人会消失，就像海之边界上的一个沙质面容。1966 年 5 月福柯就在某访谈里说：施特劳斯和拉康就是这断裂，结构主义带来了无人的系统。

径”（Foucault，tome. IV，p.225，p.135）。“我完全没有以任何方式去批判理性主义。”（Foucault，tome. IV，p.36）上面已经提到，福柯是在尼采反对获胜理性这一唯一历史和统治的意义上批判理性主义，“我与尼采的关系，我欠尼采的，我欠的远比他 1880 时期的文本更多，在这个时期，真理问题、真理和真理意志的历史对他来说是核心问题”（Foucault，1994，tome. IV，p.444）。在此意义上，福柯反对的是“唯一真理”，探索的是“真理诸游戏”的历史：我们要知道的不是真假、有无根据、真实或虚幻、科学或意识形态、合法或滥用（这些工作不是不重要，只是不是福柯研究所处理的内容），而是强制机制与认知要素的关联、退回和支撑的游戏，什么让这样的认知因素能够获得那样的权力效应，什么让这个强制过程获得理性、计算和技术效率的形式和正当性，什么让这样的认知因素能够获得那样的权力效应，什么让这个强制过程获得理性、计算和技术效率的形式和正当性，“知识，权力，只不过是一个分析框架”（Foucault，1978a-1，p.49）。考古学则是分析知识–权力关联的方法。我们知道福柯的《词与物》是福柯考古学方法的典型著作，而这部著作通常被误解为结构主义的代表作，但对福柯来说，这是用结构的严格对抗“内心”的温热，是要寻找理性统一逻辑（logique unitaire）的其他可选项，而不是内心的热情流露，因为反对理性专制的方式除了对跨历史直觉（黑格尔）或神秘物（海德格尔）的浪漫追怀之外，还可以追求“匿名思想”（Frédéric，1995，p.8）（即无主体思想）的快乐科学。“成为希腊人还是启蒙者，在悲剧一边还是在百科全书一边，

Didier Eribon 说福柯似乎完全驻足在结构主义阵营之中，Piaget 说福柯是『无结构的结构主义』，François Ewald 透露福柯在访谈中的观点：结构主义是一个巨大的历史主题，也正是他要摧毁的。因此仅看 1966 的作品，那只是个置身虎穴捣其虎子的类结构主义行动。

在诗歌一边还是在制备精良的语言一边，在存在的晨曦一边还是在表征的正午一边？”（Foucault，1994，tome. I，p.547）福柯选择的是启蒙者。

作为现代启蒙者，福柯寻找理性统一逻辑的其他可选项的工作是通过历史–哲学实践（pratique historique-philosophique）完成的，而这必须思考理性、思想、知识和真理的历史，对于启蒙理性也不例外。福柯虽然崇尚“启蒙”对于“当下”的关注，但福柯也认为启蒙时代是第一个自我命名的时代，因此，福柯的工作是把启蒙运动所推崇的理性与历史内在地联系起来，这样就会将理性历史化，“这些考察都是朝向一种合理性，这种合理性在偶然中发展起来，却声称是普遍的”（Foucault，1994，tome. IV，p.767）。人们常常把福柯的这种言论简单粗暴地归为历史主义或对普遍理性的还原主义，这是因为并不理解福柯的历史–哲学实践到底意味着什么。正如前文已经提到的，这项工作与历史哲学、哲学史无关，而是将历史学家通常的历史对象转移到历史学家不处理的主体问题和真理问题上，将哲学工作、思考和分析引向启蒙所描绘的经验内容中。对于这种双向操作，历史学家有的嗤之以鼻，有的趋之若鹜；而大多数哲学家则认为这是一种堕落，因为让哲学回返经验（这个经验甚至不是由内在经验保证的），这就不是哲学了。但福柯这样做的目的很明确（不惜失去哲学家的头衔，也不耻历史学家的嘲笑）：“通过诉诸历史内容将哲学问题去主体化，通过考问真理（历史内容假定揭示的这个真理同时影响历史内容）的权力效应解放历史内容。”（Foucault，1978a-1，p.45）因为这一切

有人问福柯：你和列维·斯特劳斯、拉康都被称作结构主义者，请问你们有什么共同点？福柯答：萧伯纳和卓别林有什么不同吗？没有，因为他们都有胡子。当然，卓别林除外。

都是为了“启蒙”(*Aufklärung*)：脱离不成熟状态。“让那些希望人们保持启蒙遗产之鲜活和完整的人保留他们的虔诚。这种虔诚当然是最动人的背叛。”(Foucault，1983b-5，p.687)

参考文献：

D'Entrèves, M. P., 1999, “Between Nietzsche and Kant: Michel Foucault's Reading of ‘What Is Enlightenment?’”, *History of Political Thought*, vol.20, no.2, pp.337—356.

Foucault, M., 1966, *Les mots et les choses*, Paris: Édition Gallimard.

——, 1978a-1, “Qu'est-ce que la critique? [Critique et *Aufklärung*]”, *Bulletin de la Société française de Philosophie*, 84(1990), pp.35—63.

——, 1978a-2, “What is Critique?”, trans. by K. P. Geiman, in *What is Enlightenment? Eighteenth Century Answers and Twentieth Century Questions*, ed. J. Schmidt, Berkeley and Los Angeles: University of California Press, 1996, pp.382—398.

——, 1978a-3, *Qu'est-ce que la critique. Suivi de La culture de soi*, éd. H.-P. Fruchaud, D. Lorenzini, Paris: VRIN, 2015, p.190.

——, 1983b-1, Leçon du 5 janvier, *Le Gouvernement de soi et des autres I*, Paris: Gallimard, 2008, pp.9—22.

——, 1983b-2, “Un cours inédit”, *Magazine littéraire*, No.207, Paris, May 1984, pp.35—39.

——, 1983b-3, “Kant on Enlightenment and Revolution”,

记者问在巴黎某公共场所消费的年轻人：你不怕有炸弹吗？被访人长长地打了个嗝儿，说：不怕，现在怕不是太晚了吗？

要区分意志和本能反应。说不怕是表达意志，要做到当然非一日之功，听到爆炸声逃散是必需的自我保护。二者并不冲突。可鄙的是旁观者以旁观者的虚假冷静指出其中的矛盾。

trans. by C. Gordon, *Economy and Society*, 15(1), February 1986, pp.88—91.

——, 1983b-4, "The Art of Telling Truth", trans. by A. Sheridan, in *Michel Foucault: Politics, Philosophy, Culture. Interviews and other Writings 1977—1984*, ed. by Lawrence D. Kritzman, New York: Routledge, 1988, pp.86—95.

——, 1983b-5, "Qu'est-ce que les Lumères?", in *Dits et écrits*, tome. IV, no.351, Paris: Gallimard, 1994, pp.679—688; also in *Le Gouvernement de soi et des autres I*, Paris: Gallimard, 2008, p.382.

——, 1984c-1, "What is Enligthenment?", in *The Foucault Reader*, ed. by P. Rabinow, New York: Pantheon Books, 1984, pp.32—50.

——, 1984c-2, "Qu'est-ce que les Lumères?", in *Dits et écrits*, tome. IV, no.339, Paris: Gallimard, 1994, pp.562—578.

——, 1994, *Dits et écrits (1954—1988)*, tome. I, II, III, IV, Pais: Gallimard.

Frédéric, G., 1995, «Foucault et le projet critique», *Raison présente*, no.114, 2e trimestre, pp.3—22.

Kant, I., 1784, «Beantwortung der Frage:Was ist Aufklärung?», *Berlinische Monatsschrift*, Bd. 4, Dezemberstück, Zwölftes Stück, S. 481—494.

——, 1996, «An Answer to the Question: What is Enlightenment», *Pratical Philosophy*, tran. and ed. by M. Gregor, Cambridge: Carmbridge University Presse.

——, 1947, *La Philosophie de l'histoire*, trad. S. Piobetta,

抽离，就是由经验而形上地潜入水底和飘在天空，可能是因痛苦而故意摆脱各种规制，直至绝望、虚无。这是我的周期病。如果你再找不到我，那说明你留在我心里的那根绳子系得不牢，我死命挣扎的时候，它已不见踪影。所以，我恳求你学会打个好结。

Empédocle 说是『爱』与『恨』使万物合合又分分，那就是中世纪表征的同情与厌恶吧；Empédocle 还说『心灵』和『灵魂』不是一回事，于是跳下悬崖，心灵死去，灵魂得欢喜。

Paris: Gonthier.

——, 2018,《纯粹理性批判》，王玖兴主译，北京：商务印书馆。

Kompridis, N., 2003, «De Kant à Foucault. Réorientation de la critique», *Archives de Philosophie*, 4(Tome. 66), pp.635—648.

McQuillan, C., 2012, *Beyond the Limits of Reason: Kant, Critique and Enlightenment*, in *Conceptions of Critique in Modern and Contemporary Philosophy*, ed. by de Boer K. and Sonderegger R., London: Palgrave Macmillan.

Schmidt, J., 1996, *What Is Enlightenment? Eighteenth-Century Answers and Twentieth-Century Questions*, ed. by James Schmidt, California: University of California Press.

【发表于《哲学研究》2019 年第 9 期】

《词与物》的理性知识批判：相共、表征与意指

行动揭示了一个人（因而，也是一般意义上的人类）的自我认同，揭示了一个人在当下瞬间与行动本身相融合的能力，勒内·夏尔写道：『如果我逃跑，我知道我会与这个重要年代的芬芳决裂，将我的财富静静地丢弃在（不是撤退到）远离自己的地方。』

——卢迪内斯库，风暴中的哲学家

当今“后现代性”（post-modernité）之所以仍然扮演重要角色，与哈贝马斯在20世纪80年代重拾这个概念并对之进行批判①不无关系。哈贝马斯试图在哲学领域从20世纪60、70年代的后现代哲学批判中拯救出一个现代理性形式，以求在多元文化的公共领域仍然保留共识的可达成性。哈贝马斯与后现代主义对话的一个重要对象就是福柯，哈贝马斯认为福柯深刻影响了当前的“后现代意向”（postmodern mood）②。但后现代批判正是要质疑哈贝马斯所要拯救的共同规范企图，因为这其实是在“公度不可公度者”。在这个意义上，传统理性不再是善的来源，而是非法的统一诉求，其本身就是非正义的。福柯就认为哈贝马斯的交互和理想话语条件是缺乏权力关系的乌托邦，至少过于康德主义。③如果

---

① Habermas, Jürgen; Ben-Habib, Seyla (1981), “Modernity versus Postmodernity”, *New German Critique* (22):3—14.

② Jurgen Habermas, *Postmetaphysical Thinking*, MIT Press: Cambridge, 1992, p.140.

③ Michel Foucault, “The Ethics of the Concern for Self as a Practice of Freedom”, In *The Essential Works of Foucault*, Vol.1, *Ethics, Subjectivity and Truth*, ed. Paul Rabinow, New York: The New Press, pp.281—302.

说启蒙如康德所言是有能力使用理性作为普遍工具，其目标是建立基于普遍正义原则的新政治秩序，那么即使是哈贝马斯也承认现代理性已经不再被看作是普遍的，而只能代表某个特定文化的价值。① 在这个意义上，无论是所谓后现代主义哲学对理性的批判，还是批判后现代主义的哲学对理性的捍卫，都提醒我们必须看到理性的复杂性，不能简单以某种主义概以肯定或否定。

福柯对理性的反思就在于此：理性既有武断的一面又有启蒙的一面②，对待理性的态度不能简单地化约为强加给“后现代主义”的所谓“理性的崩塌”③，也不能对历史上的“启蒙理性”不加批判地接受。1983 年，在名为“结构主义与后结构主义”的访谈中，当有人提到“后现代性”时，福柯就反问道：“什么是所谓后现代性？我不清楚……”；当继续被问到福柯本人是否以及如何属于这个后现代主义思潮时，福柯说“应该说回答这个问题让我很尴尬。首先因为我并没有太理解现代性这个词在法国的含义……哈贝马斯提出现代性的主题。我感到很尴尬，因为我看不到这个词所针对的问题类型，也看不到被称作后现代主义的人有什么共性。”问题的关键在于，人们混淆了理性（raison）与在种种知识类型中具有决定性的理性形式（formes de rationalité），这也许受

人为什么会沦落到被侵害乃至危及生命都无力维护自己的利益，哪怕只是尊严？有个商学院学生曾经回答我：因为反抗成本过高。为什么听命高于救命？有个德国哲学家说：理性在私人领域（职责）的运用与公共领域（思辨）的运用要分离。为什么以救人为正当性结成的社会最终会做出杀人的事？有个法国哲学家让我们看到：本质杀人的souveraineté披上了『人民』的外衣。

① Jurgen Habermas, *Postmetaphysical Thinking, op. cit.*, p.8.

② Michel Foucault, «La vie: l'expérience et la science», Revue de métaphysique et de morale, 90e année, n° 1: Canguilhem, janvier-mars 1985, pp.3—14. DE II, n°361, p.1587.

③ Jurgen Habermas, *The Philosophical Discourse of Modernity*, Cambridge: MIT Press, p.86.

到韦伯对现代性定义的影响，即理性只是所有其他知识意志的一种，理性是所有其他宏大叙事中的一种，在这个意义上，后现代主义对理性的批判就构成了“理性的坍塌”。然而，福柯绝不会将二者等同起来，“我看到的是多种转化，我不知道为什么这种转化会被看作理性的坍塌；别样的理性形式在不停创生”①。不过福柯的确反对甚至导致了某种“理性”的坍塌，“我不认为人们可以谈论某种‘理性化’的内在理念，而一方面假定理性中有一个绝对内在价值，另一方面冒险以完全武断的方式经验地运用这个术语。我认为必须仅在工具和相对的意义上限制这个词的使用。”② 在福柯看来，理性既不具有本质价值，也不具有“人类学上的不可变性”，而是历史和文化的产物。福柯从早期对疯狂史的研究直至晚期对古希腊“讲真话”（parrêsia）概念的研究，都蕴含着对作为“现代性”历史和文化产物的“理性”的细致考察，“实际上，我只有一个历史研究的对象，那就是现代性的开端。我们言说着这个语言，而这个语言具有在我们的社会和其他社会强加给我们的种种权力，我们是谁？这个可以让我们反过来反对我们自己的语言又是什么？这个令人生畏的西方话语朝向普遍性的超级加速是什么？这就是我的历史

精神病学家把疯狂视作成人退回到儿童时期以回避当下的方式，可为什么儿童时期会成为成人时期的避难所？因为从18世纪卢梭以来，儿童教育就是一种非现实的、无成人世界冲突的、抽象的美好世界教育，而这种避免冲突的教育本身却酝酿着更大的冲突：儿童世界与成人世界的冲突。

① Michel Foucault, “Structuralism and Post-structuralism”, In *The Essential Works of Michel Foucault*, Vol.2, Aesthetics, Method, and Epistemology, ed. James D. Faubion and Paul Rabinow (General editor), pp.433—458. New York: The New Press.

② Michel Foucault, “Questions of Method”, In *The Foucault Effect: Studies in Governmentality*, ed. Graham Burchell, Colin Gordon, and Peter Miller, Hemel Hempstead: Harvester Wheatsheaf, p.79.

Dodds说公元前3世纪以来古希腊理性主义的衰落与占星术/魔力的兴起，其原因至少有一个就是人们对于自由的恐惧（la crainte de la liberté）。每当人类理性发展到一定程度，自由的界限就一再被突破，对自由的恐惧就一再呼唤神秘主义以警告膨胀的人类理性。以此来说，问题不是占星非理性，而是人类理性本身无节操。

考察”。①

福柯1966年出版的《词与物》就是这个历史考察的典范，这本书被认为是建立了一个“人类理性的谬误博物馆”②。我们以这本书为例，从这本书所展开的西方文化的两个巨大的知识型断裂（一个开启了古典时期，另一个标志着现代性的开端），从文艺复兴时期的“相共性”（ressemblance）、古典时期的“表征”（représentation）和现代的“意指”（signification），来澄清福柯所考察的“理性形式”的不断创生，从而理解“后现代”的理性批判何以构成具有普遍性的“理性化”内在理念的崩塌。

一、相共

（一）中国百科全书

福柯在《词与物》前言中指出这本著作来自让“我们”③发笑的博尔赫斯的“中国百科全书”。虽然博尔赫斯在《约翰·威尔金斯的分析语言》④一文中的确借弗兰茨·库

---

① *Michel Foucault, entretiens*, Ed. Roger-Pol Droit. Paris: Odile Jacob, 2004, p.66.

② Canguilhem, *«La naissance de la vie», Les mots et les choses de Michel Foucault. Regards critiques 1966—1968*, Presses Universitaires de Caen, 2009, p.18, note 1.

③ 具体指福柯所在的“我们的时代和我们的地理位置”。

④ Jorge Luis Borges, «El idioma analítico de John Wilkins» *La Nación* (in Castilian), Argentina, 8 February 1942; «La langue analytique de John Wilkins», dans *Enquêtes*, trad. P. et S. Bénichou, p.aris, Gallimard, 1957, p.144；博尔赫斯：《约翰·威尔金斯的分析语言》，载《探讨别集》，浙江文艺出版社2008年版，第141页。

恩[①]博士之名引用了一部名为《天朝仁学广览》(*Emporio celestial de conocimientos benévolos*)的“中国百科全书”，但在弗兰茨·库恩的全集 *Lebensbeschreibung und Bibliographie seiner Werke* 中，谁也没找到博尔赫斯所引中国百科全书的蛛丝马迹，这表明这个“中国百科全书”是博尔赫斯的“玩笑”或“创造性想象”[②]，不过这并不是毫无意义的。博尔赫斯在同篇文章末尾表明“我记录了威尔金斯、那位不知名的（或杜撰的）中国百科全书作者和国际目录学会的随意性；显然没有一种对万物的分类不是随意的、猜想的。原因很简单：我们不知道何为万物”[③]。博尔赫斯还在这个意义上讽刺了百科全书的编纂：“虽然构成语言的大类小类之分相互矛盾、模糊不清，但用单词的字母来区分类别的方法无疑是巧妙的。”[④]福柯的《词与物》就是顺着这个质疑展开了使“我们对于同一与他者的千百年实践”[⑤]感到不安的“人类理性的谬误博物馆”，福柯清楚地看到“博尔赫斯没有在不可能性的地图集里添加任何形象，他没有凸显出任何诗意会合的光芒；他只是避开了最隐秘但又最为坚决的必然性，他抽去了场所，抽去了万物能够并置在一起的静默地面。我们字母的

承认事情是被说出来的，就是承认资产阶级厚颜无耻的原则，并衡量我们所斗争的这个权力的范围；承认重要的是话语，是将话语放在我们能够实际攻击的位置：不是在其意义上，不是通过其所隐而未说，而是在通过话语产生的操作层面，即在其策略功能上，以便消除话语所为。忽略作品、文本，在话语取得效果的那些功能或策略领域中研究话语。

① 弗兰茨·库恩（Franz Walther Kuhn，1884—1961），德国著名中国文学翻译家，将中国古典文学《红楼梦》《三国演义》《水浒传》《金瓶梅》翻译成德文，他的一些德文翻译本更成为转译其他语言的底本。

② Viviane Alleton, «Présentation: classifications chinoises ou les dangers du réductionnisme», In: Extrême-Orient, Extrême-Occident. 1988, n°10, pp.7—12.

③ 博尔赫斯：《约翰·威尔金斯的分析语言》，同上所引，第 146 页。

④ 同上书，第 147 页。

⑤ M. Foucault, *Les mots et les choses, op. cit.*, p.7.

在福柯的性史里，并没有阐述某种『福柯式』的爱欲，福柯所讨论的 sexualité 也不只是爱欲，还有（性的）关系（rapports sexuels）、行为（acte sexuel）、愉悦（plaisir），婚姻、生育、节制。

abc 系列，掩盖了更或是滑稽地指出了这个消失”（MC 9）。[①] 因此，福柯要揭示的这种谬误不是范畴模糊，因为人类理性足以让每个范畴都指出一个明确的含义并包含一个可指涉的内容；也不是真实动物与想象中的动物之间的混淆，因为人类理性也足以区分“刚刚打碎罐子的”与“美人鱼”“神话的”；这种谬误既没有恐怖的组合也没有奇怪的力量，没有构造多种化身和恶魔般的动物。福柯称这种谬误是一种“赤裸裸的不可思性”：不是不合时宜，而是奇怪并置。无论是博尔赫斯还是福柯，在谈及“中国百科全书”时其实都无意指向中国，而是借着对西方来说具有神秘性的中国之名，警醒西方人察觉这种在西方理性世界不易察觉的奇怪并置。福柯也举了两个西方的例子：洛特雷阿蒙[②]在《马尔多罗之歌》中将缝纫机和雨伞并置在“操作台”（MC 8—9），拉伯雷《巨人传》中厄斯息纳的下颚——所有以字母“A”开头的腐烂物都可以在斋戒之后，作为美食进入在厄斯息纳的嘴里。

将中国百科全书的并置与厄斯息纳和洛特雷阿蒙的并置联系起来的，正是“共同场所”（lieu commun）。厄斯息纳的下颚或洛特雷阿蒙的操作台与中国百科全书一样，都混合

---

① 以下来自《词与物》的出处标注以 MC 代替 *Les mots et les choses*，后面数字为上述所引法文版页码。

② 洛特雷阿蒙（Comte de Lautréamont），是一个患了深度语言谵妄症的病态狂人；是一个默默无闻却被超现实主义奉为先驱的怪异神魔；还是一位被纪德慧眼视为“明日文学大师”的文字开掘者；他实际上是一个早夭的天才。在 1869 年的法国文坛，还没有人意识到福楼拜的《情感教育》和洛特雷阿蒙的《马尔多罗之歌》的同时问世，是多么重大的事件。*Les mots et les choses de Michel Foucault. Regards critiques 1966—1968*, Presses Universitaires de Caen, 2009, p.10.

了同样多的古怪事物，但前者的谬误之所以不易发现，是因为前者似乎各有一个“共同场所”，要么是厄斯怠纳的下颚，要么是洛特雷阿蒙的操作台。然而福柯要在《词与物》中追问的正是：如果不是在“语言的乌有之所”，后者并置的这些事物如何能够相遇？“也许有着比不恰当、联接不适宜之物的无序更糟糕的无序；这种无序在一个既无法则亦无几何律的异质混杂（hétéroclite①）维度中，使大量可能秩序中的种种不合常规的片段熠熠生辉。”（MC 9）异质混杂就是共同场所、接受空间的不可能性，就像气候、地区、斜坡或山丘同时以同一（Même）方向和另外（Autre）的方向并置起来，就像莫比乌斯带有一个共同的表面，但却不是朝向同一个方向。事物在此卧倒、放置或布置，如同中国百科全书中的“美人鱼”和“野狗”，但它们并不在同一空间，除非在这个语言的非现实场所，它们并不共享任何共同场所。相反，在乌托邦式的共同场所，语言的幸福所在就是消除所有差异、冲突、异质性，事物的历史都在同一个表面。就像中国百科全书中的动物，它们安身于由字母的宽敞大街构成的城市里，尽管语言的幸福乌托邦将它们的所有原初场所都摧毁了，而正是这个空幻的入口让“我们”感觉不适，让“我们”发笑。不过，这个“我们”，不是西方的“我们”，而是现代的“我们”；使“我们”发笑的不仅仅是博尔赫斯的中国百科全书，还是它所提示的对于“我们”和“我们的时

修昔底德把公元前5世纪左右对普罗泰格拉、德谟克利特、苏格拉底和阿那克萨哥拉等人所从事的理性主义启蒙所进行的『迫害』解释为：战争时期，亵渎神灵和宣扬个体自由，就意味着背叛、瓦解城邦而自行投敌；尤其在哲学家理论上行之有效和修行上有张有节的个体自由，换到普通民众的身体力行就会变成放纵失控。

① “异质混杂”拉丁语 *heteroclitos*，希腊语 ἑτερόκλιτος（heteroklitos）。Κλιτος的含义包括气候、地区、斜坡或山丘。Cf., *Le Grand Bailly Dictionnaire Grec Français*, paris: Hachette, 2000, p.1103.

代”所有奇怪的分类学；这个发笑的“我们”就是在世界散文中迷失在自身赤裸经验中的主体。

（二）四种相共性

由此，福柯首先将我们引向对16世纪相共性的研究，这个世纪被福柯认为是扮演了“对于西方文化之知识的建构者角色”(MC 32)。

16世纪，当魔法和博物学与天文学和数学具有同样的知识地位时，Pierre Grégoire[①] 发展出一套科学百科全书，将所有可见或不可见的事物都整理到一个单一和普遍的艺术之中，以便它们能够相互可逆地进行沟通，也就是说，可见和不可见可以相互阐释。这个艺术就是相共性的语义学框架，在此框架中，异质事物以友好、协议平等、和平与融合社会、共鸣、争论、连续、类比、均衡、仪表、关联和系词的原则相互组织在一起。[②] 这种并置力量令人惊讶的程度并不比博尔赫斯的“中国百科全书”逊色。一个福柯式问题[③] 需要在这里提出来：这个将不可见与可见同质化在同一可沟通图景中的力量，这个将无数知识缩略为可供参阅的力量，

1965年诺贝尔生理学或医学奖得主之一 François Jacob 在得奖后不久（1970）出版了生物逻辑——一个遗传史（*La logique du vivant. Une histoire de l'hérédité*）一书。该书的一个重要主张就是：科学进步的活力，较少依赖于对新对象的技术性发现，更多是依赖在考虑这些对象的方式上所进行的介入性改变。为了让一个对象能够进入分析，实际上，仅仅观察到这个对象还不足够。还需要一个准备好接纳这个对象的理论：正是这个理论决定了问题的形式，从而决定了经验所提供答案的局限。

① Pierre Grégoire（1540—1597，法国法学家和哲学家），*Syntaxeon artis mirabilis* (1578). Cf., M. Foucault, *Les mots et les choses, op. cit.*, p.32, note 1.

② «amicitia, aequalitas, (contractus, consensus, matrimomum societas, pax et similia), consonantia, concertus, continuum, paritas, proportio, similitudo, conjuctio, copula», Cf., M. Foucault, *Les mots et les choses, op. cit.*, p.32.

③ Il s'agit de la démarche philosophique de Foucault, «faire jouer systématiquement, non pas donc le suspens de toutes les certitudes, mais la non-nécessité de tout pouvoir quel qu'il soit», cf., M. Foucault, *Du gouvernement des vivants*, p.aris, Seuil/Gallimard, 2012, p.76.

其正当性何在？福柯从 16 世纪思想中提取的四个主要原则，可以用来理解这个异质却和谐关联的绝妙艺术。

1. “相近性”（*convenientia*），表示由于地点的邻近而产生的相近性的可见效果。16 世纪的西方思想认为当事物因模糊的亲近关系并置在共同的场所，就会有一些共同的活动。例如，一旦人们肯定灵魂和身体在同一个地点相靠近，就可以假设它们会一起运动。正是在这个意义上，灵魂与身体的相共性才显现出来，尽管它们可能没有任何内在或外在的关系。而且，凭借这种场所的相近，灵魂和身体不可避免地相互影响，从而产生新的相共性，即相近性的效果。比如：因为身体是沉重的，灵魂必须也同样厚重才能与之一起运动，因此，需要某种原罪使其如此。这个相共性原则假设了模糊的亲近关系和可见的相近效果，而它们又相互支持。这就是福柯所说的“世界的广袤句法”：苔藓与贝壳结合，植物与鹿角相适应，植虫同时拥有动物和植物的特性。不是事物自身的本性决定了它的存在方式，而是这个“世界句法”将它们安排在它广延的土地上，将之定义为身体或植物，灵魂或动物，既让相近者相邻，又让相邻者相似，将它们连接在一个广阔的循环之中，最终根据唯一且同一根弦震动：“一根从第一因一直延伸到最卑微事物的弦”①。这根弦与最古老的关于 Logos、关于融贯世界的理性主义想象一致。

2. “相仿性”（*aemulatio*），来自既不相邻亦无接触的仿效。仅仅通过模仿，可以取消上帝与世界的固有距离，甚至

福柯对『爱欲』是分开讨论的：欲望（désir）的历史形式，爱（amour）的历史形式。只是关于后者，才溯及『柏拉图之爱』（amour platonicien）——这个『爱』，与我们现在通常理解的男女之爱的『精神部分』是不同的，甚至后者在古代（也许现在也是）并不存在。

---

① Giambattista della Porta (1535—1615), *Magie naturelle*, 1650. Cf., M. Foucault, *Les mots et les choses, op. cit.*, p.34, note 2.

> 从福柯的历史考察来看：男女之间的『爱情（精神部分）』是（普鲁塔克）为本来不平等（力量不均）的婚姻（配偶关系）而发明（借用自古希腊男同理论）的『（心理）平衡工具』，基督教延续并将之普世化。

不可能辨认谁是原型谁是反射，不可能区分谁是现实谁是模仿的图像。在西方 16 世纪的思想中，至少根据福柯的研究来看，仿效不是一个惰性、紧致和互逆的冷静镜像。典范与映像总是处于力量斗争的对立之中，因而较弱的一方必须接受并遵从较强的一方、不可变的一方，“总是会有一方更弱，而接受在其被动的镜像中反射出来的较强的力量”（MC 35）。首先有形式的仿效：星星是最为强大的，“它们是无变化的模型，具有不可改变的形式”；而草木只能顺从“星星种种作用下的王朝”。随后，根据 Crollius①，“两个竞争者在价值和尊严上都不平等。草木的清澈，毫无暴力地再造了天空的纯粹形式”（MC 35）。这样看来，世界似乎不只有某种优胜劣汰的竞争，还有某种不可逆的等级。但更仔细地考察福柯对 Crollius 的引用，这并不是某种进化主义或片面的等级制度，“每棵草木都是一颗仰望天空的星星，同样的，每颗行星都是天空中的一棵精神形式的植物，它与大地上的植物只在质料上有所区别”②。当然，Crollius 也说草木的生命是天空中的草木给予的，后者给予前者一些特别的属性，但这并不取消天地之间的可逆性。只有涉及上帝与人之间的仿效时，不可逆的等级才非常清楚。正如在帕拉塞尔苏

① Oswald Crollius, *Traicté des signatures ou vraye et vive anatomie du grand et petit monde* (vers 1610)，“星辰是草木的模板……每颗草木都是仰望天空的陆上星辰……”（cf. M. Foucault, *Les mots et les choses, op. cit.*, p.35, note 1）

② Oswald Crollius（1560—1609），德国炼金术士，马尔堡大学医学教授。*Traicté des signatures ou vraye et vive anatomie du grand et petit monde*, 1610; cf., M. Foucault, *Les mots et les choses, op. cit.*, p.35, note 2.

斯[①]那里，人有一个内在的天空，全靠这个天空，人才是自由和有力、自治和独立的，条件是这个天空应该与来自人的世界秩序相似，并应在此天空中做与可见的星星相同的事情。

3. “类比性”（analogie），将“相近性”与“相仿性”结合在同一个隐喻中。它像“相仿性”一样超越距离，但又因为它仍然要求“相近性”中的关联和交接，从而避免了反映性循环；它像“相仿性”那样进行模仿，但它不具有将模糊的亲近关系与相近的可见效果相混淆的问题（这是“相近性”的问题）。因此“类比性”超出了这两个限于事物本身的相似性，它脱离事物本身，只处理关系的相似性。例如，在Césalpin[②]那里，这不再是一棵植物与一个动物的类比，而是在植物中所能发现的关系也适用于动物：植物是某种直立的动物，二者的营养都是从低到高，动物的静脉网络就像植物的茎，等等。以这种方式，“类比性”因为具有可逆性和多种用法，所以发现了一个无限和普遍的亲近领域。在“类比性”能够朝向所有路径的时候，一个特别的形象奇怪地成为所有类比的支撑点（当然，这种类比仍然是可逆的），因而，这个形象占据了类比地图的半壁江山。“这个

理论成为每个人面对自己生活世界的工具才是有意义的。专业研究的目的在于针对生活世界发明工具、在于使工具更为坚实有力、在于打造适合各种问题的利器，教育的目的则在于让人学会挑选、使用甚至自己制造工具。理论为生命/生活服务，不能反过来。

---

① Paracelsus（1493—1541），中世纪德国文艺复兴时的瑞士医生、炼金术士和占星师。反对自希腊盖伦传承下来的亚里士多德学派的四体液说，并将医学跟炼金术结合而首创化学药理，奠定医疗化学的基础。

② André Césalpin（1519—1603），意大利的植物学家，博洛尼亚植物学和药学教授，教皇克莱蒙八世的私人医生，文艺复兴时期第一位植物分类学家。*De plantis libri*, 1583; cf., M. Foucault, *Les mots et les choses, op. cit.*, p.37.

16世纪末的化学家Crollius说：人之理解力（康德术语：知性）的种种秘密运动通过话音表现出来，难道不像是青草用它们的标记对好奇的医生说话，来向医生揭示自己？它们的内在品质隐藏在自然的沉默面纱之下。

点，就是人”。（MC 37）例如，Pierre Belon① 就将对鸟类骨骼的阐释与人的骨骼进行了非常细致的类比：翅膀的翼端就是用人手的拇指来解释的，鸟类的小腿骨就与人的脚跟相符，等等。在 Belon 的时代，还没有进行比较解剖学的足够认识，那么这个类比就只能是一种习惯的想象。但这种建立在人体骨骼基础上对鸟类骨骼的解释，已经影响了人对鸟类知识的基本预设。同样的，在 Aldrovandi② 那里，地狱是对人的低下部位的类比；在 Crollius③ 那里，暴风雨是用人的中风进行类比解释的。但这种对人之隐喻的青睐，不应被理解为 16 世纪思想中知识的人类学因素。原因有二：首先，类比隐喻不是人的行为，而更多地属于自然本身；其次，这里的隐喻是互逆的，人是所有类比的一个基点，但从另一个角度来看，人这个基点也起到传递世界属性的作用。

4.“相通性”（sympathies），它产生相共性的方式，既不像相近性那样通过先天的地域决定性，也不像相仿性那样通过远距离的模仿，更不像类比性那样通过相似关系，它几乎独立于所有这些外在性，独立于所有用外在和可见运动来促成事物的相近。“相通性”本身是一种品质交换的内在运动。它不是对相似之物的被动同感，它本身是一种好斗的力

---

① Pierre Belon（1517—1564），法国博物学家，被认为是 16 世纪最伟大的科学家之一。*Histoire de la nature des oiseaux*, 1555; cf., M. Foucault, *Les mots et les choses, op. cit.*, p.37, note 3.

② Ulisse Aldrovandi（1522—1605），文艺复兴时期著名植物学家、动物学家、矿物学家、医生和解剖学家。*Monstrorum historia*, 1642; Cf., M. Foucault, *Les mots et les choses, op. cit.*, p.38, note 1.

③ Oswald Crollius, *op. cit.*; Cf., M. Foucault, *Les mots et les choses, op. cit.*, p.38, note 2.

量，倾向于将所有等同或差异的事物进行比较，倾向于消除所有独特性和异质性。它是同一的原初力量，借此，它能够将所有事物都转化并改造为同一。不无悖谬的是，“相通性”总是伴随着其孪生的“相斥性”（antipathie）。后者与前者一样是自治和独立的，但是以相反的方式，只要有一点差异，“相斥性”就将所有相似或同一之物孤立起来。这个相互平衡的对子，既可以拉近事物也可以疏远事物；在这个对子中，不丢失事物本身独特性的相共性就变得可能了。也正是在这个平衡中，前面三个相共性的形式才得以建立。不过，这个相通性和相斥性建立的相共性，很容易与现代心理学上“同情”的精神状态相混淆。但对于16世纪的思想来说，这种相通性内在于自然本身，它只是在描述自然的可见或不可见事实，它甚至不是一个认知论概念。因此，如果身体的潮湿状态引起了忧郁的气质，如果在杨桃中间有一个星星的形状，如果暴风雨的系统与中风相符，不应感到奇怪，也不应仅仅用人的视角或人的认知来理解这些现象。这些世界上无处不在的“巧合”是自然的相通性，它们完全可以脱离人的认知而存在。

然而，世界的这个关联的美妙艺术、相共性的游戏，只是朝向相似性的道路。相似性本身处于自然状态，既明显又可见，因为它不是为了被看到也不是为了掩藏而存在，它天然地与人的可见性毫无关联，哪怕在人的可见性看来，这些相似性是可疑的。因此在认识论的维度上，除非有一个固执的因素决定将之标记出来，否则自然的相共性对人来说似乎

1792年，麻木不仁的革命者 Couthon 和医生 Pinel 参观关押各种『疯子』的 Bicêtre 精神病院，两年后因残暴被送上断头台的 Couthon 这时说：这些疯子就是些野兽。这二次幂的讽刺打开了诸多疯子的枷锁：一个在单人囚室待了40年的英国军官在镣铐落地的刹那奔向阳光，上蹿下跳，嘴里只说一句话：que c’est beau!（多美啊！）

> 『形式感直接被他们嘲讽地拒绝了——因为人们确实有内容感：他们毕竟是著名的内在性民族。但现在，这种内在性也有一个著名的危险：被人假定不能从外部看到的内容本身，有时会消失掉。』
>
> ——尼采，不合时宜的沉思

就不存在。在16世纪的思想里，这个固执的因素是对上帝的信仰，“（上帝）用特别的标记为所有事物都留下了外在和可见的征象——就像人埋藏了宝藏，并在埋藏地做了记号，以便日后能够再找到”。[①] 对帕拉塞尔苏斯来说，根本不涉及对自然的发现，而是对上帝标记的揭示或辨认。如果我们看到对上帝关于相共性标记的信仰是何等的固执，我们也就知道将异质事物关联起来的决定是何等正当，以及理性主义的对象在何等程度上能够得到保障。从这个自我证明正当的信仰出发，通过标记系统，模糊的世界变得清晰，不可见的相共性也变得可见，但却是在“纹章、特征、密码、含糊之词和象形文字”（MC 42）的庇护之下。

不过，在16世纪，所有给予标记（signature）以符号（signe）价值的东西，是标记自身所带有的与其所指事物的相共性。符号与其所指相似，标记则与之相区别。存在着某种区别，不是因为标记与其所指事物是两个事物，而是因为当符号脱身成为标记的时候，它与所指相似的存在就在标记的可见性存在中消失了，也就是说，不可见的相共性并不在可见的标记中显现。标记与其所指既相似又相区别，因为它与其所指共享的相共性是隐藏在二者之中的，因此才需要一个标记；因为标记有着某种并不与其所指共享的东西，某种并不隐藏的、可见的，因此它才可能成为其所相似之物的标记。标记的这个与其所指既同一又差异的特性，必须通过第三种相共性才能揭示，这第三种相共性隐藏着，并与其所指共享。

---

① Paracelse, *Die neun Bücher De natura rerum*, 1537; Cf., M. Foucault, *Les mots et les choses, op. cit.*, p.41, note 1.

正是这个被隐藏和被分享的相共性蕴涵着一个标记，一种共有且不隐藏的形式。在第一个相似性的不可见循环（相通性、类比性、相仿性和相近性）中，出现了第二个符号的可见循环：相通性的符号被转换到类比性中，类比性的符号被置于相仿性中，相仿性的符号被转移到相近性中，相近性为了能在这些转化之后仍然被辨识出来，需要一个相通性的标志。

尽管存在着所有这些转化和转移，且标记及其所指二者是处于同一层级的事物，“是同一个切分”（MC 44）；但是经过相共性游戏、从不可见到可见游戏的安排，它们又时隐时现。但不管是隐还是现，它们都总是分享相共性的关联，这个关联使它们在16世纪的知识中成为一致的。这个知识既是最可见的，因为它总是跟随相似性的道路；又是最不可见的，因为在标记之下，还有模糊相共性中的丰富内容。

对那些可见之物，相共性的这四种形式构成了一系列符号学认知及技术，让人们能够“区分哪里是符号，确立将之制定为符号的东西，认识到它们的关联及其连接的法则”（MC 44）；标记系统在这个连接上建立一系列阐释学认知及技术，让人们能够“使符号说话并发现它们的含义”。但这里的符号学和阐释学并不是在我们的现代含义上来说的，因为符号的含义和法则都在相共性之中，在“世界的句法”之中，在“（存在）物的语法”之中，注释和解释只在事物本身之间进行。因此，对于那些不可见之物，可见标记与可知相共性的稀薄厚度，用相共性关联本身的差距掩盖着自然。当然，相共性给出了对自然的一个认知，但代价是忽略模糊的亲近性和相似性的摇摆。这个代价是致命的，因为这就是

善恶互养，批判与被批判者互为存在依据，只要你追求美好就必有为此美好付出代价的不美好，你觉得谁应该为你的生存付出代价呢？只要站在正义一边，你所消灭的就是理所应当。所以为什么强者总是正义的（胜者为王），并不是有一个『正义』的位置谁都可以站，而是能够消灭对立者的才能定义『正义』。

福柯所谓“缺口”（MC 45）——相共性固有的距离，使得知识成为可能的，是不可避免的关于相似之物的无限劳作。

二、表征

（一）从理知秩序到分类学符号

从 17 世纪开始，笛卡尔“我思”的胜利是非常明显的：“我思”对自然的无知似乎是可以忽略的，但认知主体的不确定感则是不能忽略的；不可认知的和神秘的自然可以扔给疯狂的夜晚，对波动和未决之宇宙的焦虑必须通过人类对最美好世界景象的选择来解决，哪怕囚禁在此理性与真理的幻象中也在所不惜。

秩序科学、符号理论以及想象与相共性的合作，构成了 17 世纪到 18 世纪的经验性空间。这个知识型的整体只能在知识考古学中才能发现，因为我们在这个时期的科学中所看到的“生命”、“自然”和“人”只是体系所表征的外表而已，而这个体系在我们的时代早已改头换面和被掩盖起来了。因而，必须置身于这个特定的考古学层面进行观察，以便更好地理解生命、自然和人是如何“自发地和被动地”（MC 86）呈现给价值理论、自然史和普遍语法，更好地理解经济主体是如何用货币交换其自身的需求和欲望、自然的主体性是如何以连续性而被归类，以及“我思”是如何切割自身的连续性来谈论其感知。

那么这个 17/18 世纪地层的独特结构是怎样的呢？根据福柯的研究，我们用以下图表表示这个结构：

可悲的是大多数人没有斗争意识，只会盲从『强者』（名人、当权者、有钱人、学霸……），以为可以躺荫，其实只能当炮灰。

在这种人与人的善恶强弱的比较争夺中，耗损的是自然（包括人的自然和大自然），人类的政治技术越强大，耗损自然的速度和强度越是自然所不能承受和复苏的。

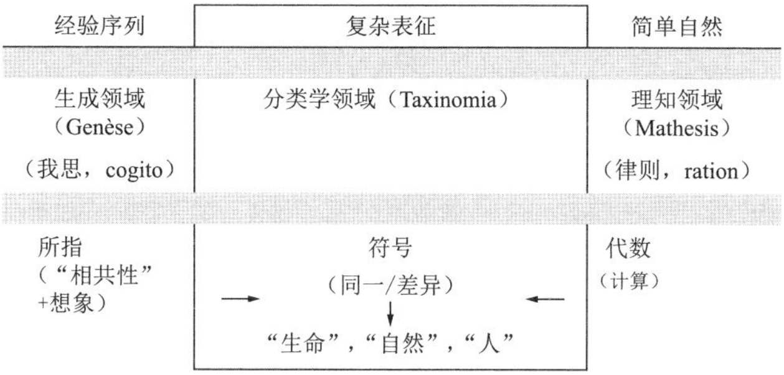

在古典知识型的两端，作为可计算秩序的理知（Mathesis①）为右翼，作为经验秩序的生成（Genèse）为左翼，中路则是同一与差异的分类学（Taxinomia②）。理知、分类学和生成这三个概念并不指相互分离的领域，相反，它们在一个坚固的网络中相互联结，就是这个网络表明了古典时期知识的一般形象。

首先，分类学领域和理知领域相互关联。一方面，简单自然是在理知秩序中表征的，而复杂自然则是在分类学秩

现代形而上的虚无自由（其实是工具化了的不自由），只能导致同性恋（以及其他比如淫荡姘居婚外情等）在概念性想象和纯粹肉体上的自由和放纵，以致与实在的脱节。

---

① Mathesis 借自希腊语 μάθησις（学习知识和科学的活动）。在希腊语和拉丁语作家那里，这个词甚至表示数学乃至所有认知的基础。此词在文艺复兴时期非常流行，在新柏拉图主义者如 Marsile Ficin, Nicolas de Cues, Leonard de Vinci et Nicolas Copernicn 那里出现，但也在逻辑学家、数学家、物理学家和医生如 Petrus Ramus, Paracelse, Galilée, Kepler et Adrien Romain 那里出现。在 John Wilkins 于 1668 年的一篇名为 «An Essay towards a Real Character and a Philosophical Language» 的文章里，«mathesis» 是人们所寻求的“完美语言”。在笛卡尔和莱布尼茨那里，这个词用在 «Mathesis universalis»，它表示两个意思：数学和先天普遍科学。但这个词的使用也有另一种方式，比如在 Roland Barthes 的《文本快感》中，mathesis 不是某种模仿数学的科学，而是 Marcel Proust 的作品。对福柯来说，这个词更倾向于表示事物的有组织序列。可以说这个词的历史就是一部科学史，也是一部人类认知的考古学。

② 此词借自希腊语 ταξινομία（taxinomia），由 τάξις（taxis，安置、分类、秩序，其闪语词根是 taksh，琢磨、制作、构形）和 νομός（nomos，法则）构成。

取代古典时代『痛苦』治疗的是现代精神病院『恐惧』治疗：一个躁狂症来到精神病院时戴着脚铐手铐，监管解除了他的镣铐，和他一起吃饭，告诉他这里的管理是为了让他获得最大的自由和舒适，如果他不遵守规则就给他重新戴上镣铐。沉默，治愈。语言带来的想象性恐惧比镣铐的痛苦更有效：因为语言的束缚作用十分微妙，它能激起什么反抗呢？

序中表征的。因为后者无法在“我思”的确定性需求中被辨识，所以必须能够被分析为简单自然；这样，分类学领域就与理知领域联系起来，将其复杂自然转化为经验表征，分类学领域就成为某种“质的理知”（MC 88）。但必须注意的是，理知秩序与17世纪后半叶在医学、生理学这些领域中出现的机械论，或在天文学、物理学这些领域中出现的数学化是不同的。理知秩序在生命、自然与人中表现出来，它是价值理论、自然史和普遍语法的秩序。理知领域的“普遍方法是代数”（MC 86），是“作为量度与秩序的普遍科学”（MC 70），不能与“将自然机械化和计算化的企图”相混淆。另一方面，对简单自然的感知，也就是所谓的明见性，只是对多样、复杂和发散之自然的一种表征，一种“清楚明白”的情况，在此意义上，“理知领域只是分类学领域的一个特例”（MC 86）。“集体我思”借以建立分类学领域的符号是按照一种复杂表征的代数构造起来的，而代数反过来则给这些符号分配简单自然，并将它们在理知秩序中组织起来。理知领域扮演赋值和判断、等与不等之科学的角色，它是“真理的科学”；分类学领域扮演关联和分类、同一与差异之科学的角色，它是“存在物①的知识”（MC 88）。

其次，分类学领域也依赖生成领域。由于经验表征附着于理知领域，组织这些经验表征的分类学领域获得了事物的某种连续性，而这是通过在生成领域进行的想象之力量完成的。分类学领域将可见的差异和同一性在空间的同时性中展

---

① 存在物是对法语词 êtres 的翻译，与海德格尔的“存在者”既有关系也有区别。

开，“我思”的生成将它们以年代时间的顺序排列成接续的系列。正是在这个分类学领域，“我思”使得将经验表征分析为简单自然、将简单自然综合为复杂表征成为可能，这是通过想象与相共性的合作完成的。分析首先为不连续的表征建立一个时间的关联，综合随后重构存在的可能连续性（自然的某一种情形），“我思”在生成中的这个双重工作给我们带来了考问认识论的必要性。尽管这个双重工作来自“我思”领域的想象与相共性，但它并不与另一来源——分类学领域和理知领域不一致，相反，正是想象（在“我思”的生成领域）与相共性（在自然的生成领域）的合作，生成与理知的合作——换句话说，某种“我思”（cogito）、“理性”（ratio）和“自然”（natura）的联结——制造了分类学领域的符号；而这些符号反过来则使得一个更为深刻的合作——“我思”与“理性”的观念论——成为可能，使得一个更为遥远的合作——与自然的合作——成为可能。

因而，分类学领域在理知领域的真假性（apophantique）面前，扮演了存在论的角色，它同时也在生成的历史面前，扮演着符号学的角色。分类学领域按照“理性”定义了存在物的一般法则，按照“我思”定义了认知的条件，它实际上是古典时期将认识论与存在论、独断与经验整合在一起的符号理论。正是在这个分类学领域之中，自然史、财富理论和普遍语法才建立起来，一种既退延又坚决的统一体才建立起来。也许正是在这个表征与符号的领域，古典时期追寻真理和主体的努力勾勒出了它的双重界限：“这将由从表征到符号的完美透明性问题主导。”（MC 91）

弗洛伊德言中的不仅是梦，而是整个人类思想：思维是意愿的达成，即不在场的在场——诸神、上帝、科学和资本。人只敬畏（向往）自以为缺乏的东西，所以以为『知识』就是（治理自身及他者的）力量，但这些（诸神、上帝、科学和资本）越有越缺乏的东西都不能解救人的自由，因为作为枷锁（安全岛）它们永远是不在场的在场。

『与治理艺术面对面，并作为反对意见，更或是作为搭档和对手，作为不信任它、拒绝它、限制它、为它寻找恰当尺度、转化它、寻找逃脱这些治理艺术的方式，或者，无论如何，以根本性的迟疑为名置换它，但也是并正是由此，作为治理艺术的发展路线，此刻在欧洲诞生了某种事物，某种一般的文化形式，既是道德的也是政治的态度，某种思考方式，等等，我就把它称为「不被治理的艺术」更或是「不被这样和以此为代价治理的艺术」。因此，我提出这样的一般特征作为批判的第一定义：不被如此治理的艺术。』——福柯，何谓批判？

（二）普遍语法

古典时期的理性主义贡献了更或是构造了世界知识中的两个事物：事物与思想之间的对等性和思想与语词之间的对等性。这两个对等性是通过表征游戏建立的。正如关于表征的语法已经向我们表明：这个双重表征绝不是以事物自身的精确性实现对所有事物或所有思想的可见复制，而是在量度和秩序的精确度的基础上，对认知所给予的符号进行的可见复制。这是一种观念自我表现的表征，这些观念“在反思的观看下，一部分一部分地相互并列”（MC 92），并进行自我分析。这些观念不是根据世界本身的种种法则运作（但这些观念从这些法则中借取了它们的最初含义），而是根据唯一且简单的理知法则。而且，在这个很难说是思想本身之空间的基础上，观念完全依赖反过来隐秘地统治着观念的语言。可以说理知领域是由语言实现的。

（三）语言的存在

那么古典时期的语言存在到底是怎样的？在追问语言如何实现理知领域之前，我们要先考察一下这个古典时期的语言是如何存在的。但福柯说：“说到底，可以说古典时期语言并不存在。但它发生着作用。”（MC 93）那么，什么是福柯意义上的语言存在呢？如果说表征性使得语言本身的存在不可见或至少透明，那么语言本身的存在是什么呢？“与事物混在一起或潜流其下的图形”，“置于手稿或书页上的字母”，是用其本身的存在（而不是用“我思”的想象，后者总还是需要一个“二级语言”来像解密自然本身那样来解密自然的标志）保留着事物本身相共性的中世纪的语言形式。“语言的存在，如同一个静默的执拗，先于我们所能从中解读之物，先于人们使之回响的言说”（MC 93）。由此看来，福柯所认为的语言的存在，是在于进行言说、表现，向人类视域给出可见或不可见标记的存在物，这个语言在其自身存在之中；在这个意义上，语言的存在如果处于不进行言说的存在物之中，这也是非常自然的，因为语言的存在本身不是语言。

既然福柯将语言的存在本身回溯到中世纪，那么我们可以回顾一下文艺复兴时期的思想到底给这种语言存在作出了什么贡献。一方面，有第一文本（《圣经》），有古代博学，这种语言存在是所有文本的绝对前提，这是上帝置于自然中的语言；另一方面，当没有任何标记显现的时候，这不是上帝不言说或语言不存在，而是上帝没有向人之认知言说，这是需要去发掘其中的秘密，并让在第一文本中沉睡的语言进行言说。从后者之中诞生了文艺复兴时期的诸种阐释，前者则使得这种阐释无穷无尽。尽管在古典时期，语言本身的存在被表征游戏抹去或隐去，其副产品却并未消失：无尽的阐释（解释和解密）转变为对绝对真理的无穷追寻，解释自然的语言之谜的二级语言变成语词符号（这些语词符号言说着自身的话语性）的表现性表征。由于古典时期的语言不再在自然标志的难解之谜中呈现，它也就与文艺复兴时期的语言存在相疏远了；又因为古典时期语言仍然具有“解释”世界的表征功能，它就也还没有到达意指的世界（在抽象观念的纯粹话语性中进行意指）。正是由于这两个原因，福柯才说话语体系永远是对现实的表征（不管准不准确）。去和（有时甚至只是想象的）镜像斗争，而忘了现实生活本身，就太傻了。堂吉诃德为什么不能是个真正的骑士呢？当你停止说话（语词缄默）的时候，现实生活本身就会扑面而来

“古典语言并不存在”。也就是说，其（文艺复兴时期的）存在已不复存在，其（文艺复兴时期的）功能依然存在。

因而，分析思想之话语性的批判使命就代替了发现自然秘密的阐释任务，就好像前者是后者的一个进步。由于思想还企图对自然进行确切的表征，批判就扮演着双重角色：一方面，批判追问语言的纯粹功能和机制，就好像这是“符号的一个自治的盛大游戏”（MC 94）；另一方面，批判又得关心在可认识形式（对可认知性的质疑从康德开始）下语言的原始目标：使自然之真重-现、显现，为真之呈现而要让语言自身透明。康德提出的关于形式与内容之对立的著名问题，在理知的魅力和美妙之下，显得不那么迫在眉睫；古典时期兼具批判的这两种角色，并不被抽象地对立起来，正如福柯所说，“像一个整体那样没有分离”（MC 94）。

（四）语词性符号

这个整体就是表征，既是作为语词性符号的表征者又是作为认知的被表征者，这是一个由语言组织起来的整体。但为什么是语言？为什么在如此多的表现性符号中，古典时期选择语词性符号作为理性思想的内衬以及世界与观念的缝线？答案就在这个认知主体之中，在这个使语词诞生又被语词支配的“我思”之中。根据霍布斯的理论，某些任意个体第一次选择了为唤起某个表征场景的标记，人们也是通过这些标记第一次认识了某个事物；这些标记的确立，可能是通过协定，也可能是通过社群的暴力或教育。

在这一过程中，积极的一面是，以这种方式形成的语词

含义停留在“每个个体逐个获得的思想”（MC 94），也就是说，一开始，这些语词含义来自“我思”，这个“我思”是严格意义上的“我”思：最初以及必然有某个“我”；而且，这个“我”必须思考，必须是种种观念浮现的场所，必须在充满表征多样性的整体场景之中处于接收这些观念的状态，“谁也不能直接将它们用作其他事物的符号，除非是对他自己心灵里有的观念”[①]。正是在这个涌现和接收观念的场景里，语言从所有其他符号中脱颖而出。一方面，思想本身作为某种自然存在，并无重复整个多样自然的全部方式，思想必然与时间、空间、特定场合紧密结合。按照孔狄亚克的观点，这个序列在每一时刻都会给出其整体性：“如果心灵能够将观念‘如其所觉’地宣告出来，毫无疑问，它将一下子将所有观念都宣告出来”[②]。按照德斯蒂·德·特拉西[③]的观点，思想接续地如此之快，以至于没有任何“观察它们或将之纳入秩序”[④]的机会。在孔狄亚克和德斯蒂·德·特拉西这两种情况下，除了他们的关键词差异（一个强调思想的表达，另一个强调思想的意识），这些表征的场景都表现为在思想中的流溢和整体性。另一方面，为了能够在恰当的时刻引起注

最早定位和标注人脑35个功能区并发明颅相学的德国物理学家Johann Gaspar Spurzheim对『英国病』(mélancolie，即忧郁症）的论述非常有趣，他说（19世纪初）英国人总是忧郁，无非是因为太自由太有钱，他们所建立的商品世界使得灵魂总是患得患失，而这自由是利益/联盟和资产组合的自由，人的欲望被利益法则主宰。

---

① John Locke, *Essai sur l’Entendement humain*, 1729; cf., M. Foucault, *Les mots et les choses, op. cit.*, p.96.

② Condillac, *Grammaire*, 1775; cf., M. Foucault, *Les mots et les choses, op. cit.*, p.97.

③ Antoine Destutt de Tracy（1754—1836），哲学家，政治家，法国大革命的将军。著有《意识形态诸要素》，被认为是首先提出“意识形态”（idéologie）一词的哲学家。

④ Destutt de Tracy, *Élément d’idéologie*, 1800; cf., M. Foucault, *Les mots et les choses, op. cit.*, p.96, note 4.

意或有所意指，就必须采用有效的符号；而最有效的反应方式是叫喊，用自己的方式发出声音，这种叫喊和声音的指称作用是以牺牲自然的整体性为代价的，而这种自然的整体性无论如何是不可进入和不可传达的。

但是，以叫喊或声响为基础的语言并不外在于表征或作为反思与表征背道而驰，与其他抽象或人工的符号——诸如“动作、手势、转译、绘画、纹章”[①]——也没有什么特别的不同，因为它本身既是表征又是符号。福柯在这一点上所要强调的，是声音的接续性，“实际上，声音只能一个接一个地连接起来”（MC 96）。因此，如孔狄亚克所说，将思想同时宣告出来是不可能的；如德斯蒂·德·特拉西所说，以思想的速度来说出思想则还要更为奇幻。正是在这个接续性上，语言异于表征。当然，思想整体同样是不可进入也不可传达，另外，思想本身也是以某种方式接续的。但是，将符号以接续的方式重新组合是一种双重的变形：不仅失去了整体性，还失去了在时间中（如果语词符号是以声响为基础）和在空间中（如果语词符号是以图像为基础）的不连续性。以声响为基础的语词符号，用一个接一个的等级秩序代替了各个部分的同时比较；以图像为基础的语词符号，则用单一维度的秩序代替了各个部分多维度的比较。这种利用标记可认知观念而对声音或图像所进行的秩序化深刻地创立了主体的两个著名的范畴：线性时间和平面空间。

中国人每天忙着把自然、人和生活转化为货币和语言，然后用大把的钞票和话语到处寻找自然、人和生活。法国人知道自然、人和生活根本上是不能由货币和语言表征的，所以他们各行各业时不时罢工，让他们的资本主义世界宕机；所以他们每天用语言批评和争论，要让被语言囚禁的自然/人和生活得到解放。要懂得这之间的区别。

① Destutt de Tracy, *op. cit.*; cf., M. Foucault, *Les mots et les choses, op. cit.*, p.97, note 3.

（五）语词性秩序

古典时期创造了这一新的认知论领域“普遍语法”，这个语法并不是现代逻辑学或语言学的含义，也不是文艺复兴时期事物化的含义，而是在语词性的含义上而言：“普遍语法，就是在与语词秩序所要表现的同时性关系中，对语词性秩序的研究。”（MC 97）这个语词性秩序就是话语秩序，然而，这不是某种与思想的当下反思相符的语词性符号秩序，它与自然标记的秩序（更或是无序）则更加遥远，它只是将语词性符号按照线性秩序进行排列的简单序列。由于这是将思想之多样秩序转化为同一个单一线条，那么就存在着多种线性化的方式。这也是为什么会诞生多种不同的和奇特的语言种类，这些差异和奇特性就在于这个“不相容性”更或是“独特性”，也即接续的任意性。然而，这种制造了语言种类多样性的任意性，这种非普遍性的随意性，并不是说这种语言是“野蛮状态的反思”，相反，在每门语言中，它都是被彻底地分析化和组织化了的。

一般说来，“语言是随兴、无反思的”（MC 97）；但从个别说来，语言又是人工的和反思性的。在它能够在人的协定和习惯中成为可沟通的语言之前，它首先就是被分析了的表征和自发反思之间的沟通。而这在古典时期的知识中产生了具体的后果。

1. 为了建构普遍语法，语言的种种科学相互分享和合作。一方面，修辞学建立了观念图像与语言性语词（声响）、自发形象与协定隐喻之间的关联。于是，语词性符号被赋予

女人有很多恶劣的思维习惯和行事方式，做为女人要克服这些陋习，并不是因此就是去做一个男人，而是某些男人的品质是女人不具备的（当然反之亦然），取长补短是为了做一个更好的人，造福自己也会造福他人。有人问一个著名的法国电视节目主持人：你最喜欢女人的什么？他说：和谐（harmonie），像音乐一样和谐是一种功夫。

福柯批判精神病学的退化进化论。精神病学家把疯狂视作成人退回到儿童时期以回避当下，可为什么儿童时期会成为成人时期的避难所？因为从18世纪的卢梭以来，儿童教育就是一种非现实的、无成人世界冲突的、抽象的美好世界教育，而这种避免冲突的教育本身却酝酿着更大的冲突：儿童世界与成人世界的冲突。

了空间式碎片的特征，语言就逐渐空间化了。另一方面，语法构造了语词在接续秩序上的关联，更确切来说，是在根据时间流逝而进行的声响接续运动中的关联。结果就是，空间式碎片化的语词性符号离奇地根据时间的接续序列连接起来。这个时间与空间的组合并不是自然的时空组合，而是语言的，更确切来说，是人工的时空组合，是以某种方式分解和组合的被重组了的表征。

2. 普遍语法使得观念论成为可能。"普遍"的意思就是普适性，普遍语法指出了语言与表征之间的普遍关系，这就是福柯所谓的"普遍语言"（MC 98）；指出了表征与心灵之间的普遍关系，这就是福柯所谓的"普遍话语"（MC 99）。"普遍语言"假设所有表征能够且应该由语词性符号进行表现，因此，"普遍语言"能够通过语词性符号的分析和综合来分析和综合种种表征，因此，表征之各种碎片的"所有或然关系"就能够被指明；接着，思想的所有可能秩序就能够被语言把握。"普遍话语"假设心灵所有"自然和必然"的运动都能够和应该用分析化和综合化的表征来定义，于是，心灵的所有认知都应该置于表征的安排之中；进一步，"所有认知的基础"就在心灵的自然和必然运动（即笛卡尔式"我思"）中建立起来了；同时，这些认知则分享"在连续话语中显明的起源"，即话语性"我思"变成了认知的起源。正如德斯蒂·德·特拉西所言，"所有真理的唯一核心就是对其理智能力的认知"。①

---

① Destutt de Tracy, *op. cit.*; cf., M. Foucault, *Les mots et les choses, op. cit.*, p.99, note 1.

而这两个关联只有在“我思”借取了语言力量后才能建立。这个语言力量既是这些关联项的共同目标又是它们的支配者，而这有两个途径：一个是通过陈列，也就是通过语言“在一个单一的基础图板的同时性中，展开所有可能秩序”；一个是通过强制，也就是通过语言的意识形态“重建唯一且对所有可能认知在连贯中都有效的生成”。因此，在古典时期，“普遍语言”和“百科全书”的计划层出不穷。而这两个计划只不过是为完成关于“天主百科全书”和“第一文本”的想象的可操作的人类版本。如果这个人类版本逐渐变得难以维系，这不是因为它过于荒谬——那些古典时期关于字母式百科全书和通用书写法的计划也同样荒诞不经；其难以维系的原因更可能是这个人类版本在社会领域、在自然符号、在人类理解甚至在人们之间的沟通中都遭到失败。似乎科学的观念论只不过是抹去了这种不可沟通性，它并没有消除想象绝对和普遍真理的荒谬，它只是在语言中对这一想象的实现。“在绝对百科全书的基础上，人类构造了经过组合和限制的普遍性之中介形式……不管所有这些计划具有怎样偏狭的特征，不管这些事业具有怎样的经验背景……古典时期知识型……只有通过语言的中介才与普遍发生关系。”（MC 101）

3. “普遍语言”与“普遍话语”的非凡结果就是，从此分析性表征和自发反思之间的沟通被离奇地缩减为对等，而可组织的认知则与线性语言直接适配。分析性表征的普遍语法成为心灵的逻辑，而普遍语法随意和自发的本性（处于不可避免的不完整和片面的线性化）则成为心灵之逻辑“未被

CNRS的基督教研究专家说：福柯对康德『何谓启蒙』的研究，与福柯从牧师权力转向僧侣制度形成对照——康德对『不成熟』状态的著名定义，正是转向僧侣模式的写照。

拉康说萨德道出了康德『批判』的真相，萨博说萨德是康德『理性』的过度。

控制”更或是非普遍的特性[1]。普遍语法成为思想的思想，同时性、自发性和非反思之思想的可分析性思想，后者代替了前者，换句话说，语言秩序中的笛卡尔“我思”大胆地代替了处于自身存在中的自然“我思”。普遍语法的哲学成为“心灵的内在哲学”，语言名正言顺地成为“所有反思的原初形式，所有批判的第一主题”。“没有无认知之语言”这一原则成为“没有无语言的认知”。所有这些都是因为认知和语言在表征中的功能从此只有同一个唯一的起源和原则，那就是心灵，就是理性化的“我思”。“正是通过同样的过程，人们学会说话并发现了世界体系或人类心灵之操作的原则，也就是我们认知中所有卓越的东西。”[2]

然而，认知活动［“知识（动词）”］与语言活动（“言说”）原本并不是在反思的形式下进行的。古典时期的科学不再像古人那样是一种作为单纯认知活动的 *scientia*，相反，它们已经是用制备良好的语言构造的。“制备良好的语言”，并不是说它们是由科学本身造就的，而是相反，它们在科学出现以前就已经造就了，只是又经过分解和重组而被重新整理。也正是出于这个原因，没有哪门语言天生就遵循分析性秩序，所以古典时期要求语言本身必须是“制备良好”，以便能够解释、判断和调整认知碎片，并将这些碎片变成“既无阴暗之处亦无空白之地的完全澄澈”。这个“制备良好的语言”不是由自身或“审美”而“制备良好”，它是根据“规范性

① Condillac, *Grammaire*; cf., M. Foucault, *Les mots et les choses, op. cit.*, p.98.

② Destutt de Tracy, *Élément d'Idéologie*; cf., M. Foucault, *Les mots et les choses, op. cit.*, p.101, note 1.

存在的语法”，即逻辑、分析秩序组织起来的。“18 世纪逻辑学的最好论述是由语法学家写就的。”（MC 101）同样的，也可以说对于“我思”的最好论述是由逻辑学家写就的，而这不仅限于 18 世纪。

4. 普遍语法奠定并引向“普遍语言”和“普遍话语”的观念论，语言严格适配于秩序化的认知，因此，“时间是语言分析的内在模式，而不是它的诞生之地”（MC 104）。语言曾经是相继和世代相传的，从希伯来语诞生了古叙利亚语和阿拉伯语；然后，从古希腊语诞生了科普特语和埃及语，从拉丁语诞生了意大利语、西班牙语和法语。从 17 世纪开始，不再是各门语言追随历史，而是历史追随各门语言，因为各门语言用适于分析的自己本身的序列展开（历史）时间。在各门语言之间，没有什么历史年代的演变关系，而只有种种类型。深刻改变语言的，并不是某些语言逐渐去除了某些语词的词形变化，而是这些语言产生了新的分析元素和表征接续的排列方式。当各门“重新排列”的语言满足于用词形变化标记语词的功能，它们还能够遵循图像、激情和兴趣最自发的秩序；但是，在种种“模拟”[1]语言中，语词的功能是由它们固定的位置决定的，语词表面的秩序比自然思想的秩序更为重要，或者更甚，前者支配后者。

通过对这四个结果的分析，我们看到“我思”的认知和“我思”用以表达的语言是如何分享着同一个双重性的表征框架。

拉康用这句话来讽刺康德：波兰万岁，因为没有波兰，就没有波兰人。

---

① M. Foucault, *Les mots et les choses, op. cit.*, p.105, note 1.

（六）自然史中的分类

17—18 世纪科学的新兴趣在于观察，这在理论上始于培根，在技术上始于伽利略发明显微镜。这种科学上的新兴趣提升了农业的经济利益，因为它使得重农主义和农艺学得到发展，刺激了寻找异国动植物的伟大远航。正如福柯所说：“处于 18 世纪之中，卢梭采集植物。”（MC 138）这一系列理论和实践的兴趣并不是偶然而至，因为对观察的特殊青睐并不是来自无关紧要的好奇心，而是诞生于新的物理理性根基之上，在这种理性中，真理只存在于所见，换句话说，认知主体只是一个观看的主体，如果无所见也就无所知。初看来，这种由认知主体本身之观看所证实的真理似乎一方面是对希腊理性的一种精确回应，因为在希腊理性中，所有知识都必须经过考察；另一方面，这种真理方式似乎也是对从上帝得来的消极知识之信仰的一种具体抵抗，似乎人之主体性为了主宰自己的生活起来反抗知识的陈旧设置。但如果具体考察这种理性之导向和限制，我们就会看到这个认知主体的新设置已与真理相去甚远。

关于这一点，福柯通过对 Aldrovandi 与 Jonston 的对比揭示出：在自然领域，历史如何成为自然的，以及观看主体如何取代了对多样性进行认知的认知主体。Aldrovandi 在对生命存在的历史考察中，区分了观察、资料、传说，也就是说，不仅有认知主体亲自观察的事物，还有种种“他人观察和传播”“别人最终想象或天真地信以为真”的符号（MC 141）。这个“他人”，不仅是除本人之外的其他认知主体，还是那些为认知事物而持有其他不同的、非普遍性方法

> 生产之饰物给予意识其『众物之物』的自由，它也证实了『这一点处处可行』。到处都是从『灵魂监狱』解放而来的多产之躯。到处都有劳作的意义：思想在机器和钢筋混凝土中活跃，物质在思想者的语词中运作。
>
> ——郎西埃，哲学家及其可怜人

和视角的人。例如，Aldrovandi 关于动物的寓言及其传说的用法，在 Jonston 那里，被缩减为单一的医疗用法；那些曾对事物所有多样性、各种语义学符号或“与走兽交织在一起的语词”感觉灵敏的认知主体，变成了只能看到“活物”（即观察者眼中赤裸对象）的绝对主体。这种对曾编织和整合在存在历史中的所有符号的消减更或是省略，见证了“词”与“物”之间的一个巨大断裂，一个按照表征性认知的需要岔开的断裂。这也就是说，仅仅出于说出和表征事物的理由，必须将语词从它作为事物（语词本身曾是自然史的一部分）的原初存在中抽离出来，必须删除传说、寓言、神话和有关记录。就好像通过对某些符号的删除，“事物”还能够在表征中维持它们的存在本身。这就是古典时期的革命，以及这些变革的正当性。

（七）明见性与广延

但这些重新找到的“事物”是什么？“不应在其中看到强行进入某种在别处窥探自然真相的认知经验，自然史……是通过在表征中预设了命名可能的分析所打开的空间”（MC 142），脱离了事物的语词并不是因此就无用武之地，而是相反，这些语词提供了观看这些事物的可能性，正是借着词与物的古老连接，这种词与物的脱离才能够用于表征事物，认知主体才能够随后谈论这些事物并在远处观看这些事物。如果事物实际上溢出符号或表征性语词直抵“话语之堤”，那么表征的窟窿里还剩下什么呢？这不是处于自身存在中的事物，这是“从一开始就被名称剪裁”的事物，而进行剪裁的

表征与事物相混合、神圣与亵渎相冲撞的世界正在被抹去，那个将信仰的有效象征和古老的身心操习简化为我思之幻象和语法化之语言的世界却变得熠熠生辉，但后者已完全不能澄明罪与耻的复杂意象。这就是传说中的启蒙运动制造的去宗教化的宗教社会，即神圣化的（人本）世俗理性。

正是认知主体，这种认知主体只能在其所能言之范围内观看事物。古典时期知识反叛中的革命性观察正是归功于用语词进行表征的可能性，这就是在古典时期将人唤醒来主宰自身生活的主体性。

古典时期的知识让人奇怪的是，为了表征事物，必须抽去事物的符号作为要说的语词，但也是为了同一个理由，还必须重新将这些符号与事物关联起来。这似乎是两个相对立的行动，但正是在这两个相反的行动中，认知主体才有可能介入对自然的认知，并保留最大限度的客观性。知识的任务因此就是“使语言最大限度地靠近观看、使被观看的事物最大限度地靠近语词”（MC 144）。需要强调的是，从语词脱离事物开始，从它与事物的重新关联不再自然开始，语言就取得了自身的职权。这完全不是因为认知主体更好地进行了观看并更贴近其所观察的事物，而是因为认知主体受制于一个有条件甚或否定式的认知系统，认知主体通过排除不可见事物来框限需要被认知的事物。这些需要被排除的不仅是传闻、传说、寓言，还是在认知主体感知领域本身中的味觉、嗅觉等，也就是所有不确定、多样化以及不能“用普遍接受的清楚要素”来分析的事物。

我们看到通过建立一个严格遵守明见性原则的观看主体，古典时期很好地避免了信仰所强加的被动的神秘知识，但同时，认知主体感知的一个广阔领域也被排斥了。认知主体因而是一个优先视觉的排斥性主体，明见性的意义因此就是广延，即福柯所谓“几何般准确的盲目”。在此意义上，观看技术的进步，如显微镜的发明和使用不过是对这种盲目

『青蛙常常这样叫：呱–咯，呃–咯。呃–咯是为了表达在躲避危险时的扼制（注：法语的 coéque〈呃–咯〉和 coaction〈胁迫〉都有 coa 的音，这里中文翻译取「厄」，形声字「呃」与「扼制」都有「厄」）和「哎呦」。呱–咯或者呱可以分析为：口瓜口各＝这里有瓜人人有份（注：这里意译，Brisset 模拟了青蛙叫「呱–咯」的法语发音「Que haut à que」，在法语里可以表示「到这儿高处」），呱–咯就可以表示通达和接近。这些就是对雌性的呼唤。当我们自己再次发出这叫声呱–咯，我们会看到这些漂亮的小动物中会有一个她带着询问和闪耀的眼睛回答我们：呱–咯，呱–咯。她明显是在说：如你所说（这里有瓜，人人有份）。』

——布里塞，逻辑语法

的深化。显微镜所要解决的问题，例如为什么“成年个体及其种类的形式、设置和特征性比例能够跨越年代转移，并保持严格的同一性”（MC 145），只不过是使用显微镜的主体、只能在可见形式中去看繁殖线索的观看主体制造和强加的问题。据此，几何学在自然中的神奇发现完全不是理知普遍性的一个证据，而是相反，这是观看主体普遍运用理知来强加自然的证据。

由于认知主体只通过视觉获得对事物的知识，为了使这个知识对所有观察者确定、明见和同一，这个知识必然系统地被简化为某些事物，例如形式、数量、位置、大小，以此来避免所有的相共性、颜色、味道、声音和触感的不确定性，“所有记录都必须提炼出数量、形状、比例和位置”[1]。在古典时期认知主体的观看中，事物无非是广延，因为这是唯一能够满足将事物表征为普遍可接受描述的认知主体的方式。因此，古典时期的真理或知识并不是对事物的靠近，而是一种被系统性化约为所有认知主体之普遍性的东西：所有事物都“成为同一个个体，每个人都能做出同样的描述；反过来，基于这样的描述，每个人都能辨认符合这种描述的个体”（MC 146）。

正是遵循着这种有四个变量的广延条件，事物得以能够被转化为语言。人为的分离又通过人工修复，但自然不再是

现代『实证主义语法学家』Jean-Pierre Brisset 用他的『黑色幽默』证明人由青蛙演化而来。因为他的 *La grammaire logique*（逻辑语法）通过分析话语，说明语言和人类的形成同构，而人类语言不外乎蛙鸣。这构成福柯写作词与物的一个重要启示，当然是批判的。

① Carl von Linné（1707—1778），瑞典植物学家、动物学家和医生，瑞典科学院创始人之一，奠定了现代生物学命名法二名法的基础，是现代生物分类学之父，也被认为是现代生态学之父之一。*Philosophie botanique*, 1788; cf., M. Foucault, *Les mots et les choses, op. cit.*, p.146.

同一个自然，语言也不再是同一个语言。正如福柯所说，从此，语言成为"林奈所梦想的植物图形诗"（MC 147），一种植物性语言。因此当有人说语言具有从根到茎的特性，这就不是一个简单的隐喻。反之亦然，自然从此也变成"语言的线性展开"（MC 148）。观看主体对具有广延四变量的结构进行的操作将自然存在的繁衍描述为一系列紧紧相连的要素，通过观看主体关联更或是过滤所有这些在几何结构中的自然的可见属性，语言中的赋指和关联得以可能。而这种广延结构已然成为自然，赋指的动作或系词"是"的肯定在关联的动作中秘密地进行或验证了。唯一的合理性证明就是自然史是一门建立在确定和明见的观察、具有清晰秩序的语言（更重要的是，这种语言对所有符合条件的主体是普遍的）基础上的科学。

（八）特征的指称功能：系统与方法

在这种广延的暴力指称基础上，属性概念的发明随后使得在存在的邻近之间将存在分门别类并按演化秩序排列成为可能，而这只能通过与观看主体的比较才能实现。在语言理论中，为解释语词的起源及其在历史中的改变，还存在两种进程；在自然史的理论中，这两个进程则由同一个特征理论完成，这个特征理论既完成了对所有自然存在的具体指称，又完成了在同一和差异空间中对这些指称演化的控制。

然而，这个特征概念的建立却并不是显而易见的。观看主体尽管已经根据可见性在广延中构造了一种结构，并已经在话语内部引入事物的增衍，但仍然无差别地让每个存在

囚牢属于囚禁者，被害者也贡献罪恶。多少人承担不了自由之荼蘼，就有多少人铸建枷锁之慰藉。死物小长安，活人大悲喜。

的个体性以专名形式存在，以便将它们置于同一与差异的秩序之中，这样，简单的比较工作就是无止境的。正是在这一点上，认知主体又一次地介入，认知主体发明了两种比较技术：一种是像林奈那样的系统，一种是像 Adanson[1] 那样的方法。二者都有同样的目标，就是“将自然史构造成为语言”（MC 152）。尽管这是两种截然不同的方式，但仅仅是相对于逻辑推理来说，相对于认知主体的设置来说，它们则并无二致。

涉及系统的技术，比较是根据某种有选择、有特权和排他性的结构进行的：同样的要素与结构要素一起获得共同的命名，尽管还有其他要素是不同的，这些不同要素会被认为是无关紧要的。这种有选择的结构就是我们所谓的特征，它是武断的和相对的，因此它也为人之主体性提供了巨大的空间，但这个空间也只是系统选择的空间，因为一旦选择了系统，同一和差异的比较逻辑上就是非常严格的，根据特征进行的命名也必然是刚性的。

涉及方法的技术，其中特征并不是根据某种武断和相对系统的整体划分得到的，而是通过循序渐进的减约获得。比较从任意种类开始，描述其各要素，然后是第二层次的比较，第三层次的比较，只需要提及差异要素。以这种方式，直到最后，在基地上所涉及的要素就成为区别每个种类的特性。然而这个步骤实际上只能以相反的方式进行，比较是从拥有无数特性的大族群开始；人们标记出每个种类相对于这

① Michel Adanson（1727—1806），法国植物学家和博物学家。

不真正研究历史/政治的哲学就只能有意或无意做历史/政治的工具。

个大族群的区别，正如亚里士多德所做的那样：类的名称是由种加属差构成。

这两种比较技术的区别：系统构成的是一劳永逸的协调关系，而方法建立的是可以调整的从属关系。如果我们将这两种关系与 16 世纪认知主体认识自然的方式做比较，那么这种差异是无关紧要的。在 16 世纪，动植物的同一性不是通过比较得来的，而是通过整合在其自身生活中的标记，例如，某种鸟夜晚捕食，另一种鸟则在水中捕食。某个种类共同纹章的含义并不是基于肤浅的传闻，而是相反，传闻本身是建立在存在本身的正面标记之上。如果某个种类消失了，这并不是相对于其他种类的进化，因为这个种类不是通过已经存在或仍然可见的事物定义的。然而，到了古典时期，每个个体都必须强行列入某个通过种类比较得来的分类，不管这是通过系统还是通过方法得来的分类，“它就是他者所不是”（MC 157）。

（九）特征的衍生功能：连续性的发明

因此，自然史中的指称理论就在来自只能看到可见广延的主体的比较活动的特征中表现出来。不过，特征还应具有像语言中的衍生的另一种功能，因为在自然史中，事物既不是在人的介入下也不是在人的想象中发生转变的，正如休谟所质疑的“经验重复的必然性”（MC 159）。在此意义上，并不是人类主体改变着特征的含义，但认知主体必须找到一种解决办法，以使通名或更确切地说使结构化的特征不在自然永不疲倦的多样性转化中丢失。认知主体的解决办法更或是

『一个人的生命究竟还是完全无所不足的。此意甚深。高明的宗教，其所以持禁欲态度之真根据，即在此。他是有见于生命的完全无所不足而发挥之，在别人谓之禁欲，在他则不是如此。他之所以反对男女之事，乃是反对自己忘记自己的完全，失掉自己的完全。人在生理上虽然好像不完全，其实不然；每一男性在心理上生理上都有女性，每一女性在心理上生理上亦都有男性，只是都偏一点——都有一点偏胜。』

——梁漱溟，朝话

发明就是赋予自然连续性。然而，这个连续性的概念在系统论者和方法论者那里分别有不同的方式。

对于系统技术来说，因为人类主体性具有选择要素的巨大空间，认知主体很容易构造“一个像特征那样有选择的结构所能采取的节制的不间断层级”（MC 159）。所有可能的存在都能在这些不间断的、逻辑上穷尽的价值链中找到一席之地，“即使人们对之还一无所知”，正如林奈所说，“并不是特征构成种类，而是种类构造特征”。这就是特征的权力，一种人为、任意和全知的协定；在此意义上，这也是借用这种权力并将之加诸自然的认知主体之权力。

对于方法技术来说，解决方法完全不同。由于方法是从个体开始，它并不创建一种带有需要填充之空白的空间的预设，它直接预设连续性的真实框架，它反过来解释说在人之想象中种或类的断裂并非真实，而是唯名论意义上的断裂。“自然中没有跳跃：一切都是循序渐进、细腻区分的”①，“越是增加自然产物的划分数量，越是接近真相”②。因此方法论者就有理由以真实的名义批评系统论者得出的种种特征，认为这些特征只不过是相对于人之认知需求和边界的方式而已。然而，如果像方法论者所提出的那样一种连续性真实存在，正如福柯所质疑的，“那就不需要构造一门科学了；描述性指称有充分的权利进行概括，而事物之语言通过自发

费孝通的生育制度从个体生存需要获得社会生活分工合作的利益，来建立个体生存与种族绵续间的必然关联。本来是『吹皱一池春水，干卿底事』，到头来要用『生殖的损己利人』来满足『动物营养的损人利己』。

① Charles Bonnet（1720—1793），日内瓦博物学家和哲学家。*Contemplation de la nature*, 1764; cf., M. Foucault, *Les mots et les choses, op. cit.*, p.160.

② Georges-Louis Leclerc de Buffon (1707—1788), *Discous sur la manière de traiter l'histoire naturelle*, 1753; cf. M. Foucault, *Les mots et les choses, op. cit.*, p.159.

的运动，就能构造科学话语”（MC 160）。但情况并非如此，“经验并不给予我们自然的连续性”。自然史对于方法论者与对于系统论者是一样的，都是认知主体通过面对被撕碎和被混淆的自然而进行结构化的一种知识。

（十）特征的秩序：物种不变论与进化论

再回到特征的秩序或生命模式的问题。就像在文艺复兴时期一样，自然是通过其生命模式而被认知的，也就是说，一个植物或一只动物的历史不仅仅在于其自身的存在，还与其环境、周围事物相关。连续性问题仍然存在。如果认知主体限于和专注于特征的人为工作，就不可能走出来，因为决定性事件所处的位置“不在活着的物种本身之中，而是在其所安身的空间之中”（MC 161）。由此，物种不变论与“进化论”的对立只不过是一种表面的对立，因为二者实际上都同样假设特征的连续性，只不过一个是在一种连续的存在网络中，这个网络中的两个极点是最简单的存在和最复杂的存在；而另一个是在一个时间线中，此时间线中的两个极点是时间的两个反叛。

福柯对这个认知主体预设和强加的连续性的批判所针对的，比这两个准-进化论主义（从拉马克到居维耶，在18世纪中叶真正的进化论主义出现前）更为深远。实际上，古典时期的物种不变论与“进化论”都具有进化主义观念：“活者的形式可以从一个转向另一个”，“现实的种类可能是过去转化的结果”，“所有活者可能都朝向一个未来的点”（MC 164），这就像莱布尼茨的风格。因此，这不是一种“渐进的

在枷锁下呻吟的人（类）其实承受不了真正自由所带来的不确定/无所依和深彻的恐惧，于是呻吟成为对人之自由本质的意淫和对其所依附枷锁的同谋，于是呻吟成为在枷锁下卖命的生产力，于是呻吟最后变成了枷锁。呻吟另外还有一个名字叫批判。批判并不真的为了打破所有人的枷锁，而是为了登上上层枷锁的宝座。

等级化”，而是一种“已建立的等级”，所以，这不涉及自然的进化，而是认知主体的一种“进化主义”更或是“预成论”。至于对包含诸如 Benoît de Maillet① 这种系统论者的准进化主义而言，认知主体则是以另一种方式运用时间：时间只是让具有所有可能价值的活者的所有变化形态接续出现的瞬间；涉及生命模式的要素只是为了显现某种特征的起因。尽管它们呈现了达尔文那样的“自发变化的特征”，以及拉马克那样的“介质的积极行动”，这也完全不是导致新物种出现的进化主义，因为其变化的总图板是由认知主体根据已结构化的特征而提前建立好的。正如林奈所说，是种类构造特征，而不是特征构造种类。

涉及“改变（活者）形式的自发天赋”（MC 188），以方法论者莫佩尔蒂（Maupertuis）② 为代表。在莫佩尔蒂那里，物种图板中平稳的连续性是在“把握时间中的种类和彼此相共性”（MC 167）的记忆与偏离的倾向之间获得的。莫佩尔蒂也许是第一个假设物质的活动和记忆的人，也许也是 DNA 理论的先驱。凭借这种记忆和活动的可能，个体让新的种类诞生了，但回忆的力量总是存在。以这种方式，不考虑时间维度，种类不是碎片化的，而是来自某种连续性，

『正是对能指的焦虑让鲁塞尔的痛苦变成我们语言中与我们最为亲近事物的孤独问世。对能指的焦虑让这个人的疾病成为我们的问题。对能指的焦虑让我们能够基于鲁塞尔自身的语言来谈论鲁塞尔。』

——福柯，雷蒙·鲁塞尔

① Benoît de Maillet（1656—1738），法国贵族、外交官兼自然历史学家。他关于地球史的著作影响了启蒙时期的博物学家，如拉马克和达尔文。

② Pierre Louis Moreau de Maupertuis（1698—1759），法国 17、18 世纪的哲学家、数学家、物理学家、天文学家和博物学家，最先搞清楚地球形状为近扁球形的科学家，他也拥有发明最小作用量原理之荣誉，对牛顿物理学在英国之外的传播起到重要作用。*Essai sur la formation de corps organisés*, Paris-Berlin, 1754.

福柯1978年写了『何谓批判』，因为这一主题对于他70年代抗击权力的社会实践的确是个问题。1984年又写了『何谓启蒙』，正是这一他在80年代对于性道德规范中『真理与主体性』相互非可逆性塑造作用的研究，使得『启蒙』的光环又被打上了问号。哲学家毕其一生不过是在自己和在世人脑门上画几个问号，给自己画圈是自得，帮别人画圈是权力。

“一种用无数被遗忘的或失败的小差异编织起来的连续性”，也就是说，来自自然中多样转化的各种畸形实际上构成了一个无休止的、闪闪发光的，有时昙花一现，有时经久不衰，但最终连续的基底。正因为怪物表现出了所有可能的特征，自然才具有一种连续的系列。

选择“某种具有所有之前种类之特征的终极种类”也是如此。这种选择是由像 Robinet① 这样的系统论者做出的，他们不是通过记忆，而是通过规划来确立连续性的。这是对从最简单的存在到最复杂的存在的规划，在这两者之间，“有所有复杂性和组合的可能等级”，就像对于方法论者一样，自然的尝试有时持续，有时耗竭，“怪物并不是另一种自然，而是种类本身”（MC 168）。

因此，不管是系统论还是方法论，都将时间和自然的延续视作实现连续基底之假设的工具，“连续性先于时间”（MC 168），或者，预设先于自然。

（十一）财富分析中的交换

福柯考察的另一个实证领域是财富分析领域。这个领域在一开始就在主体性上，比自然领域具有更多的特权，也就是说，随后，如同语言领域和自然史领域，财富分析领域成为一种奇怪的主体性空间，或更确切地说，这种主体性不是一个意志的主体性，而是诸多意志的主体性。这一点可以在福柯对两种财富理论的考古学研究中得到证明：一个是价格

① Jean-Baptiste-René Robinet（1735—1820），法国自然主义哲学家，进化理论先驱之一，狄德罗百科全书学派继承者之一。

理论，一个是价值理论。价格理论是连续通过三种货币类型进行说明的：16 世纪的符号–货币，17 世纪的商品–货币，18 世纪的担保–货币。从自然货币到协议货币，我们看到集体主体性如何不顾个体需要以及自然来定义财富。价值理论则既是货币的双重条件又是悖谬主体性的表现场所。

（十二）16 世纪的价格理论：符号–货币

价格在古典时期的本质含义是表征，当然这不是在语言领域中的那种对思想的表征，也不是在自然史领域中的那种对广延的表征，在财富分析领域，这是对价值的表征。但这些表征都有一个共同的功能：流通。在语言和自然史领域，这个表征功能是决定性的，但由于这个功能常常伪装为真理的普遍性，它又总是表现为某种深层的秘密。但在财富分析中，这个功能既是决定性的又是公认的，因为流通或更确切来说交换不再隐藏在证明合理性的“真理”之下；在价值领域，没有稳定和绝对的真理；因为在能指与所指二者那里，主体性都执行着其比较、失衡和相对化的力量。

为了表明古典时期对财富分析的双重表征，福柯首先考察了 16 世纪的货币方式：金属——就像文艺复兴时期的符号，这是一种真实的标记，本身就是一种财富。价格关涉的不是主体的需求，而是品质与金属的比例；价格的诞生是为了主体间的交换，但它并不来自主体间的交换；货币的价值依赖的只是其自身的金属总量，货币是根据“其重量估值的”，并“根据其自身物质现实的财富”（MC 181）来校准财富。因此，货币有双重功能：能指与所指在同一质料上，

哲学的迷人之处在于，它总让你不断发现『原来一直都在受骗啊！』至于安全感和内心安宁那是宗教的事；当它不再让你觉得在受骗时，它就成了宗教。

“票面价值”与“金属数量”在这同一质料上是一致的。

正是在这一点上，金属货币存在着问题。首先，金属货币的现实价值损害了它作为尺度的角色，正如格勒善法则所言，“劣币驱逐良币”，交换主体更乐于藏匿含量高的金属，而让市面流通金属含量较少的货币。其次，由于金属货币本身就是一种财富，它自身也有价格，这个价格依赖的是这种金属的流通频率及它在交换中的稀缺性。然而，尽管在货币市场中存在这些问题，对于16世纪的分析来说，价格上涨也只不过是一种货币贬值，是一种票面价值的提升，因为“对于同等数量的小麦，人们总是支付同样重量的金银”（MC 182）。这种在主体活动中的价值同一忽略了市场影响——即忽视主体的活动变量，揭示出对事物的固执。甚至2年后，人们观察到价格上涨并不是票面上的上涨，而是由于“给予事物估价和价格的事物的富裕”（MC 183），这是财富不根据财富本身衡量的另一证据，也就是说，主体间的交换并不改变价值。

这一点与16世纪主体的地位相符合。在16世纪，主体实际上在事物的相共性中是自然缺席的。能指与所指都在事物的相共性中，不涉及任何认知主体的指称；同样的，货币和财富在同一个金属质料中体现出来，主体间的交换实际上依据财富间的相似性，而不是相反。因此，小宇宙和大宇宙之间的关系是通过天意建立的；同样的，金属货币与商品的这种天意关系也能够固定珍贵金属的总体价值，并校准所有食品的价格。在天意之下，不仅财富缓慢增长，主体本身的需求和欲望也是缓慢增长的，也就是说主体之欲求与自然之

现代精神医学区分『原始人当下欲望』与『劳动者当下快感』：后者在方便易得的婚配/麦当劳和好莱坞中获得充盈而科学的食欲色情暴力科幻满足。作为原始性欲望机制中的观察、犹豫、向往、权衡、伺机、追捕的复杂而充满风险和不确定性的活动则不再必要，无需想象和意志去欲求，只需劳动去领取满足。

产出是相符的。“这种上天和穷尽的计算，只有上帝能够完成”（MC 184），也许可以说：只有上帝缺席时主体才存在，反之亦然。

（十三）17 世纪的价值理论：商品-货币

然而，16 世纪所建立的这种面貌，即“金属有价，它衡量所有价格，可以用金属交换所有有价之物”（MC 186），从 17 世纪开始解体。不再是货币的内在财富支撑着其衡量和替换的功能，而是货币的第三个交换功能成为另外两个功能的基础，将另外两个功能转化为自身的性质。不过，也正是在这第三个功能中，我们发现了主体，这也是其需求和欲望的显现之地。

让人奇怪的是，这种新面貌，这种颠覆，不是在别的地方出现，而恰恰是在重商主义的反思和实践中出现。乍一看，人们会把重商主义认作“货币主义”，因为他们系统性地混淆了财富与货币，但这种混淆决不是一种非意愿的错误，而是“深思熟虑的关联”，在这种关联中，他们将本身曾作为财富的货币工具化，并去除了这个内在特征，以便将之作为纯粹的表征加以利用，甚或可能对之进行财富分析，最后让决定何谓财富的需求或欲望主体显现出来——最终，一种集体性主体伴随主体的这种双重运动，在流通和交换中出现了，其中，货币和财富之间建立起了一种奇特的自主和互逆关系。借着这种表征、分析的普遍工具，主体介入到财富领域，更或是主体在进行交换，主体在相互交换。

在财富方面，重商主义称作“财富”的东西必须是可

当一个社会整日梦想着柏拉图的理想国，美利坚的所谓民主自由，孔老夫子的儒教社会，或者什么上帝的乐园，它就必然制造无数逃避现实的精神疾病和疯子，因为现实总是悲催的，理论总是令人欣快的。因而精神病学家也不应该称这些人的异邦恋复古癖为退化或病态，因为精神病学本身就是文化癖好下的蛋。

被表征的欲望对象，也就是说，财富不仅仅是人之需求的对象，还必须能够相对于其他财富来说是可衡量的。这就像自然存在的特性一样，这种特性不是由其自身的生命模式定义的，而是相对于其他存在得以定义的，是通过它们之间的同一与差异得以定义的。对于财富来说，这个相对于其他财富的关系并不是相对于其他拥有自身价值的事物，而是相对于人之需求。正因为此，17 世纪的“货币获得其纯粹符号功能的价值”（MC 187）：作为稀有金属的金或银本身的用处很少；但作为货币，它们又是珍贵的。其珍贵之处并不在于金属本身的稀少性，而在于其交换功能，更或者在于它们在使之珍贵的人类世界中衡量和替换的新品质。“财富之为财富是因为我们认为它们是财富，就像我们的观念之为观念所是，这是因为我们将之表征为此”（MC 188），后者制造了意识形态（idéologie），前者制造了欲望形态（désiologie，先验欲望），它们共同制造了没有存在的理想主体，没有主体性的先验主体性。

疯子还剩一条可振动的弦：痛苦，要敢于使用你的痛苦。

货币相对于其他商品而言有其自身的优点：“持久”“不灭”“不变质”“可分”“可组合”“可运输”。这些优点可用于更好地表征用于交换和分析的财富。这些优点，与其说是“品质”，不如说是对于人类主体而言的二级或功能性品质。因此，说重商主义像追求财富那样追求货币是不恰当的，实际上，他们所追求的并不是货币本身的财富，而是货币所能代表的财富，在此意义上，我们称之为“人类所有可垂涎之物的创造者”（MC 189），正是以此“普遍符号”之名，货币成为“珍贵的商品”。其价值不在金属能指之中，就像语词的意义不再在语词本身之中，而是在其所表征的所指之中，也就是说，在主体赋予它的价值之中。

但是，在古典时期，这一被指定的价值，也就是财富与货币的关系，并不完全是一种主体性的意志。重商主义虽然将货币从其自身的金属价值中解放出来，但又将它封闭在其流通和交换的功能之中，也就是说，货币价值虽然去除了金属的客观性，但随后又进入了金属的表征性，更或是进入了一个承诺，欲望主体用这个承诺可以让别的欲望主体工作，将原始材料转化为商品，繁衍文化和制造，这就是我们所谓的“资本”。不过，那个时代，资本只不过是财富的载体，它是身体之血液，力量之精髓，它在交换中的表征和功能成为资本主义社会不可缺少的价值。它是没有自身物质财富的财富，它是在交换中牵引和发动财富的财富，这就给予欲望主体以制造新财富的条件。

对于古代人，Logos 虽然是永恒的，但人对于 Logos 的使用是当下的、实用的、可守可逆的，因为无论如何这都在 Logos 之内；对于现代人，以 Logos 之名行上帝之威权的人间科学/人间法制（参照纯粹理性批判），却要求人的绝对服从（不服从者谓之非理性），因为人与法则不再是使用而是顺服关系（参照上帝与人的关系，康德使之世俗化）。从这个角度上来说，我们不是处于现代或后现代，而是后基督教时代。

（十四）18 世纪的抵押：商品货币

18 世纪，货币的表征性相距其表面的金属财富更加遥远，更加显示为让欲望主体工作的表征性符号，但此时，货币成为欲望主体间的一种完全协定。这是通过一系列历史事件得以揭示的：17 世纪末到 18 世纪前 15 年，“货币化的金属十分稀少”（MC 193），这导致一系列货币贬值和价格上涨。结果就是，1701 年，出现了最早的纸币，并很快由国债取代。尽管后来，符号-货币的支持者通过建立“稳定的金属货币”，化解了危机，但符号-货币与商品-货币的对立只是表面的，它们二者都来自同一个设置：抵押-货币。这一点，在 Vaughan、Locke 和 Melon 那里已经有所揭示：“金银是普遍协定，抵押，等价物，或是所有为人所用之物的共同尺度。”[①] 这也就是说，16 世纪的符号-货币实际上已经是一种普遍协定，17 世纪的商品-货币也是如此。“货币，就是一种坚固的记忆，一种具有双重性的表征，一种有差别的交换”（MC 194），“一种得自普遍同意的筹码”，它的诞生是为了“不完善的交易”，一种悬置补偿的交换，“一种许诺和等待相反交换的不完全操作，通过这个相反交换，抵押就会恢复到其实际的内容”。在这个意义上，符号-货币与商品-货币没有区别，二者都是为交易所进行的抵押，都是对一种悬置财富的协定。

但是，这些货币形式又有深刻的差别，只是不是通过抵押的设置，而是通过使抵押成为可能的“担保”，或更确切地说，是通过为缺席或悬置之物提供担保的承诺。这一点被福柯称作古典时期财富分析的“异端点”，符号-货币是“由制成这种货币之材料的商品价值”维持的，而商品-货币和抵押-货币是“由在其外的、但通过集体同意或君主意志关联起来的另一种商品”（MC 194）所保障的。正是凭借后者，纸币才成为可能。纸币先驱 Law 与坚持金属货币的反对者 Turgot 的对立之处只是信用货币的基础，因为他们彼此都没有逃脱同样的原则，即必须保障货币作为符号、共同尺度的价值，因为一个符号或一种共同尺度是由所指的缺席或悬置

如果整个人类历史中女性扮演的被动驯顺角色不可或缺甚至定义了『女性』概念，那么现代女性解放（甚至可以系谱学到 I/II 世纪婚姻伦理中男女平等关系）在何种意义上是女性的呢？又在何种意义上造就了一个『被动/驯顺化』的『女性』社会呢？当代社会的男性女性化/女性男性化或曰中性人社会只是商品化的祭礼。

① Jean-François Melon（1675—1738），法国经济学家，被认为是重农主义运动先驱。*Essai politique sur le commerce*, 1734; cf., M. Foucault, *Les mots et les choses, op. cit.*, p.194.

决定的，也就是说，表征总是要求能指与所指的分离。“在Law与其批评者之间，对立只涉及抵押物与被抵押物的距离”（MC 195）。正是在这个从抵押物到被抵押物的距离中，在这个能指与所指不可避免的分离中，古典时期的主体性、主体空间得以存在。

但这绝不是主体或主体性的纯粹空间。一旦主体选择了抵押，不但抵押物和被抵押物就被稳定地定义，主体本身也将被决定，并失去其主体性。这首先表现在价格领域。由于价格只是“货币数量”与“商品数量”的一个简单比例，它受“数量法则”支配，所以“流通中金属总量的增长会使商品价格上涨……只要用任意一种食品做稳定标记即可”（MC 196），价格只是表征的普遍力量，在一定数量货币与商品之间的比例，“因此，没有正确的价格”（MC 197）。这就像语言领域中的通名，自然史领域中的特征：符号越简单和抽象，它就能覆盖越大的一般性和越多的事物；同样的，为了让货币代表更多的财富，它必须在支付中以最快速度流通，就像特征的广延随着其分组中的种类数量增加而增加。但如果真实的财富并没有流通中货币所代表的财富那样增加，就会出现危机。

不过，在这个法则中，主体所能找到的位置正如Law所示，当金属的稀缺性或其商品价值的变动（就像格勒善法则那样）改变了价格，主体就用纸币替换金属货币，主体改变货币的抵押，根据交换需求修改货币量，这就是在“数量法则”中、在表征机制中，人所能占据的唯一位置。尽管不存在内在正确的价格，但存在修正的价格，集体主体就是在这

『认知……转化为一种激情，这种激情不惧怕任何牺牲，实际上只害怕一件事，那就是自我消逝……认知的激情也许甚至会危害人性……如果激情不危害人性，它就会消亡于虚弱。我们更喜欢哪个呢？这是主要问题。我们想让人性在火与光中告终，还是在沙石中告终？』

——尼采，《朝霞》

> 自我践行（La pratique de soi）意味着，我们在自己心目中，不简单地把自己看作是一个不完美的、无知的，需要指正、塑造和教化的个体，而是一个遭受痛苦，需要或者自己、或者某个有能力的人照料的个体。
>
> ——福柯，关照自我

里回应表征的危机；正是通过“最有比例”，获得了“最佳图板”；正是通过这个“最佳图板”，国家政治才得以出现。

第一，在一个孤立的国家中，货币量是由四个变量决定的：“交换中的商品数量”“物物交换以外的商品数量”“金属总量”和“支付速度”（MC 198—199）。例如在 Cantillon① 那里，抵押物的数量就是“金属总量”，它并不代表所有“土地产出量”，而只代表在物物交换之外的部分，也就是说，不用来支付供养农民、人力、畜力以及雇主损耗的部分，也就是说，需要用货币代表或担保的部分，是缺席、可以被悬置的部分。Cantillon 注意到，“工人工资是周结还是日结并不是无关紧要的”（MC 199）。也就是说，一方面，只需为供养日常生活的部分需要直接补偿（否则工人和雇主就无法维系，企业就会终止），而其他所有部分都可以也可能悬置；另一方面，对于这部分不能悬置支付的部分，有一个可以进行操作调节的空间，这就是劳动主体的空间，主体性的空间，这个主体性可以忍受贫穷或享受富裕，也就是说，这是表征危机唯一可以调节的地方，也是表征诞生的地方。但这里起决定作用的并不是个体主体，也不是个人主体性，因为一个个体不能同时忍受贫穷和享受富裕，不能同时让表征诞生并让表征缄默。这里起决定作用的是集体性主体，群体主体性，是有的人忍受贫穷，有的人享受富裕；有的人决定纸币的数额，有的人承担这个数额带来的痛苦。

第二，在一个非孤立的国家，这一点会更为明显。因

① Richard Cantillon（1680—1734），爱尔兰金融学家、经济学家，受重农主义影响，凭借 John Law 的系统获得了巨大财富。

『从杀人案发之日到1990年10月22日突然去世，整整十年间，路易·阿尔都塞过着一种奇怪的生活，一种幽灵或活死人的生活，一个他已不再是他自己的生活——一个被鉴定、被尸检、被化简为行话报告陈述之罪行中的阴郁英雄，他甚至无法得知其行为的精神病学意义，也不能跨越黑暗王国的大门。这是一幅无主体之概念过程的否定性和悲剧性的画面，这本是他为定义历史中主体性的地位而打造的画面。』

——卢迪内斯库，风暴中的哲学家

为在国家之间，不能用记名货币支付，“唯一的支付方式就是实物、根据重量估价的金属”（MC 199），也就是说，这是物与物的交换，不是其表征的交换。不过，国家之间有两种交换活动：人口和铸币。一方面，在铸币方面，按照Cantillon，商业主体竞相在价格相对低的贫穷国家进行购买，但又直接用金属交换，这导致这个贫穷国家金属量的增加，并进一步引发在这个贫穷国家价格的上涨；由此，商业主体又会重新寻求在另一个价格较低的贫穷进行购买，这又会减少上一个贫穷国家的金属量，导致它重新进入贫穷。另一方面，在人口方面，趋势是相反的：劳动主体流向铸币丰富、价格较高的富裕国家，这样，他们的工资会比较高，正如福柯所说，这种运动“会不断加重已然贫穷国家的贫困，并反过来增加富裕国家的繁荣”（MC 200），因为随着劳动力的流动，可以牟取更多的财富，反之亦然。正是在人口与铸币两种相反运动的混合之地，诞生了国家政治：“一个既自然又商议的混合”（MC 201），一种以国家繁荣为目的的集体主体性，一个相对各个国民而代表“普遍”意志的国家主体，这个主体会无限制地延续金属量的增加，而让价格相对于其他国家不上涨，以带来劳工数量及其产品数量的增加。

这样的分析，不仅揭示了“在人类活动秩序中进步的概念”（MC 201），也就是福柯说的“时间性标志”，还揭示了用这种“进步”证明其合理性的国家政治，即“主体性标志”。因为货币表示财富的表征游戏只有在不断被商议理论纠正，只有在“政治维持其表征性的恒定”（MC 202）之时，才是可能的和可持续的。

相似性（相共性，ressemblance）原是使得事物可见的不可见形式，为了使之从不可见的深渊中被拉出来成为可见，需要一个可见的形象来描述它。因而世界才充满着符章、字母、数字和象形文字。

（十五）价值理论：重农主义与边际主义

从一个纵向的角度还能更深刻地揭示出价值理论中的这种主体政治，因为这个理论能够回答需求对象和交换中的欲望问题。在古典时期，对于这个问题的回答分为两个表面上相敌对的理论：重农主义与边际主义。但它们相对立的方式，就像语言理论中的赋指与指称：一个确定交换条件，即“交换随后将定义价值对象的形成与诞生”；一个解释交换行为中给予或获得的价值，即“需求对象、有用对象基于交换的价值”（MC 204）。

首先，在重农主义那里，价值只存在于交换中剩余物产（bien）被认为是他人需求的对象的情况之中，正如魁奈[①]所言，空气、水以及所有非交易的为所有人共有的物产只是物产，不是财富。不过，商业主体可以将这些物产转化为财富，但商业主体不是这些物产的来源，也不是财富的来源，相反，商业主体从某些剩余中抽出一些物产，以便用之交换其他物产。而且，工业主体也不在交换中。来自制造的价值增加如同来自商业的价值增加，工人和雇主的生活资料及其利润，如同商业成本，都只不过是对被交换物产之剩余的消费，“为了制造财富，必须牺牲物产”（MC 206），而这个牺牲就在工人的消费以及企业主的空闲之中，“价值只出现在物产消失的地方”（MC 207）。正是那些在此将物产转化为财富的过程中出现的商业主体、工业主体、消费主体，形成了“一个其本身所消费生活资料的价格”。产品的这个价格

① M. Foucault, *Les mots et les choses, op. cit.*, p.205, note 1.

代表了参与产品生产直到销售的所有主体的消费。在此意义上，主体虽然不是剩余物产的来源，但主体是通过消费这些剩余物产来决定其价格的人；商业主体或劳动主体都是消费主体，都是按照自身需求衡量被交换物价值的主体。因此，作为有偿劳动者的农业主体也不是被交换剩余的来源，而是和工人、商人一样参与衡量价值的人。所以，物产的价值衡量是通过主体的消费定义的，也就是说，由那些以越来越高的价格使物产得以流通的人的需求决定的，因为所有参与者都要从中抽取用于自身生活资料的提成，也就是说，“利润”必须满足工人必要的生活资料，必须满足企业主的纯粹空闲。促使产品或物产流通的需求实际上是在产品多样化形式中蕴涵消费主体所有需求的要求，即使最终产品本身并不真的是某种需求。

然而，由于农业主体与自然有物质交换，“他激发了自然丰富的繁殖力”（MC 207），对于重农主义者来说，所有有偿主体从中获益的被交换剩余正在这个“丰富的繁殖力”中，正是多亏产出物产但又不消费这些物产的自然，才会有超出农业主体、制造主体、商业主体欲望的剩余物产，才会有能够养活流通中所有经手人的这些剩余物产。“农业，是唯一一个由生产带来的价值增长不等于制造者给养的领域……这里存在一个不可见的生产者，它不需要任何报偿……一个神圣的制造者……甚至是所有物产、所有财富的制造者”（MC 208）。在此意义上，被交换的剩余不是来自任何主体，而是来自自然。

边际主义者与重农主义者一样也处于交换系统中，只会

『我思故我在』是一句被笛卡尔说出来的『句子』，把它看作命题就是一个推断，把它看作陈述，就是一个将语词层面和事物层面拉齐在命题层面的句子。『我思』是可说的吗？或『说』可以穷尽『我思』吗？『我在』亦是如此。但笛卡尔『说』了，他并不是什么也没说，他也不是什么都说了。未说的和已说的参照牛胃：牛吃进去的是草，挤出来的是奶；人活在五彩多样的世界，说出来的只是干瘪有序和有用的话。

认识论历史研究中的内在约定主义（conventionnalisme interne，表现为对知识话语的研究）不能解释知识型跳出自身的转换通道（如词与物），外在约定主义（conventionnalisme externe，表现为对认知实践的研究）面临无法进入知识型自身的演化（如疯狂史），福柯前中期的困境在后期通过研究主体得以开释。

放弃需求的剩余并用来交换主体的其他需求，但不同的是，边际主义者不像重农主义者那样提出这样的问题："一种物产能够在交换系统中获得价值的代价"（MC 209），边际主义者不在价值所指称的事物本身中寻找价值的要素，他们关注的是"在这同样的交换系统中，某种估价判断能够转化为价格的条件"（MC 209），他们分析有关主体的条件，而不是有关事物的要素。这也是为什么边际主义理论如此接近"心理学"（MC 204）、功利主义（MC 209）的原因：他们的出发点是功利、有用的评价，对事物既绝对又相对的"评估性价值"，因为这个价值既不是相对于其他任何事物，又总是按照主体的渴望、欲望或需求来评估的。

由此，对于边际主义者来说，交换是"功利的缔造者"，因为当人们只在乎功利评价的时候，只有一个事物比另一个事物能带来更多的好处（就像重农主义那里的剩余，但这里是评价中的剩余），这个事物才能成为二者进行交换的对象，"它为一个人提供了至此在另一个人那里不怎么有用处的价值"（MC 210）。

价值评估不是建立于两个事物的比较之上，而是建立于两种需求的比较之上，在后者这种比较中，商业主体"对其所获得的事物比对其所抛弃的事物有更高的估价"（MC 211）。这个更高的价值，按照 Graslin[1] 所言，是"事物偶然的属性，它只取决于人的需求"（MC 212）。所以，这种类型的交换能够创造价值。例如，钻石对于饥饿的人来说毫无价

① J.-J.-Louis Graslin（1728—1790），英国皇家地租税务员。*Essai analytique sur la richesse et sur l'impôt*, Londres, 1767.

值，但对于那些除了出众别无所求的人来说却价值昂贵。在这种情况下，主体间的交换在一种无用的对象上创造了某种价值。另一个例子，边际主义者总是寻求新的有用性，因为在给定时期，财富总量是有限的；创新性能够满足额外的需求，为了让新价值在有限的财富总量中占有一席之地，原始需求的价值就必须缩减。在这种情况下，为了创造新价值，交换使得更有用的东西变得更无用。

尽管重农主义与边际主义有这些差异，一个是“通过财富的存在来解释价值的逐步划分”，另一个是“在交换的关联之上为事物赋予某种价值”（MC 213），但二者都预先假设了财富来自土地这一同样的基础。因此，在重农主义那里，所有参与交换的主体都能在剩余中抽取给自己的那一部分；在边际主义那里，某个时期的财富总量是稳定的，新的估价价值能够通过缩减原始需求而从中分得一部分比例。二者都将事物的价值与交换联系起来，但一个是交换消费剩余价值，一个是交换创造剩余价值。在考古学研究层面，正如福柯所说，为了“定义在融贯和同时性形式中思考的条件”，“重农主义”知识和“功利主义”知识没有区别，他们分享同一个如同语言和自然史领域的四边形：重农主义价值理论通过自然剩余解释了评估性价值的关联，边际主义价值理论通过人的需求指出了评估性价值的赋指，符号-货币理论解释了财富符号原始和基础指称，商品-货币理论指出了从能指到所指的二次和名义衍生。

然而，这个四边形，这个古典时期的主体设置通过对一个强形而上学意义的系词“是”的想象，肯定了比邻性和相

蒙田和笛卡尔的区别：前者的怀疑是一种彻底的思维活动，后者的怀疑是一种思维活动加实事判断。帕斯卡说：如果他说他怀疑，他确信自己在怀疑至少就背叛了他怀疑这件事。这正是说笛卡尔，对『我怀疑』这个活动的确定就已经不是我怀疑了。

『不幸的是，当人们要求教授道德的时候，当人们要做道德史的时候，总是会去解释《道德的形而上学基础》，而不去读我们道德的奠基人物——英国治安组织／警察（police）的发明者。』
——福柯，惩罚性的社会

共性；通过强科学意义上的名称的表征，定义了无断裂的存在论。这个四边形在18世纪末遭遇了自身的极限，这个通过主客共享的设置建构的古典存在之完满性，在其自身奇怪的（既是形而上学的又是科学的）运动中静默了。

三、意指

（一）萨德与康德

福柯对古典时期（17—18世纪）的考古学提出了经验秩序的一个一般性的组构方式，在这个组构方式中，财富分析、自然史和普遍语法都服从同一个四边形构型（赋指-关联-指称-衍生）。但在语言领域，在指称和衍生之间，存在着我思想象的滑移问题，也就是说，我思的反思会繁衍错误。因而就需要一个类似于编码化了的“组合艺术（*Ars combinatoria*）”[1]，比如百科全书或辞海，以便控制那些由话语主体造成的不完美的改动。如果自然史和财富分析真的与语言一起分享着同一个认知主体装置，那么它们也就都极有可能在认知主体那里出现同样不融洽的缺陷。然而，自然史和财富分析都没有这个问题。作为科学的自然史和作为构制的财富运转完全由人创造和控制，“组合艺术”在（自然和财富概念）表征之初就已植入其中。由系统化或方法化而来的自然特性（命名），由偏好而来的（财富）价值评估，早就像对大自然和诸财富的解读宝典一样发生作用了。这些预

① 参照莱布尼茨的《论组合》（*Ars combinatoria*），cf., M. Foucault, *Les mots et les choses, op. cit.*, p.217。

先编码化的操作也许能够一次性地避免那些认知主体产生的即兴错误，但它们同时也排除了生命体的各种不可见多样性以及价格的自然动荡，通过假设一个阳光普照全体通透的存在论，它们才能呈现为完美的科学。“经验性的秩序化从而与构成古典思想特征的存在论相关联”（MC 219），一个可以逃脱认知主体即兴性的存在论，却最终落入认知主体自身的计算之中。这个计算不是别的，正是表征。表征是古典时期认知主体的存在模式，“整个古典秩序系统，这一整个使得我们能够认识事物的庞大的‘分类学（taxinomia）’……在表征表现自身的时候，通过表征展开于表征自己内部的开放空间中”（MC 222）。语言，自然和欲望只不过是语词、生命和需求的表征——在事物之外又反映事物的表征。

在此意义上，古典思想的结束只能是一种“表征的隐退”，就像福柯所说的，这是一个“对于表征在语言、生命与需求中的解脱……通过一个作为意识形而上学之反面的自由、欲望或意志的巨大推动，某种意愿或力量将涌现在现代经验中”[①]。那么什么是这个作为“意识形而上学背面”的“意愿”，什么是这个将经验性从人之镜中解放出来的“意识形而上学背面”呢？这个“自由、欲望或意志的巨大推动”将我们的经验解放到哪里呢？

萨德是第一个回答这个问题的人，就像堂吉诃德是第一个悄悄埋下这个问题的人，也就是说，堂吉诃德是第一个自我封闭在表征中的人，而萨德则是最后一个表达出在“欲

分析哲学和康德哲学为什么能在时下的中国如此盛行？从福柯1970年对萨德的分析来看，18世纪末以来的小说家和哲学家做的是同一件事：用语言逻辑证明他们说的是真的。『不论经验事实，只讲表征逻辑』，资本家和国家权利不就是靠这个获得合法性的吗？他们能不欢迎吗！

① 对福柯来说，现代经验是指19世纪以来以康德哲学为代表的经验形态。Cf., M. Foucault, *Les mots et les choses*, *op. cit.*, p.222.

望的无法之法”与“话语性表征细枝末节的组构”（MC 222）之间，也就是在“物”与“词”之间奇特的平衡和互逆性的人。

“说话或写作……就是逐步走向命名的独立行为，通过语言，去向词与物互相缠绕于其共同本质的地方，这也是可以给它们一个名字的地方”（MC 133）。但这个有着词与物共同本质的地方却是一个古典时期的乌托邦，“名称”本身就意味着无尽的悬搁。因为“名称”的出现本身就已经是事物的缺席，能指与所指不可避免的分离是“名称”的同胞产物，“名称”的可能性本身，也就是命名，是与修辞性相共性相关联的。因为这个词与物的共同之地就是相共性（相似性）空间，词与物在此彼此包围、互相游荡。而名称不过是一个转瞬即逝之物，它出现在最后一刻，它填满并因而取消了事物本身的形象，它在竭尽全力的同时却扼杀了说的可能性。这就是“从《克莱夫王妃》克制的招供到《朱丽叶》即刻的暴力中的语言经验”（MC 134）。是萨德穷尽了修辞的形象来表达“欲望”，但这个总是被重复的名词“欲望”不过是要使欲望不可定义的形象显现出来而已。这个名词“欲望”在欲望的鲜活身体中（作者萨德的身体）四处乱窜却始终不能触及欲望本身，因为欲望被它的名称“欲望”，被这个关于欲望的话语给搁置了。或者又可以说，通过这个名词“欲望”在作者身体里的无穷游历，欲望变得神秘了，成为它自身的退隐，成为一个没有限制的限制，“无法之法”。因此可以说，正是这个表征系统使得萨德这样的“放纵者”成为可能，因为只有在话语秩序中，欲望才能有它没有限制

二战片Suite française中那个引用了尼采的德国士兵说：我在杀人中感到了乐趣。这个乐趣就是有『力量』的乐趣。当你在『理性』中感到这种力量，感到你可以『否定（杀掉）』一切『非理性』，当你在『金钱』中感到这种力量，感到你可以『收买（杀掉）』一切『贫穷』，它带给你的快感，就像狮子吞下羚羊的饱腹感，就像争夺阳光的树叶般感到浑身舒展。这就是『存在』的乐趣。

的“限制”，无法的“法”，无处可在的“地方”，不存在的共存。

放纵的生活在这个话语秩序中得以解放，“放纵”的原则以一种相反却又确切的方式符应了表征的原则：“所有表征都必须触发欲望之躯，所有欲望都必须在表征性话语的纯粹光亮中被说出。”① 不仅欲望产生表征，表征也会产生欲望。正是在这一点上，萨德回答了解脱表征的问题，“名称”在去往事物本身的途中，在达到其所指的承诺的无限搁置中获得自我释放，也就是说，表征在其永不抵达地指向其意含的途中获得自由。在此意义上，萨德是第一个康德主义者，也就是说，萨德与康德的同时代性并不是偶然。这就是福柯所称萨德的“对表征的秩序化无序”，“在身体的联合性和理性的连贯性之间的精心平衡”。这不像堂吉诃德那样是一种对相共性表征的可笑胜利，这是胜利的另一端，是不完全表征（意含）对完全表征的悖论性胜利。

能指与所指的命运于是在萨德笔下表现为贾斯亭与朱丽叶这样的角色。贾斯亭是“欲望的无限对象”，她是欲望全部表征的所指。但在她那里，被意指的欲望与进行意指（欲求）的“欲望”只有通过一个“他者”的出现才能进行沟通：一个将她视为欲望对象的他者。对贾斯亭来说，被意指的不可抵达的欲望对于欲望所知甚少，仅仅有一个“轻薄，遥远，外在和冰封的表征”（MC 223）。对于朱丽叶来说，她是“所有可能欲望的主体”，她不是欲望的能指，她是在这

苦痛为了让人不骄纵，欢愉为了让人不绝息。二者交错，为了让人不乏味。再没有谁能比大自然更用心良苦了，这就是人的幸福。

① 也即“语言即是做事（制造快感），不可说也得说（不说谁知道你有没有）”。Cf., M. Foucault, *Les mots et les choses, op. cit.*, p.222.

『尼禄的情欲，是纯粹想象性的，尼禄不停地在他与朱妮之间构造同一个场景，即他既是这个场景的演员，又是这个场景的观看者，他对细致入微的不顺进行调整，他从延迟请求原谅并以此引起人们的泪水中获得乐趣（现实永远也不能保证时间可以经过如此调整），他通过回忆来支配一个既屈从又不可改变的对象。』

——罗兰·巴特，拉辛式黑暗

是一个在能指中自我囚禁的人，她的所有欲望“由表征毫无遗漏地再现，理性地建立为语词并有意识地转化为场景”（MC 223）。因而朱丽叶是傀儡主体、能指木偶，她所有的欲望、暴力、野蛮及最终的死亡只不过是“表格[①]中闪烁的表征”，一个塞满表征空洞形象的繁衍和联合的表格。在此意义上，朱丽叶的无理性或可笑毫不逊色于堂吉诃德，她几乎是在做与之相同的事情：她以相似性和表征为阶步步前进。她以为在追随自己本身的欲望，她以为自己是其自身自由的主人，但她却只不过是沉溺在“自身表征的迷宫”之中，因为她的这个自我的欲望并不是她自身的主体性或她自身的自由，而是表征的一个无比强大而合理的、无比深刻而不可逆转的重新组织。因而，要去靠齐欲望可能性的努力越大，在意含迷宫的厚度中迷失的就更多。被表征远远遗弃的待饮汪洋（“物自体”）也许不应该在其阴影中寻求，至少不应该在像贾斯亭（康德）那样孤独而又自我繁衍旺盛的牵线木偶（“表象”）那里寻求。

然而，萨德只不过是 19 世纪“曙光”之一。在这“曙光”里，表征从其陈旧的镜像原则中解脱出来，并通过外部条件重新组织。在经验领域，不再是“表征的单纯自我重叠”（MC 250）在起作用，而是像福柯所强调的，一个神秘事件正在悄然发生，经验“被一下子卷入同一个深罅”（MC 251）。那么到底是什么样的罅隙呢？什么是抛弃表征基础（“物自体”）的必要性呢？或者，还是那同一个问题：什么

① “表格”一词是对法语词“tableau”的双重翻译，取“表征的格板”之意。

是经验去向何处？

这个事件涉及“表征与其所表征之物的关系”，也就是说，表征的各种要素之间的关联、秩序、表格和连续不再建立在表征活动之上。各要素的组合和分解、分析和综合不再能自证其合法性。“这些关联的基础从此处于表征活动之外，在其当下的可见性之外，在某种比可见性更深更厚的此世背后。”（MC 252）

这个此世背后，这个“连结存在可见形式”的点，这个“必然而又永不可及”的顶峰“在我们的视野之外，（眼睁睁地）隐没于事物正中”。现代思想将之发掘为一种“以其自身表征形式来布局的恒定核心”，这些恒定的表征定义了一个内在空间，一个自主的土壤，一个对于我们的表征来说的外在。这一自此开始组织所有事物的恒定力量不再存在于表征与被表征的关系之中，或者更确切地说，不再是被表征的事物，而是进行表征的事物中的恒定部分，在给予表征以秩序。表征不再是“认知与事物的共同存在方式”，“被表征事物的存在本身现在将落于表征本身之外”（MC 253）。那么表征还剩下什么呢？认知的恒定部分——这就是康德所说的“纯粹理性”领域。

为了解释这个罅隙的“必然性”，福柯引领我们去考察18世纪末观念论（意识形态）和批判哲学的共存：这二者既相互区别又步伐一致，它们分享着“注定要很快分离的科学性反思的统一体”（MC 253），也就是说，姑且不论它们之间的区别甚或是对立，它们的出发点是一样的，也就是“科学性反思”；也正因此，观念论和批判哲学最终分道扬镳相互

『浮士德式的思想开始对机器感到恶心。一种厌倦蔓延开来，与大自然的争斗有了一种和平主义的调调。一些人回到更简单、更接近生活的生活形式之中，他们把时间花费在运动上而不是技术体验中。大城市对他们来说面目可憎，他们渴望逃离无灵魂事务的繁重压力，渴望逃离技术机构刻板和冰冷的氛围。且正是这些强大和富有创造力的天才们，因拒不面对实用问题和科学，从而走向无利害关系的思辨。神秘主义与唯灵论、印度哲学、在基督教或世俗外衣下的形而上学好奇，所有这些在达尔文时期被蔑视的对象，现在都统统卷土重来了。这是奥古斯都时代的罗马精神。人们厌倦生活，在延续着生命及其原初条件的国度、在流浪中、在自杀中，逃避文明、寻求庇护。』

——斯宾格勒，人与技术

人必须知道自己是渺小的，一切苦痛就释然了；人必须知道自己是伟大的，每一丝欢愉都可以光芒四射。

对立，因为“科学性反思”本身蕴藏着不可避免的悖论。

一方面，观念论只能出现在观念与符号“不再完美地彼此通透”（MC 79）的时刻，也就是说这种古典时期观念与符号之间当即的从属性变得模糊了。这其实正是表征的一个必然条件，因为表征必须从诸多观念中抽取一个符号，一个既区别于这些观念又能够表达这些观念的符号。正是在观念与符号既混沌又分离的关系的基础上，观念论可以扮演两个角色：一个角色是作为“哲学所能披上的唯一一个理性和科学性的形式”，在此形式上，观念和符号彼此紧密相连，就好像它们是彼此通透的一样；另一个角色是作为“唯一一个可以作为一般性科学和各个知识领域的哲学性奠基”（MC 253），因为它是“观念的科学”。这些观念，不再是与各个个别领域科学有着独特关联的观念，而是“同一类型的认知”，对所有科学都普适的，一种可以化简为用各门科学公用语词表达的知识，更确切地说，这是所有认知主体共享的语词（所谓“科学性”原则）。这些语词在纯粹推理中重新联结，而不再与和事物本身相符应的符号[①]相关联，这也是为什么“语法”和“逻辑”在观念论里既根本又主导。因此，建立在语词纯粹推理基础上的观念论，也就是我们所说的分析哲学，“不拷问表征的基础、界限或者根源”，它只关注表征的结果，那些对表征的表征、一般性、必然连续性、后续的法则与相近表征并置下逻辑上可能的各种组合。正是在这个意义上，观念论是“所有知识的知识”。

---

① 此“符号”法语词是 signe，这里是指附着在事物本身且属于事物本身的元素，比如杨桃剖面的五角星。

然而，只要观念论还建立在表征基础上，它就不能摆脱表征的当下性。18 世纪末观念论[①]的一个内在悖论就是：作为科学性的目标要求认知主体有一个决定性的普遍性，但作为表征性基础的被认知的诸存在那里又不断浮现着多样性。针对后者，德斯蒂·德·特拉西在其《意识形态诸要素》中仍有这样的表述：“当你们有一个观点，形成一个判断，你们会说：我是这样想的。很明显，拥有一个正确或错误的判断，这是一个思想行为；这个行为在于感觉到存在着一个关系，一个关联……思考，如你们所见，总是感觉。”[②]福柯进一步提出，把思想定义为感知能够“很好地涵盖而不出离表征的整个领域”（MC 254），因为感知领域是认知主体接触存在的地方，是它们彼此分离地共存之地，有着最大限度的沟通和独立。然而，德斯蒂·德·特拉西重返的并不是世界与思想共享的“感知”的整个领域，而仅仅是认知主体所能够察觉的“最初形式”“最低限内容”以及“生态学条件”。于是，感知的复杂领域被化简和被破解为一种“动物学独特性”，对世界的认识转换为人类理智能力一隅。这一 18 世纪末科学性极强的时刻没有朝向思想更广阔的维度，而是“通过（思想的）最外围触碰”世界，继而产生了“人的自然科

一个立体的结构，如何在遵守时间顺序的话语秩序中表达，而不被误解为其本身具有时间性呢？这必须利用错觉，就像在平面上画立体图形？可错觉又必然是人类学的。

---

① Idéologie（意识形态）在哲学上又可称为“观念论”。但“观念论”和“意识形态”两个词的意思都分别在后来的哲学和社会政治领域中被衍生扩展了。这里因为在讨论“观念论（意识形态）”这一说法的诞生，翻译上取“观念论”一词，意义上应在原生性上进行理解，以排除现代哲学史对它的定义。

② Destutt de Tracey, *Éléments d'Idéologie*; cf., M. Foucault, *Les mots et les choses, op. cit.*, p.254.

时间概念是现代哲学的命门，空间概念是古典哲学的命门，二者结合起来就是使人类奔向灭亡的炸药包、沉湖石、刺马鞭。毁灭这两个概念，我们就可以回到未来：赛博空间也许是一个门缝，只是这里透过来的光还照在旧事物上。

学”——一条与存在论道路同样重要的认知科学道路，但二者却完全相分离着。

“科学性反思”悖论的另一方面是关于批判哲学。康德的批判哲学同时引入了认知科学道路的另一入口和存在论道路的决定之门，这一切只为回答同一个问题：“表征与其自身之间的关系”。将表征内容缩减到“意识与被动性边缘……纯粹和简单感知……”，继而在此基础上进行表征层面的拷问，这就是康德哲学和观念论所做的工作。然而，康德提出了一个“在其一般性中使之成为可能的”向度，这一著名而又在如今处于主导地位的向度建立了定义纯粹印象（而不是感知）的“普遍有效形式”的条件。尽管康德提出的问题是“表征何以可能的条件”，但我们不能期待他将因此在存在本身的领域，那个事物本身尚未混杂表征的领域，去寻求表征的“基础，界限或根源”。18 世纪末表征的主导地位和科学的功成名就就像烙印般将康德引向深刻而又退却的认识，他在已然被认知主体搞得乌七八糟的表征领域，正确地观察到，不是表征本身（物自体方面）在进行分解和重组，而是经验判断或经验观察建立在这些表征的内容之上。

如果康德在这一点上不无道理，这不是因为认知本身对存在本身是封闭的，而是因为他所批判的认知本就已被纳入无差别地混杂着表征与存在本身的表征领域。不是存在世界对认知主体是关闭的，而是表征世界原本就是被认知主体所建构的因而也是被认知主体所摧毁的。不管是斥责主体性的即兴性，还是斥责认知主体相对于多样性自然世界的不完美计算，对认知主体的不信任自笛卡尔开始，至康德则成为致命的问题。在康德那里，为发现表征间的关系（古典式真理，以表征为基础），不仅是要排斥疯狂（如笛卡尔），而且是要排斥人的所有可能的经验，“所有的关联，如果要成为普遍的，就必须建立在经验之外，建立在使之成为可能的先验性上”（MC 255）。康德从而引入了一个奇怪的空间：这不是存在本身所在之地（认知主体被包括在内），而是认知主体的表征空间；然而，这也不是认知主体即兴和自然地表征事物的空间，而是一个为了使所有主体都普遍能“见”，也就是说为了能够是“科学的”，而精心挑选的表征的孤岛。因此从康德以来，真理呈现为表征的一个确定域，一个坚固硬实的岛，一个漂浮在表征中变幻莫测的阴影海域之上的乌托邦。

在福柯看来，观念论和批判哲学都是建立在表征体系之上的，前者是古典哲学的末代哲学，后者是现代哲学的先锋。所有观念论在表征领域尝试寻求的反思，“从原初的印象，经由逻辑、算术、自然科学和语法，直至政治经济学”（MC 255），正在表征之外建构和重组。这些表征原本是可以提供给观念和符号以共存之地的，虽然这已是一个空洞、孤立和抽象的认知主体的意识之地。然而，康德所代表的现代哲学是一种根据权利（正当性）来考察表征的哲学。这也就是说，由于表征本身被关于“基础、起源和边界”的批判所质疑，整个表征空间就应该退出知识和科学思想。所有古典时代（包括观念论）在认知主体的观念与存在的符号之间建立公共和无限空间的努力，被批判为“不警醒的教条”建构，就像从未自证其合法性的形而上学努力。以此看来，康

基督教，或从柏拉图始，为什么认为只要呈现在阳光下，真相就是澄明的？一切就都是可饶恕的？弑父娶母的真相大白后，俄狄浦斯没有被放逐也没有被处决，但整个城邦却因为真相大白而获救了；基督教初始时期的 **Philon d'Alexandrie** 解释圣经中惩罚崇拜巴尔神的希伯来人，只强调告白自己的内心意识于全知的上帝。这也许是现代许多欧美国家废除死刑的一个潜在根据：**ONLY GOD FORGIVE**，罪于罪者内心的澄明本身就可使得上帝宽恕，使得罪者净身。而这种『confessor』的机制，如同现代刑法，旨在控制治理人，而不是同态复仇。

德对“18世纪哲学用单一表征分析化简（世界）的形而上学尺度”（MC 256）进行批判是极有道理的，但问题在于，镜子的可能扭曲是不是放弃所有镜子的充足理由？尽管这个古典时期的形而上学选择是可疑的，但康德自己其实不过是从建构性扭曲走向完全性扭曲。在批判的漩涡，或更确切地说，在批判的眩晕中，对于“我们的经验被解放到哪里”这个问题的回答就变得清晰了。

（二）批判的胜利

古典时代的“理知”在认知可能性的基础上使得表征成为可秩序化的，现代思想通过消解这个表征的沉积，在回答关于“我们的经验何在？”的问题时，用批判哲学的话语回答表征间关系的条件问题时，将问题分化为两个维度。

第一个维度在于“在一般意义上使之成为可能的”（MC 256），也就是主体方面。康德关于主体领域的问题导致的结果，就是这个问题使得创造一个主体的先验领域成为可能：先验主体永远也不会是经验的（康德的遗产），因此这个先验主体是在个体主体性的自发性之外的；不过，因为没有“理智直观”，主体的先验性或表征关系的先天明见性也不在神秘心灵或神启奇迹之中，而是在一般意义上经验的形式条件（笛卡尔的遗产）之中。这样，笛卡尔那里的认知主体直接“感觉”的优势仍然保留着，而康德关于主体经验普遍性的批判在一个如此先验的、比笛卡尔式主体更为形式化的主体中得到解决。

第二个维度在于“被表征的存在本身”（MC 257）。在所

Burckhardt 说 19 世纪建立在少数人对理性主义的信仰和多数人对魔力的信仰上；Dodds 说 20 世纪建立在同样遭到毁坏的理性主义和魔力之上；21 世纪呢？精神分裂的世纪。非人之理统治人之理性，无人之道主宰人之人道，无理之人实施人之治理。

有表征都有一个先验主体之前，也就是在康德哲学之前，作为被表征的存在（与那些不被表征的存在一起）的第二个维度是独立和自治的，这些存在与认知主体的表征并置甚或是融合在一起，构成了我们经验的一个混合来源。但在康德批判之后，不仅认知主体领域上升为表征的先验（表征之外的）条件，而且被表征存在整个从认知领域被抽除了。在存在与表征之间，没有任何需要判断或肯定的东西，对于人类认知来说，它们之间不存在垂直的关联。关于“经验可能性的条件”的批判性问题因此转化为康德式关于“对象及其存在之可能性的条件”（MC 257）的问题。哲学批判以康德式批判告终。于是“被表征的存在本身”被转化为主体领域，因为“经验对象的可能性”已经预设了一个先于所有经验的主体。因此，“科学的实证性”不再在于“实证性”——即存在的表现因对于多样化存在的自发表征而多变，而是在于“科学”——即反思由先验主体事先组织好了。从此，实证性实际上缄默了，科学转化为客观性，转化为客观性认知，这不是因为存在更为真实了，而是因为主体变得更为“先天”“先验”，甚或“形式化”“普遍化”。在此意义上，科学并不是对所有来自真实事物的东西具有普遍性，而是对于先验主体来说具有普遍性。在实证性缄默的地方，先验哲学主宰一切：存在在认知（表征）之外，但它们是认知（表征）的条件，就像先验主体一样，只不过是以另一种方式；没有人知道这二者是不是朝向同样的表征，但我们知道只存在一个世界；如果后者朝向一个普遍的认知，这就应该是真理。这就是先验哲学的真理假设。因而，形式化先验性领域代替

要切断别人的喉咙，强盗也要半夜起来。你想活命，却不保持清醒？而且，如果不在健康的时候行走，你就得在水肿的时候奔跑。如果不在黎明之前点蜡烛读书，如果不用心钻研并诚实劳作，你就会被欲望和激情搅得彻夜难眠。眼睛里揉进一粒沙子你都会迅速取出，那么如果有东西侵蚀你的灵魂，你却要到明年才去照料它吗？开始就是成功了一半。要勇于智，开始吧！为求正直生活的到来，要像农夫等待河流经过。而河流将永流不息。

——Horace, Épitres, I,2,40

了这个存在与真理的领域。

（三）先验属性

因此，在 19 世纪以来的劳动、生命和语言领域，就出现了种种“先验属性”（transcendentaux），也就是说，这些领域并不直接认知生产、活的存在、语言形式的法则，而是这些“先验属性”使这些事物成为可能，这也是为什么福柯说“它们在认知之外，但正因此，它们是认知的条件”（MC 257）。但这个领域与康德所发现的先验领域有两点本质区别。

首先，这些“先验属性”属于对象，而康德的“先验性”属于主体。尽管事实上这些先验属性在年代上是后康德的（从 19 世纪开始），但它们还保留着“前批判时期”的特征，即这些先验属性还会将认知起源上溯至存在本身，它们将现象汇总起来，自称是经验多样性的先天一致性，但这些先验属性诉诸一种先于所有认知的神秘现实，它们因此绕过像康德那样的“先验主体性”。不过，福柯将这些先验属性置于与康德的先验性相同的考古学层面，因为只有在限制自发经验，将个体表征普遍化的情况下，这些劳动、生命和语言的先验属性才是可能的。换句话说，“表征领域预先就是有限的”（MC 258）。这个领域所蕴含的形而上学之点既是非主体性的又是先验性的。

其次，这些“先验属性”应用于后天真理及其综合的原则，而康德的先验性揭示的则是所有可能经验的先天综合。这些“先验属性”之所以是后天的，是因为它们涉及被给予

苏格拉底的理性主义和笛卡尔的理性主义绝不相同，前者的理性体现在自我的『道德（理性）』节制，后者的理性体现在将非人理性化身为我；荷马的非理性主义和尼采的非理性主义也绝不相同，前者的狄奥尼索斯不是我，后者的狄奥尼索斯就是我。

经验的现象；它们之所以是先验的，是因为它们涉及一个我们理性及其思想连贯所依赖的“客观基础”，但这个“客观基础”本身又是不可进入、不可知的。这些后天的先验属性与康德批评是相适应的，它们让实体、本质和存在被置于认知之外（在表征之外，根据名称原则，符号与观念彻底分离），但它们是进入现象、法则、规律的条件，同时是经验（后天）和先验（形而上学）的要素。

由此，我们的经验就被安置在一个三角空间中：批判-实证-形而上学（MC 258）。从康德批判开始，存在的世界就彻底不可由认知（实际上，是不可由表征的意义认知）进入。结果就是，一方面，这个错位诞生了诸多不基于“可客观化”（也就是通过表征性认知永远无法进入的）基础的形而上学，但这个基础却能够产生我们“表面认知”的对象，也就是说，这个基础是我们表征的来源；另一方面，这个错位也会促成致力于观察以给予实证认知的实证主义哲学。

这两个结果表面上是对立的，但在考古学层面，它们却是彼此支撑的：如果没有实证经验，作为奠基的形而上学或先验属性就失去了它们的攻击点；如果没有对绝对奠基和可认知理性（一种先天理性的主体性）的假设，实证主义就无以自证。因此，尽管实证主义似乎是在处理对象的先验属性，但一种先验主体性已经在其可能性和证明中体现出来；如果它们不能避免康德批判的陷阱，或更确切地说，表征悖论的陷阱，它们也就永远也不能逃脱这个决定性的三角，不能逃脱这些先验主体性的形而上学。

（四）现代知识型

但从19世纪开始，这个康德陷阱，更或是这个经过改善的表征陷阱，不仅不可避免，而且成为了定义现代知识型的要素。

现代知识型的第一个特征就是人为的形式化或数学化。在古典时期，关于普遍性“理知”的计划很自然地通过数量型科学及其对符号的同一和差异分析得以完成，通过将后天观念秩序化得以完成，在那里，伽利略式对自然的数学化或其机械论的基础只不过是被补充进“理知”的经验。从18世纪末开始，表征的关联，或更为准确地说，符号和观念、分析和综合共享的关联，在批判理论的影响下，分化为两个领域：一个是“揭示出逻辑和数学的先天科学、形式和纯粹科学、演绎科学”，这些科学安排观念和综合；另一个是“只是碎片化并在狭隘局部化区域使用演绎形式的后天科学、经验科学”（MC 259），这些科学负责符号和分析领域。

这个决定性的认识论分离因而引起了认识论上的无限忧虑，因为经验科学在观察中分离开来的符号与观念的存在论统一体（因为批判理论指出我们无法认识自己的观念，我们看到的只是表征，我们不应以表征为基础进行综合），为了能够继续成为科学的更或是普遍的，必须重新找到更或是修复到另一个层级，也就是说，不能在“理知”中切入的，我们将在秩序的普遍科学中重新找到它的位置。由此，就出现了一系列改善科学的现代努力：数学分类化，演化等级制，归纳反思，同时是哲学基础和形式证明的努力，纯粹哲学的企图（用数学形式化、纯化经验）。

早起煮咖啡，称20 g咖啡，量50 ml水，煮水时要守着，要在水将要烧开、手触感到微微振动时，将水浇在咖啡上。咖啡醒神，不只是最后那一口，还有一整个冗长的过程。很多事情都是这样，我们往往只用最后一丝短暂的愉悦来表征整个事物的存在，而存在就是在这个表征中被遗忘的。爱、正义、幸福和智慧，都省不得功夫。

然而，先验主体性对统一秩序的这个认识论重构不断遇到存在论的抵抗。例如，“生命不可化约的独特性”，“抵制一切方法论化约的人文科学的特定属性”（MC 259）。形式化经验的失败也是康德计划的失败，后者预设了先验主体性以及客观但不可进入的基础；“批判”的“前批判”命运就是“早熟的数学化”或“天真的形式化”带来的教条主义，因为对于表征关系的康德批判并不能逃脱表征自身的空间。

现代知识型的第二个特征是知识与哲学的关系的不可逆。在古典时期，知识（甚至经验知识）与普遍“理知”保有持续和基本的关系，这使得活“素材”成为可能，也就是说，知识可以不断重新开始，而且，这种知识是所有认知的统一。古典时期的“理知”能够接纳知识在可见性表面上、在混合但统一的图板中的所有可能性，不管是符号还是观念。从 19 世纪开始，“理知的统一体打碎了。打碎了两次”（MC 260）：一次是“分析的纯粹形式”与“综合的法则”的分离，一次是“先验主体性”与“对象存在模式”的分离。正如我们在形式化的特征那里所发现的那样，这个双重断裂的修补只能以失败告终，这是因为这第二个特征，这种不可逆性——“知识不再能够在一个理知的被统一和统一基础上展开。”（MC 260）的确有一个基础，但不再有重新开始；的确有一个先验的素材，但不是活的；知识不再与认知主体沟通，而成为绝对的支配者；知识完全忘记了认知主体是这个基础的一部分，这个基础本来并不区分主体和客体。

知识与哲学的不可逆性将“理知”划分为两个互不沟通的部分。一边是形式和先验领域排斥或悬置所有经验内容；

『要理解一个社会的道德体系，必须要提出这样的问题：财富在哪里？道德史应该全部围绕财富的定位和转移问题……道德不在人的脑袋里，而是刻在权力关系中，只有改变权力关系，才能带来道德的改变。』

——福柯，《惩罚性的社会》

另一边是经验性领域和客观基础，在这里，纯粹形式化被搁置一边，并被认为是不适宜的，更或是不具有为这个领域奠基的资格。正如福柯所强调的，或者说，正如福柯本人也对这种不可逆关系有所继承，前一部分就像“对普遍性的哲学思考与真实知识领域不在同一个层次”（MC 260）。

例如，在费希特的工作中，他从康德咒语所继承的先验领域，即表征的普遍条件只不过是对“思想之纯粹、普遍和空洞的法则”（MC 261）的演绎，这个普遍条件定义了现代哲学研究绕不开的两条道路：要么是“将所有先验反思带到形式主义分析中”，要么是“在先验主体性中发现所有形式主义的可能基石”，这二者实际上都陷在思想领域之中，换句话说，陷在认知主体的领域，而且仅仅在这一边。关于黑格尔，福柯认为他是“哲学的”另一个新篇章，这个新篇章接纳经验领域，但却是从总体性上接纳的。这个新篇章也是与先验主体性联系在一起的，但并没有相互的沟通。至于胡塞尔，其现象学计划，正如福柯所说，“在其可能性与不可能性的最深处”，确切表现了现代哲学的命运：现象学有兼顾两边的野心，“在先验类型的反思中扎根形式逻辑的权利和限制”，并“将先验主体性与经验内容暗含的境域联系起来”（MC 261），现象学的构造、支撑和开启本身，只有通过“无尽的解释”才能完成。人类学危险不管人们愿不愿意都在这里，并坚持不懈地威胁着所有辩证的事业。

权力无知下压，真相无权上流，主体无处安放。

也许，康德批判在19世纪只是引入了对这种人类学危险的警惕，在这种人类学危险中，认知主体的局限同时也是存在的具体形式，即在存在论中追问认识论的危险，用认知主体的相共性代替存在的相共性的危险，人在与其他存在的共存中让自己迷失和迷失的危险。简言之，就是不再认识自己的危险。福柯的工作也许也不能逃脱这种危险，但他在面对这种危险的时候，致力于保持实证性的警惕，将自己置于经验领域，反思“主体性、人类存在和局限性”，谨慎地继承康德的遗产，不带来新的教条主义，“运用哲学的价值和功能，同时也限制或反对哲学”(MC 261)。

【为新版《后现代讲演录·福柯篇》撰写】

运　用　篇

文本问题

《性史》出版史：
“性-思想”与“性-事件”的交错

2018年2月8日，法国伽利玛出版社“历史书丛”出版了福柯的《性史》第四卷：《肉体的供认》（*Les aveux de la chair*）。对于在这个时间点出版福柯的遗作，法国境内外的媒体和公众纷纷做出了各自的猜测：出版社是在风生水起的#metoo女权运动中存心投机吗？按照这个逻辑，中国读者还可以猜测：赶在情人节和春节之前出版《性史》新卷，是要在自我关系、家庭关系和性关系问题上（因为《性史》第四卷主要讨论了早期基督教的自我治理、婚姻和贞洁概念），给所有过情人节和春节的人来一剂“强醒针”吗？

归谬并不是目的。在福柯离世34年后出版这样一本从未出版过的遗作，的确要求一个说法，但“说法”永远只能是事后的阐释。该书的法国出版人Frédéric Gros在该书的“告读者”中，则对此完全不做任何“阐释”：“米歇尔·福柯的权利所有者认为出版这部未出版之重要著作的时刻和条件到了……现在，这件事完成了。”一个“事件”发生了，不在任何系统性中进行阐释，就是将事件如其所是地释放于所有系统中，就是开放“事件”所有可能的功能和效果。

当然，我们还是可以去给“事件”一个关于“事实”（faits）的描述。而这个“事实”就是福柯作品出版的日常现状。1984 年福柯去世后，关于福柯本人作品的（法文）出版一直在有条不紊地进行。1994 年，伽利玛出版了四卷本《言与写》，汇集了福柯生前发表的几乎所有访谈和文章（当然仍有遗漏），我们目前能够在法国书店买到的是这套书 2001 年再版的两卷本。1997 年，伽利玛出版社开始出版福柯的法兰西公学院讲座系列，从第一本《必须保卫社会》，到最后一本《刑罚理论与机构》（*Théories et institutions pénales*），历时 18 年才全部出齐 13 部。2008 年，VRIN 书店从再版福柯的《康德〈实用人类学〉导论》（初版 1964）开始，出版了一系列福柯的会议论文，如：《自我阐释学的起源》（*L'origine de l'herméneutique de soi*）（1980 年美国达特茅斯学院讲座，2013 年出版）、《何谓批判（附：自我文化）》（1978 年法国哲学学会报告，1983 年 4 月美国加州大学贝克莱分校讲座，2015 年出版）、《话语与真理（附：讲真话）》（1983 年秋美国加州大学贝克莱分校讲座，1982 年法国格勒诺布尔大学讲座，2016 年出版）、《诚言自身》（*Dire vrai sur soi-même*）（1982 年多伦多维多利亚大学讲座，2017 年出版）。2012 年，比利时鲁汶大学出版社出版了福柯 1981 年在鲁汶大学的讲座《恶行诚言——司法供认的功能》（*Mal faire, dire vrai. Fonction de l'aveu en justice*）。2015 年，伽利玛出版社将福柯列入“七星文丛”，出版了两卷本《福柯选集（*Œuvres*）》（其中收录了已经绝版的《雷蒙·鲁塞尔》），福柯作品由此正式成为法国文学经典。

福柯问：人为什么发明了沉思生活？为什么给予这种存在以至高无上的价值？为什么给予在沉思中形成的想象以绝对真理的价值？

尼采答：在野蛮时代……如果个体力量减退，如果他累了或病了，忧郁或厌倦，从而暂时无欲无求，他就会成为一个相对来说更好的人，也就是危害更少，而他的悲观观念只会形诸话语和反思。在这种精神状态下，他就成为思想者和预言者，或者，他的想象会发展成为迷信。

所有这些出版也许都有各自关于出版市场的“当下”逻辑，但这些逻辑多数只能是著作本身的（甚至是非意愿的）功效之一，因为一本福柯著作的“思想”内涵及其面世的“事件”能量远大于出版事件本身。《性史》各卷的出版即是如此。

福柯在20世纪70年代关注“生命政治”（biopolitique）的时期出版了《性史》第一卷，那时的《性史》计划是：第一卷：《知识的意志》（*La volonté de savoir*），第二卷：《肉体与身体》（*La chair et le corps*），第三卷：《儿童圣战》（*La croisade des enfants*），第四卷：《女人、母亲和歇斯底里》（*La femme, la mère et l'hystérie*），第五卷：《堕落者》（*Les pervers*），第六卷：《人口与种族》（*Population et races*）。这后五卷的出版计划都未实现。法国国家图书馆2013年收藏的全部福柯手稿显示，只有第二卷和第三卷已经开始撰写。已出版的第一卷，延续了福柯70年代对权力的研究，即政治（权力）利用生物学知识（医学、精神病学）控制人的出生与死亡、健康与疾病（还可参见《必须保卫社会》《安全、领土与人口》《生命政治的诞生》等），它不是压抑、屈服和约束了性，而是生产了“性”的每一个要素。因为68年五月风暴所主张的“性解放”运动，与这个始于维多利亚时代的“性压抑”预设同出一辙；因为我们所理解的“性”，正是在西方政治技术利用身体实施统治策略的方式（对女人身体的癔病化、对儿童的性教育化、对夫妻的优生学化、对反常快感的精神病学化）中诞生的。在第一卷中，人是权力的对象。可以说，这与福柯早、中期论域中人的角色是一致

读书就是要笃定地置身于书本之中，而不是在书本边缘徘徊。

的，也是著名的“人之死”所在：作为知识和权力对象的人，越是科学越趋僵死，越是革命越受禁锢。

《性史》第二、三卷是在 1984 年福柯去世（6 月 25 日）前的几周内（4 月 12 日和 5 月 30 日）出版的。福柯在《性史》第二卷“导论”中对新《性史》(相对于 1976 年的《性史》计划）所做的重大改变进行了说明。福柯说自己研究计划的转变是哲学的内在必然：哲学不是带着确定性进行肯定，而是扎进尝试的焦虑之中——哲学思考的过程，就是自我转化的体验，就是永远敢于和能够重新开始。这个新的改变就是将《性史》的研究中心从作为“对象”的人转向作为“主体”的人，就是要对“欲望主体”做一个从古代到早期基督教的系谱学研究。从形式上，就是 1976 年的《性史》六卷本计划改为四卷本计划，从第二卷开始重起炉灶：第二卷：《愉悦的用法》(*L'Usage des plaisirs*)，第三卷：《关照自我》(*Le souci de soi*)，第四卷：《肉体的供认》(*Les aveux de la chair*)。福柯参加了第二卷的发布会，而第三卷则是福柯在临终前 5 天收到的。彼时，福柯刚刚接受巴黎硝石库慈善医院神经疾病诊所的抗生素治疗，初见好转。但 5 日后，福柯病情突然恶化，与世长辞。尽管医院的“死亡意见书”中只字未提艾滋病，媒体还是将福柯的死因归于艾滋病；尽管吕克·蒙塔尼耶分离出艾滋病病原体淋巴腺病综合征相关病毒（LAV，后被国际病毒命名委员统一称为 HIV：人类免疫缺陷病毒）并将成果公开发表在《科学》杂志上的时间是 1983 年 5 月（当时还不确定 LAV 就是艾滋病的病原体），但福柯在 1983 年 11 月的日记中还是写道：“我知道我得了艾滋病，但我的歇斯底里让我可以忘了它”（这正是福柯撰写《性史》第二、三卷与两次赴美讲学相交叉的时期），因为《纽约时代》1982 年 5 月将新发现的艾滋病症状称作“同性恋相关免疫缺乏症（Gay-related immune deficiency，GRID）”；尽管《纽约时报》三个月后就将此症状更名为艾滋病（获得性免疫缺陷综合征），艾滋病作为“男同瘟疫”的误称到 1995 年后才在媒体（科学界从未使用该名称）真正废弃。福柯已经无法回头告诉我们他用生命见证之“事件”所具有的批判意义（这个意义绝不是像有些美国学者所说的“极限体验”“把生活变成艺术品”），但苏珊·桑塔格则在《疾病的隐喻》中指出“没有什么比给予疾病以意义更具有惩罚性”，就像女性被强奸是因为衣着暴露，男同患艾滋病是因为同性性行为是不道德的，医院没有指明福柯死因，是为了保护病人（名人）的声誉（预设患艾滋病是有损声誉的）……这些判断都遵循同样的逻辑：将并置的“事件（经验）”简单视为因果，将未经反思的世俗陈见当作真理（规范）。这其实是福柯一生研究所要呈现的批判：我们生活在社会历史假定的因果关系之中，所以福柯承认“我得了艾滋病”；但“我的歇斯底里让我可以忘了它”，所以福柯可以写出完全不屈从于“现代性”（即对“男同性恋”等性经验进行道德歧视及其相应知识生产和政治治理）的《性史》第二、三卷：古希腊思想是如何根据家政（经济）、健康和对主动性（activité）的颂扬来反思“性”行为，并在身体关系、配偶关系、男同关系和真理关系中发展出“愉悦的用法”；希腊罗马时期的思想是如何在民生缺乏民意渠道的专制社会不得不反思“自我关照”的技术，并发展出“自我的黄金时代”。

《性史》第四卷就是沿着这个历史和思路的方向，走到对早期基督教肉体经验的研究，走到研究早期教父对欲望的涤罪性阐释和解读。但《性史》第四卷的写作先于第二、三卷，1982 年福柯已经将《肉体的供认》手稿交给了伽利玛的编辑 Pierre Nora，但修改完打印稿后，福柯要求推迟出版这一卷，因为与福柯思想交流甚密的古代史学家 Paul Veyne 提醒福柯：一切早已开始。于是，福柯开始着手专门对古希腊和希腊罗马时期进行性史研究（即第二、第三卷）。其实从福柯的“法兰西公学院”讲座的顺序也能看到这一点：第四卷中关于德尔图良、圣伊波利特（saint Hippolyte）、圣·让·克利索斯托姆（saint Jean Chrysostome）等早期教父的研究主题从《对活人的治理》(*Du gouvernement des vivants*，1979—1980）中就已开始，直到 1984 年在《真理的勇气》最后一次讲座，福柯说：“我想明年讲讲基督教的生活艺术、哲学作为生活形式以及苦行和真理的关系。今天，既是我的起点，如果我能够继续；也是对你们的邀请，如果是你们接下这个事业。”这个“明年”要讲的内容是否就是手稿完成于 1982 年的《性史》第四卷呢？应该不尽是（福柯的法兰西公学院讲座往往比同期出版的正式著作要更丰富）。在《性史》第四卷附录 1 中，福柯指出了该书的研究思路：（1）基督教中存在的某种相对恒定的规定性内核是古希腊的世俗思想中就有的；（2）之所以有这样的古代内核，因为早期教父的著作具有自身立足和护教的性质，如亚

福柯热衷于灰暗、繁琐、忍耐的纪录片，将对真的偏执按耐于无。任何人都可以立即跳起来反对其认识基点的形上可靠性，质问其背后的权力结构，这正是福柯他自己教给我们的。可福柯探索的是一个历史的可能性，不比其他可能性更真实，但也许更恰当，更有效，更有生产力。

历山大的克莱门特（Clément d'Alexandrie）神学就来自柏拉图主义的启发，其道德戒律则来自斯多葛主义；（3）希腊罗马时期对主体性和真理关系的新定义给予基督教的古代规定性内核以前所未有的新内涵，并对古希腊的愉悦及其节制概念做出了重要的改变；（4）这些改变不在于对“许可”和“禁止”的分野，而在于对 *aphrodisia*（古希腊的“性”概念，包括欲望、愉悦和性行为三个要素，缺一不可）的分析，在于主体与这些“性”要素的关系模式。因此，基督教对古希腊思想做出的改变，并不完全是在法则及其内容上，而是在作为认知条件的经验上。如此丰富的思考，却被媒体“大题小做”了。在《性史》第四卷出版前后，因为该卷讨论基督教时期，而基督教涉及“合法–性关系”的“同意”（consentement）问题（这个“同意”原则其实也来自希腊罗马时期），结合当下从美国大选兴起的 #metoo 女权运动正在鼓吹判断“性骚扰”的“同意”标准，有媒体就“自作聪明”地认为福柯《性史》第四卷的出版是在投机女权运动。且不论出版社是否真的有这样的投机心理，且不论基督教的“合法–性关系”是什么范围，仅从福柯著作本身的批判性来看，这种关联就是“搬起石头砸自己的脚”——谁搬砸谁。因为福柯《性史》研究呈现“性”的各种历史形式及其相互关联的发展变化，不能简单粗暴地被理解为对某种历史形式的复古式颂扬。即使基督教主张“同意”，但福柯对早期基督教“性”问题的研究，绝不意味着对其规范内容的主张。小心！这是一个将胡萝卜端上来施以棍棒的人！

尼采不可信，康德也不可信。要相信爱，但爱是美德。

不过，福柯的哲学思考和写作的确具有强烈的“现实问题意识”，他对任何特定历史的研究都不是要成为某个领域的历史学家，更不是要主张任何“历史回返”，而是要阐明我们“当下”某个概念或对象是怎么发展变化而来。但这个“理论”与“实践”的关系是建立在精深的思考和细致的研究基础上，而不是建立在“事件”和“思想”的表面关联上。当然，后者所建立的表明“关联”本身也可能是制造“新事件”的因素。正如福柯当年出版《词与物》的巨大成功，多得益于媒体对“人之死”的误读和鼓吹。但一般来说，这种“事件”的制造，如果没有内涵的深刻关联，则要么不长久，要么会起到反作用。所谓哲学思考的能力，就是既不受外部（如媒体或出版机构）的“推动”或“阻碍”效应影响，又能够洞察和分析这些“表面”事件可能造成的事态变化，所谓“既要坐怀，又要不乱”：专业动作，请勿随意模仿。

【发表于“澎湃新闻·思想市场”（2018年）】

『欲望只在差异中产生。而对差异的安排，差异在图表中或在一个稳定形象上的确切分配，消除欲望。』（福柯，性课程）这是福柯的主张吗？这是福柯分析『整合性乌托邦』（les utopies intégratifs）的一个总结。问题是：为什么你只关心主张，而不关心具体的分析？即：为什么一定要有主张？你宣称这是xx的主张是要干什么？

我们如何与荒岛发生关系？

德勒兹思考这个问题的时候，是 27 岁。那一年，是德勒兹开始中学教书匠生涯的第二年。那一年，一个最终只存活了一年零八个月的杂志《新女性》(*Nouveau Femina*) 要出一期关于“荒岛”(Les îles désertes) 的特刊。这个杂志的前身是 1922 年创刊的《女性》(*Femina*)，1954 年以“新女性”之名复刊，好像是先后两次世界大战炸剩的荒岛：总是踩着战争的尾巴浮出废墟，在解放时期漫漫长夜的混乱和希望中盛开和枯萎。

这样一个“荒岛”的主题，一定像迸裂的飞石，击中了氤氲在外省中学课堂里的沉闷之思，触发了这个无闻思索者的某种深邃的写作欲望——年轻的德勒兹写下了自己的处女作：《荒岛存在的因由》。

但这篇处女作像女儿红一样窖藏了 50 年，2002 年才以德勒兹身后出版物的面目第一次在法国出版，即《〈荒岛〉及其他文本》之首篇。而我们中国读者则是又等了一个花季，才在今天伺得窥其芳容的良机。

康德『如果不自由就无所谓道德』与法学传统『疯子免责并限其自由』现代版：『疯子无自由意志，故疯子免责』有苟同的蹊跷：罗马法限制的自由只是惩罚手段，到现代，自由意志变成人之本性。吊诡之处在于：如果心理决定论（意志由非我决定）成立，无人需为道德负责，人人皆疯子，因为绝对不被决定的意志在现实中是不存在的。

一、“什么是荒岛”与“什么是导师”

这篇一直没有发表的关于“荒岛”的手稿，与德勒兹早期的哲学史家式写作迥然不同：它不依托和针对任何特定的哲学家，它只面对作者本人的洞察和敏感。但这种洞察和敏感显然又不是完全内在的。虽然德勒兹对自己所处的20世纪50年代战后时期只字不提，但《荒岛》一文中弥漫着的海洋和陆地的深层对立、“引向岛屿的运动”，则表露出战后流离失所的人之想象在精神废墟中漂泊的迷思。这种迷思的隐痛，在1964年萨特拒领诺贝尔文学奖这一事件的触发下，宣泄为“没有‘导师’的世代是悲哀的”。

因此，“什么是荒岛?”与“什么是导师?”两个问题可以联系起来理解。导师不是“大众教师”(professeurs publics)，正如“为了让一座岛屿不再是荒芜的，确实光有人居住在岛上是远远不够的”。这个同构性，隐含着一个基本的欲望运动。要理解这个欲望运动，要先明白鲁滨孙和苏珊娜如何在双重意义上导致荒岛神话的破产。

德勒兹借用了地理学中对荒岛的一个分类：一个是由珊瑚、火山等有机体生成的自发性、始源性岛屿，一个是脱离大陆的偶发性、漂移性岛屿。前者“重新创造”，后者制造“分离”。鲁滨孙以沉船上所剩之物为资本，“重新创造”资产阶级日常生活，好像劳作创造了价值。苏珊娜与大陆生活相“分离”，在荒岛上找到了大陆生活的复制品。鲁滨孙不需要夏娃，苏珊娜不需要亚当，荒岛神话因此破产了。“荒岛是起源，不过是第二起源。”荒岛给予我们“重复”的法

（人身/现实）自由的正当性变成了作为人之本性的意志（心理/内在性）自由。同时那些以为写写文章骂骂街动动歪脑筋挥挥胳膊就是革命的自由派，先不说由内在性到外在性的复杂关系，其充其量的大胜利也就是『用一无所有的（被迫）劳动换取一无所有的（内在）自由』的资产阶级革命。

则，一个总是可以劫后余生、重建家园的空间。神话只给出一个时刻，灾难就意味着末日。

那么导师呢？荒岛是导师的梦想，导师是荒岛的纯粹意识。“一座岛屿是荒无人烟的，我们认为这一点在哲学上应该是正常的。”导师不能充当亚当和夏娃，去生产人类；导师为漂泊者提供荒岛，提供运动和关系的节点。一座岛屿之所以不是荒芜的，不在于有人居住，而在于有人流动，有人带来鲁滨孙的资本，又带走星期五的劳动；有人带来苏珊娜的大陆记忆，又带走荒岛上的复制品。居住则是个死概念，人一旦固着在荒岛里，就也成为荒岛之荒芜的一部分。

“在重新开始的理想中，有某种东西先于开始本身，这种东西重启了开始本身，从而在时间中深化它、延迟它。”这个“无法追忆之物或这种更深邃之物”就是“欲望”，荒岛是欲望的质料，导师是欲望的形式。然而，欲望并没有因此得到完全说明。

二、不仅仅是颠覆

国内读者可能比较熟悉德勒兹（与加塔利合著）的《反俄狄浦斯》（1972）和《千高原》（1980）。《千高原》如同无数散布的平台搭建的碎片整体，这是德勒兹的写作风格，也是他的哲学主张。《〈荒岛〉及其他文本》汇聚了德勒兹 1953 年至 1974 年间几乎所有零散发表的文章，虽然也像一个碎片的整体，但显然不是德勒兹有意识的风格，而是历史的刻画。编者有意按照时间顺序排列文章，是“为了避免把任意

数学/逻辑是一种语言，语言/言说本是一种事物/事件，随后变成独立于原事物/事件自行发衍的事物。前者（les mots）的真仅在于描述/解释可适性的普遍程度，后者（les choses）的真在于存在的当下性。两种真的冲突在其解释性的定义中必然展开。

我们在解释诠释上要做的事比在解释事物上的要多；关于书的书比关于其他对象的书要多；我们只是在做无聊的评论。
——蒙田

一种偏见强加给文本的意义或定位”。但从德勒兹的哲学主张来看，时间也是一种意义或定位的强加。法国哲学家之所以充满莫测的魅力，就在于他们总是敢于（欲求）漂泊，在漂泊中使用“导师”的力量、借助“荒岛”的推力。然后，漂着漂着，他们就自己成了新的导师，自己成了新的荒岛。

德勒兹的这本身后编选的文集，无疑就回答了这样一个问题：1953 年至 1974 年间，德勒兹是如何从一个个荒岛出发而成为导师的？我们当然可以从德勒兹早期著作中窥见端倪：1953 年至 1972 年 20 年间（其中有 8 年的出版空白期），德勒兹出版了 10 本著作，分别关于哲学家休谟、尼采、康德、柏格森、斯宾诺莎，作家普鲁斯特和萨赫·马索赫。1969 年，德勒兹在巴黎大学（索邦）进行了博士论文答辩，也正是从 1968 年开始，德勒兹从他所依附的哲学史荒岛“分离”出来，开始“重-新创造”自己的哲学：《差异与重复》（1968）、《意义的逻辑》（1969）和《反俄狄浦斯》（1972）……1969 年，福柯在评论德勒兹的《差异与重复》和《意义的逻辑》的一篇名为《哲学剧场》的文章中，说出了那句脍炙人口但未必让人了然于心的话：“但也许有一天，将是德勒兹的世纪”。

那么，为什么会有“德勒兹的世纪”？因为曾经有“柏拉图的世纪”“笛卡尔的世纪”“启蒙的世纪”……但德勒兹与哲学史的关系不仅仅是颠覆：“斯宾诺莎或尼采的批判和破坏力量是无与伦比的，不过，这种理论永远迸发于一种肯定、一种快乐，永远迸发于一种对肯定和快乐的狂热，迸发于一种对生命的渴求，而反对他所遭受的摧残与折磨。”德勒兹赞赏和热爱他所写的哲学家和作家，对这种“肯定和快乐”的背叛者如黑格尔，却毫不宽容：“让生命去‘负载’，用各种重负压倒生命，将生命与国家和宗教相调和，将死亡刻写在生命之中，残酷地使生命臣服于否定，让生命承负着内疚和不良意识”。

因此，“德勒兹的世纪”就像侦探小说丛书“黑色系列”（La Série Noire，1966 年已出 1000 本）所进行的革命：没有探索与发现真相的天才侦探，“问题在于对差错的令人震惊的补偿。”警察与罪犯，主人与奴隶，统治者与被统治者，善与恶，真与假，理性与非理性，我们在传统哲学框架里所能想到的所有二元对立，都处于一种深度的渗透、共谋、补偿和平衡关系之中。德勒兹通过伊波利特的《逻辑与实存》告诉我们：没有本质的本体论，只有意义的本体论。

世界不是真与假、现实与想象、绝对知识与经验知识的对立，而是“戏仿”（parodie）。康德的《判断力批判》也不是前两个批判的补充，而是它们的奠基：诸官能的协调是理性与实践的基础，“所有被规定的协调都归诸这一未受规定的自由协调，而后者使前者成为可能。”无利害的快感、无概念的图式，就是想象力的法则，想象力向知性和理性发出信号，使“每一官能都变得可以为其自身而自由的游戏”。柏格森也不问“为什么存在某种事物，而不是什么也不存在”，而是问“为什么是这种绵延（durée）的张力？”，为什么是这种速度、比例和频率？“存在就是差异，不是不变的或无差异的，也不是只作为错误运动的矛盾”。绵延就是生命冲动的现实化和分化，生命冲动转化为行为，就成为

『很可能我们属于一个批判的时代，这一缺乏第一哲学的时代时刻提醒我们宿命的统治：智性时代，将我们与原始语言瞬间拉远……我们历史性地遭遇历史，遭遇对话语进行坚韧构造的话语，遭遇对已说事物进行理解的使命。』

——福柯

差异。

这种与差异同一的存在设定，使“思维与存在之间的差异在绝对之中被超越了”。存在与差异之间的这种绝对同一性，就是意义。凭着这个差异 / 存在的意义世界，哲学拥有了一种诗意生命特有的抗议力量：卢梭用疾病保存自己的美德欲望，用消除记忆来清退激情——因为“我们永远是在已逝的过往中爱一个人”，激情是记忆特有的疾病；雷蒙·鲁塞尔用词的重复开启意义的差异，在解放性的重复中使独一无二的事物内化于自身，从而使语言超越了（停留于）自身的空洞，让世界从这空洞中呈现出来；埃克塞罗斯用行星思想建立形而上学之后的“荒诞玄学”，用漂移代替对立，用游戏取代相对和绝对的形而上学关系：“带着欢乐和悲伤，没有欢乐和悲伤”。

这就是德勒兹的世纪：“肯定和快乐”的哲学。

【发表于《新京报书评周刊》(2018 年) 】

从各种深浅不同的『翻译』(也包括对现实的『翻译』)错误及其制造的知识问题来看，普通读者被有意无意地愚弄了。学术/教育体制、出版市场、文化社交平台共同打造着一个由『知识』武装起来的广泛而又『无能』的愚民阶层。『无能』是指：社会问题成功地被转化为个体心理焦虑，转化为面对现实问题的『无能为力』，转化为越焦虑越求知越无知/无能的恶性循环。

一句话引发的讨论：
论布尔迪厄对海德格尔的批判或局限

讨论时间：

2017 年 1 月 25 日—26 日（丁酉鸡年除夕前两日）

讨论地点：

微信朋友圈

讨论参与者：

汤明洁，中国社会科学院哲学研究所副研究员，正在译校布尔迪厄的著作《海德格尔的政治存在论》。

梁展，中国社会科学院外国文学所研究员。

汤明洁　18:33

“后期海德格尔的哲学语词游戏就是这样的：Denken=Danken（penser=remercier，思考 = 感谢）。忠于这种语词魔力的人要在翻译中大为失望了，因为随着翻译这种魔力就破灭了。”

这能赖翻译吗？

『回到一阶』表示不对谓词进行量化（分析），保持其作为不完整句子的完整性，保持其作为观察语句的原初性，杜绝通过二次类比（从事物到语词是一次类比）习得的理论语言对谓词进行评析。这样做的原因是，一次类比的不稳定性常常会被二次类比（习得）的强制性稳定所掩盖。

梁展　19:14

Danken = thank to……，欠……，此处强调思是被给予的，思是回报，感谢。

汤明洁　19:32

前面一段话是这样的：“在所有智慧的种种格言和谚语中，极为常见的是，由于词源和词形的亲近关系，语词都会呈现出某种“家族性”。玩弄这些语词的游戏会制造这样一种感觉，即在两个所指之间有某种必然联系。而这种语词游戏只是制造这种感觉的方法之一，可能也是最可靠的。叠韵和谐音可以建立形与声的相似性几乎是在质料上的关系，通过这二者所建立的联合可以揭示所指之间的隐蔽关系，甚或，仅仅通过种种形式游戏来使这些所指发生关系。”

布尔迪厄并不是不懂海德格尔要表达什么，而是要揭露为什么以及如何得以如此表达。

梁展　19:59

海德格尔是用文字思考的人，其语言观念是德国浪漫主义的语言观，即让存在显现出来，因此他最反对近代人将语言看成是信息和交流工具，而布尔迪厄的社会学的语言观正是后者，所以他还是进入不了海德格尔的思想世界，只在外围打转转儿。

梁展　20:20

我主张哲学彻底经验化、历史化和社会化，但布尔迪厄对艺术和哲学的社会学解释显然太过粗略。

汤明洁　20:14

伽达默尔也是如此读解布尔迪厄。但布尔迪厄反驳伽达

历史和知识的视角，使得描述该视角本身的话语也必须遭受同样视角的看待：即所有人文科学的反思都有着不可逾越的局限，都不能企及绝对意义上的真。系谱学是福柯解决考古学认知模式的这一自反悖谬的方法。系谱学意味着回到批判性实证主义之中，直面事情和问题，不再做拐弯抹角的二阶形上考察，同时对自身话语的基石保持批判上的沉默。这个系谱学将是一个快乐的实证主义：因为不再被对真的偏执折磨。

默尔说：“他忽略了我的分析之核心所在：首先一个事实是，语词——或更广泛来说话语——只有在它们与如同协定般发生作用的场域建立某种实用关系时，才会获得它们完整的规定性，获得它们在其他事物中的含义和价值……伽达默尔的这个差错就在于把我的工作归为语言哲学和典型的文献学家式诠释哲学。”如果说海德格尔号称通过语言将“存在”显现出来，那么布尔迪厄不外乎是将海德格尔这种形而上学化的“存在”恢复到“历史 / 社会”现实中来。如果这就是你所谓“社会学语言观”，那么海德格尔也难脱此咎，只是他做得比较各方讨好。至于海德格尔为什么要制造这样一个反形而上学的形而上学化概念，另有哲学场域、学术场域和政治场域的多重因素。

汤明洁　20:16

我并不是布尔迪厄的辩护者，我只是就手中的材料来说具体的问题。

梁展　20:16

这就是两种语言观的争执，布尔迪厄的理论导向是对的，但以之来解释海德格尔的语言观是不彻底的，而且他根本没有读过海德格尔生前未发表的许多重要著作，例如 *zur Ergernis* 等等。

汤明洁　22:35

梁老师这个有点苛责了，海德格尔的 *Beiträge zur Philosophie*（Vom Ereignis）1989 年才出，法文版 2013 年才出。布尔迪厄关于海德格尔的这部著作 1987 年最后修订完成。不过我不认为布尔迪厄的观察和研究因此就不彻底。何

『如果思不能同时在自身之中和在自身之外、在其各种同时与自身框架交织的边界，发现一个处于黑夜的部分，发现一个其投身之中而又似乎滞钝的厚度，发现一个其自始至终都包含但又被攫去的无思，那么人在知识型中的构置就还没有被描画出来。』

——福柯，《词与物》

谓“彻底”？彻底进入对方的话语体系吗？这对于哲学反思来说将是致命的死路。1936—1940 年的海德格尔应该属于转向后，与他的其他同期已出版著作不会有“天壤之别”甚至本质区别。而布尔迪厄对海德格尔之转向有他的看法，尤其对其“保守主义革命派”的前期激进“存在论”理想到后期必然进入否定存在论的策略有深刻的见解。这甚至不是语言观的多样性（差异）问题，而是（不陷入体系地）揭示与批判问题。如果总是对对峙理论采取“其实你不懂我的体系”这种不信任态度，就不可能对批判做开放的理解和反思。对问题的理解和思考会囿于某种自圆其说的系统，不会有任何突破和进展。

梁展　23:17

布尔迪厄要讨论海德格尔的政治问题，就必须首先深入海德格尔的思想世界，才能厘清头绪，而且还要厘清海德格尔思想的源流，做到能入能出，才算是彻底。其中，包括为什么德国 20 世纪初期以狄尔泰为首的生命哲学会兴起，他所回应的欧洲思想的危机，后者才是海德格尔运思的起点。布尔迪厄的方法将海德格尔的思想过于非历史化，使其变成一个形而上学的东西，这根本就与海德格尔去形而上学的思想相背离：不是海德格尔要造成一个反形而上学的形而上学概念，而是布尔迪厄为了分析的方便硬是将海德格尔基于历史性的存在思想变成了一个形而上学概念，责任在布尔迪厄而不在海德格尔。我的批评不必苛责，如果没有看过海德格尔生前未发表著作，根本没有资格谈论海德格尔。我认为只有在读了这些重要的著作之后，人们才能明白海德格尔思想

我们必须同意//任何极尽的威力；勇气是我们的问题//不顾后悔莫及。
此外，常常是//我们所迎战之事，在变：心平气和成风暴无边//无底深渊具天使模式。
不要害怕迂回。管风琴必须轰隆，音乐才能盛涌//爱的一切音符。
——Rilke, Poèmes en langue française, in Vergers, no. 24,1926.

对历史性的充分重视，就不会如布尔迪厄那样把他看成是一个形而上学的思想家了。我自然知道布尔迪厄此书的出版年代，但我正是想说，这本书是在未能全面了解海德格尔之时就成书了，依照现在的情况，他在文献上也过时了。

梁展　23:31

哲学反思和批判当然要首先进入批判对象内部，才能真正跳出来，进而克服之。否则就成了自说自话，这一点我和你的看法不同。

汤明洁　00:38

法国思想家进行的研究，没有历史纬度，是根本不可能入流的。不能因为这里提到布尔迪厄对海德格尔的形而上学本质做了揭示，就认为他忽视了海德格尔思想的历史问题，如果真是这样，布尔迪厄的错误也太低级了。恰恰相反，布尔迪厄此书第一章“纯粹哲学与时代精神”占了整书将近一半的篇幅，不仅提出海德格尔的去形而上学在哲学、政治和学术领域各自源出的动机，还提出这些领域遭受的历史危机和社会境遇所要求的激进态度。去形而上学策略是为了打破所有已有的意识形态（以此化解其中所涉及的所有问题），将自身再次形而上学化（本质论思想何尝不是形而上学的呢？这个步骤是福柯与海德格尔的区别）是为了弥补形而上学破碎后的虚无主义，相当于“上帝之死”后的“上帝再造”。换句话说，是对别（前）人思想 / 问题的去形而上学化，对自己思想 / 问题的形而上学化。布尔迪厄不断强调海德格尔的双重性、多义性和复调性，海德格尔决不是只在一个战场作战，他的成功也正是因为讨好了各个战场的历史、

为塔罗牌正名的库尔·德·哥布林的九卷本名著，有一个长长的名字原初世界：与现代世界之分析比较——虑其譬喻之天资及天资引致的譬喻：字母 e 表示呼吸、生命和存在。哥布林代表着作为词根理论的『普通语法』加入了纯语法形式的『词形变换系统』，这是词与物连接方式的根本改变。

社会和思想的需要。

布尔迪厄所做的和我所说的不陷于研究对象的话语体系，并不意味着不进入、不深入研究对象内部，不去做起码的文本研究，而是不限于此。我认为你怀疑布尔迪厄对海德格尔文献研究的全面性，是对布尔迪厄学术能力的一个低级揣测。就像福柯根本不去谈哲学思想史，但仍然做出非常精彩的哲学批判和研究一样，这不意味着法国哲学家不懂哲学史，不读哲学著作，不了解哪些人都说了什么，而是他们在直面哲学所面对的问题和世界，直面这些哲学思想产生的条件和根基。

关于过时的问题，举个极端的例子，你能说荷马没读过圣经，他的神学就是过时的神学吗？因为时代限制而否认某个时代的研究，这未免太进化论了。回到布尔迪厄来说，如果连海德格尔思想中的历史性和时间问题都没把握，的确不需要再谈海德格尔了。但海德格尔思想的这个本质难道只能在生前未发表著作中才能体现吗？

另外一个问题是，海德格尔在哲学、政治和社会领域产生的影响，在其生前所在时代就已产生，这种影响就是依赖其已发表著作，这是所谓“话语”的实质，即不但存在而且实际产生效应。即使海德格尔生前未发表著作有惊天秘密，这些秘密在已发生海德格尔效果的时代并未发挥作用，这本身就使这些未发表著作不构成对当时代有实际社会功能的“哲学话语”。法律还有不溯及过往的原则呢。梁老师认为没读未发表著作就不能谈海德格尔，正是认为只有文本本身才构成“哲学话语”，那么按照这个原则，任何考古学论著都

康莱姆在1967年说『福柯是未来的康德』，菲利普·萨博在阅读词与物中说『福柯是后康德式的经验-超验论（empirico-transcendantal）者。这是因为福柯对康德问题进行了四重替换：真→存在，自然→人，知识的可能性→元无知的可能性，相对于科学的哲学理论原初范畴→在清晰的哲学意识下复兴人不自知的原初经验。

是无效的研究，因为考古发现永远也不能说已经穷尽了。

梁展 05:44

时代精神和历史性不同。海德格尔强调形而上学本身的历史性意味着对形而上学的深刻拒绝，而海德格尔面对的时代精神是科学理性和技术泛滥对人的本质（这个词本身是历史的，即在西方形而上学的历史上对人有着不同的规定性）的戕害，为了应对西方的上述危机，海德格尔力主返回前苏格拉底哲学，寻求不同于科学理性的另一开端：在此意义上，他走向了对西方既定“存在”的否定，其意义恰恰在于反时代精神而行之，所以海德格尔与时代精神的关系不是顺应而是反动和批判，这也就是海德格尔哲学话语实践的效应所在。如果没有阅读海德格尔未发表的讲义和笔记，单凭对已发表著作的阅读就断定海德格尔是一位形而上学的思想家，这是有问题的。未发表著作的意义在于对已发表著作中未能得到充分解释的思想构成了一个更为全面和必要的阐释情境，如果缺失了这一块，任何人对海德格尔的理解都会有问题，这就是海德格尔的德国研究者非常重视它们的原因所在。不说布尔迪厄了，就连海德格尔全集的主编冯海尔曼教授在每发表一部海德格尔遗作之时，都要对其此前的研究作必要的修正，何况其他研究者呢。你可能认为像福柯和布尔迪厄这样的思想家有充分的领悟能力使得他们能够在未阅读其他文献的前提下就猜透了海德格尔的思想走向，但跟专业的海德格尔研究者相比，这只是他们自己出于自身的批判理论兴趣所制造的对象而已，这跟海德格尔本人的思想本身并不完全吻合，这也正是法国学者的特点和优长，我并不否

『福柯的知识型与库恩的范型是不可通约的，前者是在稳定的知识装置内部（现代性）话语中勾织出不可触摸的必然性网络，后者是研究者在集体性的科学实践中有意识地设定范型，并抽除知识型的历史先验性。』

——菲利普·萨博，《阅读词与物》

认。但是，如若说布尔迪厄是对海德格尔哲学话语本身在欧洲思想界造成的政治效应所做的反思尚可，但如若说他对海德格尔完全理解了，那自然是不行的。德法思想各有各的传统，文化和思想的翻译不能建立在透明性的前提之下，也就是说不能把布尔迪厄从社会学视野出发对海德格尔的法国式解读当作是对海德格尔本身的理解一样，其实在德国的海德格尔研究界，布尔迪厄的这本书毫无影响。

汤明洁　08:50

首先我无意为布尔迪厄辩护，更无意宣扬他的书应该在世界各国尤其是德国的海德格尔研究界发生巨大的影响——如果德国人不能（或拒绝）意识到法国哲学家提出的问题，那是他们的问题。

作为一个以翻译方式阅读一本书的研究者，我只是不得不准确地把握一位研究者的观察和思考，不得不顺便发现其中精彩的部分。

梁老师一直强调布尔迪厄对海德格尔研究的“不专业性”（如没有将海德格尔的著作包括未出版著作当作一个整体来理解其思想），因而质疑其研究的价值。但布尔迪厄这本书写作之初并不是作为海德格尔的研究著作，而是作为社会学研究方法的一个练习。这意味着它与专门对海德格尔著作进行系统研究的研究不同，它是以社会学的方法视角来研究海德格尔及其著作之出现的“事件”。这也不能以一句“法国式解读”就掩盖和忽视其所可能揭示问题的价值，好像“法国式解读”就是“法国式偏见”的代名词。

其次，布尔迪厄研究并不是在未掌握全部材料的情况下

『死亡让人领会到那奇怪的承诺：语言不再自我重复，但它可以无尽地重复那不再存在的事物。』（福柯，《雷蒙·鲁塞尔》）这句话用来理解自杀文人。也送给喜欢悼念的人。最终是给所有使用语言的人。

对海德格尔全部思想的领悟和参透，而是在所能掌握的材料中进行社会学的科学研究。所谓社会学的科学研究，就是不囿于（不等于不把握）海德格尔著作本身的逻辑，更注重其产生的社会和历史条件。

时代精神当然不能和海德格尔将“历史”置于哲学意义上的本质之论相提并论，布尔迪厄在“纯粹哲学与时代精神”里要说的是这二者的生成关系。梁老师认为海德格尔是逆时代精神而上，那是把“时代精神”单一地理解为“技术对人的异化”。而布尔迪厄要揭示的是，对这种异化的反抗才是当时青年运动和失意知识分子的普遍精神。“第一次世界大战，1918 年 11 月实现了布尔什维克革命可能性的（局部）革命——在它们让（诸如里尔克和布莱希特这样的）作家和艺术家在狂热时刻大为失望的同时，也使一种持久的恐惧穿透到保守派的内心——，政治暗杀（犯罪者通常不予处罚），卡普暴动及其他颠覆图谋，德国战败，凡尔赛条约，法国对于鲁尔区的占领，领土割据——激化了人们对作为语言和种族共同体之德意志（Deutschtum）的意识——，对尤其是中产阶级（Mittelstand）打击严重的巨大通货膨胀（1919—1924 年），短暂繁荣（Prosperität）时期粗暴地引入了对技术和劳动合理化的迷恋，最后，1929 年的大萧条。如此之多带来创伤性经验的事件，注定会在不同程度上、以不同效果，对整整一代知识分子的社会视域产生永久性的影响。”

最后，至于我提到布尔迪厄对海德格尔反形而上学的形而上学化的判断，这个逻辑简单说来类似于：康德的启蒙观

『只有在眼睛自己的空间中才有不可见。』说这句话是后康德的反康德主义应该不为过。

『未被隐藏者所隐藏的，不被揭露者所揭露的——可能这才是可见者本身。』

虽然观看必不可少，但我们并不活在观看里（当然很多人让自己活在观看里）。所以观看本是件无所谓的事，但很多我们从小就觉得无所谓实际上也无所谓地对待的事，让我们与社会（人）格格不入。所以，我们很多不妥协的人只能与自己的动物伴侣生活在一起。

念提倡对理性进行批判，但他对理性的批判的理性成了新的不可批判的理性教条，甚至是走不出的理性陷阱（现代性）。这是那些皓首穷经者常常容易深陷其中而不能自拔的问题。

这里牵涉的问题复杂深厚，可深入展开讨论的内容还有很多。不过良好讨论的意义不在于置对方于死地，而是共同开放对方前进的可能：布尔迪厄研究方法加入新的材料会怎样？海德格尔研究加入社会学研究方法会怎样？我想这是我们应该通过讨论明确和开展的工作。

梁展　09:48

哈哈，现在严肃讨论问题的机会不多，能做这样的讨论非常有意思，这正是我们所希望的学术。赞同你所说的讨论方式。

福柯考察的科学史，在科学与非科学共同的领域，关注某种类型的话语之所以成为科学的历史先决条件。此即福柯师承康吉莱姆的科学史考察法，寻找每一理论的前驱，同时形成科学史的循环阅读，系统衡量前驱理论到现时理论的有效性。这在福柯的性史考察中也多有体现。

运　用　篇

主体问题

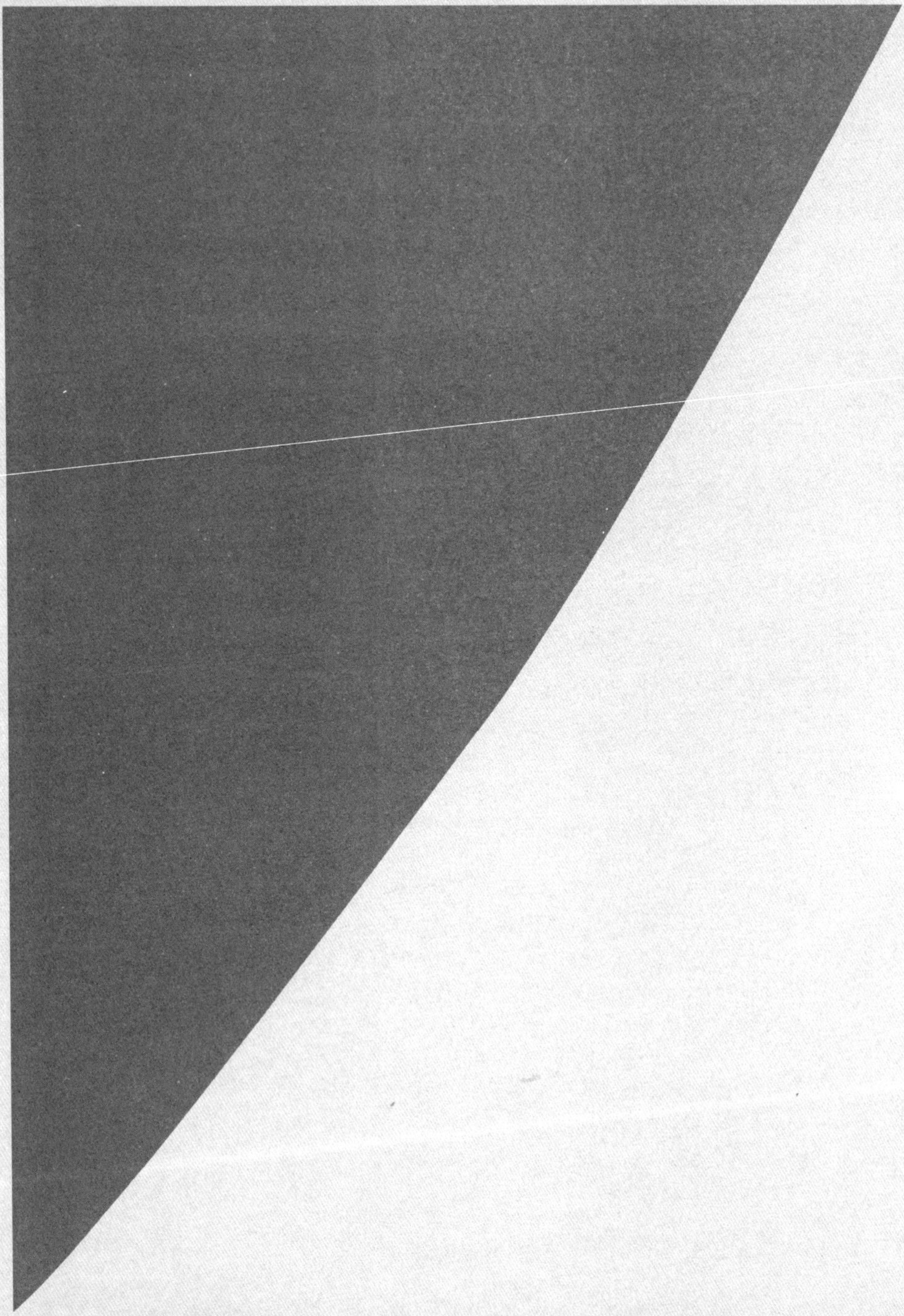

相共还是表征？
——走出“我思”的古典迷局

一、问题背景及研究方法

“我思①”是笛卡尔哲学的核心概念，经由康德和胡塞尔对这一认知主体概念的发展，“我思”更成为现代知识论的根本奠基。然而，随着20世纪60年代法国当代哲学在世界范围内的兴起，对这一概念核心地位的批判却越来越猛

1873年Littré标准法文医学辞典对单身的定义如下：『没有结婚的成年人之生活。单身在大多数的情形下是导致疯狂的原因，无论是宗教疯狂、色情疯狂或歇斯底里疯狂。』

---

① 我们将“我思”这个词打上引号，原因有二：第一，必须区分“我思”作为哲学史中的概念，比如马克·奥勒留的我思，奥古斯丁的我思，笛卡尔的我思，胡塞尔的我思等，以及这个拉丁词本身在历史文献中是如何使用的，比如，第一个在文本上使用这个词的是Titus Maccius Plautus（254-184 av. J.-C.），拉丁喜剧家，也是拉丁文学的第一个伟大作家，“当我思（考）的时候，我肯定是我一直是的那个人”。参见：Plautus, *M. Accii Plauti Comoediae*, Volume 1, AMPHITRUONIS, 290。这个词在拉丁字典里，比如Blaise Patristic，有思考、遐想、想象、想起、反思、犹豫困扰和想要做某事的意愿等意思。第二，还要区分作为动词的“我思”的活动和作为名词的、与某种认知主体分不开的“我思”这个概念。正如海德格尔所说，是康德将笛卡尔的“我思”（cogito）活动转化为“我思”（the cogito），前者指的是沉思活动，后者就变成了某种主体，康德式的主体。

『女人，就是外在化的主体性：她的欲望既是被显现的（男人最内在的真相，在他所爱的女人那里），又是一种无法化约的但变成（在频繁变化、情感、内心形式下）主体性的客体性（因为女人就是欲望的对象，是另一世界、记忆、时间）。在家中、在那空无一物的冷淡中呈现的，正是这个外在化的主体性和这个变成内在的客体性。』

——福柯，性课程

烈。[1] 这一批判浪潮中最为知名的代表人物，就是倾向于考古学研究方法的福柯，其代表作《词与物》更为其带来了“结构主义者”的谬誉。在这部著作中，福柯似乎和其他结构主义者一样，呈现了一个不以人类主体为基础的知识或人类经验的客观结构。然而，这却并不是福柯的目的，他在《词与物》发表后的一次访谈中说，“我并不否定‘我思’，我只是看到‘我思’的方法论作用最终并没有我们所以为的那样巨大”[2]。福柯质疑人类主体、意识和存在在知识中的奠基地位，但这个质疑并不像其他结构主义者那样是通过研究结构本身的内在法则（比如自治的逻辑语法）来撇开“我思”的“我”性，它并不像我们通常所理解的那样导致了对主体的否定以及对“我思”自在的驱逐。相反，福柯通过分析“我思”中的“思”性，来揭示认知主体在知识构造中既介入又受制的双重地位，揭示“我思”在语词与事物的张力中所构造的古典时期经验世界，既不是纯粹的主体性世界，亦不是真实的世界显现。[3] 在这里，“我”中有“思”的外在法则，“思”中有“我”的内在限度，这样一个既无纯粹的“我”亦无实在的“思”的混合体，其实是一个“语言”的语法活动，它所构造的是一个以一物映万物的乌托邦，一个

---

① 比如在情爱经验（l’expérience de l’érotisme）领域进行批判的布朗肖和巴塔耶，比如在语言经验领域进行批判的杜梅泽尔和列维·施特劳斯，等等。

② M. Foucault, *Dits et écrits*, n°50, «Che cos’è Lei Professor Foucault?» («Qui êtes-vous, professeur Foucault?»; entretien avec P. Caruso; trad. C. Lazzeri), La Fiera letteraria, année XLII, n° 39, 28 septembre 1967, pp.11—15.

③ 在这点上，福柯与康德既有相通之处，亦有绝然区别。

实际上迷失了世界的语言空间。

本文通过关注福柯在《词与物》知识考古学研究中的两个节点——文艺复兴时期（16 世纪）和古典时期（17 世纪）——来分析这一乌托邦的构成，从而展开对“我思”古典迷失的反思，并最后试图从这一反思中提出“我思故我行”的展望。与其他研究者对《词与物》的研究方法不同的是，我们不是要通过解读者的“我思”去分析、综合和评判被解读者的知识（真理，vérité），这也就是说我们不是要去解释福柯在《词与物》中所阐发的知识型并判断其真假或合理性，因为作为“解读者”和“被解读者”的“我思”本身都仍是所探讨的问题所在。据此，我们试图将最后所要提出的“我思故我行”的解决方案融贯于本文的行文中，即通过本文自身的“我行”式“我思”，以解读者的“我思”与被解读者的文本事实自然共在的方式，以最少的“我思”构造呈现最真切的“我行”之思，以最节制的“我思”想象厘清古典时期的“我思”迷误。同样的，这个呈现和厘清如果没有阅读者的“我思”将它们重新投射到其本身的“我思”现实中，那么本文针对“我思”迷误进行的语言呈现只能沦为“我思”乌托邦的现身说法。

二、表征的起源：物的相共性

在考察这个古典时期“我思”表征的乌托邦之前，让我们首先去探察在此之前词与物之间的相共性（la ressemblance）。这就是回到扮演着“西方文化知识的创建者

『消亡于绝对知识，可能正是存在之基的一部分。』——尼采，超越善恶

这并不是要说，在批判的意义上，真理意志（la volonté de vérité）被认知的有限性所限制，而是说真理意志在其必须进行的认知主体牺牲中，失去了一切限制，失去了所有真理的意图（intention de vérité）。

范型是一种相互约定的规则群，知识型是实际的范畴网。库恩从科学危机中追索科学理论的革命，福柯则更关注连接诸认识时代不连续性的原则。

角色”[①]的 16 世纪，正是在这个世纪以后，古典时期知识表征（représentation）的组织进程得以确立，“我思”在有限知识中组织无限形象的语义关联性得以形成。这一使得“我思”的理性得以建立的“相共性”，可以通过文艺复兴时期“相共性”的四个基本原则[②]来说明。

第一个原则是“相近性”（*convenientia*），这一原则利用事物所在地点的比邻来确立事物可见的相近性。当事物处在共同的地点，即使它们的依属关系尚不明确，它们也会因为比邻而共同拥有某种活动方式。比如，在中世纪，人们认为由于灵魂和肉体总是同处一隅，它们因而会共同活动并相互沟通；因为肉体是如此沉重，灵魂也必然如此浓稠，所以灵魂必有原罪。我们可以看出，这里并不是事物本身的属性决定了它们的存在，而是“世界的广袤句法”将它们分布于其中的广延之域造就了它们的存“在”。

第二个原则是“相仿性”（*aemulatio*），这一原则来自既不近邻也无接触之事物的相互模仿。通过这个模仿，世界与上帝便没有了距离，以至于始初和模仿都难以分辨。这就像中国传统思想中的天人合一，但对于中国思想来说，关键不在于分辨谁是天谁是人，而在于这种和谐的共在。而在西方 16 世纪的思想里，关注的不是这种结果的和谐而是原初的模仿运动。对于西方思想来说，问题在于这种模仿不可能是惰性、紧致和可逆的，因为原型和反映总是相互对立并会相互角力，从而弱的一方要服从强的一方，而自身不可变的一方

---

① M. Foucault, *Les mots et les choses*, Paris, Édition Gallimard, 1966, p.32.

② *Ibid.*, p.35.

则是原型。

第三个原则是通过隐喻带来的“类推性”(l’analogie)。这个“类推性”将“相近性”和“相仿性”结合于一个隐喻之中：因为具有“相近性”所要求的关联和结节，它克服了“相仿性”不可避免的差距问题和反照性循环；因为继承了“相仿性”不必近邻的优点，它又克服了“相近性”将模糊关联与可见相近性相混淆的问题。然而，“类推性”因为越过了这两个以事物本身相似性为基础的原则，它实际上是通过处理“关系”的相似性来摆脱前两个原则的缺陷。比如，在 Césalpin[1] 那里，并不是植物与动物相似（地点相近或相互模仿），而是人们在植物那里发现的关系也适用于动物。以这种“我思”对事物的特性进行提取和比较的方式，“类推性”发掘出了事物无穷和普遍的关联。

第四个原则是“相通性”(sympathies) 游戏。这种内在活动并不是某种按照相似性而进行的被动同感（这不是单纯的内在“我思”)，而是一种积极的与事物相靠近并消除差异和特殊性的活动力量（这是一种可以付诸外在现实的活动)。但“相通性”并不会产生在“相仿性”那里出现的磨灭差异的问题，因为它总是与“相异性”(antipathie) 相伴随，这就像中国思想中的“和而不同”。在这“相通性”和“相异性”共存的活动中，事物既相近又相远，不丢失事物本身特殊性

『福柯分析比夏的论题时，语调提高到足以说明这涉及认识论分析之外的其他问题。这涉及对死亡的孕育，很少有人像福柯那样死于自身对死亡的孕育之中。这个属于福柯的生命力量，福柯总是把它思作和体验为以比夏的方式繁衍的死亡。』

——德勒兹，《福柯》

---

① André Césalpin (1519—1603, 意大利哲学家、医生、自然学家和植物学家), *De plantis libri*, 1583; cf., M. Foucault, *Les mots et les choses*, Paris, Édition Gallimard, 1966, p.37.

『生命是抵抗死亡的一系列功能……死亡内在于生命的历史，就像疾病内在于每个主体的存在之中，是死亡在生命中进展的征象。死亡是身体漫长退化的渐进现象，死亡从出生的那一刻就侵袭着人，死亡居于人之生命的整个过程，直到最后一刻。』

——泽维尔·比夏

的相共性从而成为可能。

三、“我思”的表征：秩序、符号与想象

到了古典时期（17—18 世纪），自然物的相共性在“我思”中的呈现被“我思”的古典设置改变了。17 世纪以来，人们相信人之认知与事物之间存在的差距，不是由知识与事物的自然差异导致的，而是由人的认知能力导致的；不是靠自然本身的相共性来解决，而要靠人类认知的严格性。经验论和观念论都将对上帝真理的无法企及归咎于认知主体即“我思”的“草率”，他们因而推崇一个谨慎的认知主体，一个“清楚明白”的“我思”，即人自身的认知能力（真我）和对事物知识（真理）的获得都取决于这样一个特定的“我思”。

首先，这个“我思”对“真理”的决定性体现在“我思”对自然事物的几何量度（mesure）和由此建立的数学秩序（ordre）中。“先考虑全部，然后将其分成各个部分”①，不连续或多样性的事物没有自然的整体性和可分割性，“我思”就给它们指派广延的整体性和可分割性，这样“我思”就可以通过计算它们的几何单位来对其进行比较。“通过发现那些最简单的，然后找到与它们更接近的，这样我们就必然能够以此达至最复杂的”②，这样事物的数学秩序就建立起来了。

---

① M. Foucault, *Les mots et les choses*, Paris, Édition Gallimard, 1966, p.67.

② *Ibid.*

其次，“我思”对“真我”的决定性体现在“我思”的三个符号关联变量上。

第一个变量涉及符号关联的来源，也就是说一个符号(signe) 如何从诸多我们或知或不知的事物中脱颖而出，突然成为我们所能够认知的符号（标记）。

对 16 世纪来说，印记（signatures）是由上帝或自然决定的，它们的存在并不是为了使人能够认识，尽管它们的存在能够有这样的效果。这些印记是事物自身的语言，它们诉说着自己的秘密、特性和用益。有时候，这个自然的语言是静默的、模糊的和诡计多端的。这也是为什么文艺复兴时期使用的语言与自然本身的语言一样神秘莫测。

从 17 世纪开始，语言不再与自然紧密相连。一个符号一旦被辨识出来，它就与其所指（signifié）联系了起来，这就是所谓知识。有时候一个模糊的符号也能关联某个确定的所指，但这个确定的所指却只不过是“我思”的观念。就像贝克莱所说，“观念的连接并不意指从原因到结果的关系，而只是从某个征象或符号到其所指的关系。火……就是预示疼痛的征象。”① 火是自然的符号，疼痛则是通过火的经验认知得来的“我思”观念。一方面，一旦这个疼痛的所指进入“我思”，它就固化成为某个确定的观念，它就可能被安置在量度（mesure）和秩序（ordre）中，从而被重新计算并产出新的观念，这就是笛卡尔的观念论。另一方面，由于火并不是在任何时候，也不是在所有人那里都会产生同样的疼

『当主体只能以特定视角来掌握世界时，他便有可能失去和客观世界联系的能力。』
——朱谦之

① George Berkeley, *Principes de la connaissance humaine*, 1710; Cf., M. Foucault, *Les mots et les choses*, Paris, Édition Gallimard, 1966, p.74, note 1.

语言的重复（词义反用句）和思的重复（梦），共同揭示（相互映证）了物（『神秘』、不为我用）的力量。

痛观念，自然符号和产出性观念构成的网络就构成了一个可能知识领域，这就是休谟的经验论。但不管这是确定的还是可能的，在笛卡尔和休谟那里，能指的观念都可以成为新的符号，它们可以在量度和秩序中（同所指的观念符号一起）流转，成为主体的知识。17 世纪的符号之所以成为符号，仅仅因为两个因素已被认知为观念，它们之间建立了一个同样已被认知的关联。由于知识只有在符号已于“我思”中有所指（signifié）时才是可能的，也就是说，只有在“我思”之光中、在将自然重组于量度和秩序之中认知才是可能的：没有“我思”之光就没有认知，没有认知就没有符号，没有符号就没有“我思”之光。这就是构成 17 世纪知识型的奇怪循环。

“我思”的第二个符号关联变量涉及符号与其所指之关联的形式，这也就是说，符号是以何种方式意指一个所指的。

在 16 世纪，一个符号意指一个所指是根据这二者之间的相共，同时这个相共性也存在于这些事物内部，它不随着观察它们的认知主体的时间和空间发生变化。从 17 世纪开始，除了这种作为所指一部分的符号之外，还出现了实际上与其所指相分离的符号。尤其当符号和所指二者都作为“我思”的观念，如果符号不能够与所指的整体印象相分离，符号就会和所指一起作为“我思”的观念而被混淆。这种问题不会出现在 16 世纪，因为符号和所指的区别不是在“我思”的观念中，而是在事物本身之中。

因而，由于能够脱颖而出成为符号的因素混杂在整全印象的所有因素中，所以必须将这个杂多的印象划分开来，并孤立出其中的一个因素作为符号。这一不可避免的认知工作，在 17 世纪是由“我思”完成的。这个工作就是我们所说的“分析”，没有这项工作，符号就不会显现出来。正是由于“分析”，自然符号才会由“清楚明白”的观念符号所代替，这些观念符号随后又可以在“思”中产生新的印象。以这种方式，符号才可以是普适的，就像记忆执行者和概念先驱一样发挥作用。符号肩负着在“我思”之逻辑无限的平面上陈展世界的任务。正因为此，“我思”或思想的符号学说和分析理论才会被古典时期以来的认知论如此重视，以至于存在论都被抛之脑后。而这不是因为符号还仍然努力与世界相贴近和不可分离，而是因为从古典时期以来人们认为符号既可以内在于所指又可以与之相分离。

“我思”的第三个符号关联变量涉及 17 世纪认识论的重大选择，即符号关联必须具有确定性。形成符号的方式一直有两种：按照自然和按照协定，这一点在 17 世纪没有改变。发生变化的是，在 16 世纪，人为协定的符号是建立在自然符号基础之上的，是后者决定所有可能的符号；但到了 17 世纪，这个关系被倒转了，人为协定的符号成为所有知识的基础，而这仅仅是因为人为协定的符号能够被“我思”掌控。对世界的认知不再直接存在于自然符号之中，而是存在于“我思”的认知之中。因为“我思”必须能够在其思想的复杂运动中唤起、运用、划分和重组这些符号，而自然符号的原初性和刚性使得这些任务难以完成。尤其是当涉及人类心灵，涉及“将想象转化为有意识的记忆，将即兴的注意力

自衍性事物遵从存在的当下性？还是存在的当下性遵从自衍性事物？如果是后者，描述性事物何以驾驭事物本身？两种可能：自然法则或人的法则。二者界限在哪？如何判别？

转化为反思，将直觉转化为合理的知识”①时，还是人为的符号更有效。

但在17世纪，不仅是人为协定符号受人的构造所控，连自然符号也难逃此劫。尽管相对于前者，后者只是随意的“概略”和“遥远的描画”，然而“如果我们要构建已有符号，‘随意’就与‘自然’是相对立的了”②。正是在17世纪这一构建自然符号的方式上，福柯向我们揭示了认知主体所扮演的构造性主体③的角色。这些自然符号看似是偶然建立起来的，但这个偶然并不是由事物自身的自然属性，而是按照它们在社会性认知活动中的运行，来量度和规制的。这些自然符号必须像协定符号那样能够满足分析和组合的需要，它们必须能够使得“我思”有可能将自然事物分解到最简单的因素，即所谓“起源”，并能够按照量度和秩序“重新组合”，直到“产生理想中的复杂事物”，即所谓“乌托邦”。在“起源”到“乌托邦”之间，自然只能处于认知主体所有可能构形的原始印象层面。

『为什么骄傲，这个球跟它一点关系没有，这穿红衣的球。』
——福柯，雷蒙·鲁塞尔

然而这些认知的新形象并不是17世纪经验论者或观念论者的发明，而是叠置于“律则”（*ratio*）世界之上的“我思”（*cogito*）的必然性。那么什么是这个“我思”的必然性？

首先要看“我思”的观念是如何在自我分拆和重合的

---

① Étienne Bonnot de Condillac, *Essai sur l'origine des connaissances humaines*, 1746; cf., M. Foucault, *Les mots et les choses*, Paris, Édition Gallimard, 1966, p.76, note 1.

② M. Foucault, *Les mots et les choses*, Paris, Édition Gallimard, 1966, p.76.

③ 这个认知主体并非个体的“我思”。

表征中运作的。当符号与所指的关系不确定、疏远和随意，当事物本身的“相共性”不再保障它们关系的时候，16 世纪“统一而又三分”的符号体系（这一体系能够很好地区分“被标记物、标记物和使得在标记物中可以看到被标记物的事物”①）就被 17 世纪的“二分”体系所取代。能指（signifiant）与所指（signifié）就都变成事物的观念，它们不再是在事物本身中相遇，而是在“我思”的观念中相遇，在认知主体对事物的表征中相遇。但并不是“我思”的任何观念、图像或感知都可以作为符号，“它必须能够表征，而这一表征活动反过来又必须在其自身中被表征”②。这个条件可以在《皇港逻辑》中得以说明，“当我们看到某个对象仅表征另一个时，这个对象带给我们的观念就是一个符号的观念，这个对象就叫作符号”③。在“我思”的所有观念、图像和感知中，有些不能引发关于其自身的观念，它们自我呈现着，但它们只能引起自身外的其他观念。比如，火的影像只不过是红色和闪烁的图像，但它却常常是热或痛的符号，因为它通过“我思”的认知或经验引发另一个感知。在这个意义上，能指的观念就是那些能够消退其自身感知，并转让给其他感知的观念，其所表征的观念并不是隐藏在这个观念里的感知自身的内容、功能和规定性。但这种支配性和通透性并不是一个能指观念自身的自然属性，也就是

认为 XX 是思想，是对 XXX 的形上化处理。说 XXX 是语言乃至最后是物，远不是要宣称其独立性，更不是要独立于语言谈论思考问题。这里涉及的问题要比 W 的更久远：我们借助语言所进行的思考已经是在语言自身的法则上运行，而不是在语言始出所『关联』的事物上进行。是人说话？还是话说人？

① M. Foucault, *Les mots et les choses*, Paris, Édition Gallimard, 1966, p.78.

② *Ibid.*

③ *Logique de Port-Royal*, 1622; cf., M. Foucault, *Les mots et les choses*, Paris, Édition Gallimard, 1966, p.78, note 2.

福柯反对对历史话语作水平线式阅读，因为这种阅读会得出诸知识日益成长、成熟的完善性，直到其最终成为征服一切的科学客观性；福柯考古学的垂直线式阅读，扎向作为知识变革条件的深层秩序，而不是其表面形态。

说，并不是这个能指观念自身本能地在进行消退、划分和隐藏，而是“我思”在支配它，使它通透，让它消退，将它划分，把它隐藏，并最终通过忽略其自身而把它认作另一个观念。这些都是按照“我思”的意志或需要、认知或习惯来进行的。

正是在这里，人的主体性出现了：要自由或者要确定性；正是在这里“我思”分裂为对能指本身的无意识和对所指的意识；正是在这里遵守同一性的疯狂被所指和能指的落差迷惑。

四、对“我思”古典迷局的反思

至此，我们分析了古典时期量度与秩序的科学、符号理论以及想象与相共性的协作，这三者构成了古典时期“我思”的整个经验空间（如下图）。在这个空间里，古典时期的“我思”扮演着既有决定性又有局限性的角色，它既提升认知又是认知的约束，既不可或缺又无足轻重。

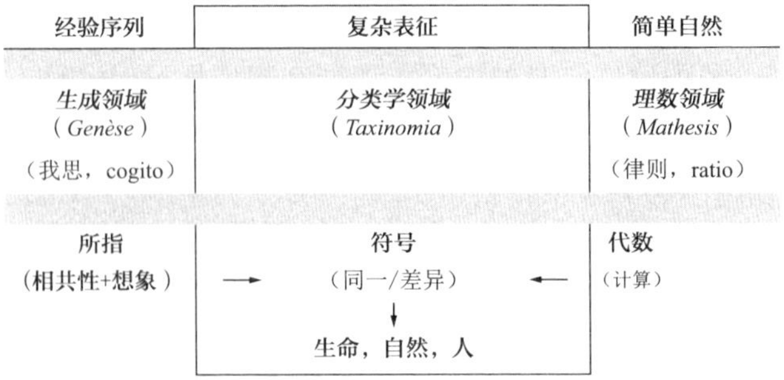

古典时期“我思”的经验空间

首先从其对量度和秩序的建构来看，“我思”将分类学领域（*Taxinomia*①）与理知领域（*Mathesis*②）关联起来。一方面，简单自然在“我思”中被表征在一个理知的秩序中，而复杂自然则被“我思”组织在分类学秩序之中。由于后者不能在“我思”的确定性要求中被辨识，它们必须能够用简单自然来分析。进而，通过将复杂自然转化为“我思”的经验表征，分类学就得以与理知相关联，分类学由此成为“质化的理知”③。但这里的“理知”不同于我们现代所说的“数理”逻辑，因为理知领域存在的是对简单自然的感知，也就是所谓的“明见性”，它仅仅是对多样性、复杂性和离散性自然的表征之一种，因此，“理知领域只是分类学领域的一个特例”④。在此意义上，我们可以说，集体性“我思”建

福柯考察的科学史，排除科学直演（orthogenèse des sciences）、事实线合（cumul linéaire des vérités），在科学与非科学共同的领域，关注某种类型的话语之所以成为科学的历史先决条件。

① 此词借自希腊语 ταξινομία（taxinomia），由 τάξις（taxis，安置、分类、秩序，其闪语词根是 taksh，琢磨、制作、构形）和 νομός（nomos，法则）构成。

② Mathesis 借自希腊语 μάθησις（学习知识和科学的活动）。在希腊语和拉丁语作家那里，这个词甚至表示数学乃至所有认知的基础。此词在文艺复兴时期非常流行，在新柏拉图主义者如 Marsile Ficin, Nicolas de Cues, Leonard de Vinci et Nicolas Copernicn 那里出现，但也在逻辑学家、数学家、物理学家和医生如 Petrus Ramus, Paracelse, Galilée, Kepler et Adrien Romain 那里出现。在 John Wilkins 于 1668 年的一篇名为 «An Essay towards a Real Character and a Philosophical Language» 的文章里，«mathesis» 是人们所寻求的“完美语言”。在笛卡尔和莱布尼茨那里，这个词用在 «Mathesis universalis»，它表示两个意思：数学和先天普遍科学。但这个词的使用也有另一种方式，比如在 Roland Barthes 的《文本快感》中，mathesis 不是某种模仿数学的科学，而是 Marcel Proust 的作品。对福柯来说，这个词更倾向于表示事物的有组织序列。可以说这个词的历史就是一部科学史，也是一部人类认知的考古学。

③ M. Foucault, *Les mots et les choses*, Paris, Édition Gallimard, 1966, p.88.

④ *Ibid.*, p.86.

构分类学领域（关于生命、自然和人的科学）所使用的符号（语言）相当于一个复杂表征的代数系统；而代数系统反过来将符号分解于简单自然中，并将其组织于理知秩序中。理知领域扮演着分配和判断、可计算科学的角色，它是“真理的科学”；分类学领域扮演着关联和分类、同一与差异科学的角色，它是“存在的知识”[①]。

“我思”所建构的这一分类学领域，即关于生命、人和自然的经验领域，虽然具备笛卡尔以来人们所梦寐以求的“确定性”科学特性，但这一“我思”的操作却隐藏着诸多危险。

第一，这一量度和秩序吞没了那些不可用广延量度和不可以数量组织的自然因素。第二，在可计算的等级序列下，被计算的并不是事物的自然属性，而是它们被抽象化了的数字化表征。通过计算事物无差别和片面的内容建立起来的价值体系并不能表现事物的真实价值。第三，人本身的认知是有限的，对事物的列举是可穷尽的。“我思”通过将事物按照抽象范畴进行普遍逻辑的穷举，似乎避免了所有可能的遗漏也极大扩张了人类认知的世界范围。但在这个对世界的抽象逻辑穷举中，一方面，世界的多样性内容被大量丢失；另一方面，世界的抽象维度被大量扩张。这导致人所面对的世界既狭隘不完全又过度超越人的掌控能力，人所得到的虚假“确定性”并不能解决人自身的自然问题。因为在这一过程中，古人的经验与神话、魔术一起被抛至不确定性的历史之

说范型和知识型二者不可通约、不可公度、不能等同，并不是说必须或绝不可在一个之外思考另一个，相反，范型是知识型的重要参照考察对象，而知识型却未必可纳入范型的考察。二者面对的是共同的世界。是科学摒弃知识型的不可触摸性，知识型并不排斥科学。

① M. Foucault, *Les mots et les choses*, Paris, Édition Gallimard, 1966, p.88.

中。但正是在后者这些经验中，保留着事物在语言中的原初印记。这导致那些说着旧语言的新科学在其自身无法破解的语词迷雾中丢失了事物本身。

其次，从古典时期"我思"在符号理论中既主动又被动的双重地位来看，文艺复兴时期"相共性或相近性神秘而坚固的关联"① 被深刻变革了，古典时期的表征既是对这个相共性的继承，又是对它的背叛。

一方面，古典时期"我思"的符号表征继承了文艺复兴时期的相共性。虽然在观念和符号共有领域之被分解和被重合的表征中，古典时期的能指和所指既相互区别又相互指明，这好像表明知识的基础不再是文艺复兴时期粗糙的"相共性"，而是量度化和秩序化的理性"我思"，但其实并非如此。尽管通过量度化的符号，17 世纪建立了清楚的同一性和明白的区分，但如果我们要问量度或秩序是如何在不可避免的比较中运行的，古老的"相共性"问题就又浮出水面了。关于这一点，休谟的判断是公允的，他说：同一性只属于假设了反思的哲学领域，而"相共性"才属于"那些按照虽然静默但不可避免的力量约束我们心灵"② 的自然关系。还有人 ③ 甚至向哲学挑战说，如果没有"相共性"哲学则寸步难行。如果我们支持休谟的论断，那么只要哲学还仍然面对自然关系，那么"相共性"就必然不可或缺地存留在认知的

福柯的批判是在库恩范型之反理性的理性上的再次策反。

① M. Foucault, *Les mots et les choses*, Paris, Édition Gallimard, 1966, p.72.

② *Ibid.*, p.82, note 2.

③ Johann Bernhard Merian (1723—1180, un philosophe suisse), *Réflexion philosophique sur la ressemblance*, 1753; cf., *Ibid.*, p.82, note 3.

这种考古学，系谱学，或者说历史还原法，不寻求单一的概念因果链，而是考察实践行为与思考、伦理、道德，乃至医学、文学的烹饪式交互作用。

内部。

但16世纪关于观察者与被观察者之“相共性”的观念导致的是17世纪关于认知主体和被认知对象间不可化解的对立。基于“相共性”的认知相对于基于“相共性”的观察，预设了人类在使用隐喻时除了需要有可见性还需要有可知性，后者更强调“我思”之想象的能力和人之模仿的限度。原本自然存在的事物与“我思”之间的差异成为致命的问题：任何认知都不可能取消人之世界与上帝至高无上真理的差距——没有这个差距，就不存在区分；没有区分，就不存在永恒真理（至高无上的智慧）。结果就是，西方思想从此必须不断质疑并验证这种“模仿（表征）”的有效性更或是同一性，而忽略不同事物本身的实际“相共性”。

另一方面，古典时期“我思”的符号表征又是对这一相共性的背叛。由于“我思”将经验表征与理知领域相关联，组织这些经验领域的分类学就因而获得事物的某种连续性。但这依赖的不再是自然，而是“我思”在生成领域的想象力量。分类学领域将可见的同一与差异展开在空间的同时性中，“我思”的生成领域将其组织为历时的连续表征。从而，“我思”所构造的分类学领域，相对于理知领域的决断，扮演着存在论角色；相对于生成领域的历史，又扮演着符号学角色。它按照律则（*ratio*）定义存在的一般法则，按照我思（*cogito*）规定认知的条件。它实际上是古典时期并入了认识论和存在论、教条和经验的符号理论。正是在分类学领域的中心，古典时期建立了它的自然史、货币理论和普遍语法，它既是一个退隐的又是一个即时的领域。在这个意义上，古典时期的“我思”不再是处于生成领域一隅的一般性的我思活动，而是将整个古典时期知识型建构和关联在一起的大写的“我思”(Cogito)。

正是通过这样一个大写的“我思”，经验表征得以按照简单自然进行分析，使得简单自然得以按照复杂表征进行综合。分析首先使不连续的表征产生暂时的关联，综合则随后重新构造存在的可能连续性，正是“我思”在生成领域的这一双重工作使得古典时期的认识论变得可疑。虽然来自“我思”领域的这一双重工作并不与分类学领域的另一来源——理知领域相矛盾，但这个统一来自想象（在“我思”的生成领域）与相共性（在自然的生成领域）、生成领域与理知领域的共同合作。这也就是说，“我思”(Cogito)[①] 的工作其实是某种我思（*cogito*）[②]、律则（*ratio*）和自然（*natura*）的联合。而轮到符号（语言），它则促使了“我思”与律则的更深刻合作，即产生我思与律则的观念论，这就造成一个更远离自然（*natura*）的合作。

五、展望：“我思故我行”

从“我思”源于物的相共性而构造的语言乌托邦可以看到，这里存在一个“真理”(vérité)与“主体性”(subjectivité)的交织张力。这个“真理”既不是绝对永恒的

符号逻辑始祖乔治·布尔。现代纯语法编织的语言产生的迷雾，导致了逻辑代数与印欧语言两种语言产物，导致了结构主义和现象学两种哲学产物，导致了形式化和解释学两种知识倾向，导致了游戏语言的纯文学纯写作。这迷雾，这划拨迷雾的手爪，在普通语法、在词与物相共相应的表征土壤上从不必要。

---

① 特指古典时期笛卡尔式的“我思”。

② 一般意义上的我思活动。

『当人在技术和政治上获得的可能性不仅能够整治生命，还能使之增衍、生产活物、制造魔鬼，并最终制造无法控制且具有普遍毁灭性的病毒，生命权力的过度就出现了。与刚刚说到的原子能相对，生命权力的这一可怕扩张将会超出所有人类主权的范围。』

——福柯，『必须保卫社会』

知识（“我思”所建构的乌托邦）也不是一定社会历史条件下的常识（“我思”所体察的某个特定时期的伦理现实），这个“真理”是存在的真实，是多变的世界，是因具有历史性、社会性而不断异动的人的现实伦理生活。在古典时期经验空间里，它既包括理知领域的律则，又包括生成领域物的相共性与“我思”的想象。而我们现代很容易把“真理”仅仅理解为由这两个领域产生的分类学领域，即范畴同一化与差异化所建构的所谓科学理性知识。

西方17世纪之所以会出现理性“我思”对疯狂的驱逐，并不是因为疯狂之中没有“真理”，而是疯狂之中蕴涵的“真理”不适应当时代的历史潮流。古典时期的历史潮流，其实是一种对“诸神已去、上帝不在”的现实恐惧，一种亘古以来一直存在的人之生存的苦难和焦虑，一种对自然事物不确定性的真切体验。只是在古代，人们面对这种苦难和缓解这种焦虑的方式是顺应自然和进行神意想象，所有对现实苦难的逃避和对美好生活的向往都寄托在自然与神意的恩惠中。这个神意并不能狭隘地被理解为空洞的宗教观念，它实质上是非常实在的对自然的敬畏和与自然的共在。到了近代，这种“神性”想象转变为“理性”想象，转变为对人自身能力的过度依赖，转变为由“我思”来设定自身和世界的知识，从而设定人的经验。

因而我们认为，与自然的“相共性”仍然应该扮演重要的角色，只是不能像17世纪那样仅仅为认知提供最简单和直接的形式，也不能像16世纪那样完全被动地承受自然。因为17世纪“我思”的迷误就在于认为符号的所指和对确定性的借取都必须从“我思”的（有意识）认知开始，而16世纪则认为这些在直接由自然给予的语言中就已经存在了。然而，要读懂这个自然（包括人的自然）的语言，往往不能靠“我思”的意识，因为这个自然的语言有时候完全不会引起任何“我思”的观念，它有时是清晰的，有时是模糊的，因而必须靠“相近性”（*convenientia*）、“相仿性”（*aemulatio*）、“类推性”（l’analogie）和“相通性”（sympathies）的实际操行。

这个操行，不是像17世纪那样仅仅停留在“我思”的层面，而是要与事物共同在场，要用“我行”（*askêsis*[①]）去贴近事物、模仿事物的关系。作为“相共性”其他三个原则之根基的“相通性”很容易和现代心理学中的“同情”相混淆。而其实，这是一种典型的斯多葛式的“我思”活动。一方面，它几乎独立于所有外在性，因为它产生于主体（“人”）本身；另一方面，它通过引发人与事物之间外部和可见的活动来使它们相接近，它通过质的改变使得这种相接近成为人的内在活动。这个“相通性”内在于自然，而“我思”在这里承担的功能仅限于描述自然可见或不可见的现实，这个“我思”甚至不是一个认知性的概念。比如，身体的潮湿引发抑郁之气，杨桃心引发星形的想象（这个想象不具有构造功能），暴风雨的体系与中风机制相吻合，这些

对『一切』『真』保持哲学警惕性。

① 希腊罗马时期，*askêsis* 是一种“关照自身”的实践。它通过“苦难、热情和磨练”将个体转化为行动和主宰的主体。“*askêsis* 是一种将主体与真理相连接的方式”，参见 M. Foucault, *L’herméneutique du sujet, Cours au Collège de France. 1981—1982*, Paris, Seuil/Gallimard, 2001, p.303。

“相通性”不应仅从人的视角去理解，更不应以人类认知的视角去理解。这些自然中的巧合是属于大自然的“相通性”，它们本身的存在与人类的认知无关。

其实对于17世纪来说，自然语言的“相共性”作用并不是消失了，而是存在于所谓“我思”的明见性或直觉中。尽管在17世纪，知识与预言（*divinatio*）的古老关联不再能够进入“我思”之光的观念里，但这并不妨碍这个关联仍然隐秘地起着作用，它仍然能够“在印象中建立认知和关联，以便在我们的心灵中建立意指关系”①。因而，在古典时期的思想中，笛卡尔的明见性（évidence）、马勒伯朗士的感受（sentiment）、贝克莱的感觉（sensation）和休谟的印象（impression），所有用于表明知识第一步骤的概念，确定的或不确定的，不可避免地来自这一仍然保留着自然印记的自然语言。这些印记既稍纵即逝又刻骨铭心，既令人困扰又不可摆脱。它们是预言（*divinatio*），但古典时期仅限于从粗略认知中捡拾它们，然后又将它们折叠在我们漫长的判断秩序之中，也就是折叠在“我思”（cogito）与“律则”（ratio）的混合之中。这样，那些仅仅是相共性和可能性的自然符号的碎片就一步步地在一个确定的秩序中被组织起来。语言丢弃了多少没有在“我思”中形成所指的符号，认知就错过了多少自然。

当《皇港逻辑》说“符号包含两个观念，一个是进行表征的事物观念，另一个是被表征的事物观念。符号的特

布里塔尼居斯和亚她利雅是拉辛戏剧中两个『性别倒错』的典型：前者（男性）与强势的尼禄发生关系而变得『女性化』，后者（男性化的女性）与约阿施发生关系而变回女人。但二者其实都是根据力量定义的异性恋模式。然而戏剧边缘去性别的人恰恰给这一理论重重一击。

罗兰·巴特厉害的地方在于，不仅看到了（戏剧中的）结构，还看到了结构之外（反悲剧）的可能性。

① M. Foucault, *Les mots et les choses*, Paris, Édition Gallimard, 1966, p.73.

性就在于能够通过后者引起前者”[①]，正是在这里出现了“我思”的想象，但这个想象只有建立在“相共性”上才是可能的。这个想象之所以能够使得一个过去的观念重新出现，是因为事物的“相共性”允许其观念在“我思”的想象中复-现（表征，*re*-présentation）一个与其具有“相共性”的过去事物的观念。没有这个过程，比较、分析和综合都不可能。由于现实的印象在“我思”中不断流转，两个印象本身静止地并置起来供“我思”进行比较是不可能的。正是由于想象在记忆所保存的纷扰印象中选取了一个具有“相共性”的印象，比较才有可能。在想象中，如果没有“相共性”的帮助，筛选出两个印象进行比较的工作将是无穷的。

但是，从17世纪以来，出现了非常独特的笛卡尔“我思”式的“主体性”。它既要承诺某种“真理”知识，又要保护某种人的“主体性”，既不愿接受人对上帝（自然）的绝对服从，又不能脱离物与人的“真理”。它是追求“我”之自由和追求“思”之真理的混合体，从而它创造了“我思”的乌托邦，创造了一个分类学领域的真理空间。在这个意义上，这个“我思”并无异于疯狂，因为更一般意义上的疯狂即是在“思”的层面上对自由的放纵和对现实的超越。这个“我思”也无异于古代的神意想象，因为它正是借助某种对理性世界的乌托邦想象来慰藉难以满足（甚至是不切实际）的确定性需求。然而这个“我思”既不是疯狂也不是神话，它因为囿于语言的理性而不能释放人的自由，它因为架

康吉莱姆和福柯此处涉及的不是自然与事物（de la nature et des choses）的科学（如康德的《纯粹理性批判》），而是人（de l'homme）的科学，他们二人批判的共同之处是要对『人』这个被创造出来的、经验的-形而上的概念保持哲学警惕（警惕其伦理作用和政治作用），也就是要搞清楚所有实际被操作的『人的条件』。

① M. Foucault, *Les mots et les choses*, Paris, Édition Gallimard, 1966, p.78, note 1.

空在简单抽象的自然秩序而不能回归大地。

结合16世纪的“相共性”和17世纪的表征的本身运行，解决问题的关键就在于，首先要看到17世纪的“我思”虽然既讲“真理”，又讲“主体性”，但这二者的结合却只是停留在“我思”建造的乌托邦层面，它将疯狂的“主体性”和神意的“理性”发挥到极致，却忽略了在疯狂和神意之外，还有不以人类、更不以“我思”为中心的多样性的现实和自然。其次，要将“真理”和“主体性”结合在“我行（*askêsis*）”层面上，因为只有“我”用行动去靠近事物，这种复–现（表征，*re*-présentation）才是最真实的。而只有在这种“我行”与事物的贴近，这种通过不断实践把“我思”的自由变为现实的过程中，“我”才能真正体验世界的真实，从而收敛“我思”自身所不可避免的想象狂飙。

所以，我们这里既不是要否定“我思”的秩序也不是要驱逐“我思”的疯狂，而是要将这个秩序和疯狂同时拿到自然现实中去接受检验和进行角力，只有通过“我思故我行”，才能使得“我思”回归到人的自然我思，从而与更大的自然达至真正的和谐。

【发表于《华东师范大学学报》2015年第6期】

这个条件包括以数理化的『事物之真（logos）』(logic）的名义圈限我思的正当性（cogito cartésien），这种圈限本身是罔顾我思自身非思（l'impensé）的真实性；同时这种圈限有着各种实际发生过的政治伦理（目的）效用。需要警惕的不是真实存在，而是以『真』之名所行之事，后者会真真地作恶。

笛卡尔“我思”的伦理性与排斥性
——对福柯“我思”批判的一个读解

一、引言

“我思”（cogito）这个词，因笛卡尔的“我思故我在”而闻名，它就像“笛卡尔哲学的旗帜”①。但对福柯来说，这面旗帜所标志的不仅是一个对笛卡尔哲学进行误读的历史，还是一个在含义和实践上，超出笛卡尔哲学甚至超出哲学之外的持久和隐秘的问题史。要理解这两点，必须考察福柯关于古典时期“我思”所进行的“持久和隐秘”的批判。

首先，福柯的这个批判是持久的，因为他从其1961年的第一部畅销巨著《疯狂史》②开始，就对以笛卡尔为代表的古典时期对待疯狂的态度进行了毫不留情的批判。正是在这面旗帜之下，福柯挖掘出了古典时期整个作为一个地层的思想和实践，以及这一地层与文艺复兴和现代所具有的关联和

---

① R. Lefèvre, *La bataille du «cogito»*, Paris, PUF, 1960.

② M. Foucault, *Folie et déraison. Histoire de la folie à l'âge classique*, Paris, Plon, 1961.

三种个人主义：强调个体价值却没有私人生活和自我关系，如军事贵族；强调私人生活却没有个体价值和自我关系，如布尔乔亚；强调自我关系却没有个体价值和私人生活，如僧侣禅修。以此可窥见，什么是真正的个人主义。

要让矛盾、痛苦、纠结和绝望像百褶的纤维那样一丝丝展开，让它们失去彼此的裹挟，孤立成滑稽丑陋的瓮中之脑。这绝不是纸上谈兵的分析哲学或让虚空更虚空的精神分析，这是与『我思』、与世界之给予的战斗，用血、泪和汗水，用对待爱人的温柔，用对待敌人的凌烈，用吞吐世界的每一个克莱因瓶。

断裂。这一考古式的挖掘在1966年的《词与物》[1]中直接导致了对这三个分期各自知识型的更深刻和明确的分析，“我思”不再是一面专属于笛卡尔的小旗帜，而成为康德意义上现代主体悖谬的根源。而福柯对笛卡尔“我思”的批判，又引发了他与德里达的论战，其1972[2]年发表的“我的身体，这纸，这火”既是对这一论战的集中回应，又是对笛卡尔“我思”的又一次密集的进攻。这一对“我思”的批判一直延续到福柯晚期，在1982年的法兰西学院讲座《主体解释学》[3]中，福柯继续并转化了康德的主体悖谬问题，转向研究古代哲学中主体与真理的关系。在这一时期，福柯将“我思”的“笛卡尔时刻”（le moment cartésien）定义为“关照真理”的哲学与“关照自我”的“精神”（spiritualité）分道扬镳的路标。这四个文本形成了福柯对以笛卡尔“我思”为代表的古典时期哲学所进行的一系列批判，同时也构成了在古典时期哲学之外“我思”本身的问题史。

其次，福柯对“我思”的批判又是隐秘的。福柯很少直接谈及“我思”这个词。尽管对代表着古典时期哲学的“笛卡尔时刻”的批判贯穿其早中晚期，但“我思”这个概念并不是在笛卡尔“我思”所指向的方法道路上，而是在诸如笛

---

① M. Foucault, *Les mots et les choses. Une archéologie des sciences humaines*, Paris, Gallimard, 1966.

② M. Foucault, *Dits et écrits*, n°102, «Mon corps, ce papier, ce feu», in Foucault (M.), *Histoire de la folie*, Paris, Gallimard, 1972, appendice II, pp.583—603. (M. Foucault avait donné une première version de ce texte à la revue japonaise Paideia. Cf., n° 104, infra.)

③ M. Foucault, *L'herméneutique du sujet*, Cours au Collège de France. 1981—1982, Paris, Seuil/Gallimard, 2001.

卡尔“我思”对疯狂的驱逐，它在现代性中与“无思”的悖谬，以及它在古代哲学“关照自我”中所起的“精神性”作用中被展开和分析的。那么为什么福柯对以笛卡尔为代表的古典时期的批判会如此避讳使用“我思”这个词，又极少直接分析“我思”自身的原理呢？福柯在 1968 年的一次访谈里对此有一个回答，“我不否认我思，只是观察到，我思的方法论繁殖力其实没有我们所以为的那样巨大，不管怎样，如今我们完全可以越过我思，而进行在我看来客观的和实证的描述”①。这是福柯对“我思”作为认知方法和基础的一个清晰的反对，不仅“我思”并没有它在从笛卡尔到胡塞尔那里所具有的方法论奠基作用，而且作为客观和实证的研究，“我思”既不必要也不充分。这也是为什么，在福柯的考古学历史研究中，“我思”是福柯集中批判的靶子。但这个批判并不是通过福柯本人的“我思”活动，也就是概念思辨进行的，而是通过对“我思”这个概念本身在历史中实际引发的客观和实际事件中显现的。如果“我思”在近现代哲学，尤其在康德那里，具有决定性的作用，那么福柯对其奠基角色的限制（而不是完全否定和取消），也在某种意义上消解了康德的主体悖谬。本文仅限于在对《疯狂史》研究基础上，对承前（古代、中世纪文艺复兴）启后（现代）的古典时期（尤其是

法国自由主义的原则显然不只是自愿原则，甚至这个原则在 culture de soi（自我教养）这个大背景下只是衍生性的，尊重个人意愿是自由主义的根基，但并不是唯一内容，其中还包括符合自然原则的节制、情感和理性。

---

① DE, n°50, «Qui êtes-vous, professeur Foucault?», p.638; entretien avec P. Caruso; trad. C. Lazzeri), La Fiera letteraria, année XLII, n° 39, 28 septembre 1967, pp.11—15. Le texte entre crochets ne figure pas dans l’entretien publié en 1967, mais dans sa reprise in Caruso(P), *Conversazioni con Claude Lévi-Strauss, Michel Foucault, Jacques Lacan, Milan, Mursia*, 1969, pp.91—131. (Voir infra n° 61.)

生命的存在不过是诸存在的表象，先验主体的存在不过是超验主体的想象。这个先验主体要理解为现代性主体，就是那个不停劳动，不停活着和不停说话的现代人。

17 世纪前后）中，“我思”的伦理及其排斥性进行探究。

福柯对“我思”奠基作用的限制，继而对古典时期以来整个认识世界方法论的批判，首先就体现在其对古典时期疯狂经验的社会历史性实证研究上。这在很多人看来是对“疯狂”或“非理性”的某种辩护，比如德里达①或大多数站在传统理性主义阵营的哲学家就把《疯狂史》理解为福柯在理性和非理性之间掀起的一场战争。更有人把福柯批判理性主义对疯狂的驱逐理解为他主张一个相反的进程，即代表非理性主义或反智主义反过来对理性主义进行排斥。这种非此即彼的思路，在福柯所实际进行的“客观和实证的描述”中是不存在的。

二、“我思”与疯狂的对峙：颠倒的林神

在考察古典时期的社会历史实践之前，让我们先看看“我思”与“疯狂”在这之前是怎样的面貌。在古希腊时期，“疯狂”状态曾在苏格拉底那里表现为某种接受神启的形式②，甚至对神性的最初命名就是来自人类对自身疯狂的无法理解。③于是人的疯狂状态就成为某种接近神性的方式，这

---

① J. Derrida, «Cogito et histoire de la folie», *L'écriture et la différence*, Paris, éditions du seuil, p.59.

② Cf., L. -F., Lélut, *Du démon de Socrate.*

③ 比如在古希腊早期（早于荷马），*moira* 是不可理解的，*atê* 常常将人引致无法解释和理解的“疯狂”。因而，相对于在一定社会能够理解的正常人类行为，这个出离于这个“正常”，并无法被理解的行为在古代人那里不是被解释为今天的“疯狂”，而是被解释为某种“超自然”的力量，根据 Dodds 的研究，荷马史诗中的人性化诸神就是来自对这个“超自然”力量的表达，这也是后来“神性”诞生的一个起源。

个观念几乎贯穿整个中世纪，甚至到17世纪的理性曙光之前，伊拉斯谟①、蒙田②、沙朗③和加尔文④笔下的疯狂都仍然是一个相对于（人类）理性的事物，它们二者永远是互逆的：疯狂有疯狂的理性，理性有理性的疯狂，它们相互指责并同时相互定义。这种观点也可以在基督教那里找到渊源，即人类世界在上帝眼中就是疯狂，“上升到上帝的精神，或者深入到我们自身所处的荒谬深渊，这是一回事”⑤。基督教一方面继承了古希腊对于人的“疯狂”之不可被自身理解的看法，并将其解释为上帝不可估量的理性，即人无法认识、理解以至于控制的都不属于人自身；另一方面，基督教又将这个源自对人的“疯狂”之不可理解性的神性，反过来视作对人之理性的绝对参考。这也就是说，所有人类理性只不过

英雄的罪过有一种功能性的必要：如果人是纯净的，上帝就不纯净，那么世界就被瓦解了。因此，有必要让人承担其过错，就像让人享有其最珍贵的善那样。那么，什么负罪方式比让外在和先于自身事物负责更稳当呢？上帝，血统，父亲，法律，简言之，先前性成为实际上的控诉者。绝对之罪的这种形式让我们想起极权政治下的客观之罪（culpabilité objective）：世界就是一个法庭——如果被告是无辜的，那么法官就是有罪的，所以被告要承担法官的过错。

——Granet, *Année sociologique*

---

① Érasme (1466—1536), *Éloge de la folie*, «ouvrez le Silène, vous rencontrerez le contraire de ce qu'il montre.» cf., M. Foucault, *Histoire de la folie à l'âge classique*, Paris, Éditions Gallimard, 1972, p.50, note 2.

② Montaigne (1533—1592), *Essais*, «qui ne sait combien est imperceptible le voisinage d'entre la folie avec les gaillardes élévations d'un esprit libre, et les effets d'une vertu suprême et extraordinaire?», cf., M. Foucault, *Histoire de la folie à l'âge classique*, Paris, Éditions Gallimard, 1972, p.55, note 1.

③ Pierre Charron (1541—1630), *De la sagesse*, «La sagesse et la folie sont fort voisines. Il n'y a qu'un demi-tour de l'une à l'autre. Cela se voit aux actions des hommes insensés.» cf., M. Foucault, *Histoire de la folie à l'âge classique*, Paris, Éditions Gallimard, 1972, p.54, note 2.

④ Calvin (1509—1564), *Institution chrétienne*, «si nous commençons à élever nos pensées en Dieu...ce qui nous plaisait à merveille sous le titre de sagesse, ne nous sentira que folie, et ce qui avait belle monstre de vertu ne se découvrira n'être que débilité.» cf., M. Foucault, *Histoire de la folie à l'âge classique*, Paris, Éditions Gallimard, 1972, p.49, note 1.

⑤ M. Foucault, *Histoire de la folie à l'âge classique*, Paris, Éditions Gallimard, 1972, p.49.

18世纪以来的精神病院对精神病人做的第一件事就是répression（压制），方法包括Tuke的社交隔离、恐惧威胁、劳动约束、群众监督、权威监视和裁判，以及Pinel的沉默孤立、镜像认知和永久裁判。这些都无一遗漏地出现在我们现代的日常生活中，出现在每一个我们的自由绽放无序光芒的时刻，真正的病人是承受不了这些压力的人。

是相对绝对疯狂的一个疯狂，人的所有意识、清醒和知识，相对于绝对疯狂、绝对无序的秩序（神性），只能是一种无序。“所有的事物都有两面，因为上帝决定与世界相对……正因为此，每个事物与其表现在世界上的样子是相反的：一个颠倒的林神（Silène）。”①

如果我们仔细考察这个表象和真理之间的悖谬，则会发现这个悖谬本身其实是由对“表象”和对“真理”的定义产生的，它都还没有触及“实际存在”。这些概念本身的定义和规则已经包含了它们之间的矛盾，这其实是概念本身的悖谬游戏制造了矛盾，“它（表象与真相的矛盾）已经出现在表象（这个概念）内部，因为如果表象符合其自身的概念（表象的真相真的是表象），那么表象至少揭示着一种真相，并作为（其自身的）这个真相的空洞形式”②。以此来看，疯狂与理性的可逆性并不是一个从表象到真相的倒置，而是从一个表象到另一否定它的表象的倒置。从而，这个被倒置的表象（已经成为真相）可以重新倒置那些反对和否定这个倒置的表象，概念游戏的运动因而永不停息。“被倒置

---

① Sébastien Franck (1499—1542), *Paradoxes*; cf., M. Foucault, *Histoire de la folie à l'âge classique*, Paris, Éditions Gallimard, 1972, p.50, note 1。Silène在希腊神话里是半人半羊的林神，一直伴随着狄奥尼索斯的养父和老师。在希腊古典时期变成样貌丑陋，鼻塌肚圆，经常以衣衫破烂醉酒欢乐的形态出现的老头。在《会饮篇》里，阿尔西比亚德把苏格拉底比作林神，但这并不是在侮辱苏格拉底，因为林神在希腊神话代表着诸神，因而阿尔西比亚德说，林神的雕塑的确都显得滑稽可笑，但如果打开这些雕塑，里面都是诸神的形象。

② M. Foucault, *Histoire de la folie à l'âge classique*, Paris, Éditions Gallimard, 1972, p.50.

的林神并不是上帝剥脱我们（获得真相权力）的那个真相的象征，这个被倒置的林神比这个象征更丰富也更简单。”① 人，为了能够脱离其孱弱并进入上帝的世界，抛弃感知、排斥疯狂，但这只能使之更为疯狂。面对着同样的悲惨，人丢失了经验世界且不能抵达上帝，被悬隔在这个世界上。这样，人其实是被前所未有地抛给疯狂，抛给这个相对于现实真相的避风港。在这里，上帝的恩典只能是将其推向非理性（非人类可以想象和控制）的深渊，就像希腊神话一样。然而，希腊神话以其自身的非理性结局起着作用，人们通过这个神话过程、这个对痛苦的不可捉摸的模糊性进行着自我安慰：神即如此，人又如何？而基督教的上帝，声称朝向光明的道路，排斥所有感觉性的焦虑和忧心，但这条道路其实也不过是朝向同一个神话式的结局。所以加尔文说，“上帝啊，你的忠告深渊似海”②。“那个我们以之为名义而宣告废除人之疯狂的（上帝）所揭示的，只不过是一个理性缄默的眩晕。”③

另一方面，在与上帝神话般理性的张力中，人类的同样神话般疯狂不无奇怪地也不无必然地成为理性的某种形式。正如蒙田所说，“正是（通过）这同一个想象的虚妄，人等同于神”④。这同一想象的虚妄，这等同于神之绝对理性的虚

国富论大叛徒大卫・李嘉图。同样将劳动作为衡量价值的标准，李嘉图背叛亚当・斯密之处在于：亚当・斯密还将劳动的估价挂钩于劳动者的生存给养之物，而李嘉图把劳动的估价完全挂钩于（劳动力）市场的交换。由此，价值（财富）驾着人类欲望（市场繁殖）腾空而起，人类消费着自身的幻欲：空无实物。

① M. Foucault, *Histoire de la folie à l'âge classique*, Paris, Éditions Gallimard, 1972, p.50.

② *Ibid.*, p.51, note 3.

③ *Ibid.*, p.52.

④ Montaigne, Essais, liv. II, chap. XII; cf., M. Foucault, *Histoire de la folie à l'âge classique*, Paris, Éditions Gallimard, 1972, p.53.

妄，在笛卡尔那里即表现为“我思”的绝对理性。在福柯看来，这是“人类最糟糕的疯狂”，因为人在想象（即“我思”）中，自以为是地将上帝的理性形象与人的理性相等同，其实忽略了更或是拒绝了构成人的现实，即非理性、有限“我思”及悲惨世界的现实。这既不是对上帝的靠近，也不是对人的靠近。“拒斥非理性这个作为其本身条件的特征，就是永远地剥夺了合理使用其理性的可能性。”①14世纪神学家陶勒就已经预言了笛卡尔驱逐“疯狂”并走向更晦暗和令人绝望的疯狂恶魔，“小船被引向大海，就像人身处于无依无靠的状态，所有焦虑、欲念，所有意象，所有悲惨都重新升起”②。在这个时代，对经验世界充满怀疑，又不再能抵达上帝的世界，人类被悬隔在此世，独自面对着恒久以来从未消失的悲惨世界。这使得人感受到一种前所未有的不确定。但这种人类存在的虚无感，不再像古代人那样来自外部灾难式的冲击，而是来自人的内在焦虑，“是人的精神错乱召唤末世，并使其成为可能”③。

三、“我思”的伦理内核及其排斥性

笛卡尔在第一沉思中说：“但是，这都是些疯子；如果

古典经济学奠基人亚当·斯密认为劳动计量财富，时间和劳苦计量劳动。价值不再挂钩于模糊不定的个人欲求，而是由意识形态（表象分析）制造的普适化外在性『时间』与『劳苦』计算而来。交换价值不再是欲求的结果，而是欲求的原因，自然欲望拴在高速计算的概念齿轮上，被膨胀、被稀释、被毁灭。

① M. Foucault, *Histoire de la folie à l'âge classique*, Paris, Éditions Gallimard, 1972, p.53.

② Tauler (1300—1361), *Predigter*, cf., M. Foucault, *Histoire de la folie à l'âge classique*, Paris, Éditions Gallimard, 1972, p.51, note 2.

③ M. Foucault, *Histoire de la folie à l'âge classique*, Paris, Éditions Gallimard, 1972, p.32.

我按照他们这样行事，我不是疯了吗。”① 这些疯子正是那些独自面对诸神已去、上帝不在之世界的人。笛卡尔将这些人直接宣告为“疯子”，因为在 17 世纪上半叶逐渐去宗教化的世界，“耶稣”不再化身为穷苦受难者，所有自以为在其表象之外还有神圣面目的人，都是疯子。这是这个时代的社会常识，这是“我思”的明见性，这是科学。然而笛卡尔，包括整个 17 世纪的科技革命，并没有真的像他们考察数学和物理学那样去科学地考察这些疯子，去考察为什么人们指责、追捕、惩罚和监禁这些“疯子”。在科学家开始对“疯狂”进行研究之前，疯子已经被整个社会唾弃，已经是家庭耻辱的来源，已经成为社会无序的象征。在“我思”之外探寻“我思”之源的工作，正是在这个领域展开。

第一，笛卡尔生活的 16 世纪末至 17 世纪初，正是宗教改革改换对“苦难”态度的时代。当路德② 颂扬上帝的恩典和拯救、拒斥人为恩惠之时，加尔文③ 却将人的恩惠视作信仰的见证。贫穷不再因显示人类的卑微而具有荣耀，反而成为上帝盛怒下的羞辱和惩罚。④ 这种观点不无巧合地适应了更或是逢迎了新兴国家的需要：贫穷只不过是社会秩序的障

『尼禄的绝望不是一个男人失去情妇的绝望，而是一个人从未诞生却被迫老去。』
——罗兰·巴特，《论拉辛》

① Descartes, *Méditations métaphysiques*, Paris, Flammarion, 1992, p.59.

② Confession d'Augsbourg, le texte fondateur du luthéranisme présenté le 25 juin 1530; cf., M. Foucault, *Histoire de la folie à l'âge classique*, Paris, Éditions Gallimard, 1972, p.82, note 1.

③ Catéchisme de Genève (1542—1545); cf., M. Foucault, *Histoire de la folie à l'âge classique*, Paris, Éditions Gallimard, 1972, p.82, note 3.

④ Calvin, *Institution chrétienne*, I, chap. XVI, éd. J.-D. Benoît, p.225; cf., M. Foucault, *Histoire de la folie à l'âge classique*, Paris, Éditions Gallimard, 1972, p.81, note 2.

『时间作为主体化过程，被称为记忆。这并不是对立于遗忘的短期记忆，而是复制现在/倍增域外且只与遗忘合为一体的「绝对记忆」(不断被遗忘以便完成域外的真正域内)。对立于记忆的并非遗忘，而是遗忘的遗忘，它将我们解体于域外且构成死亡（人之死在于遗忘被域外化而不在于域外化本身）。』

——德勒兹，福柯

碍。1606年，笛卡尔12岁那年，法国议会宣布“巴黎的流浪者将在公共场合被鞭刑、烙肩印、剃头，并驱逐出城”[①]。1630年，国王命令逮捕流浪者和乞丐的时候，正是笛卡尔形成其永恒真理的构想[②]并向梅塞纳写信说想要考察道德的时候。那么，笛卡尔将怎样考察道德？那些仍然认为享有国王附身之荣耀并穿金戴银的穷人成为了笛卡尔第一沉思中的疯子；那些认为自己是玻璃瓦罐的人拒绝劳动，他们是被国王追捕、被资产阶级道德唾弃的流浪汉。因而，笛卡尔是无比真诚地宣称自己不可能是这些疯子，因为他既然有避免布鲁诺火刑的智慧，自然也有避免大禁闭的智慧。布鲁诺的火刑并不改变日心说的数学论证，但对疯狂的逮捕和禁闭不能说不对笛卡尔的道德观念——尤其是对作为“我思”前提的（道德）明见性——产生影响。

第二，中世纪末期到古典时期，死亡与疯狂在“我思”层面出现了诡异的关联。中世纪末期，“死亡的主题统治着一切”[③]，世界末日不是一个想象中的概念，它有着现实的形象：黑死病、麻风病和战争。因而，在死亡的绝对限制面前，人们常常将对这个真实死亡的恐惧转化为日常生活中对自身无时无刻的讽刺，“终会变为骷髅头的脑袋，本来就是空的。疯狂，就是死在死亡之前……死亡揭示的（生命的离去），只不过是面具而已……（生命）作为行尸走肉徒劳

---

① M. Foucault, *Histoire de la folie à l'âge classique*, Paris, Éditions Gallimard, 1972, p.91.

② Descartes, *Traité du monde et de la lumière*, 1632—1633.

③ M. Foucault, *Histoire de la folie à l'âge classique*, Paris, Éditions Gallimard, 1972, p.30.

的面具，同样的笑容延续着”[①]。疯子的狂笑本来是为了“笑在死亡之笑之前”，非理性在此本来是为了卸除对死亡的恐惧。

到古典时期，疯狂却神奇地变成了死亡的征兆。对真实死亡的恐惧从而转化为对死亡象征（疯狂）的恐惧，转化为对缓解这种恐惧的内在机制的恐惧。中世纪用来藐视死亡和缓解恐惧的骷髅舞，如今成为恐惧的对象本身。原本“存在的虚无性”是一种外在的威胁和终极的结果，比如中世纪的自然灾害或世界末日，而现在，这种“存在的虚无性”成为“我思”深处无法消解的内在“烦”：即使外部世界善好，资产阶级先生小姐们依旧忧郁如故。“我思”层面的“虚无”感似乎与嘲笑死亡的“疯狂”相遇，但后者作为自我缓解的方式实际起着慰藉的作用，而前者却恰恰相反。从而，这是一个仅仅存在于人内部（“我思”层面）的相遇，它不仅消除了疯狂在死亡之外嘲笑死亡并慰藉生命的效果，反而将死亡和疯狂相混淆，加重了死亡对生命的胁迫。人们开始把疯狂认作死亡，“疯狂，就是死亡的既现”[②]。以前，是人的疯狂在死亡来临之前看到死亡，疯狂通过它的死亡之舞来召唤人的智慧；现在，智慧不在于面对现实的死亡，而在于四处诋毁和驱逐疯狂。因为现在，“疯狂”概念所产生的恐惧，和死亡本身带来的恐惧一样。疯子和世界末日的角色颠倒过来了，“不再是时间之末或世界末日让人们回想起他们是如此

福柯将历史抽离时间的治辖，抽离连续性的辩证化操作，使其成为断裂、断层、秩序与非秩序的二择、原糙性的无序。如果 vérité 有历史，它就不再是 vérité。

---

① M. Foucault, *Histoire de la folie à l'âge classique*, Paris, Éditions Gallimard, 1972, pp.30—31.

② *Ibid.*, p.31, note 1.

疯狂以至于没有好好准备，而是疯狂的显现、疯狂的沉闷入侵表明世界正在向其最后的灾难靠近，好像是人的精神错乱召唤并使得世界末日成为必然”①。

第三，回到“我思”所要求的理性怀疑和“清楚明白”，这本身就是一种并非中立和普适性的伦理需求。

首先，笛卡尔的“我思”最初并不是出现在1641年以拉丁文写作的《第一哲学沉思》，而是出现在1637年以法语写作的《谈方法》。在后者的第四部分中，笛卡尔谈到为了使这本书能够“被大众接受”（第一个伦理需求因素），他不准备把所有进行怀疑的环节作以说明，他选取了“错觉”怀疑和“梦幻”怀疑，省略了“疯狂”怀疑和“恶魔”怀疑，并解释说“（这后二者）如此形而上学和不常见，它们也许不能适应所有人的口味”。② 由于“恶魔”怀疑具有某种形而上的绝对性，我们很容易理解它“不适合所有人”。但如果在笛卡尔所生活的时期存在逮捕和监禁疯子的政令，则足见该时期“疯狂”是一个较为常见的现象，为什么会被笛卡尔视作“不常见”呢？除了在第一点里谈到的害怕被监禁的层面，笛卡尔还有更深刻的伦理考虑。一方面，用拉丁语写作的《第一哲学沉思》面向的是受过良好教育的知识分子阶层，如果被指责为“疯狂”（笛卡尔的怀疑的确有疯狂和不常规的层面），则不仅会被逮捕，还会在追寻真理的知识分子阶层面前被看作不具备考察真理的认知主体资格。因而笛卡

『把人摆得越高，死亡就越可怕。』
——克尔凯郭尔，《焦虑的概念》

① M. Foucault, *Histoire de la folie à l'âge classique*, Paris, Éditions Gallimard, 1972, p.32.

② R. Descartes, *Discours de la méthode*, Paris, Flammarion, 2000, p.65.

尔在这里声明对疯狂的排斥，实际上是为了确保自身的认知主体资格。另一方面，用法语写作的《谈方法》，面对的却是更广泛的大众，这里不涉及认知主体资格问题，因而不必特意排斥疯狂以正身份。但反过来，如果在这里进行真正的"疯狂"怀疑，则有可能使大众倒向将"疯狂"视为神性的宗教之路，这与笛卡尔的立场又相悖，因而完全没有必要在这里进行这个有害无益的"疯狂"怀疑。

其次，就《谈方法》本身来说，第一句话即是"良知（le bon sens）是世界上最普遍之事"。一方面，"良知"之"良"在深刻影响笛卡尔的西塞罗[①]那里即表现为"精神之中好的东西即美德"[②]，这个美德具体表现为"物理、伦理和逻辑"[③]。另一方面，希望良知是最"普遍"之事，只是哲学家的（理性）臆想，并不一定是事实。在希腊罗马时期的斯多葛派那里，只有对"美德（物理、伦理和逻辑）"进行艰辛的操习才可能获得"良知"。正是在这个意义上，笛卡尔又说，要想获得这些"良知"，就要成为某种"坚实地（solidement）好的人"。[④]然而笛卡尔的这个"坚实地"与斯

---

① R. Descartes, *op.cit.*, p29, note 1, «cette notion est d'origine stoïcienne, cf. Cicéron, *Tusculanes*, V, 67; Sénèque, *De vita beata*, 2. On la rencontre déjà dans la première des Regulae, identifiée à la sagesse universelle. cf. Dossier I, 2.».

② *Les stoïciens*, *Tusculanes*, V, ed. par Pierre-Maxime Schuhl, Paris, Gallimard, 1962, p.385.

③ «La connaissance et l'interprétation de la nature», «la détermination de ce qui est à rechercher ou à éviter» et «l'appréciation des conséquences logiques et des contradictions» , cf., «portrait du sage: il connaît la physique», Cicéron, *op. cit.*, p.385.

④ R. Descartes, *op. cit.,* p.31.

多葛学派的实际操习（*askêsis*[①]）却并不在一个层面上。

在 1645 年写给伊丽莎白女王的信中，笛卡尔说：对于那些超出我们意识能力的事情，如果我们犯错了，那是不可避免的，“对于那些没有被理智澄明的事情”[②]，如果我们的意识没有审查我们求善的意志，则这个意志有可能是错误的，它会“把我们带向坏的事情上，而我们却以为这件事是好的，因而导致的满足也是不确定的”[③]。笛卡尔认为只要理智澄明，只要这个理智对意志进行审查，就可以避免因为在坏的事情上感到满足所带来的满足的不确定性。这里避免满足感“不确定”的方法不是像斯多葛学派那样与外部世界的复杂多样性进行不断融合和适应的实际操习，而是对意志（“我思”）一劳永逸的理性审查。斯多葛学派承认世界的多变，主体可以通过不懈的锤炼而不断跟上世界的步伐。而笛卡尔则仅从人的“意识能力”层面将世界一劳永逸地分为可被澄明的和不可被澄明的。在不可被意识澄明的部分，主体的任何努力都无济于事，因为没有确定性的结果；在可被意识澄明的部分，只要审查善恶即可得到坚实的好。我们可以看到，前者就是非理性的整个领域，这个领域被抛弃仅仅因为我们得不到确定的结果。但对于斯多葛学派或者更早的

Sheridan 认为『劳动不是被看作财富的构成因素，而是治愈各种贫穷形式的药方。贫穷之所以消失，不是生产力之功，而是来自劳动的道德力量（force morale）。』此处『道德』既不单纯是伦理道德，也不单纯是精神士气，更不单纯是善好意志，而是三者的合谋。

① 希腊罗马时期，askêsis 是一种“关照自身”的实践。它通过“苦难、热情和磨练”将个体转化为行动和主宰的主体。“askêsis 是一种将主体与真理相连接的方式”，参见：M. Foucault, *L'herméneutique du sujet, Cours au Collège de France. 1981—1982*, Paris, Seuil/Gallimard, 2001, p.303。

② R. Descartes, *Correspondance avec Élisabeth et autre lettres*, Flammarion, Paris, 1989, p.112.

③ *Ibid.*, pp.112—113.

古代人，不确定的结果（世界的多变）并不是放弃主体努力的原因。另外，在可被意识澄明的部分，笛卡尔为了达到确定满足而通过意识或通过理智对意志进行审查，并不是所谓地用理性意识或科学理智来确保人的自然意志需求，而是用一种求“确定”的意志修正或取消所有其他意志，用一种伦理需求取代和规范所有其他伦理需求。这一对人与世界的双重阉割就建立在这个单一的对满足之“确定性”的伦理需求上。但此时，“满足”已成为一种被局限和被掏空的主客关系，作为主体的人和作为对象的自然都已被异化。

这正像福柯在《疯狂史》中第一次直接提及笛卡尔的“我思”时所要说的，“在‘我思’之前，理性与无理性有着一个非常古老的意志和选择的意涵。古典时期的理性并没有对伦理的真相拷问到底……伦理，如同反对无理性的一个选择，从一开始就存在于所有已被商榷的思想之中。”①

四、结语

从对“我思”与疯狂的历史对峙以及笛卡尔“我思”本身的伦理内核这两个层面的考察可以看到，这里存在一个“真理”（vérité）与“主体性”（subjectivité）的交织张力。这个“真理”既不是笛卡尔“我思”所设想的绝对永恒的知识，也不是一定社会历史条件下的常识（笛卡尔“我思”所体察的某个伦理现实），这个“真理”是存在的真实，是多

没钱就像麻风病一样，作为反面教材，刺激、映衬着人们的死亡恐惧、生存欲望、自由意志。资本主义只不过是一个人类疾病的毒药方。

---

① M. Foucault, *Histoire de la folie à l'âge classique*, Paris, Gallimard, 1972, pp.187—188.

隔离和驱逐制造了真正的疯子，私有制制造了真正的穷人。这就是形而上学所谓『这（那）性』。

变的世界，是因具有历史性、社会性而不断异动的人的现实伦理生活。

西方 17 世纪之所以会出现理性“我思”对疯狂的驱逐，并不是因为疯狂之中没有“真理”，而是疯狂之中蕴涵的“真理”不适应当时代的历史潮流。而古典时期的历史潮流，其实是一种对“诸神已去、上帝不在”的现实恐惧，一种亘古以来其实一直存在的人之生存的苦难和焦虑。只是在古代，人们面对这种苦难和缓解这种焦虑的方式是顺应自然和进行神意想象，所有对现实苦难的逃避和对美好生活的向往都寄托在自然与神意的恩惠上。这个神意并不能狭隘地理解为空洞的宗教观念，它实质上是非常实在的对自然的敬畏和适应。到了近代，这种“神性”想象转变为“理性”想象，转变为对人自身能力的过度依赖，转变为由“我思”来设定自身和世界的知识，从而设定人的经验。

因而从 17 世纪以来，出现了非常独特的笛卡尔“我思”式的“主体性”。它既要承诺某种“真理”知识，又不能避免某种人的“伦理性”和限度，既不愿接受人对上帝（自然）的绝对服从，又要依赖物与人的“真理”，它是追求“我”之自由和追求“思”之真理的混合体。在这个意义上，这个“我思”并无异于疯狂，因为更一般意义上的疯狂即是在“思”的层面上对自由的放纵和对现实的超越。这个“我思”也无异于古代的神意想象，因为它正是借助某种对理性世界的乌托邦想象来慰藉难以满足（甚至是不切实际）的确定性需求。然而这个“我思”既不是疯狂也不是神话，它囿于语言的理性而不能释放人的自由，它架空在简单抽象的自然秩序而不能回归大地。

问题的关键就在于，17 世纪的“我思”虽然既讲“真理”，又讲“主体性”，但这二者的结合却只是停留在“我思”建造的乌托邦层面，它将疯狂的“主体性”和神意的“理性”发挥到极致，却并没有意识到这只是人类游戏池中的语言逻辑风暴。它忽略了在这个人类“我思”的疯狂和神意之外，还有不以人类、更不以“我思”为中心的多样性的现实和自然。“真理”和“主体性”的真正结合不应只在“我思”层面，更应在“我行（*askêsis*[①]）”，因为只有“我行”的不断实践才能把“我思”的自由变为现实，因为只有“我行”才能体验世界的真实，从而收敛“我思”的放纵，回归“我思”真正的理性。

【发表于《法兰西思想评论》（2016 年）】

如果重新回到宗教改革以前，也许就不会认为对罪犯进行『劳动改造』是理所应当的了。为什么『劳动』可以改造罪犯，而且无论何种罪犯？在接受其背后隐藏的统治术变革之前，是否对之有所反思？

① 希腊罗马时期，askêsis 是一种“关照自身”的实践。它通过“苦难、热情和磨练”将个体转化为行动和主宰的主体。“askêsis 是一种将主体与真理相连接的方式”，参见 M. Foucault, *L'herméneutique du sujet, Cours au Collège de France. 1981—1982*, Paris, Seuil/Gallimard, 2001, p.303。

启蒙的主体性与主体性的启蒙
——论福柯对康德“启蒙”的质疑与改进

『需要自以为多么熟悉上帝的道路与企图，才能在其中读出道德救赎的承诺；需要拥有多么贪婪的权力欲，才能在其中寻找政治更迭或社会革命的机遇。』
——康吉莱姆，《让·卡瓦耶的生与死》

一、对康德“启蒙”的质疑：启蒙的“主体性”

（一）“启蒙”之为问题

我们通常所说的“启蒙”，指的是欧洲18世纪（1715—1789）反对迷信、不宽容以及教会和国家权力滥用的知识（文化）运动。正是在这项运动的末期，1783年9月，一个由时任普鲁士财政部长、财政议员、最高法院议员、法学家、物理学家、诗人、剧院主管和牧师构成的“启蒙之友联盟”（又名“柏林星期三学会”）创立了他们的刊物《柏林月刊》①，“何谓启蒙”的问题就是在这个刊物中首先被讨论的。

可为什么要在18世纪如火如荼的启蒙运动进行之末，提出“何谓启蒙”这个问题呢？为什么要在用“知识”反对“迷信”的历史事件已发生或正在发生之际，以“知识”的方式来对事实进行再次界定呢？可以说这个对“何谓启蒙”问题的提出和讨论本身就是这场知识革命的一部分，它并不

---

① 参见德国学者Sebastian Panwitz的文章：http://www.berliner-klassik.de/publikationen/werkvertraege/panwitz_vereine/04.html。

像我们在现代社会理所当然认为的那样，“理论认识是对实践活动的升华”，因为在那个时期，理论“知识”本身的正当性正是革命所追求的目标。排除这个具有“时代错乱性”的预设，就是以福柯的考古学方法，消除我们自身作为认知主体尚待考察的预设，回到具体和实际的历史情境来研究问题。因而要研究康德对“何谓启蒙”的回答，必须首先研究“何谓启蒙”这个问题的提出，也即是在我们把这个“启蒙”概念作为普遍知识之前，要先探究这个“普遍知识”是如何产生的。

“何谓启蒙”这个问题之所以被提出，是因为18世纪那些拥护启蒙的知识分子对于“启蒙”的尺度是有争议的。这个争议始于18世纪末发刊的《柏林月刊》在第一期刊登的主编Johann Erich Biester[①]的一篇文章„Vorschlag, die Geistlichen nicht mehr bei Vollziehung der Ehen zu bemühen“（关于举行婚礼不必再麻烦牧师的建议）。这篇文章代表了启蒙思想家中的某种激进派，他们激烈反对教会控制，称其“无用、无效并构成社会不稳定因素”，并由此提出由国家权力取而代之。同年12月，同为“启蒙之友联盟”成员、普鲁士王腓特烈二世保护下的牧师Johann Friedrich Zöllner在《柏林月刊》上发表响应文章„Ist es rathsam, das Ehebündniß ferner durch die Religion zu sancieren?“（取消婚姻关系的宗教审查是否恰当?），逐点驳斥Biester，认为宗教不仅不是社会

『导师们光辉的行为和举动一般都是由对导师最有敬意的学生来叙述的，这些学生后来自己也成了导师，事先就确定会看到他最亲近的学生重复他在继任自己导师之时所唱的赞歌。永远告别对立者或永远告别对立者的礼节注定使继承永存。因此在纯粹权力的传递范围内，就构建了虔诚的历史……连贯着传奇般的肖像长廊，其唯一的作用就是上溯先贤……』

——卢迪内斯库，风暴中的哲学家

① Johann Erich Biester是康德的朋友。参见Jacqueline Laffitte, Noëlla Baraquin, *Intégrales de Philo-KANT, Idée d'une histoire universelle: Qu'est-ce que les Lumières?,* édition Nathan, 1994。

不稳定因素，反而是防御道德败坏的堡垒。以 Zöllner 为代表的“启蒙”温和派并不是反对启蒙，而是反对对“启蒙”的过度使用和普适化。正是在这一极端抵制宗教和适当使用宗教的张力下，Zöllner 提出了著名的“何谓启蒙”的问题，“‘何谓启蒙’这个问题几乎与‘何谓真理’一样重要，必须在进行启蒙之前先对这个问题有所回答”①。

然而，正如清人刘献廷所叹，“物理幽玄，人知浅眇。安得一切智人出兴于世，作大归依，为我启蒙发覆耶！”②“启蒙”之所以必要，是因为人的认知有限；但为了避免人自身认知的有限，又必须通过“认知”来启蒙发覆。这一以“认知”发覆“无知”的活动，古今中外，层出不穷，譬如，荷马时代拟人神宙斯也曾揭开阿伽门农无知犯错的迷雾并承担其责任③，色诺芬时代的智者反对拟人神，但迎来了逐渐形而上学化的抽象上帝，启蒙时代反对抽象上帝的教会统治，却换来了同样普极化的国家权力和科学“上帝”。历史上的各种“启蒙发覆”运动无一逃脱这个神学-人类学循环：每次人们都以为可以在神学层面上“作大归依”了，可总是会有新的“启蒙”运动来颠覆这个“神学”的人类学遮蔽。

在这个意义上，Zöllner 关于“启蒙”之尺度的顾虑和

知识分子投靠媒体（资本）其实与投靠政治（权力）一样危险。但往往与两者的对立，最后变成了对二者的统一。这是知识分子最容易选择的『第三条道路』。其实并不存在这样一条道路，只存在对这一道路的想象。这也是知识分子为什么总悬在空中（空转）的原因。知识分子不能摆脱自身的身份困境，意味着不存在真正的知识分子。

① Emmanuel Kant, Moses Mendelssohn, *Qu'est-ce que les Lumières?*, Mille Et Une Nuits, 2006.

② 刘献廷：《广阳杂记》卷三。

③ “这不是我的错，而是宙斯、命运和厄里倪厄斯（Érinyes）在黑暗中潜行：他们共同在我的理智中置入了粗野的狂盲。”参见荷马：《伊利亚德》，19.86。

质疑是不无道理的，他要求为宗教曾经并且仍然承担着的伦理功能保留位置，而不是将其“斩尽杀绝”，因为从理论上来说，只有绝对的上帝真理才有这种“全知全能”的权力，而如果18世纪的启蒙思想家所进行的“启蒙”具有这种权力，并用这种权力来消除对 绝对“上帝”之信仰的宗教，这不是自相矛盾么？“理性”之“光明”于“宗教”之“黑暗”的关系，不是绝对驱逐和完全消灭，而是“照亮”“除弊”和“发覆”。就像“（上帝的）真理”和“（国家的）权力”对于人总是一种存在，一种呈现，它是不是“黑暗”、枷锁或界限，是不是绝对命令和奴役，必须作用在另一个同样重要的因素之上，并在与其相互作用的关系中才能被体现和被定义，这个因素就是个体人的主体性。

这个“主体性”的因素在历史上的启蒙运动中常常被隐蔽在“理性”的“发覆”斗争中。比如，在以 Biester 为代表的否定性的“启蒙”即反宗教的斗争中，它体现为国家（知识）理性对宗教极权的反抗；在以 Zöllner 为代表的肯定性的“启蒙”即保留宗教伦理功能的斗争中，它表现为反对国家（知识）的绝对理性和绝对权力，表现为对“普适性启蒙所进行的遮蔽”进行再反思、再启蒙的必要。这也是为什么 Zöllner 会在欧洲18世纪如火如荼的启蒙运动之中提出“何谓启蒙”的问题，从而引发门德尔松和康德不约而同地做出反思和回应。

一种更为清醒的启蒙意识必须认识到，国家（知识）可能造成的极权和宗教可能造成的极权一样，都会产生——尤没有无抵抗的（压迫性或生产性）权力，也没有无权力（或压迫性或生产性）的解放。

其是关于多样性个体的——“蒙昧”，比如在1853年[1]“柏林月刊”提出的这个问题、反思及回复被译介入法国之前，法国早已经历了“非此即彼”“非白即黑”“非理性即疯狂”的大禁闭与断头台，在对“启蒙”所造成的极权进行“再启蒙”的要求和抵抗之前，那些被禁闭和被砍头的“主体性”已不由分说地被“遮蔽”了。

（二）“启蒙”之为历史

那么在德国，对“何谓启蒙”问题的回复是否以及如何响应Zöllner所提出的反思“启蒙运动”中极权式理性的要求呢？虽然我们都知道门德尔松和康德几乎同时并相互不知情的情况下对这个问题作了回答，但也许我们并未对他们所作回答的同一性和差异性给与足够的重视。

首先，门德尔松与康德必须面对同一个历史“当下”。

在门德尔松的文章中，我们可以看到他与Zöllner一样，似乎更倾向于看到启蒙和信仰二者的尺度，“滥用启蒙会削弱道德感，引致冷酷、自私、无信仰和无序。滥用文化会滋生骄奢、伪善、萎靡、迷信和奴役”[2]。这也呼应了同时代德国作家莱辛主张的某种具有宽容性的世界主义：既反对宗教对理性的践踏，又反对理性对信仰的驱逐，他说：“神启对

---

① *Cf., Intégrales de Philo-KANT, Idée d'une histoire universelle: Qu'est-ce que les Lumières?*, notes et commentaires de Jacqueline LAFFITTE, édition NATHAN, 1994.

② Moses Mendelssohn, «Ueber die Frage: was heißt aufklären?», *Berlinische Monatsschrift*, Bd. 4, 1784, S. 193—200.

于人类，就像教育对于个体”[1]。门德尔松亦是如此，在1767年的《斐多——论灵魂不朽》[2]中，他就开始调和其自身对启蒙理性的坚持和对犹太信仰的虔诚。对他来说，“启蒙”代表着科学技术和理性反思，是“文明”中理论和客观的部分；“文化”则代表着风尚习俗和生活艺术，是“文明”中实践和主观的部分。正是这两部分的共同作用，才使得人类不断进步，而不只是一群在本能界限中存活的动物。但如果这二者中的任何一个过度发展并僭越了它们在“文明”体系中的特定功能，更或者它们之间互相戕害，就会造成对人的自由和人类社会的毁灭。

Zöllner对问题的提出以及门德尔松对问题的直接面对，看起来似乎只是一个“理性（启蒙）”与“信仰（蒙昧）”之间进行相互调和的问题。但福柯在1984年《何谓启蒙》[3]一文中对门德尔松的简短解读却揭示了另一层面更为严峻的问题：“这涉及给予在德国思想中的犹太文化以市民权利（droit de cité），更或是排除犹太思想和德国哲学共同具有的问题。”

这个共同具有的问题，亦即在国家中寻求市民权利，亦即在18世纪以来的这个“启蒙”历史时代，犹太文化和德国哲学如何在新兴的科学理性和国家理性中立足。在门德尔松和Zöllner眼中，“启蒙”已经是一个事实，一个历史事

弗洛伊德的topiques可以被翻译为拓扑学吗（拓比学是什么玩意儿）？对心理功能的空间化描述，并不是心理功能本身的空间化，因为弗洛伊德1900年（梦的解析中无意识、前意识和意识系统）和1920年（超越快乐原则中的本我、自我和超我系统）的这两个心理功能系统本身并不是一种空间学说，更不是几何学和集合论意义上的空间维度变换。

---

① Gotthold Ephraim Lessing, *L'Éducation du genre humain* (1780), trad. fr. P. Grappin, Paris, Aubier, 1946.

② Moses Mendelssohn, *Phädon oder liber die Unsterblichkeit der Seele*, 1767.

③ M. Foucault, «What is Enligthenment?» («Qu'est-ce que les Lumières?»), in Rabinow (P.), éd., *The Foucault Reader*, New York, Pantheon Books, 1984, pp.32—50. *Dits et Ecrits*, n°339.

不如说做『有人性的女权运动者』，有的女人爱穿高跟鞋，有的女人爱撸袖子，有的女人优雅，有的女人豪放，女人如果不懂自己自由的力量，争什么『权利』？

件，一个正在改变他们本身地位的权力运动。正因为宗教是这场运动首当其冲的批判对象，作为基督教或犹太文化的忠实信徒，也即是一定程度上的被批判者或受害者，“启蒙的滥用”才会成为他们的问题，对“启蒙本意”的反思才会迫在眉睫。这个历史“当下”对于康德来说亦是如此。

康德在《柏林月刊》对“何谓启蒙”的问题也做了响应。如果康德代表着德国哲学，那么这个响应其实和门德尔松的响应一样，是为了捍卫德国思想在“启蒙运动”中的位置，也就是说，德国思想要么被这股国家和知识的理性运动排斥、践踏或吞没，要么与它妥协、和解和同化。用福柯的话来说，“启蒙运动”是犹太文化和德国思想所处的共同进程（processus commun），对于“何谓启蒙”的回答，就是他们“宣告对共同命运的接纳”①。福柯指出了“启蒙运动”作为某种社会历史当下（présent）的刚性所在，就像 17 世纪布鲁诺和笛卡尔所面临的宗教审查和大禁闭，历史事件中实际运行的宗教或国家权力在思想家追求真理的活动中发生着切实的作用。这里不只有我们在哲学文本中看到的单纯理性和浪漫怀疑，还有某种真理存在的历史和社会条件的问题，即福柯所说的“当下”（présent）问题。

其次，在这个具有同一性的“当下”历史背景下，门德尔松与康德对“何谓启蒙”的回应又有着不容忽视的差异。

作为犹太启蒙运动（Haskalah）中颇具影响的德国

---

① M. Foucault, «Qu'est-ce que les Lumières?», *Magazine littéraire*, n° 207, mai 1984, pp.35—39（本文亦为福柯 1983 年 1 月 5 日在题为《对自我和他者的治理》的法兰西讲座中的部分节选）, *Dits et Ecrits*, n°351。

犹太哲学家，门德尔松在1784年9月的《柏林月刊》中对Zöllner问题的响应文章名为„Ueber die Frage: was heißt aufklären?“（关于这个问题：启蒙运动意味着什么？）。我们通常将其与康德同年12月的文章„Beantwortung der Frage: Was ist Aufklärung?“（回答这个问题：何谓启蒙？）一样译为“何谓启蒙”。但这里需要注意的是，门德尔松这里的“启蒙”是德语的动词形式，表示更具体和局部性的实践活动；而康德这里的“启蒙”则是德语的名词形式，表示更一般和抽象的概念。

这个区别并非只是用词的差异，这个差异表现出对同一个历史“当下”的不同反应。哲学思想反思其自身当下，亦即面对和寻求其自身存在的当下可能性，在这一方面笛卡尔和康德都不是创始者。福柯在其1984年的《何谓启蒙》中提出，这种反思当下并确定与当下的关系，在历史上有三种模式：第一种是柏拉图在《政治篇》里意识到的对于某种社会进程（比如由古希腊的民主进入到专制时代）的归属感；第二种是奥古斯丁通过解读当下，试图发现未来事件征兆的历史解释学进路；第三种是维柯在《历史哲学原理（1725）》中将当下作为朝向新世界曙光的转折点，这也就是某些启蒙运动者把18世纪的“启蒙运动”幻想为“启蒙发覆”达至“自由平等”的浪漫思想所憧憬的，“顺服于几个大君主统治，民众中将衍生出最完善的文明……欧洲闪耀着无以伦比的文明……构成人类生活所有幸福的善由此繁荣”①。

理性主义才有能力做『抹黑』的事，真正的无理性没有能力完成『抹黑』这么深谋远虑的行为。区别在于理性主义可以把『抹黑』做得冠冕堂皇、义正严辞，所谓杀人不见血的『权力』。在此意义上，理性主义和非理性主义的界限没有那么单一和清晰，甚至这种不为人知的含混才是『理性主义』明『讲理』暗『抹黑』的权力运行奥妙。

---

① Giambattista Vico, *La scienza nuova*, 1725.

十二铜表法对自然权力的人法限制与古希腊自由人的自制与天惩，于18世纪奇妙地结合为刑法的诞生。

我们可以看出，门德尔松对“何谓启蒙”的回答，表明了他对这种历史当下的承认、和解和融入，在某种角度上来说，他既有柏拉图式的历史归属感，又有奥古斯丁式的历史憧憬和维柯式的历史完善感。然而，康德的回答则恰恰相反，“启蒙”不是迎向某种外在的光明（从历史角度来说，既不是当下，亦不是未来；从政治角度来看，既不是当权者的统治，亦不是被压迫者的解放），而是“脱离”（Ausgang），不是脱离某种历史当下，也不是脱离某种历史憧憬，不是脱离统治和被统治，而是脱离某种内在的蒙昧。

门德尔松和康德面对同一个历史“当下”的不同反应，分化了“启蒙”问题。如果说在门德尔松那里，“启蒙”所涉及的具体的、历史性的社会现实斗争还能得到体现，那么在康德那里，这一点则被“主体”构造所掩盖。如果说在门德尔松那里，“上帝”的绝对真理与人的理性知识，在现实中，获得了某种程度的和解（即相互尊重），那么在康德那里，这个“和解”则体现为“划界”，即实际上的某种拒斥——拒绝对“绝对真理”的可及性予以承认，从而在一定意义上否定了“绝对真理”的权威和理论意义，继而走向对人类理性“主体”的世俗权威。那个相对于无限认知的人类有限认知成为唯一的知识、唯一的理性。“启蒙”就从对“绝对知识”的主体认知，变成了对主体之“理性知识”的绝对自律。

（三）“启蒙”之为“批判”

在这个从“绝对知识”到“理性知识”的过渡中，我们不应该仅仅看到其中的改变，即知识的划界，更重要的是必须警惕：在这个过渡中，“绝对知识”因其“绝对”而具有的“绝对命令”特性，并没有在被限制后的“理性知识”中同样被限制。然而，在康德这里，这个“绝对权威”的僭越，非常吊诡地，恰恰首先是以对权威的“批判”为条件。

这一点，在康德“何谓启蒙”中微露端倪的“主体”构造中即可看出。在康德“何谓启蒙”一文中，这个“主体”构造就表现在其著名的口号：“脱离由其自身负责的不成熟状态（l’état de minorité）”①。“启蒙”的这个进路，意味着必须首先定义或指涉一个这样的“由自身负责的不成熟状态”。这个纯粹当下的“不成熟状态”，不是相对于某种整全性或目的论的历史和社会进程，而是基于“我们”，基于某种尚未确立的“主体”（之所以称其为主体，因为被定义为“对自身负责”），基于某种存在于“我们”自身之中的可以演进到成熟状态的“主体性”。

因而，我们看到，在大量启蒙运动者反对教会“指导”并提倡科学“教育”的时代，康德所提出的这种“受制于他人的不成熟状态”恰恰不是明确指向“教会”，而是指向“书本”“精神导师”和“医生”②。这个“批判”虽然指向这

topo、topikos 这样的古希腊词因为是与地点、空间有关，那么凡是跟地点、空间相关的理论都可以翻译（理解）成拓扑学吗？为什么法国那么多拓扑学，却几乎没有一个是真正数学意义上（我们所惯常理解）的拓扑学？所以问题不是法国人滥用，而是我们对拓扑学的理解（限定）太狭隘。

---

① Immanuel Kant, «Beantwortung der Frage: Was ist Aufklärung?», *Berlinische Monatsschrift*, Bd. 4, Dezemberstück 1784, Zwölftes Stück, S. 481—494.

② 福柯同时认为，这三个“依赖于他者”的例子指向并不是偶然的，而是分别对应于康德三大批判：“书本”对应《纯粹理性批判》，“精神导师”对应《实践理性批判》，“医生”对应《判断力批判》。Cf., M. Foucault, *Le gouvernement de soi et des autres*, Cours au Collège de France. 1983—1984, Paris, Seuil/Gallimard, 2008, p.30.

法国第一部刑法典产生于1791年，同年，法国医生、哲学家Cabanis提出，17世纪我们扭曲疯狂的方式成为18世纪疯狂在实证主义者们眼里的自然属性。

些“权威”，但“批判”的对象并不是这些“权威”本身，而是面对这些“权威”的“主体”。在这里，“启蒙”的关键并不是在“国家”“教会”“书本”“精神导师”和“医生”等社会实践层面中决断出某种权威，而是塑造“脱离由其自身负责的不成熟状态”的主体。

这个“不成熟状态”，即若没有别人（权威）的指导，就没有能力使用自己的理性，而且这种“无能”不是理智能力的不足，而是缺乏使用自身理性的“决定和勇气”。而“脱离不成熟状态”，不是一种对知识（理性）的简单持有，而涉及使用知识（理性）的意志以及处理与权威的关系。如果仅到此为止，我们可以认为康德提出的“启蒙”是个体作为纯粹主体的自我实践过程，因为这是“由自身负责”的领域，这是一个摆脱“权威指导”的过程。

然而，康德又立即引用贺拉斯《哲学书信 II》中的“Sapere aude”，并说“这就是启蒙的口号（Wahlspruch）”。贺拉斯的这部分《哲学书信》恰恰是谈论如何变得“成熟并有智慧”，贺拉斯本人也是作为“精神导师”向年轻人传播其逐步转向斯多葛主义的思想。不无巧合的是，塞涅卡正是崇尚“老年（成熟）状态”①的，他在《给鲁西留斯的书信52》中提出人的自然状态是不能自我关照，即处于stultitia（相当于“蒙昧”）的非主体（non sujet）状态，“没有人有足够能力凭借自身的力量脱离这种状态。必须有人向他伸出

① M. Foucault, *L'herméneutique du sujet*, Cours au Collège de France. 1981—1982, Paris, Seuil/Gallimard, 2001, p.107.

手，将他拉出这种状态”[①]。

在康德这里，就呈现出对传统“真理（权威）”观念与“主体”思想进行的细微偷换和悄悄混淆。一方面，康德从“主体”的定义（毋宁说是从18世纪“启蒙运动”要求“人之崛起”的历史性，即单方面强调“人的自主”[②]）出发，提出“由自身负责”，要求“脱离不成熟状态”即不再依据他人（权威）指导，并将“脱离不成熟状态”设定为“口号”（Wahlspruch）或某种“绝对命令”。另一方面，如果人真的能够“由自身负责”，这也就是说人作为“主体”完全能够自主，这也就无所谓“不成熟状态（即不能够自我关照）”，也不存在“脱离不成熟状态”的必要。这也就是说，康德一方面要将人作为主体设置为自身的权威，一方面又无法否认或放弃人作为“主体”其现实的“不成熟”（非主体、非自主，不能够自我关照的）状态，即需要某种真理（权威）来使之摆脱这种状态。然而，对于康德来说，为了不与“由自身负责”相矛盾，这个“真理权威（绝对命令）”不能来自任何具体的他人，也不能来自任何外在的力量，于是康德就必须发明一种超越于“历史实在”的、既内在于人又与其异质的“主体性”，即作为普遍理性的他律可以成为个体内在的必然性进行自律。于是就形成了这种从内部自己将自己拉

婚姻（性伦理）作为统治术是个狠招。通过将（男）性冲动圈限在婚姻伦理中，让女人（原本只用来生育后代）一对一地限制、规制、解决性欲，消解、消化（男）性冲动触发的争斗力量；另外使得男性在社会政治领域成为无性（冲动和欲求）工具即勤奋、廉洁的国家奴隶。可惜这招敌不过（男性）欲望和权力意志的同构性。

① Sénèque, Lettre à Lucilius, lettre 52; cf., M. Foucault, *L'herméneutique du sujet*, Cours au Collège de France. 1981—1982, Paris, Seuil/Gallimard, 2001, p.140, note 4.

② 这个“人的自主”相当于在古代社会的“自我关照”，但后者并不是将这种“自我关照”简单地限制在人的内部，而是与自然、与外在相融洽的某种“自我修炼”。

出的，所谓“自律即他律”的过程。

康德的这种“启蒙”设想，必须假设有一个“主体”既是球员又是裁判，既是演员又是导演。用福柯的话来说，这就是要求人们作为“理性”的志愿者，志愿出演理性大戏。塞涅卡之所以认为“非主体”不能够自己脱离“蒙昧”的状态，是因为他从人实际的“非主体”的自然存在出发（而不是像康德从“主体”的定义出发），认为作为自然状态的人处于“非主体”的状态，不能够辨别和抵抗各种外在力量。在康德这里存在的问题就是，他既认同人的自然状态是“不成熟状态”，需要从中脱离；又在思考脱离这种状态的时候，把人先天设定为“主体”，即已经能够对自身负责，能够并且（按照定义）必须不依赖他人就能够脱离这种状态。

在这个意义上，康德反思“启蒙”的时候，并不像门德尔松或 Zöllner 那样首先面向一种实践活动，也不像塞涅卡那样从人原初“蒙昧”的非主体状态出发，而是首先设想一种理性主体实在的普遍性，并参杂“不成熟状态”的现实性，因而提出一种“将自身从自身中拔出”的启蒙模式。在这种启蒙模式下，与其说是主体对自身进行启蒙，不如说是启蒙发明了一种主体模式。换句话说，表面上是人将自我构造为主体，实际上是“主体”（概念设置）构造了人，这也就是为什么福柯说“18 世纪末以前，人不存在”①。

而这个“主体”的概念设置并不是空洞的，在康德那里

理想国第五卷 473d 说的『哲学王』，不是『哲学家变王』而是『王变哲学家』。这个比较容易达成的误解在中国就符应了盛行的『学而优则仕』，而不是『仕而优则学』。这就是『用权力操行哲学（真理）』颠倒为『用哲学（真理）获取权力』的问题。

① M. Foucault, *Les mots et les choses*, Paris, Gallimard, 1966, p.319.

就是引入“纯粹理性”，引入在启蒙时代的“当下”势不可挡的“科学理性”。在笛卡尔时代还只是经验填充观念，在康德时代就变成了观念构造经验。而不无讽刺的是，笛卡尔时代“经验填充观念”所做的是将“科学理性从伦理中解放出来”，也就是去除“我思”主体的社会历史宗教因素，“将由自我实践构成的主体替换为认知实践的主体奠基者”①，从进行怀疑（沉思）实践的主体（此时的主体其实是非主体，即能够进行各种想象并可能认其为真的怀疑实践）变成以我思普适化的理性“明见性”为基础（即排除伦理要求）的认知主体。而康德则又将这个过程逆转过来了，他又要求回到人在社会存在中的实践，但这个回去的“主体”，不再是一个在社会实践中有待形成、有待定义为“主体”的作为整体的“非主体”的人，而是一个预先已被笛卡尔时代或启蒙时代定义好的普适化的认知主体。

因而我们可以看出，塞涅卡时代能够进行“自我关照”的主体是一个包括认知实践、伦理实践和审美实践的整体。而古典时期，笛卡尔为纯认知需要将认知主体从伦理实践和审美实践中抽离出来，而康德又试图把这个被抽离定义出来的认知主体重新拉回伦理实践和审美实践中，又要求认知主体是一个伦理主体，即“sapere aude”，必须有“勇气”使用自身的理性。这里“勇气”就是一个伦理概念，即康德的主体设置和启蒙路径，必须依赖人与自身、与权威、与真理的关系，必须有一个伦理上、政治上和精神上的主体性。在

那么弗洛伊德的topiques到底应该翻译成什么呢？问题是，你理解他的意思后，还需要翻译吗？翻译不能决定理解，想要通过一个词的翻译来理解特定概念（语词用法）本身就是不恰当的做法。但翻译也不能造成误解，因此应该避免用人们有惯常理解的词汇来翻译有特殊用法的概念。弗洛伊德的topiques，我译作：心理功能系统。

① M. Foucault, *Dits et écrits*, n° 326，«À propos de la généalogie de l’éthique: un aperçu du travail en cours».

这个意义上，康德是试图通过回到基督教前的“主体黄金时代”①（即塞涅卡所在的希腊罗马时代），来进行反对宗教统治的“启蒙运动”。可惜的是，塞涅卡时代在认知实践、伦理实践和审美实践中形成的主体整体，在康德那里变成了由一个形而上的主体统一体来统摄已被（基督教和古典时期）分裂的认知主体、伦理主体和审美主体。

可见，康德对“绝对权威”的批判，并不是对这样一个权威状态的消除，而是建立一种新的权威和一套新的服从权威的方式，即“理性自律”。在这个意义上，他并没有真正做到“启蒙”，或者说纯粹意义上的“启蒙（完全除弊，完全解除压迫）”是不存在的，因为康德以正义的“批判”所建立的“主体理性”，无非是一轮新的遮蔽，“理性本身权力的过度和统治化进程，与其用理性自我证成一样不可避免，难道这个理性本身不负有历史性的责任吗？……（统治与批判）面对面，好像是对立着，更或既是同伙又是敌人，（批判态度是）一种对统治术进行藐视、拒绝、限制、寻求恰当方式、转化、试图逃脱的方式，总之，也正以此，（批判态度）以心照不宣的方式成为了统治术的发展线索。”②

（男）人发明的『哲学』追求的『永恒（知识）』，（男）人希望这个『他者』可以永恒，这意味着（男）人自身作为主体（的视角），也可以永恒。所以就会出现：『永恒的女性』既被蔑视（如波伏娃所描述的女性实际被称赞的美德所代表的女性的低下地位），又可以让（男）人上升。

---

① M. Foucault, *L'herméneutique du sujet*, Cours au Collège de France. 1981—1982, Paris, Seuil/Gallimard, 2001, p.79.

② Conférence prononcée par Michel Foucault le 27 mai 1978, devant la Société Française de Philosophie, et intitulée «Qu'est-ce que la critique? Critique et Aufklärung», publication Bulletin de la société française de philosophie, 84ème année, n°2, Avril-Juin 1990.

（四）“启蒙”之为“主体”：自由使用理性？

康德这一打碎再粘合的工作，自有冒充上帝（自然存在或实践）鬼斧神工的野心，却在其统摄理论设想和实践操作中遇到不可调和的分裂。这一统摄的分裂问题即表现在康德提出的“脱离不成熟状态”的两个条件中，表现在主体（人）的分裂中。

福柯在《何谓启蒙》中提出康德设想的“脱离不成熟状态”的第一个条件就是区分“服从”和“自由使用理性”。所谓“不成熟状态”，就像康德所引用的基督教名训：“服从，不要使用理性”。这里的“服从”，是切实地服从军纪、政治权力或宗教权威。而何谓“成熟状态”呢？不是在“服从”前面加一个否定词“不”，而是在“服从”后面加一个表示“服从”条件下的结果状语从句“自由使用理性”，即康德在这里引用的费德烈二世的名言：“服从，你可以尽你所能地使用你的理性”。这里的“使用理性”在德语里其实是理性的动词形式 räzonieren，福柯认为这就是康德三大批判里的“为理性而理性”的理性。那么在基督教那里不可调和的“服从”和“自由使用理性”问题是如何在康德这里得到和解的呢？在交税的时候，你要服从；在思考税收制度的时候，你可以尽情使用理性。这就是康德启蒙所追求的“成熟状态”。思想可以解放，行动要听指挥。这对于反对控制思想自由的基督教革命时代来说，的确是进步。这对于刚刚兴起的国家权力来说，的确也是可以接受的。因此，康德似乎是一个合理的时代人物。

然而对于“启蒙运动”中要求成为主体的个体来说，

这种说法大抵来自歌德在《浮士德》里所说的『永恒的女性（引我们上升）』，包含着男人对女性的复杂意向（从小到大）：母亲/爱人/奴仆/玩物/拖累/尤物/快感幻想对象……由于这个『他者』本身也具有『主体性』（但只被男性为主的言说者视作『客体』）的人，她的变化比自然万物的变化更让（男）人忧伤。

“自由使用自身的理性”怎么可能只在思想领域呢？于是康德又提出“脱离不成熟状态”的第二个条件，即在公共领域，理性的使用应该是自由的；在私人领域，理性的使用应该是服从的。如果按照我们通常理解的，“思想是内在的，属于私人领域”，那么康德提出的这个“思想解放”和“私人领域理性的使用应该是服从的”就是矛盾的。康德的吊诡之处正在这里，响应“启蒙运动”的确要提倡“思想自由”，但“思想自由”不是在“私人领域”，即不是在个体事务上，而是在“公共领域”。在个体事务上，比如作为一个公民要纳税，作为一个牧师要服务教会，作为一个军人要杀敌，作为一个公务员要执行公务。“理性的私人使用”不存在自由，因为个体始终是社会机器中的一个螺丝钉，有其功能、责任或义务。在其已被社会定义的身份和位置上，个体的理性只用来完成这个身份和位置所定义和所给予的功能。

以我获得的自由向福柯致敬。

那么启蒙精神的“思想自由”体现在哪里呢？康德在其1784年的“何谓启蒙”中说“对我们理性的公共使用必须永远是自由的，只有它能够将光明带给人们……我所理解的对我们自身理性的公共使用，是我们作为公众阅读面前的智者所做的对理性的使用”①。这也就是说，只有当我们脱离自身社会身份，作为一个抽离于现实社会的有理性的存在者时，只有当我们面对普遍性的理性本身而不是面对我们所处的社会历史实在时，我们的理性思考才必然是自由的。可这个自由到底是什么呢？“启蒙不仅仅是一个每个个体感到他个人

① Immanuel Kant, «Beantwortung der Frage: Was ist Aufklärung?», *Berlinische Monatsschrift*, Bd. 4, Dezemberstück 1784, Zwölftes Stück, S. 481—494.

的思想自由得到了保障的进程。当理性的普遍使用、自由使用和公共使用重叠的时候，才存在启蒙。”① 对于康德来说，自由，首先不是思想和行动的同时同质自由，而是思想的自由和行动的服从；其次，思想的自由不是无界的，它必须是按照普适性理性所定义的认知主体所进行的普适理性的自由运用；最后，这个自由运用也不是在个体实际的伦理政治和历史生活中，而是必须在其自身所源出的那个普适性的理性思想领域中。

这样的自由是确定无疑的，但它有什么意义呢？福柯认为，康德其实是同时在向形形色色的启蒙运动者和费德烈二世要求并承诺，“自律理性的公共和自由使用其实是服从的最佳保障，只要其所需要服从的政治原则本身符合普适的理性”②。这也就是说，康德希图通过定义一个普适性的理性主体来调和宗教主体、政治主体和个体主体各自的自由要求和力量抗衡。康德提出的各方停止争斗的办法就是大家都回到一个普适的平台上。可即便这个平台是普适的，也并不意味着它就现实地存在和能够起作用，它还要求每个人“回到”这个普适平台的“意志”和“勇气”，要求每个人“意愿”选择回到普适理性的框架之中。可如果人就是天然处于“蒙昧”和“不成熟状态”，这种回到“真理”的“意志”和“勇气”又从哪里来呢？牧师、君主和平民在其“普适理性”的私人使用中相互争夺权力，什么力量可以使他们按照康德的设想“凯萨的归凯萨，上帝的归上帝，庶民的归庶民”呢？

赵敦华老师讲黑格尔的『伪善』、阿伦特的『平庸之恶』和康德的『根本恶』，至少提供了思考『纳粹之恶』的三个典型模型。不过，最后的提问是否要在这三者中做一排他性选择，则可能忽略了『纳粹之恶』在『德国之罪』中的复杂性和多层次性，对于集体之罪和个体责任的反思可能还需要参考雅斯贝尔斯的《罪责问题》，甚至参考斯诺登所揭示的高于民族国家的『全球正义』框架。因为纳粹问题对我们现在（看待历史人物和面对我们自己）来说，确立『恶』的形式和层次是不够的（甚至是消极单位），研究实实在在的个体所需要以及所能承担的责任也不容忽视（是更为积极的思考）。

---

① M. Foucault, «Qu’est-ce que les Lumières?», *op. cit.*

② *Ibid.*

如果人人都可以是普遍理性的主体，那么谁是凯萨？谁是上帝？谁是庶民呢？什么力量可以使人们自觉地在私人的实在生活领域服从命令而只在公共思想领域自由运用理性呢？从另一方面来说，不正是私人生活领域（作为机器中的螺丝钉般的生活）的不自由才促使人们要通过公共领域（思想自由）寻求解放吗？这个解放如果不能解除私人生活领域的压迫，反而要通过分裂主体的私人生活和公共生活，使其继续在私人生活领域被压迫，那么公共领域的思想自由又有何意义呢？将作为整体的人分裂异化为骨感现实中的“奴隶”和丰满理想中的“主人”又有什么意义呢？

二、对康德“启蒙”的改进：主体性的启蒙

（一）作为“批判”的“启蒙”而非作为“启蒙”的“批判”

福柯在 1984 年《何谓启蒙》中提出了康德“启蒙”的“当下”问题，这个问题无疑反映出“康德对其哲学的现实反思”的积极意义，“这是第一次一个哲学家如此紧密和内在地将其知识论与这个知识论的意义相关联，将其对历史的反思与其写作和之所以写作的特定时刻的特定分析相关联”[①]。这也就是说，康德头一次如此明确地（在其他哲学家那里则是隐秘地）将关于“当下”和“我们”的反思引入到其特定的哲学任务之中。康德提出主体必须有“求真意志”，有

音译是一种非常偷懒的做法，长久以来甚至有败坏汉语的害处；认为音译能够拓展汉语空间，不如说音译是在扭曲汉语空间，因为生活空间没有拓展（尤其是在无需拓展的地方），而一味扭曲语言空间是无益也无意义的。

① M. Foucault, «Qu’est-ce que les Lumières?», *op. cit.*

“sapere aude”（求真的勇气），这既是针对基督教的反抗，又是对基督教之前从人类文明之始既已存在的人类主体意识觉醒之时代的回归。这个意志和勇气，福柯又称之为“现代性态度”或“批判态度”，从而，“sapere aude”便意味着“直面当下现实的勇气”。

可是，对于这个历史“当下”性，我们不应仅仅看到其有“勇气”的一面，它同时也带来了历史局限性。康德所做出的“启蒙”作为一个构建具有“普遍理性”之认知主体模式本身就是一个有历史“当下”性的事件，这一事件一方面受到了“启蒙运动”反抗宗教压迫的激励，一方面又被新兴的科学理性和国家权力绑架。这也是为什么福柯会引用波德莱尔对“现代性”不无讽刺的评语，“你没有权利藐视当下……（现代人）不是诗意地闲庭散步而是系命于历史”①。这也就是说，作为系命于当下的现代人，凯萨自由地做凯萨，上帝自由地做上帝，庶民自由地做庶民，世界永久和平。这就是康德的“启蒙”以及康德面对“何谓启蒙”的质疑所承诺的自由。

然而，福柯对于康德“启蒙”的质疑，并不是要全盘否定康德的“启蒙”思想，而是要在这一思考中洞悉“启蒙”这个纯粹概念本身的陷阱，即康德所第一次揭示出来的、长久存在于人类认知领域的主-客二难的循环陷阱：当有人如同理直气壮的警察对别人进行批判，要求别人给出正当性，自己却从未审查过其所依赖的法则本身的正当性。然而，这

① Charles Baudelaire, *Le peintre de la vie moderne*, Paris, Gallimard, 1976.

法国大革命之后的公民裁判，虽有旧制度国王封印的信件直接裁决的武断，却没有旧制度随之而来的警察核实；浸泡在千丝万缕的个体利益角逐和权力斗争中，却以自由、正义、道德、革命、造福人类的普适概念挑逗和消费普通民众对权力的幻想。

一个资本社会的有趣悖反现象：伪革命也可以充实腰包/革命是门生意。

并不是“批判”的错，因为它“仅仅在与它自己之外的其他事物的关系中才存在：它是为了达至其所不知和不是的未来或真理的工具和方式”[1]。康德的“批判”就是这样一个要求“真理之城”的诸公民提供其知识正当性的警察，而他对其自身作为公民之一的身份却忽略不计，他进行批判所依据的法则始终无人纠察。作为“启蒙”的“批判”就是构造这样一个认知主体或人性[2]，它既是真理的因素之一又是真理的唯一介质，“在其作为（真理之）部分的意义上，它是演员；当人们决定自愿充当（真理的）演员时，（人性）它就自己诞生了”[3]。普鲁士王弗里德里希二世曾说，“服从，你们就可以想多理性就多理性了”，康德给出了这句话的哲学版。因而最终，为了“不被如此统治”的批判并没有将基督教的谦卑（“服从，不要运用理性”）转变成某种不必服从任何权力的成熟人性，而是转变为对人自身的服从，转变为对人自身理性的服从。

我们看到这些质疑虽然消解了康德“启蒙”的幻想，但

---

① M. Foucault, «Qu’est-ce que la critique? (Critique et Aufklärung)», Conférence donnée à la Société française de Philosophie le 27 mai 1978 et publiée en français dans le Bulletin de la société française de philosophie, t. LXXXIV, 1990, 84, 2, p.36.

② 人性是对法语词“humanité”的翻译，这个词亦可翻译为“人道主义”“人文主义”，各种中文翻译都将该词引入了相应的语境和填充了相当的内涵。从词的构造来说，这是 human（人，人类）的名词化，一个名词的名词化，本身就已经是二次元的命名，这里可以取尼采的话“人性的，太人性的”来理解。在康德那里，就是所谓认知“主体”。

③ M. Foucault, «Qu’est-ce que les Lumières?»（«What is Enligthenment?»）, in Rabinow (P.), éd., *The Foucault Reader*, New York, Pantheon Books, 1984, p.33.

康德所引入的问题或事件并不在于“一个未经审判的批判不能要求审判别人”，而是另有玄妙。这个玄妙即某种更为深远的“批判态度”，即质疑主体与当下、与历史存在模式的关系，质疑作为自主主体的自我构造，就“如同对立者，更或是如同伴侣和敌人，面对着各种统治技艺，如同一种藐视、拒绝、限制、寻求恰当方式、改变、寻求脱离这些统治技术，或者，不管怎么说，以一种必然的缄默转移这些统治技术，并且以及正是如此，如同统治技艺本身的发展线索”①。福柯笔下的“批判态度”就是这样一个与统治术共存亡的，既破坏又滋养的存在。这样一个认知主体自己给出的“不被如此统治”的态度，使其可以质疑其自身真理话语的权利和权力。因而，对于康德“何谓启蒙”，我们更倾向于将其理解为作为某种“批判态度”的“启蒙”形式，而不是作为某种具有绝对“启蒙”（进入纯粹光明或绝对真理）意义的“主体理性”的“批判”建构。我们不是要做康德“启蒙”中某些哲学教条的忠实信徒，而是要有一个永恒的“对我们历史存在的批判态度”。

这个“批判态度”首先就是要拒绝在“迎合或拒斥启蒙（理性）”的绑架性态度中做选择。启蒙运动是18世纪以来发生在欧洲的一系列政治、经济、社会和文化事件，对这些事件本身必须做出深刻的历史分析。在这些事件之后发生的法国大革命、美国独立战争，对于确立西方资本主义和现代

为什么Brissot说公共舆论的丑闻效应可以在共和政体达到约束和治理的效果，而在专制政体却只能造成伪善？Brissot提供的理由是：前者个体见解构成社会关系的根本，后者个体见解毫无新意且充满神秘语汇，可伪善与见解虚隐都是结果。此处要批判的是公共意见的道德化和非专业化裁决，专制国家连真正的公共意见都达不到。

① M. Foucault, «Qu’est-ce que les Lumières?»（«What is Enligthenment?»）, in Rabinow (P.), éd., *The Foucault Reader*, New York, Pantheon Books, 1984, p.38.

『事物的丰饶、意义的深邃，只能用加诸所有制品上的三重品质驱散：精确、流变和空。』
——罗兰·巴特，《论拉辛》

民主制度至关重要。而我们目前所处的全球化世界又在极大程度上深受这些革命和战争所确立的制度影响。鉴于这种复杂性，对于“启蒙精神”要杜绝（理论上和政治上的）非此即彼、非黑即白的简单化和武断性。我们不是要在继承和拒斥“启蒙”对理性主义的颂扬中做一选择，而且由于我们已经历史性地被“启蒙理性”所决定，这个选择实际上也是不可能的。福柯提出要对“启蒙”做一系列具体的历史分析，不是分析“启蒙”所意指的“理性的本质内核”，而是分析“启蒙必要性”中所可能包含的“现实局限性”，也即是要厘清哪些是对我们今天仍然有效的“必要性”。

其次，对我们自身的永恒“批判态度”还要避免混淆“人道主义”（humanisme，即人文主义）与“启蒙运动”。作为欧洲 18 世纪实际发生的“启蒙运动”的“启蒙”和作为对当下采取反思态度的“启蒙”是不同的。正因为“启蒙”要求的是一种对“当下”的反思和批判态度，所以任何完成的“反思和批判态度”就必然具有历史性，“反思和批判态度”才必然是“永不消失的电波”。每一个时代每一个社会类型的人都必须面对属于他们自己的“蒙昧”和“启蒙”。而欧洲 18 世纪“启蒙运动”所提出的“人道主义”则是一个经久不衰的主题，它不是在历史性上变幻无穷，而是在内容本身和价值取向上具有多样性。比如既有反基督教的人道主义又有反禁欲主义的基督教，既有反科学工具主义的人道主义又有将人的自由寄托于科学技术的人道主义。而作为一个如此“包罗万象”的人道主义概念，其本身又是建立在对“人”这个概念的宗教、科学或政治构造之上的，“人道主义是用来粉饰和证成那个其自身就必须依赖的人的各种概念”①。福柯提出，我们应该用“批判态度”来代替“启蒙”，用“对自主主体的不断构造”来代替“人道主义”。

之所以要“对自主主体不断构造”，是因为对“蒙昧”的“启蒙发覆”永远不是一劳永逸的。是什么总是不断驱使我们要“脱离不成熟状态”，驱使我们追求“启蒙发覆”的自由？不是真理本身，也不是追求真理的勇气，而是“自主主体”的一个永不可化约的特性，即“不被奴役的意志”或“反思过的不顺从”②。因而“启蒙”就意味着持续不断地将自我重新构建为自主主体，就意味着始终以当下主体的存在模式来重新审视或改造历史给予的主体存在模式。在某种意义上，这个更一般的“主体性”不是道德勇气，不是理性命令，而是在永恒当下无时不在的力量对峙中所必然不断产生的“主体性”。而“批判态度”则是“对强加在我们身上局限性的历史分析”又是“对克服这些局限性的可能体验”③，它不是用一个时代的真理代替另一个时代的真理，而是要在主体与其所面对的当下真理间不断确立一种批判关系，即某种“主体性与真理”的关系。康德提出的普遍理性可以是一种有力的工具，而福柯强调的“不被奴役性”则是一种本身被当下不断生成的主体性，二者共同的“耐心劳作”才能进行作为策略性游戏的永无休止的“启蒙”，

问题并不在于『不确定性』不是人的本质要素，而在于它不能够成为预设具有确定性的『主体』概念的要素。福柯对康德的批判也有类似的意思，即对『主体』的定义（描述）不是从人的实际情况出发，而是从『主体』的分析性概念需要出发。

① M. Foucault, «Qu’est-ce que les Lumières?», *op. cit.*

② M. Foucault, «Qu’est-ce que la critique? (Critique et Aufklärung)», *op. cit.*

③ *Ibid.*

将他者作为『性对象』的原始冲动，对男女本质上是一样的。就像在美食面前，在口水直流的时候，你是不能和一个美食谈『友情』的。男人不可能真的跟『美女』谈灵魂，因为此『美女』本身就是在性对象（工具）的意义上定义的。

才有可能在这个策略游戏中体验到“渴望自由之躁狂的形式”①。

（二）主体性“启蒙”的福柯进路

如果我们承认我们仍然或者始终都处于对于“启蒙”的迫切要求之中，那么“不被奴役的意志”或“反思过的不顺从”就是不可避免和不可化约的，这就要求将自我构建为自主主体，这就是始终以当下主体的存在模式来重新审视或延续历史主体的存在模式。福柯提出：“我们必须避免在其中和在其外的二难选择；必须处于边界。”②这也许是面对批判或康德陷阱的最佳方式，即置身于真理主体的话语和判真主体的装置之间、规范性主体的自由言论和当下真理之间的交锋边界。这个置身于边界的策略，福柯称之为“我们自身的存在论式批判”，在这里，批判既是“对强加在我们身上局限性的历史分析”又是“对克服这些局限性的可能体验”③。福柯在其考古学和系谱学研究中做的正是这样的事情。人类理性是一种工具媒介，不被奴役性则是一种策略性游戏，二者都是为自由而服务的。

这个在边界上的工作，这个“给予渴望自由的躁狂以形式的耐心劳作”④，首先就是要区分提出“主体性与真理”⑤

---

① M. Foucault, «Qu’est-ce que la critique? (Critique et Aufklärung)», *op. cit.*

② *Ibid.*

③ *Ibid.*

④ *Ibid.*

⑤ M. Foucault, *Subjectivité et vérité*, Cours au collège de France, 1980—1981, Paris, SEUIL/GALLIMARD, 2014, p.12.

问题的两种不同方式。第一种方式是使得康德批判成为某种思辨性陷阱的方式，这也就是从柏拉图以来质疑通过认知主体获得真知的条件和可能性的哲学方式。第二种是实证主义者的方式，就像人文科学或人文“反科学”的那些科学工作者，他们在认知主体的主体经验基础上拷问获得真知的条件和可能性。《词与物》的研究证明这两条道路都不可避免地遭到失败，失败原因正是他们提出问题的方式。在此意义上，与其说康德是一个新起点，不如说他是人类知识的致命终结，“康德的诸问题可能有着比 15、16 世纪更远的渊源”①。因而，如果我们尚未脱离康德陷阱，这不是因为我们置身于作为某个时代的现代性，而是因为我们察觉到，也许是第一次察觉到，“主体性与真理”问题是一个主–客循环。这个认识，更或是这个意识，也许从人开始直立行走开始，就注定是无法抹去的。

从这个角度来看，福柯也不能逃脱康德陷阱。福柯关于疯狂、疾病、犯罪或性的漫长工作，也正是对这同一个主体性与真理问题的揭示，“我们与自己的关系是如何被这真理话语的存在及其引致的效果，被其强加的义务和许下 / 构造的承诺所影响、修改、改变和构结的”②。因而，问题并不在于像认识论那样提出进入真理是如何可能，也不在于像实证主义者那样提出主体性经验如何能够进入真理。从历史的角度来看，真理是“一个事实问题。存在着……一些涉及主

友谊是需要美德的（这个问题很复杂），而缺乏『主体性』的女性无美德可言，这也是为什么古希腊男人要到男人（而不是女人，在女人那里只能寻求生儿育女）那里寻求『爱情』，因为他们共同崇尚/爱慕自由人的主动性和阳刚之气。现代男同的女性化在古希腊是不能容忍的，因为『女性化』本身就是『（男）人性』的耻辱。

① M. Foucault, «Qu’est-ce que la critique? (Critique et Aufklärung)», *op. cit.*

② M. Foucault, *Subjectivité et vérité*, Cours au collège de France, 1980—1981, Paris, SEUIL/GALLIMARD, 2014, p.14.

翻译也许是最好的写作训练，双重含义：既是练习母语表达，又是学习大师写作。

体的真实话语，它们独立于真理的普世价值，而发生着作用并流通着，它们具有真理的分量，也以真理的面貌被接受着”①。如果我们问如何进入这些被给予的真理，这已经是对某种真理的先验和普遍的决定，这已经是通过认知主体的某种选择做出的某种判定。

福柯提出的问题则是另外一回事。面对这些真理或者这些被给予的义务，“主体自身能经历的经验是什么?”，“主体与自身的关系是什么?”，“什么是那个声称对其说出真理的话语存在对这个主体性所产生的效果?”②这也就是说，面对真理，我们自己的主体性是什么?批判态度就是主体性的一个例子，在这里，服从不是面对真理唯一可做的事情。尽管批判不立法，但作为有主体性的主体，我们总是有权批判，把自己当作警察，而不是做一个无条件服从的公民。但主体性还并不完全如此，批判只是一个既质疑主体性又质疑真理的消极主体性。福柯对主体性所进行的“历史性-哲学性”问题化，是一种对康德批判的积极回应，它在三个方面重建了哲学或实证主义的传统问题。

首先，主体性不再是主体的“先决性和普遍性”因素，它不再是人绝对的“原初和奠基性经验”。主体性不必然是人类学的，由于它是在“主体与其自身真理的建构和改变”中被拷问的，它既源于人（内部）又是可（被外部）建构的。其次，真理也不是定义为某种在内容上或在形式上普

① M. Foucault, *Subjectivité et vérité*, Cours au collège de France, 1980—1981, Paris, SEUIL/GALLIMARD, 2014, p.13.

② *Ibid.*, p.14.

遍有效的认识，它是某种“强制体系”①，就像精神病学、犯罪学或者性行为法则那样，只是在某些历史阶段被看作真理。因而真理问题不在于其内容或形式的普适性，而在于其加诸主体上的关联、强制或政治。最后，采用历史角度并不是为了表明“不存在绝对真理”或“主体性总是相对的”，而是要澄清“主体性作为自我和他者的经验，是如何通过真理的强制、通过我们可称之为判真②的关系而建立起来的”③。这也就是说，在历史角度上，主体性通过其对真理强制的主体化表现出其所获得的特性，而且这些特性，在不同历史时期，即依据真理的不同历史先验性，各不相同。

关于后者，为了研究主体性与真理的关系，福柯所选择的时期特别不同寻常，因而也是别具意义。④

在 1981 年的法兰西学院讲座中，为了说明为什么选择作为人类道德范本的大象的故事，福柯发掘出基督教文学和世俗文学的一个关系，“是这个游戏，这个世俗文学和基

正在翻译巴特对东京上野车站地下世界的描写，窗外传来几个街妇声嘶力竭吵架的喧闹，于是我把 l'essence romanesque du bas-fond 译作：底层世界的魔幻实质。

① M. Foucault, *Subjectivité et vérité*, *Cours au collège de France, 1980—1981*, Paris, SEUIL/GALLIMARD, 2014, p.15, note 39; cf., M. Foucault, *Du gouvernement des vivants, Cours au collège de France, 1979—1980*, Paris, EHESS-Gallimard-Seuil, 2012, p.92.

② 判真是对法语词“véridiction”的翻译，这个法语词本身也是福柯的发明，表示一种将某话语判断为真的活动。

③ M. Foucault, *Subjectivité et vérité*, *Cours au Collège de France. 1980—1981*, Paris, SEUIL/GALLIMARD, 2014, p.16.

④ 福柯从 1981 年开始对古代哲学进行研究，这个选择有其学理上的需要。福柯 1984 年的离世或者对死亡的临近是突然的，因而不能简单将这个意外性的个体事件看作对这个历史时期进行选择的学理依据。

傻子的意义在于质问和拒斥所有预设前提，因而一切象征性奠基都失去合法性；阿尔多的正当性正在于其痛苦之忍无可忍，为了不再斗争的斗争永无止息。

督教文学相沟通的游戏吸引了我并将继续吸引我”①。从公元1—2世纪的埃利亚努斯②和普林尼③，到中世纪的自然学家阿尔德罗万迪④，直到基督教神学家圣方济沙雷⑤，都无不推崇大象作为人类性行为的典范。如果我们仅仅将其看作某种历史巧合或普适真理，我们就会失去福柯提出这样一个问题的洞察力：“我们溯源于基督教的性道德法典，是否真的属于基督教呢？”⑥如果不是这样的话，基督教道德或者现代西方道德是什么时候形成的呢？如果世俗主义与基督教分享同一个性行为模式，那么认为它们格格不入的看法就“显然是一个历史性极具争议和极其幼稚的看法”⑦。

福柯1966年的《词与物》对于18世纪末19世纪初也即是现代性开端的政治和科学所进行的反思对于研究现代主体是很有意义的。同样的，福柯1981年对现代性的伦理所进行的反思将提供理解现代主体的另一个面向。⑧这个反思首先就必须提出这样一个问题：“在最初一个世纪，也就是世俗伦理和基督教道德更迭的时期，到底发生了什

---

① M. Foucault, *Subjectivité et vérité*, *Cours au Collège de France. 1980—1981*, Paris, SEUIL/GALLIMARD, 2014, p.17.

② Claudius Aelianus（175—235），使用希腊语的罗马历史学家和演说家，著有《动物的个性》（Περὶ Ζῴων Ἰδιότητος）。

③ Gaius Plinius Secundus（23—79），罗马作家和自然学家，著有里程碑式百科全书《自然史》（*Naturalis historia*）[公元77年]。

④ Ulisse Aldrovandi（1522—1605），文艺复兴时期意大利著名科学家。

⑤ Saint François de Sales（1567—1622），天主教神学家。

⑥ M. Foucault, *Subjectivité et vérité*, *Cours au Collège de France. 1980—1981*, Paris, SEUIL/GALLIMARD, 2014, p.19.

⑦ *Ibid.*, p.20.

⑧ 仅仅是另一个面向，不是唯一的，也不是所谓终极的和根本的。

么？”[①] 由于“犹太基督教的观念在19世纪如此重要并且与世俗主义密切相关……然而，这个观念曾在数个世纪或几千年里是难以想象的”[②]。这也就是说，现代性在19世纪的开端并不就是现代道德本身的开端。后者其实是一个在更遥远的时代，对世俗主义、犹太教和基督教的奇特混合，“有必要将它们分辨出来”[③]。

但凑巧的是，与对知识进行自我分析的康德批判同时代的“19世纪构造了西方社会自我分析的两个大范畴：一个是伴随着资本主义的社会经济范畴，一个是伴随着犹太基督教的社会宗教范畴”[④]。在黑格尔分析犹太基督教运动之后，在费尔巴哈对犹太基督教和世俗主义的分析达到顶峰之后，在马克思的社会主义对资本主义的分析之后，在马克斯·韦伯蔚为壮观的宗教和经济式自我分析所进行的伟大综合之后，世俗主义和基督教的混合变得显而易见，因而福柯对于将二者作出历史编纂学式区分的怀疑是极有道理的。

正是基于这一点，福柯将自己的研究定位于希腊罗马时期，因为这个时期既是古代世界的结束，又是基督教的开端。这个时期不仅仅对于道德的形成或转化是极其重要的，同时对于自我分析的可能性来说也是极其重要的。对后者的研究可能会将康德的主-客悖论问题的遥远起源向更古老的时期推进。

修昔底德把公元前5世纪左右对普罗泰戈拉、德谟克利特、苏格拉底、阿那克萨戈拉等人的理性主义启蒙所进行的『政治迫害』解释为：战争时期，亵渎神灵和宣扬个体自由，就意味着背叛、瓦解城邦而自行投敌；尤其在哲学家理论上行之有效和修行上有张有节的个体自由，用到普通民众身上就会变成放纵失控。

① M. Foucault, *Subjectivité et vérité*, *Cours au Collège de France. 1980—1981*, Paris, SEUIL/GALLIMARD, 2014, p.21.

② *Ibid.*, p.42.

③ *Ibid.*, p.43.

④ *Ibid.*

锚定于这个希腊世界与基督教世界的交叉时期，一个引人注目和决定性的结构便浮现出来，这就是围绕着“生活技艺”的结构。对于希腊罗马人来说，这个生活的技艺可以包括面对生命中艰难时刻的各种技巧、修辞技术，甚至是在公共或私人生活中同时涉及灵魂和身体的一般性节制。[①] 它与基督教“生活技艺”的区别是，希腊罗马人研究“如何存在”，基督教研究“如何做”。因而对于前者来说，“生活技艺”就涉及在存在质量上主体在存在论意义上的状态，比如宁静或喜乐。而这些只能通过“一个繁复的工作”才能达到，即通过“首先是与他者的关系，其次是与真理的关系，随后是与自我的关系”[②] 才能达到。在希腊人那里，这个主体存在的质量是用 *bios*[③] 这个词来表达的，“生活技艺”（*tekhnê peri bion*）所涵盖的这三个关系就是：理知（*mathêsis*）、沉思（*meletê*）和操行（*askêsis*）。[④]

由此，产生了福柯在其晚期澄清的主体性“启蒙”的进路，“对于自我‘关照’和自我‘技艺’的历史，就是主体性的历史”[⑤]。这不再是通过疯狂、疾病和犯罪经验（如《疯狂史》《临床诊所的诞生》和《规训与惩罚》）来研究主体性的历史，也不是通过在科学客观性领域追寻生命主体、言说主体和劳动主体的痕迹（如《词与物》）来研究主体性的历史，“而是通过研究‘与自我关系’及其技术框架和知识效

不管是理性主义的理想国（最初宣扬个体权力，到头来又在大写的理性中将其丢失殆尽），还是非理性主义的神制世界（修昔底德的一个有趣的观点是：宗教束缚有利于遏制个体自利的膨胀），在政治和历史上都是三百年河东三百年河西，在真理和知识上也是皮之不存毛将焉附，到头来都得求个国富民安，不要经济危机，不要战争。

---

① M. Foucault, *Subjectivité et vérité*, *Cours au Collège de France. 1980—1981*, Paris, SEUIL/GALLIMARD, 2014, pp.30—31.

② *Ibid.*, p.34.

③ *Ibid.*, p.36.

④ *Ibid.*, p.35.

⑤ *Ibid.*, résumé du cours, p.300.

果在我们文化中的显现和转变”① 来研究主体性的历史。古代社会的这个“与自我的关系”，这个“技术框架”，这些“知识效果”就像古典时期或我们现在的“疯狂、犯罪和性经验的策源地和模阵”②。它们显现出三个中心轴，即在福柯看来，在从基督教到康德乃至我们现在的主体经验中至为根本的三个中心轴，“知识形成轴，行为规范轴和主体存在模式的构造轴”③。这三个中心轴正是在“关照自我”，在“自我技艺”中获得它们的源头：与他者的关系源于“理知”(*mathesis*)，与真理的关系源于“沉思”(*meletê*)，与自我的关系源于“操行”(*askêsis*)。也正是在这三个既现代又古代的中心轴上，福柯给出他对批判更或是康德陷阱的回应：(1)将知识理论替换为对“与真理的关系”所进行的历史分析，这个分析以“对话语实践的分析和对判真形式的历史”为基础；(2)将权力理论替换为对“与他者的关系”所进行的历史分析，这个分析以“统治力的各种进程和技术”为基础；(3)将主体理论替换为对“与自我的关系”所进行的历史分析，这个分析以“主体务实的……各种模式和技术”④ 为基础。

这三个替换系统性地改换了福柯的研究模式，其之前在知识、权力或主体的传统领域对主体性历史所进行的研究，

每个字词都是一个透镜，翻译就是校准每个透镜的焦距。

① M. Foucault, *Subjectivité et vérité*, *Cours au Collège de France. 1980—1981*, Paris, SEUIL/GALLIMARD, 2014, résumé du cours, p.300.

② 模阵是对法语词“matrice”(矩阵，子宫)的翻译，可以按照《骇客帝国》里的 matrice(母体，模板)来理解。

③ M. Foucault, *Le Gouvernement de soi et des autres*, *Cours au Collège de France. 1982—1983*, Paris, SEUIL/GALLIMARD, 2008, p.41.

④ *Ibid.*, p.42.

比如关于疯狂、疾病和犯罪，仍然是在主-客二难的框架下进行的，或者说古典和现代经验本身就深陷在认知主体和被认知客体的循环之中。但从性史第二卷的研究开始，从锚定希腊罗马时期开始，这些替换就像是对康德批判的一个回应，就像历史视角的某种效应，不再依赖于那些具有同时性和孤立性的传统领域，而是围绕着在认知论、存在论和历史意义上相互展开和折叠的三个中心轴。

关于福柯晚期哲学所选择的主体性启蒙之进路，还有最后一点需要澄清。这些关于“关照自我”和“自我技艺”的研究不应该被看作是福柯毕生研究的最终结论或建议，因为其突如其来的死亡，对他自己和对我们来说都是同样的意外，这个死亡最终成为其毕生研究的断裂性事件。理论上，这些涉及希腊罗马时期的探索也许并不能直接作为我们现在“生活技艺”的模型，它们的重要性在于其本身在主体性历史上不可磨灭的意义。这也符合福柯晚期研究的原则，即最重要的是“如果在我们之上，确实存在着和应该有某种真理，一个额外的真理，它对于我们来说是什么，我们应该做什么，我们应该如何行动”[①]。这也就是说，面对“真理”，重要的是要确立我们与它的关系，确定我们的对策，决定我们的用法，我们最珍贵的自由或主体性就在这里。

【载于《福柯在中国》（2016）】

lyrisme 与 lyrique 的区别，就如写诗的荷尔德林与不能作画的梵高。我们可以在诗歌里读出诗性（比如在荷尔德林的诗里『读出』某种对世界的整全认识），却不能在诗性（疯后的梵高和尼采）里认出诗性（世界本身）。问题不在表达世界的主体性缺乏透明度或敏感度，而在这个进行表达的主体性不能被当作客观对象。

---

① M. Foucault, *Subjectivité et vérité*, *Cours au Collège de France. 1980—1981*, Paris, SEUIL/GALLIMARD, 2014, p.14.

运 用 篇

知识问题

从福柯的“劳动”分析探源“经济危机”

人需要一个公允的认知作为判断存在价值的条件，因为他自身已失去感知存在的能力，更或是说，人已不是活在存在中。

亚当·斯密1776年的《国富论》是现代政治经济学的奠基之作，其中亚当·斯密为财富尤其是国家财富的分析领域引入了劳动概念。然而，将劳动作为财富尺度，并不是亚当·斯密的发明。福柯在《词与物》中提出，这个用法在坎蒂隆①、杜尔哥②、魁奈③、孔狄亚克④那里就已出现，在他们那里，劳动量已经开始衡量交换价值。不过，亚当·斯密的别出心裁是不容置疑的，劳动不再像坎蒂隆所说的那样是一个简单的测量工具，一个其本身就是相对的并可以化约为维持工人及其家人生活的食物数量，而是“一个不可化约、不可跨越和绝对的测量单位”⑤。在亚当·斯密这里，劳动与财

---

① Richard Cantillon（1680—1734），爱尔兰裔法国经济学家。著有《一般性商业的自然属性》（*Essai sur la Nature du Commerce en Général*）［1755］，被认为是历史上第一本对经济学问题进行了完整论述的著作，被现代经济学家视为“政治经济学的摇篮”。

② Anne Robert Jacques Turgot（1721—1781），法国经济学家，重农派重要代表人物。

③ François Quesnay（1694—1774），法国经济学家，重农主义领袖。

④ Étienne Bonnot de Condillac（1715—1780），法国哲学家，曾与狄德罗一起编撰《百科全书》，对启蒙运动产生重要影响。

⑤ M. Foucault, *Les mots et les choses*, Paris, Édition Gallimard, 1966, p.235.

富的关系完全变了，财富的价值不再存在于所需求对象的内部，它不再通过或凭借劳动所生产的需求对象来衡量，而直接通过实际进行生产的劳动本身来衡量。

一、亚当·斯密：劳动作为财富的度量

那么，这个本身价值在市场和生产过程中可浮动的劳动，这个作为财富尺度的不可化约的劳动究竟是什么呢？如果劳动不再通过维持工人及其家人生活的食物数量来衡量，那么什么是衡量劳动的第一要素呢？

福柯提出，18 世纪发明了一个衡量劳动的不可跨越的单位：即时间和劳苦，“作为一个工作日、劳苦和疲惫的劳动，是一个固定的要素”①。对于一个工作日，食品供给充裕时，工人的食物消费数量可能会增加；相反，当食品供给缺乏时，工人的食物消费数量就会缩减。但食品供给市场的变化情况不会改变一个工作日的“时间、劳苦和疲惫”。同样的，生产工艺效率高时，生产数量会提高；相反，效率低时，生产数量会减少。但生产工艺也不会改变生产每个产品的工作量，因为同一工作日产品数量的提高会降低其交换价值，从而，生产更多更便宜产品的劳动者并不会比生产更少但更贵产品的劳动者具有更强的购买力。

以此看来，18 世纪对价值的衡量奇妙地脱离了需求和交换活动，而转化为对劳动主体（劳动者）的时间和劳苦的

① M. Foucault, *Les mots et les choses*, Paris, Édition Gallimard, 1966, p.236.

衡量。但这并不是说需求和交换退出了经济领域。需求总还是交换的原因，交换总还是生产和完善生产的动力。然而，亚当·斯密所做的正是区分“交换的原因”和“可交换的尺度”，这也就是说，“被交换物的属性”与“使之能够被分解的单位”不是一回事。对亚当·斯密来说，作为测量工具，后者比前者更受青睐，因为后者（人的时间，单位时间的劳苦和疲惫）是恒定的（即每个劳动者的生命都是有限的），而前者（对产品的需求）则随着不同个体的欲望需求，随着人们的偏好和品位而变化莫测。尽管表面上亚当·斯密这一绝对测量工具的选择可能避免了所谓人类（消费需求）心理学，但它并没有因此脱离人类经验进入到一个完全客观的世界，而是纳入了主体的某种超验经验，即时间。

因此需要考察为什么对于亚当·斯密来说，“劳动”这样的尺度是恒定不变的。福柯对于古典时期“表征退隐”（La retraite de la représentation）的分析即可以说明这一点。亚当·斯密“提出了一个不可化约为表征分析的秩序原则：他使用劳动，也就是说劳苦与时间”[①]。欲望对象本身不可化约、不可分割，因而也难以交换。通过一个与其完全异质即在所有变化莫测的欲望和对象之外的尺度，用人的生命长度、劳动极限和死亡抽象综合而来的劳苦和疲惫，来衡量欲望对象并作为它们的等价物，这些欲望对象的价值就被置换成可以在劳动者之间无差别进行交换的价值，因为对于每个劳动者（每个人）而言，生命时间是一个较为恒定又可以无限分割

『在我看来，在真实中运转虚构，用虚拟的话语制造真实的效果，杜撰以使真理话语引发和制造某些还不存在的事物，这些都是可能的。』
——福柯，与 L. Finas 的对话，1977

① M. Foucault, *Les mots et les choses*, Paris, Édition Gallimard, 1966, p.237.

的概念。正是在这个意义上，福柯提出，这个绝对尺度实际上并没有脱离人类经验，相反地，它发明了一个新的人类经验概念，或更确切地说，它构造了一个新的人类经验形式：时间和“外在的终极天命”。

如果说17世纪人们仍然通过对所欲望事物进行事无巨细的表征，从而与变化多端的事物保有一种多样性的关联，到18世纪，亚当·斯密则创建了一个在这种表征之外，在事物与认知主体最后的共同土壤之外的秩序，即一个用人类学观念构造的秩序。在这个人类学里，人们使用“人的本质（人的局限性，人与时间的关系，死亡的逼迫）”来衡量一切价值，人们不再需要“了解（人）当下的需求对象，就发明作为时间和劳苦的工作日”[①]来衡量人所需求之物的价值。福柯指出，这并不是对人类不确定之欲望的抛弃，而是对事物本身多样性的抛弃。人们并不是因而朝向一个更为客观确定的经济学科学进步，也不是朝向一个更全面考虑人类生活的人性化的人类学前进。而是完全相反，人们在朝向政治经济学，这个政治经济学不寻求真正的财富或需求交换，而恰恰是在不考虑实际需求的情况下，寻求财富单纯的累积性的生产，即寻求劳动者劳动时间无限度的累加。在这个意义上，人们的确是在朝向某种人类学，但这个人类学将人变成了一个对其自身及其客观欲求来说确定和绝对的主体。在这个主体中，人（自身需求）是其自身（劳动时间）的局外人。

我把翻译比作揉面团、做面包，应该和巴特把寿喜烧比作无中心的文本类似。把世界如丝如绸地展开，必要有一份娴静从容的心，或者就是为了获得那份恬静。

① M. Foucault, *Les mots et les choses*, Paris, Édition Gallimard, 1966, p.238.

但亚当·斯密从人的劳动中抽取作为恒定尺度的“时间和劳苦”，这并不是毫无条件的。“劳动”概念要完成这个角色，仍然必须有一个外在前提，即“制造一个产品必不可少的劳动量”必须等于“这个产品反过来可以在交换过程中购买的劳动量”①。这也就是说，“尺度”意味着一个双重表征的吻合，“劳动”表征其所生产产品价值的度量功能不是独立的，还需要这个在生产领域被度量了的“价值”能够再在劳动力市场中得以实现，即可以通过等量劳动来购买等量劳动，必须可以通过这个“尺度”在不同欲望对象间进行交换。在17世纪，这个“度量”的表征不可能是一个一劳永逸的指称，尽管它表征事物的方式是有序的，但它毕竟是不断贴附于事物本身之上的。正因如此，18世纪的经济学要求一个稳定的指称尺度，这也是为什么亚当·斯密从人类劳动中抽取时间和劳苦以取代那个以需求作为表征的尺度。但如果劳动本身仍然处于这个既是能指又是所指的双重角色中，也就是说，如果劳动仍然要求一个所谓通透和等价的（双重）表征，即劳动既要表征“人的活动”又要表征“事物的价值”，这个通透性和等同性就总是要求被证实，因为它并不是天然吻合的。在这个意义上，17世纪就存在着深植于“表征”活动本身之中的认识论与存在论的鸿沟；而18世纪，这个鸿沟就变成了深植于“价值”本身之中的货币与财富的差距。真理与现实、价格与价值的一致性、通透性和等同性，永远不是显而易见和不证自明的。

福柯反对对人/主体进行意识形态化的（idéologique）苛责/排斥和否定，这包括笛卡尔对疯狂（无理性人）的排斥，康德对一般主体经验的否定，甚至包括尼采对『超人』的向往。这个反对并不引致非理性主义（理性主义在此也是一个意识形态），而是更为理性地（『客观地』）面对人及其所在世界对人/知识的实际作用。

---

① M. Foucault, *Les mots et les choses*, Paris, Édition Gallimard, 1966, p.265.

二、李嘉图：劳动作为价值的来源

亚当·斯密的劳动理论还存在着这样一个表征时代的后遗症，表征的真正退隐只有到19世纪的李嘉图才算最终完成。因为李嘉图提出了一个更为极端的理论：劳动本身不仅是尺度，而且是所有事物价值的来源，正因为劳动是价值的来源，所有劳动才能成为价值的尺度。我们可以看到，亚当·斯密对于“劳动”尺度认识论意义上的“表征化”使用，在李嘉图这里就变成了存在论意义上的实际起源。依据李嘉图的理论，生产产品的劳动量之所以能够衡量事物（产品）的价值，这不是来自一个必须在交换领域得到证实的赋指。这个度量是可以自我证成的，因为正是劳动创造了事物可交换且现实的价值，“劳动作为生产活动是所有价值的源泉”①。这一由一定劳动单位（工人一个工作日的劳苦和疲惫）所赋予的价值因而是绝对的和不可化约的，这个价值不再是在某个交换体系中通过比较而来的某种表征，“价值不再是某种征符，它成为一个产品”②。也就是说，人的劳动直接产生价值和财富，而不是仅仅表征它们。这就像康德所进行的哥白尼革命，只是李嘉图在经济领域进行了这个革命：不是认知主体必须寻求如何正确表征绝对价值，而是价值本身就是主体的产物。由此，“表征”在认识事物中的使命彻底告终，从此以后，为了认识事物，只需要认知主体，即认识那个从18世纪末以来具有某种超验结构的主体。那么，这个

读书思考以及现实生活给人造成的思想震动、对人对世界『看法』的改变，在速度和深度上远远超过时间在人额头刻就的皱纹。什么叫『让我们老得更快一些，这并不是去向死亡，而是在乐园相会』（塞涅卡给卢瑟留的第32封信）？

相比而言，人周围的世界是静止的，蜗牛般蠕动的，无生机的和死寂的，哪怕是整个互联网以及浩淼的中国。

---

① M. Foucault, *Les mots et les choses*, Paris, Édition Gallimard, 1966, p.266.

② *Ibid.*

19世纪在经济领域进行的哥白尼革命到底对古典时期经济学做了哪些本质和极端的变革呢？

（一）劳动的“历史性”来源

第一个变革，互逆性因果关系变成了线性累积。古典时期（即17、18世纪），主体介入经济运行的方式是有限的，因为主体所做的仅仅是认识事物，即仅仅是在实际存在的事物中提取一部分，并将其定义为表征物，其他的部分则作为被表征物。一旦这个表征的定义活动完成，经济则照常按照事物的自然增长和缩减运行：当货币-符号（金储量）的增长速度比食物快，价格上涨；当货币-商品（流通中的金含量）相对于其他商品数量减少，生产也会相应自然缩减。决定经济的游戏规则是空间性的，也就是说，所有因素都被置于同一层次上，它们彼此相互表征和度量，因果运动仅仅是在同一层次上的相互作用和循环，所有这些因素都遵循大宇宙大自然的同一个理知（*mathesis*）秩序。

但从李嘉图开始，由于劳动成为绝对尺度和价值来源，主体介入经济的方式就不再仅仅是对表征物和被表征物的关联赋指，而是劳动主体成为决定劳动、创造价值和财富的因素。也正因此，劳动主体所耗费的时间、劳苦、疲惫及其极限成为劳动不可化约、不可跨越的尺度，亚当·斯密的认识论命题根本性地被改换为存在论命题，经济运行从而进入一个崭新的领域。在这里，各种经济因素不再依据某种表征物和被表征物之间互逆的因果关系而被抽取和被组织，也就是说，不再依据事物本身，而是依据劳动主体在时间线上累积

普鲁塔克的三种婚姻结合模式：军队婚、建筑婚、动物婚。为性的婚姻像一个军队，铁打的军营流水的兵；为钱为孩子的婚姻像一个建筑，换门换窗不能换梁，拆墙拆顶照样卖钱；为生命共同体的婚姻像一个动物，少了谁都活得残缺，多了谁都活得别扭。

希腊罗马时期的婚姻共同体理想与希腊时期的城邦共同体理想，基督教时期的宗教共同体理想以及现在的全球化共同体理想如出一辙：一旦个体有主体意志，个体与社会（个体的结合）的契合，都将是个难题。

的和连续的因果关系。财富是由人创造的，价值由人的劳动时间来衡量，所有的生产都是为了累积这个劳动时间。人们只追求这个时间的无限线性累积，而不再顾及对实际需求的满足与否，这也是 19 世纪以来经济危机的重要肇因。

在古典时期的经济活动中，为积累财富，人们四处寻找金矿，这是一种在自然空间中的累积，这是由大宇宙在某个时期的自然状况来决定的。在李嘉图以来的现代经济中，积累财富就是积累劳动者的劳动时间（生命），由于人类作为物种群体的生命可以无限接续，这种累积因而变得没有限制。在这个整体财富的时间性链条中，在这个财富的连续历史中，单个劳动主体的生命被简化为这个连续性和累积性时间中的一个无差别的部分。单个主体通过劳动创造财富，它的劳动（生命时间）是财富的一部分；但是对这个财富的总体性累积来说，不论是大自然，还是任何一个劳动者甚至资本家，谁也没有控制和约束的能力，谁也没有主动性和主体性。因为财富已经成为一个由诸多个体无差别的、抽象的和线性的时间累积而成的"历史"①。这是一个失控的历史，一个既人类学（由人的生命时间来衡量）又非人性（任何人都不能控制）的历史。

（二）劳动的"人类学"来源

从李嘉图以来的第二个变革，即事物相对于人类需求的稀缺性变成了相对于关乎人类生存的原初性稀缺，即为了

① 这里带引号的历史是对首字母大写的法语词 Histoire 的表达，它不同于一般性的事实层面上的历史，而是一种超验主体模式下的大写"历史"。

弥补这个原初性稀缺，为了能够活着，必须劳动。对于古典时期的经济思想来说，稀缺性（欲望）是指人不具备任何其所需要的东西，但人的这种自然缺乏可以通过自然本身来弥补，“土地具备满足这些需求的最佳能力”①，不仅如此，土地还能提供可以在交换中流通的剩余，即货币（金储备）。

但从李嘉图开始，这个古典时期经济学的乐观主义消失了。对他来说，土地的慷慨只是表面现象，欲望的满足只存在于“人的精神层面”，大自然的真实情况是“原初性的缺乏”。姑且不论这种古典时期的乐观主义以及这种现代的悲观主义从何而来，从理论上来说，只有在大自然的即兴给予不能够满足总人口的需求之时，才会出现人的劳动。对于古典时期的乐观主义来说，劳动不是必然的，它只是诸多自然财富（劳动本身也是这个财富之一）交换游戏中的一个因素。但对于19世纪以来的悲观主义来说，劳动成为一种必然，因为悲观主义将稀缺性（欲望）转化为某种不可避免的生命威胁，从而劳动就成为生命（欲望）的拯救者——因为似乎只有经济活动（劳动）才能弥补这个稀缺性（满足欲望）。

至此，古典时期以表征为基础的单纯的经济（交换）游戏变成了关涉人之生死的政治经济游戏。人类学也正是从这里真正显现出来：人不再仅仅在交换中表达其自然需求，而是成为政治经济主体（经济人，*homo oeconomicus*），成为“通过度过、使用和失去自己的生命来逃脱死亡胁迫”②的主

学术/教育体制、出版市场、文化社交平台共同打造着一个由『知识』武装起来的广泛而又『无能』的愚民阶层。『无能』是指：社会问题成功地被转化为个体心理焦虑，转化为面对现实问题的『无能为力』，转化为越焦虑越求知越无知/无能的恶性循环。

① M. Foucault, *op. cit.*, p.268.

② *Ibid.*

体。正是在这里，人的局限性问题成为比人的需求问题更为基础性的问题。因而，我们可以说，康德和李嘉图一样，认为这个局限性问题来自认知主体的悲观主义，它是某种人类学的自我折叠，即认知主体由与宇宙理知（*mathesis*）的关联变成了自我关联。从此，人的自然需求问题反而变成了主观性的领域，人们把它留给心理学，就好像人的自然需求是比人的局限性更为空想更为想象性的东西。那么什么是这个人类学的局限性？答案在第三个变革中更深刻地凸显出来。

（三）劳动的“经济危机”后果

从李嘉图以来的第三个变革是前两个变革（“历史”的和人类学的）的一个结果，即任何经济变革只能发生在人类学时间线上，在一个越来越固化的“历史”中。在古典时期经济思想中，所有经济因素都置身于一个开放的布局中（尽管这个布局在某种程度上是由认知主体组织起来的，但其对事物本身的表征是无限的）。当作为事物的货币-符号在大自然中增长，生产也增长；当它开始减少，经济活动也相应缩减。在这里，财富的增长追随宇宙秩序。当然大自然本身的自然变化也会造成不可控的震荡，但有生命的大自然是可以持续发展的，它本身不会石化。

然而到了李嘉图时代，衡量劳动的劳动主体的时间（即人的生命）是有限的，从而经济运行总是朝向某种惰性前进。因为按照李嘉图的悲观主义理论，不仅是土地的即兴产物不能够满足总是增长的人口，更糟糕的是，农业劳动必须不断开垦那些不那么富产的土地来养活人口，地租正是出现

翻译也是一种考古。当你把另一种语言冗长复杂的形式厘清，就像把一个绑结着钢筋土块无法辨认且不可见的玉器拿了出来。只是用什么拿呢？还是得给予隐藏在其中微妙的意思一种新的语言，一副新的钢筋土块，一副可以让其中包裹的不可见的玉器能够被某些人群辨认的钢筋土块。翻译其实是一种双向的考古。

在这里。然而鼓励这种开垦贫瘠土地的劳动的唯一方式，就是由它来决定相同产品的市场价格。因为如果这个价格由富产土地的劳作来决定，那么由于在富产土地生产同样产品所需的劳作相对要少，这个价格就会较低。这样的话，就没有人会投入贫瘠土地的劳作，因为这样付出的更多劳动无法通过市场价格获得补偿。因而这个价格必然是一个被提升了的价格，因为在贫瘠土地上生产相同产品必须付出相对于富产土地的劳作更多的劳动。当市场上的所有产品分享这个较高的价格，富产土地就必然会因为贫瘠土地所决定的较高价格盈利。土地不断稀缺带来的价格上涨使得靠这些价格不断上涨的产品维持生活的工人的“名义工资”不得不不断提高，这样企业主的盈利就不断减少，工业生产也因而不断缩减直到整个经济的停滞。当然，土地只是“历史”贫瘠化的诸多开端之一，随后，还有各种技术革命，但这些技术革命只不过是历史“岩石般固化”的其他开端而已。

这些经济危机，这些经济石化的过程，不断提醒我们，大自然不允许以这个“人不再是自然存在”的速度进行开发。这些由比土地的“吝啬”更为贪婪的技术发明所进行的开发，这些以逻辑化干枯的数字进行繁衍的盈利，这些由其自身人类学证成的文明，共同制造了将人的局限性延展到“远超过物种原初极限和身体当下需求”[①] 的现代主体。在此意义上，这并不是一个属于人自身的人类学，而是属于某种超验主体的人类学。这个人类学可以使其“历史”变得

翻译一本书，有时候就像跑马拉松。大多数时候，你是在无人喝彩的孤独山脉中蠕行。你只能听到自己的喘息，只能感受到肌肉的持续酸痛和关节的逐渐僵化。不断袭来的令人惊叹的美景已经成为你的一部分。可你不能驻足，译者不是作品的风景，译者是风景的信使。

① M. Foucault, *op. cit.*, p.271.

戏剧化，但却从未能摆脱这个“历史”；这个人类学限定和盘剥的不仅是大自然，还有人的自然。这个超验主体每次以这种人类学和历史性的方式启动一种经济和一种文明，这个经济和文明就会最终撞到大自然和人之自然的边界，“‘历史’只能停滞，在其轴心上摇晃一会儿，然后就永久地停下来了”①。

三、马克思与李嘉图的殊途同归

从这个角度上来看，李嘉图和马克思不过是同一个舞台上的两个戏剧家，也就是说，他们上演的是同一个“历史”的超验主体，只是他们设定了不同的人类学上演方式。

一方面，面对着由“历史”和人类学定义的主体的超验性，李嘉图代表着某种“悲观主义”人类主体性。在这个视角中，“历史”耗竭人类学。之所以称李嘉图是悲观主义者，这是因为他认为土地从根本上是缺乏的，从而土地变得越来越吝啬，这迫使人们总是必须更加艰难和更加密集性地劳动。这导致虽然生产提高、财富增加，但也伴随着不断提高的劳动代价。对于李嘉图来说，这一劳动代价不断高昂的发展运动不可避免地会达至这样一个“经济危机”的极限时刻，即这个劳动代价高昂到任何财富的增加（劳动时间的累加）都不再能够支付维持进行这个劳动的工人及其家庭之生命物质资料的工资。这就会导致生产缩减，人口受限，劳动

用法语做过研究、翻译和写作，再看别人的翻译，你就可以非常同情地自动纠错和还原。你知道这个意思法国人会用什么词，会用什么句式，中国人又是如何无比纠结地找个山寨词对应，嫁接个法式中文句。你不会怪译者，只有小孩子才会怪别的小孩子口齿不清。当然，这种谅解只对心里明白的小孩有效。

① M. Foucault, *op. cit.*, p.272.

回到满足基本需要的角色，而不再是用来追求利润，“任何额外的劳动都是无用的，任何过剩的人口都得灭亡”①。在这出悲观主义戏剧中，“历史”和人类学二者都以时间强制的角色发挥作用：“历史”是一个大自然枯竭的过程，人类学则上演人类主体的局限性，这个主体性可以从最具野心（无限追求利润，不断努力摆脱自身）变成最谦卑（满足最低需求）。悲观主义任由“历史”将人的主体性侵蚀入骨，直到“人类学最赤裸的部分”，直到“这一使之止于自身的真理”。

另一方面，面对同样的超验性，马克思代表着革命的主体性，在这个主体性的视角中，人类学撕裂“历史”。“历史”在李嘉图那里扮演的所有“正面（积极）形象”都被看作是否定（消极）性的。比如，在李嘉图那里，由于相对于维持工人生活必需的生活资料即土地的缺乏是先天的，因而劳动总是越来越艰辛和代价高昂。而这一点，被马克思诠释为相对于满足生活最低工资而产生的劳动的剩余价值，即资本的利润。迫于自然的外在“历史”压力而回返到原初需求的过程，被马克思看作是资本家对工人工资的持续压榨，被看作对工人生存的绝对威胁。因而，在李嘉图那里，大自然的吝啬（有限性，人的有限性包含在内）与人的野心之间的制衡，在马克思这里，被转化为资本家与工人之间的阶级斗争。如果说李嘉图的悲观主义已经引致生产和人口的趋于稳定更或是停滞，那么马克思对于这个悲观主义的消极处理只

一个有趣而又讽刺的比喻是：洗礼是火，忏悔则是把自身当作杂钢废铁，苦修就是把自己铸炼成纯正足值的钱币。可惜基督教时代，这个钱币是用来向上帝赎买自身罪过的，是为了获救；而现在，这个钱币成了流通的匕首，阉己生机，刮人膏脂，无人获救。

① M. Foucault, *op. cit.*, p.272.

康德陷阱之所以可能，不是他一拍脑袋生出来的，当他在主体中发现范畴、在表征中发现主体，这已不仅是笛卡尔的功劳，甚至漫长而深彻的『上帝』也只是贡献了『镣铐』和『告白』，性-死亡-真理的主体化甚至发生在人还依靠处女『祭司』的口信儿，『真理』在被进入前必被深褶，『物自身』不是不可知而是不可被主体化。

能导致社会革命。如果“历史”的正面（积极）作用总是可以将富有野心的人类学引向人与自然的某种和平，那么人类学的负面（消极）处理方式只能将“历史”卷入人与人之间不可化解的无穷冲突之中。

毋庸置疑，马克思，和李嘉图一样，都通过在死亡边界上同样的悲惨世界，认识到人的某种真实，即人永远也不可能逃脱需求和时间、饥饿和死亡。马克思和李嘉图都竭力重建这个“人之本性”，但他们的方式却正好相反：一个是对人类学和“历史”的服从，另一个则是对“历史”最具野心（革命式人类学）的“消除或至少是颠覆”①。显然，这个消除或颠覆不是面对人与自然的“历史”，而是针对人与人本身关系的历史，一个人类学的极致。

尽管李嘉图和马克思选择了不同的道路，一个进入与自然的和解，另一个投入反对他人的战斗，但福柯尖锐地提出，他们二人所代表的“只不过是实现人类学和‘历史’关系的两种方式”②，他们二人表面上的对立其实蕴含着更深层次的从属性，“资产阶级经济”与“无产阶级革命”是由同一个超验性主体模式决定的。尽管他们之间有冲突和对抗，这也只不过是“在表面上掀起一些浪潮和划出几道波纹：这只不过是儿童游乐池里的暴风雨”③。这一超验主体只有在 19 世纪的特定知识设置中才能被发明和存在下去，它本身只是认知主体的产物。这个认知主体根据“诸生产形式”描

---

① M. Foucault, *op. cit.*, p.273.

② *Ibid.*

③ *Ibid.*

画“经济的历史性”，根据“稀缺性和劳动”描画“人类存在的局限性”，从而最终，认知主体描画了“‘历史’终结的期限”，这个期限的到来要么是像李嘉图设想的那样是无穷缓慢的，要么是像马克思设想的那样是极端颠覆性的。为解决其所面临的问题，19 世纪以来的现代只能诉诸对起源的追寻。因为对于这个将自身安置在因果意含之中的现代主体，唯一的乌托邦只能是一个“历史”、人类学和悬隔未来的混合体，尽管这个混合体的模式或多或少不尽相同。

【写于 2015 年，未刊稿】

对整体论的考古学反思
——以青蒿素事件的提问法为例

一、两个事件

很高兴能有机会在索邦对中国传统医学做一个考古学探索的尝试。福柯的考古学方法论对于法国研究者是相当熟悉的，甚至对全世界来说都是一个流行和富有魅力的历史认识论理论。但将福柯的考古学方法运用到中国传统医学的研究领域，可能在法国和中国都不多见。我想趁巴黎一大历史认识论研讨会举办之机，对这个不仅是跨学科而且尤其是跨文化的研究进行一个初步的尝试。

当然涉足这个复杂领域研究还有另一个契机甚或事件：2015 年 10 月，中国药学家屠呦呦荣获诺贝尔生理学奖或医学奖，理由是她发现了青蒿素——从青蒿中提取的一种具有治疗疟疾药用特性的无色结晶体。这一事件在中国产生巨大轰动。

二、三种反应

我想首先在此借用福柯对弗洛伊德心理学中“精神创

索福克勒斯的俄狄浦斯王中，先知 Tirésias 说俄狄浦斯就是弑君乱伦者时，俄狄浦斯最后发出感叹：『啊，财富！啊，权力！啊，一切术中之最！你引起多少嫉妒！』

伤”的分析，“精神创伤是一种具有情感意指的动荡……当人们无法越过这种新的意指，又不能被纳入到旧的意指之中，个体就会滞留在这个过去与当下的冲突之中。”①中华民族像所有其他的古老民族一样，有着多层次的演化过程。如果说近代的中华民族存在某种挥之不去的精神创伤，那么这通常被言说为被帝国主义入侵的耻辱。通常，在个体主体的当下整合出一个与集体完全融贯和同一的认同是不可能的。因此当一个民族试图这样做的时候，当个体的中国人的当下必须与其集体的“过去”照面的时候，会发生双重的回退：对个体无意识的回退和对集体无意识的回退。在回退中，来自个体史和集体史的自信与怀疑，也会在这双重的层面发生冲突。

因此，对于2015年中国本土科学家获得诺贝尔生理学奖或医学奖，就存在至少三种反应类型。第一种反应是基于国家的需要和倡导而产生对中国传统医学的乐观主义热情。这满足了过去生活的幻影在真实世界现实中的直接投射。国家利用这种对已知价值的移调，并将之升华为民族精神和民族希望。第二种反应是从现代科学和西方价值的视角批评这种乐观主义。这些批评认为这个奖颁给屠呦呦，是对受中国传统医学启发所进行的西方医学研究发现的回报。②第三种

比『认识你自己』更深沉的是『关照自身』，比『求真/权力意志』更深沉的是『求欢意志』。

---

① DE, N° 2, «La psychologie de 1850 à 1950», in Huisman (D) et Weber (A.), *Histoire de la philosophie européenne*, t. II: Tableau de la philosophie contemporaine, Paris, Librairie Fischbacher, 1957, 33, rue de Seine, pp.591—606.

② 诺贝尔委员会的原话是：“我们并不是把今年的诺贝尔奖项颁给中国传统医学，而是颁给受到这个传统医学启发从而制造出新药的研究者。”

从色诺芬到普鲁塔克到爱比克泰德到4世纪末基督教作家，关于婚姻他们讨论的只有一个问题：ei gamêteon（该不该结婚？智者/哲学生活该不该结婚？）毕竟没经过基督教洗礼，不像康德只能伪装无辜：不是我不想结。不过，自由如果是枷锁的『内/容』呢？

反应则是对诺贝尔奖摧毁中国传统医学的担忧。这些担忧者与第二种反应中的批评者持相同逻辑，认为诺贝尔奖是对现代技术的奖励，即提取青蒿素的现代方法比中国传统医学的古老经验本身更有决定性的意义。因此他们认为中国传统医学的整体论如果接受了西方的还原论，那么“无异于宣告中国传统医学的死亡”。

上述两个时机——在索邦进行的这个关于当下与过去的研讨会，以及诺贝尔奖对青蒿素发现的奖励，促使我展开这个异于以上反应的反思，一个在福柯启发下的反思。

但为什么是福柯？因为围绕青蒿素发现的获奖所展开的争论，其关键在于中国传统医学与现代科学的整合或对立。这恰恰是西方18世纪到19世纪科学史断裂的另一面或直接效果，正是福柯从对疯狂、医学、经济学、生物学和语言学的考古学研究中突显出来的另一面或直接效果。也许通过考古学的研究道路，我们可以发现中国传统医学与现代科学关系的另一种面貌，相应的，福柯的考古学理论也许也可以由这种使用的实践而得到丰富。

三、一个对比

首先，我打算把中国传统医学与西方18世纪以前的科学联系起来①，尤其是将关于青蒿素的历史话语与关于非理性

① 按照类似的历史分期，东西方历史认知模式既有相似性亦有差异。在此，我选择了一个典型的划分以便简化分析，并将重点放在现代与所谓“前现代”的主要冲突上。

的历史话语联系起来。在福柯那里，关于疯狂的现代科学是由两个步骤建立起来的：在体制方面，有 17 世纪对道德谵妄的排斥和 18 世纪以来的解放隐喻；在对科学的定义方面，有对两种（医学和法学）经验的并置和对心身的齐平化。西方在医疗知识模式上的转换对应于东方对中国传统医学知识模式的转换，只是后者是通过外族的强力完成的。从 1840 年的第一次鸦片战争起，大清帝国的衰落成为近代中华民族的第一个具有精神创伤的过去。在此之后，基督教传教士很容易在中国传播刚刚在西方形成的现代科学。在两次鸦片战争之后，西方现代医学在中国无知觉、无反思更无抵抗的情况下侵入中国。这种侵入与现代科学一起不无悖谬地转化为中国人的强国运动。如果西方关于疯狂的科学是通过对非理性的排斥和对个体解放的口号而建立起来的，那么中国的医学科学则是通过对中国传统医学的排斥和民族振兴的口号而建立起来的。

正如西方 18 世纪末的科学革命，这个发生在中国的“科学”入侵产生了两个重要的革命性后果。

一方面，中国人似乎一劳永逸地信服摧毁我们的力量包含着最强大的真理。复杂衰落的耻辱造成的精神创伤，悄无声息地被转化为对强大科学的仰慕。第一个在中国传播医疗技术的美国传教士伯驾（Peter Parker）因此被称为用柳叶刀打开中国福音的人。当今中国几乎所有著名医院都是这个时期建立的，例如：广州博济医院，上海和武汉的仁济医院，杭州的广济医院等等。19 世纪末，中国 13 个省和 80 个地

这个问题的复杂性在于，正是希腊罗马时期对于“该不该结婚”的主体式反思奠基了基督教的“婚姻制度”，定义了性行为的唯一合法/自然形式，把所有关于“人的自由”的思考和现实（参考希腊罗马时期的性自由）枷锁（制度化）于“婚姻”之中，这个“自律式立法”后来被康德抄袭了。这个“主体式反思”换句话说是一种“人的实用主义”，对立于多神教背景下“神”的无目的性立法，被基督教吸纳改造为“神爱人”的立法。

区都配备了传教士医院[1]，更不论现代医学院及其教学装备的普及。这些医院大多使用中国汉字“济”为名，意喻“过河”“救助”。但中国人似乎从未像福柯在其对西方知识的考古学中那样对这样一个现代科学进行反思，更无从发现基督教价值秘密地通过科学渗透到我们的文化之中。

另一方面，在这个侵入之前的中国医学，在这些拯救者的医院之前的中国几千年的医学实践则被完全排斥出去，成为江湖骗子、巫医——与西方中世纪的魔法命运相同。中国传统医学在这个时期不再具有合法性甚至行医的资格。在中国医学实践发生这种深刻和全面的转化之后，在毛泽东时代，在战后重建新兴国家的开始，在现代医院遭到战争破坏之后，在几乎没有面对疾病的任何经济和知识条件的时候，毛泽东 1954 年发起了“西医学习中医”的运动。这不仅是因为几千年的中国传统医学深入中国人的骨髓，而更是因为：一方面，在新中国成立初期的低经济水平情况下，只有中国传统医学是触手可及的治疗手段，就像对青蒿素重新发现的嘉奖，不是因为青蒿素是唯一的治疗方案，而是因为它是最便宜的治疗手段；另一方面，现代医学标准所授予的行医资格早已将中国传统医学行医者排斥在医学领域之外，此时只有经过现代医学训练的医学生来重建中国传统医学机构。这正是建国初期中西医结合的政治口号的基础。对青蒿素的重新发现就是这种处境的一个结果。

塞万提斯对自己的作品进行『同人创作』，把《堂吉诃德》带入了哲学反思——符号对现实的单纯模仿走向符号自己生产自己的乌托邦，这本是17世纪以来语言世界的知识型变化趋势。不过，『不同人的同人创作』引入了同样是近代产物的知识产权、不正当竞争问题：符号不仅生产自己的生产者，还生产自己的消费者——没有买卖，就没有杀戮。

---

① 参见：《中外医学交流史》，李经纬主编，湖南教育出版社 1998 年版。

四、考古学理论的可能贡献

为了更好地理解这种模式转化的结果，并试图找到一个可能的出路，我将参照福柯关于当下与过去的考古学理论。

（一）文化介质

福柯在一篇公开回应68年五月风暴的文章脚注中指出了他下一部著作的题目："我希望在下一部著作中有时间分析历史话语的问题，这部著作的标题大概是：《过去与当下：人文科学的别样考古学》。"① 这个书名当然并没有问世，但可以说福柯接下来的著作《知识考古学》的初衷至少就是处理过去与当下之间的张力。

这个书名的改变也许并不是偶然的。为了分析历史话语的问题，当下作为分析者所处和所限的立场和设置，是不可避免的。这也是福柯晚期回到康德式问题的原因②，正如福柯在《何谓启蒙？》中所言："哲学思想寻求反思其自身的当下。"③ 这个"当下"正是现代性本身。不过，这个稍晚对（区别于"基于"）现代性、对"我们自身的存在论"的追问，也并没有在福柯早期的研究中因轻率而被忽略。相反，

① DE, N° 58, «Réponse à une question», *Esprit*, n° 371, mai 1968, pp.850—874.

② cf., Leçon du 5 janvier 1983, *le gouvernement de soi et des autres*, Cours au Collège de France, 1982—1983.

③ DE, N°339, «What is Enligthenment?» («Qu'est-ce que les Lumières?»), in Rabinow (P.), éd., *The Foucault Reader*, New York, Pantheon Books, 1984, pp.32—50.

法国汉学家于连说那些认为翻译无障碍或那些偏向任何一种文化的翻译都是坏的翻译。好的翻译是要熟谙文化差异，并懂得在这种差异之间搭建桥梁。朱利安把中国古代的『物』译作『存在（l'être）』，将《易经》中前后卦相衍说成是『dispositif』就很有意思。

如今，连『还是个人』都必须值得骄傲一下。可当『还是个人』的判断能力都失去的时候，形而上学就真的胜利了。在资本和语言最盛行的地方，靠财富和演讲赢得权力委托的地方，才拥有最摩登的形上式安乐死之术。

正是为了反对认知主体“自身当下”的统治，福柯才构造了“一个也许非常郑重的……被冠名为‘考古学’”①的方法。

在这个意义上，尽管当下与过去的张力在认知主体的角度上是持久且绕不开的，这个张力在历史话语中却并非本质和不可避免的。实际上，福柯对精神病学、医学、经济学、生物学和语言学所做的所有细致入微的考古学研究，福柯1969年在《知识考古学》中对考古学所做的理论和方法论上的所有努力，就是为了摧毁（至少为了更新）当下与过去的这个线性和时间性的关系。换言之，作为探索历史话语的考古学，并不以当下的法则判断过去。涉及对发现青蒿素获得诺贝尔奖的反应，人们所在的当下瞬间本身是一个沉淀着过去的复杂现实，考古学家不应诉诸考察者自身的当下。

福柯从其关于心理学史的第二篇文章就开始提及这个主题。福柯指出在弗洛伊德的心理学中有一种凝结于当下的过去，如果人们放任其中，就不能脱离过去的精神创伤。尽管弗洛伊德心理学仍然是在线性时间的意义上看问题，但使弗洛伊德与前人有所不同的，“正是他给予意指一个客观的身份”②。随着弗洛伊德，福柯显现出“一种文化介质”“一种客观身份”，它们停留在当下而无任何主体范式。考古学及其描述对象正是居于这个介质中，在这个介质中，考古学家的当下并没有高于其对象的特权。考古学家的现实本身就是有

---

① M. Foucault, *L'archéologie du savoir*, Gallimard, 1969, p.183.

② DE, N°2, «La psychologie de 1850 à 1950», in Huisman (D) et Weber (A.), *Histoire de la philosophie européenne*, t. II: Tableau de la philosophie contemporaine, Paris, Librairie Fischbacher, 1957, 33, rue de Seine, pp.591—606.

待描述的对象，就像语词本身就是事物。

按照福柯的术语来说，这个文化介质就是档案。福柯并不否认无法绕开的主体立场。正如福柯在 1968 年的一个访谈中所言：“我并不否认我思，我仅限于观察到我思的方法论生产力最终并没有我们所认为的那样巨大，不管怎么说，我们今天完全能够跨越我思，进行那些在我看来是客观的和实证的描述。”① 福柯所研究的历史话语领域，一旦由认知主体呈现出来，就永远成为外在于认知主体的档案。其结果就是在当下与过去之间，竖立起一系列文化和客观的要素，这些要素无关于认知主体的任何可能立场，不再具有可随主体调整和变化的弹性，而是一个非线性、客观和树状的“距离”②。在这个新空间里，占支配地位的是另一种秩序，即垂直叠置的现实：“最古老的却反常地处于最邻近顶峰的位置”③。这也是为什么在“文化大革命”中，最为迫切需要消除的是“四旧”（旧思想、旧文化、旧风俗、旧习惯）。不无悖谬的是，同时期最便于救急的也是一个旧事物：中国传统医学。因此，我们能够更好地理解在“文化大革命”的混乱中，中国传统医学为什么不在需要消除的“四旧”之列，像

从『服从，不要（运用你自己的/人的）理性』(Obéissez, ne raisonnez pas）到『服从（人为自身立法的理性），你就可以尽你所愿地（运用）理性』(Obéissez, et vous pourrez raisonner autant que vous voudrez），真的就是从不成熟到成熟吗？后者就是康德陷阱，就是现代性主体，就是经济危机和世界大战的起源，就是科学生活和形式生活，就是不死的死人和被强制的自由。

① *DE 2001,* N°50, «Che cos'è Lei Professor Foucault?» («Qui êtes-vous, professeur Foucault?»; entretien avec P. Caruso; trad. C. Lazzeri), *La Fiera letteraria*, année XLII, n° 39, 28 septembre 1967.

② DE, N° 17, «Distance, aspect, origine», *Critique*, n° 198, novembre 1963, pp.931—945. (Sur J-L. Baudry, *Les images*, Paris, Éd du Seuil, 1963; M. Pleynet, *Paysages en deux: les lignes de la prose*, Paris, Éd. du Seuil, 1963; P. Sollers, *L'Intermédiaire*, Paris, Éd. du Seuil, 1963, et Tel quel, nos 1—14, 1960—1963.)

③ *Ibid.*

François Ewald 1975 年在政治解剖与政治身体中评福柯对马克思主义模式的逆转，指出福柯一直以来批判的是非人性权力下产生的人的概念，而非『人』本身。

屠呦呦这样的精英（包括在这个时期为科技大发展作出贡献的诸多科学家）为什么没有像其他学者那样遭到侮辱。必须同时看到当下与过去，二者都是直接的档案，而不是意识或记忆。因此，既没有绝对有害或有益的过去，也没有必定为真或假的当下。二者在直接性上，都在同一个现实的介质中相互介入。

由此，对这个文化介质的发现带来了两种结果。首先，对于历史话语来说，由主体在当下与过去之间亲历的时间所带来的张力，成为由累积在现实中的异质空间所叠置的压力或冲突。当下因此成为过去的一个纤细的开口，过去在现实中无法挽回地散开。如果这个开口以一种连续和有序的方式组织起来，这也并不会改变过去散布的厚度不停地涌现出来。至于青蒿素的发现，热情、批评和担忧都是通过同一个过去与当下间的线性逻辑而成为必然。因此，诺贝尔奖并不指向中国传统医学的价值或成功，用现代技术提取青蒿素也不能否认其价值，最终，对现代技术统治的担忧也只能是一种对困境的消极态度，不知道如何用积极的行动摆脱出来。

（二）散布空间

福柯 1967 年在意大利的一个访谈中提道：两个当代的事件也能成为一个历史问题。① 按照福柯指出的"诊断当

---

① DE, N° 50, «Che cos'è Lei Professor Foucault ?» («Qui êtes-vous, professeur Foucault ?»; entretien avec P. Caruso; trad. C. Lazzeri), *La Fiera letteraria*, année XLII, n° 39, 28 septembre 1967, pp. 11—15.

下”① 的任务，我们会发现一个矛盾的景象：某些实际上属于过去的倾向被认为是当代的。就像冷水浴、咖啡和水银疗法，它们是现代精神病学的一部分，但它们实际上属于过去。同样，青蒿素是一种中国历史上知名草药的提取物，屠呦呦的提取技术则被视为西方科学的现代方法。但这个使得青蒿更为有效的技术并非现代仅有。在中国药材历史② 中，获得具有抗疟强活性青蒿素提取物的古老方法也是极有成效的。③ 这并不涉及一个绝对现代或过时的技术，自然并不跟随技术的人类学历史。

在此意义上，当下与过去的张力改变了维度。福柯创造

翻译的目的是什么？给古人看还是给今人以启示？语词的时代感，复古和时髦都是一样的故意做作。普鲁塔克时代讲求parrêsia，就是要用最少的修辞和语汇因素来表达事物，语言只是穿衣戴帽。译者的历史性是无法隐藏也不必隐藏的。

---

① DE, N° 55, «Foucault répond à Sartre» (entretien avec J.-P. Elkabbach), *La Quinzaine littéraire*, n° 46, 1er—15 mars 1968, pp.20—22.

② À cause du temps limite de cet exposé, j'énumère simplement les œuvres concernant le QingHao à examiner: *Recettes pour cinquante-deux maladies* (168 av. J.-C.), *Le Classique de la matière médicale du Laboureur Céleste*(Shen Nong bencao jing), *Manuel de prescriptions pour les situations d'urgence*(Ge Hong, 284—364, Zhou houbei jifang), *Autres notes de médecins renommés*(Tao Hongjing, 456—536, Ming yi bie lu), *La gravure classique de la matière médicale*(Su Song, 1020—1101, Bencao tu jing), *Discussions de pinceau dans le jardin de ruisseau rêveur* (Shen kuo, 1031—1095, Mengxi bi tan, 1086), *Materia medica des urgences* (Tang Shenwei, Jing shi zheng lei bei ji bencao, 1108), *La nasse claire de la matière médicale*(Chen Jiamo, 1480—1576, Bencao mengquan), *Grand Traité d'herbologie* (Li Shizhen, 1518—1593).

③ Voir Colin W. Wright, Peter A. Linley, Reto Brun, Sergio Wittlin and Elisabeth Hsu, «Ancient Chinese Methods Are Remarkably Effective for the Preparation of Artemisinin-Rich Extracts of Qing Hao with Potent Antimalarial Activity», Molecules 2010, 15, 804—812; voir aussi Elisabeth Hsu, «Diverse Biologies and Experiential Continuities: Did the Ancient Chinese Know That Qinghao Had Anti-Malarial Properties?», CBMH/BCHM / Volume 26:1 2009/pp.203—213.

了一个散布的空间，一个历时性的同时性秩序。这个当下并不与过去相对立，既不是无历史的也不是反历史的。① 正如福柯从依波利特对柏格森记忆分析的解读中所看到的，“思想的当下在存在论上并不与其过去相分离”②。当下并不与过去对立，而是将过去包含在其散布的现实之中，当下每时每刻通过一个折射点将过去切割成碎片，并将之连接在自身的连续性中。

关于这个作为散布之现实的新的当下，我们可以参照德勒兹的“事件”来理解。“事件”对于德勒兹来说是通过一个三重隶属来把握的：“一种无形事件（因此不可还原到物理世界）的形而上学，一种中性含义（而不是意指和主体的现象学）的逻辑，一种现在时不定式（而不是代以过去本质中的概念性未来）的思想。”③ 如果当下是以如此的事件为特征，那么当下就既是纯粹差异又是无模仿的重复。当下是永

对于truth的翻译，中文大多译作『真理』，对于特指实情的才译作『真实/真相』。这种翻译上的区分实际上是根据英语true的两个含义而来，而true本身来自5世纪的日耳曼语（直到8世纪末才有融贯的书写语言），本义为『拥有良好信念』(having good faith)，『真实/真相』这个含义在北日耳曼语里换作assertion，西日耳曼语沿用旧词truth。

---

① DE, N° 70, «Linguistique et sciences sociales», *Revue tunisienne de sciences sociales*, 6e année, no 19, décembre 1969, pp.248—255; discussion avec N. Bou Aroudj, naturaliste, A. El-Ayed linguiste, E. Fantar, historien, S. Garmadi, linguiste, Naccache, économiste, M. Seklani, démographe, H. Skik, linguiste, F. Stambouli, sociologue, M. Zamiti, sociologue, A. Zghal, sociologue, pp.272—287. (Conférence et débat organisés par la section de linguistique du Centre d'études et de recherches économique et sociales -C.E.R.E.S. -de l'université de Tunis, mars 1968.)

② DE, N° 67, «Jean Hyppolite. 1907—1968», *Revue de métaphysique el de morale*, 74e année, n° 2, avril-juin 1969, pp.131—136. (Reprise de l'hommage à J. Hyppolite rendu à l'École normale supérieure, 19 janvier 1969.)

③ DE, N° 80, «Theatrum philosophicum», *Critique*, n° 282. Novembre 1970, pp.885—908. (Sur G. Deleuze, *Différence et Répétition*. Paris. PUF, 1969, et *Logique du sens*, Paris, Éd. de Minuit, coll. «Critique», 1969.)

远的，且与过去或未来既不构成完满性也不构成统一体；当下不仅是非时间的，而且是无形的；当下没有主观含义也没有意指的负担。当下就像一个普遍的独特性，“表示事件的当下”只指出其自身的特征：骰子一掷。当屠呦呦的选择性试验重复了190次，对青蒿素的重新发现难道不是骰子一掷吗？

考古学的任务正是以“表示事件的当下”的方式来定义的：“标记意外、微小的偏差……错误、评估差错、不当计算。”① 考古学不关涉真理或存在，只是表明“支配的偶然游戏”，按照福柯的话来说，就是“真理体制”。在青蒿素的例子中，这个支配的偶然游戏实际上不仅在于其治愈效果，还更在于其对全世界（尤其是发展中国家）成千上万生命的治疗。② 换言之，青蒿素之所以具有支配地位，是因为价格便宜。至于屠呦呦的技术，具有重要性的不仅仅是青蒿素的效率，还在于去除提取物中不具有抗疟活性的有毒部分。③

这个忠于事件外部性的方法不无矛盾地显得“没那么自由”，因为这个方法不追随主体意识；也显得“更为专注”，因为这个方法毫无例外地发掘所有“诸如被置于语言、传说和体制中”④ 的概念和概念系统。这个极有可能受到杜梅泽尔启发的发掘事业当然不会满足于实际的考古学（专业），而

法国70年代的『nouvelle philosophie』背景就是所谓『哲学公知』，对其批判的浪潮更有力，比如利奥塔说：『你们在媒体宴上吃太多了。惺惺作态多于意义重大。你们评头论足批判权力的言论正是受益于权力的网络而得以传播。』德勒兹说：『他们的大词就像牙洞。』

① DE, N° 84, «Nietzsche, la généalogie, l'histoire», *Hommage à Jean Hyppolite*, Paris, P.U.F., coll. «Épiméthée», 1971, pp.145—172.

② Voir Award Description de Lasker DeBakey Clinical Medical Research Award 2011.

③ *Ibid.*

④ Dumézil, *L'héritage indo-européen à Rome*, Gallimard (NRF), 1949.

真正危险的哲学家不是福柯。不真正研究历史/政治的哲学就只能是有意或无意做历史/政治的工具。

是一种“档案描述”[1]：每一事物都要在其自身的构型中被描述，“这个生命，这个通过某种文化而被言说之事物的无声但又同时健谈的活动，何以能够被说出，何以能够存在，何以能够发生作用，最后，何以能够转化”[2]。

因此，考古学的事业在于重新发现这个置于当下之现实的厚度。

【原文为法文，为 2016 年法国巴黎第一大学（先贤祠-索邦大学）当代哲学研究中心主办的“历史认识论：当下的历史”（Epistémologie Historique: une histoire du présent）国际学术研讨会参会论文】

① cf., Georges CHARBONNIER reçoit Michel FOUCAULT à l’occasion de la sortie de son livre “L’archéologie du savoir”.

② *Ibid.*

西西弗斯的多重古今异构：从巨人到爱好者

人不在人类学的知识里，至少人的（主体性）自由不是。人可以健康富有说漂亮话，并为此践踏一切不成体系的自在，但那只是无底洞的自由命令（就像爱、正义与幸福），它分泌、咬噬和代谢生命，它在他者身上寄生产卵繁衍理想，它追求（化身）无限永恒普遍，它将人（的自由）化为乌有，成为脱尽肉身、尸骨无存的体制。

从古希腊到当代，西西弗斯神话不断被构造、被阐释，堆叠出了一个由诸多残片沉积而成的遗迹，构成这个遗迹的残片有的被覆盖，有的被凸显，有的不知影踪。法国著名比较神话学大师杜梅泽尔（Dumézil）主张神话是一个有机体，而不是单一拼图，应该将神话放在其总体之中，而不是仅阐释其中某个具体细节。人们通常以为西西弗斯所代表的象征只是漫长历史中人为孤立出来的一个死后惩罚的“知识”，但要真正理解西西弗斯，则需要对这个“知识”进行尽可能详尽的考古学工作，因为我们所能得到的每一个残片都是时代和社会的一个纪念碑。

一、从睿智的“人间计谋”到“没有上帝内在知识”

荷马最初在公元前 8 世纪的史诗《伊利亚特》中提到“埃奥洛斯之子、人间最富计谋的西西弗斯”①。另一位同时

① 荷马：《伊利亚特》，第六卷，153，罗念生、王焕生译，人民文学出版社 2020 年版，第 157 页。

代古希腊史诗诗人欧墨洛斯在《科林斯史》中记载西西弗斯从美狄亚那里继承了科林斯的王权，这一传说在公元2世纪罗马时代的希腊地理学家、旅行家保萨尼亚斯所著《希腊志》中再次出现，后者的可靠性多数得到后世考古学发现的引证。古罗马地理学家、历史学家斯特拉波在《地理学》卷8中也记载西西弗斯是科林斯的统治者，还举证科林斯卫城悬崖边上的培林喷泉中有西西弗斯的铜牌，而此处寺庙遗迹则名为Sisypheum。罗马帝国作家斯塔提乌斯在《底比斯战纪》中则记载了科林斯港口被称作“西西弗斯之门”（Sisyphii portu）。古希腊抒情诗人品达在《胜利曲》中记录了西西弗斯安葬被母亲抛入海中的阿萨玛斯王子之子米利色特斯，后者即骑海豚的海神巴勒蒙；为纪念这位守护船舶的海豚少年，西西弗斯在科林斯创立了与奥林匹克运动会齐名的古希腊四大周期性竞技会之一“地峡运动会”。

然而，作为科林斯青史留名的统治者，最后沦落到在地狱里遭受永世惩罚，西西弗斯究竟犯了什么弥天大罪呢？与品达同时期的古希腊雅典编年史家费雷西底和挽歌体诗人泰奥格尼斯都记录了使西西弗斯获罪的那个连环计谋：首先，西西弗斯见到宙斯伪装的大鹰把河神之女埃癸娜掳走，遂以河神为科林斯提供水源为条件，告诉了河神这个引发宙斯之怒的秘密。其次，当宙斯派死神桑纳托斯去取西西弗斯性命之时，西西弗斯用花言巧语把桑纳托斯囚禁起来，这让人间在很长一段时间都无人死去，也再无必要献祭冥王，引发了冥王黑帝斯的不满。然后，宙斯派战神阿瑞斯解救桑纳托

和无意识机器比起来，我们的理性意识微不足道：当你意识到这一切时，一切都已经晚了。所以，如果有人用无意识机器控制理性意识，那无非是最残酷的暴行，因为它让每一个以『理性』自居、以『自由意志』为傲的知识分子变得滑稽可笑，因为它将每个人都拉到『真理』面前一律平等的底线上。

斯，并摄走西西弗斯的灵魂，而西西弗斯死前使计让妻子不向冥王献祭，为之后重回人间劝妻子献祭的借口埋下伏笔。最后，西西弗斯凭借预先设计的借口回到人间，却因流连人间美好生活而没有返回冥府，冥王再也不能忍受西西弗斯的违逆，再次让桑纳托斯摄走西西弗斯的灵魂，并惩罚西西弗斯在地狱永世推石。

在这个使西西弗斯最终遭受天罚的连环计谋中，西西弗斯为科林斯寻求水源、让人间无人死亡、成功逃离冥府的事迹仿佛无关紧要，狡诈、违逆和欺骗诸神才是重点。然而，这个“狡诈”在某些传说中曾经是积极的形象。如荷马在《伊利亚特》中对西西弗斯“人间最富计谋”的描述其实是正面的。贺拉斯在《讽刺诗集》“关于疯狂的对话”中让商人达马西普提到自己在皈依斯多葛学派之前曾经喜欢追问“狡诈的西西弗斯曾在哪只铜盆洗脚”①，间接肯定了西西弗斯受到当时商人的追捧。阿里斯托芬在《阿卡奈人》中让合唱团建议厌倦伯罗奔尼撒战争的喜剧英雄迪凯奥波利斯发挥他的“西西弗斯计谋”，于是迪凯奥波利斯与斯巴达人达成私人和平条约，苦涩而好战的雅典指挥官拉马丘斯因阻止迪凯奥波利斯而受伤，但迪卡奥波利斯却因“西西弗斯计谋”而享受着和平时光的饮食、美酒和性生活，这在争强好胜、追求荣誉的古希腊民族虽是一股逆流，但不失为另一种积极生活态度的表达。欧里庇得斯在《美狄亚》中也用美狄亚的自言自语道出了美狄亚试图以西西弗斯为榜样：“行动吧，别吝啬

真正能够对抗无意识机器，能够称得上自由的，是无意识本身。理性意识只是无意识机器可有可无的工具。

---

① 贺拉斯：《贺拉斯诗全集》，上册，李永毅译，中国青年出版社 2017 年版，第 509 页。

关于承认重要的是话语，是将话语放在我们能够实际攻击的位置：不是在其意义上，不是通过其所隐而未说，而是在通过话语产生的操作层面，即在其策略功能上，以便消除话语所为。忽略作品、文本，在话语取得效果的那些功能或策略领域中研究话语。

你精通的一切本领，谋划，设计，去干那可怕的事情！……你必须不让西西弗斯的子孙们嘲笑你听任伊阿宋成婚”①，如果不是因为美狄亚对西西弗斯“狡诈”的肯定，怎么会在最终离开科林斯时将王权交给西西弗斯呢？柏拉图在《申辩篇》里也曾让苏格拉底表达了对西西弗斯的致敬：很高兴将在地狱与西西弗斯相遇。对言说的剑术家苏格拉底来说，神话中善于使用语言诡计的西西弗斯是可以与之相称和为伍的伙伴。另外在一部被认为是伪柏拉图的对话中，西西弗斯（Σίσυφος）甚至直接是苏格拉底一个对话者的名字，他们共同讨论什么是审慎。有学者认为使用西西弗斯这个名字有特别的象征意义：无论是写成 sesephos 还是 si-suphos，都是 sophos（智慧）的加强形式。②色诺芬在《希腊史》中记载了以狡猾和睿智而闻名的古希腊斯巴达指挥官德尔库利达斯，斯巴达人骄傲地称之为“斯巴达的西西弗斯”。然而西西弗斯的这些积极的智慧形象并未成为后世流传的重点，西西弗斯的石头突然跃然成为主角，这是西西弗斯神话的转折点。

亚里士多德就是这个转折点的路标。亚里士多德在《论诗》中为区分史诗与悲剧，将西西弗斯作为悲剧特征中“反转和单一事件”的例子：聪明的恶棍（宙斯、冥王）被骗、勇敢的歹徒（西西弗斯）遭殃。亚里士多德为我们解释了

① 《古希腊悲剧喜剧全集》之《欧里庇得斯悲剧·中》，《美狄亚》，张竹明译，译林出版社 2015 年版，第 471 页。

② Pierre Brunel, ed., *Companion to Literary Myths, Heroes and Archetypes*, New York: Routledge, 2017, p.1044.

神话为什么要如此设计：因为悲剧在于“正是看起来十分不可能的事的发生是可能的”①，亚里士多德已经开始让神话的构造动机初见端倪。但亚里士多德对西西弗斯神话的真正贡献则是强调了西西弗斯的石头。亚里士多德在《修辞术》中专门分析了荷马所描写的“无情的石头”（λᾶας ἀναιδής）：荷马运用隐喻把无生命的事物描写成有生命的事物，一颗无生命的石头变成了不知羞耻的、鲁莽的、不顾危险的、胆大妄为的有生命的石头，亚里士多德认为这种手法是为了让无生命事物显现出现实性，“使事物活现在眼前”。在亚里士多德看来，石头之于西西弗斯，是一种类比式的隐喻，可石头与西西弗斯有何相似之处呢？“把不知羞耻的事物加之于受到无耻对待的人”②。亚里士多德的这个解读要么隐晦地表达了他自己对西西弗斯遭到永世惩罚的不满，要么就是要揭示荷马隐藏的不满意图，但无论如何，这个不满都是隐晦的。而因亚里士多德的阐释而得以明确的是：石头因无情获得了现实性，使这个天罚的神话具有了“真”的价值；西西弗斯则因永世推石的神话，变成了无生命（永远）的符号。于是人类的想象就因“真”和“永远的神”这两个构造而成的要素，变成在现实中永远威慑民心的戒律。

此后，西西弗斯的形象急转直下。到了凯撒的时代，其

『在民族-种族、人性-动物性的角力下，只是也要对开化的历史和未开化（或野蛮）的历史之间不可化约的对立做些功课。勒南坚定的进步主义还不至于在他那里呈现为对这种对抗之出路的提前判决。我们常常看到在过去，未开化的原则胜过开化的原则，滋养着动物-人类的前-历史的重复。』

——阿兰·布洛萨，《敌人的身体》

① 《亚里士多德全集》，苗力田主编，第九卷，《论诗》，崔延强译，中国人民大学出版社 1990 年版，第 669 页，1456a。

② 《亚里士多德全集》，苗力田主编，第九卷，《修辞术》，颜一译，中国人民大学出版社 1990 年版，第 520 页，第 521 页，1411b7；1412a7-8。

像布朗肖所做的那样，否认自身的话语，就是让这话语不断成为自身之外的过去，时刻抛弃它，不仅仅是抛弃那刚刚说过的内容，还有说出它的权力。

最重要的军队指挥官马克·安东尼将从叙利亚带来的爱宠（一个早产儿侏儒）称作“西西弗斯”，因为西西弗斯是“西西弗斯之艺”（Sisyphi artes）的代名词，小丑虽然聪明，但毕竟是小丑。围绕奥德赛身世的传说变化也可说明西西弗斯形象的衰落。早在古希腊时期索福克勒斯就在山羊剧《伊纳科斯》中称奥德赛是西西弗斯之子。10世纪的《苏达辞书》补充了这段身世的来由：西西弗斯因为在自己的牲畜蹄子上刻上了自己的名字，从而发现了奥托里库斯的偷窃行径，为报复奥托里库斯，西西弗斯与奥托里库斯的女儿安缇卡利亚发生了关系，而安缇卡利亚后来嫁给了拉厄尔忒斯，即奥德赛名义上的父亲。这时西西弗斯的“人间计谋”已经带有缺乏上帝内在知识的色彩，到了普鲁塔克时期，西西弗斯甚至成为奥德赛的污点。普鲁塔克在《论野兽使用理性》（*Bruta animalia ratione uti*）中让格里卢斯质疑奥德赛的身世：“承认没有上帝内在知识之人的理性，难道不是一种可怕的暴力吗？奥德赛，那我们是不是应该认为：如此聪明绝伦的你不会有西西弗斯这样的父亲呢？”① 经过西西弗斯遭受永世推石天罚的牢固印记，人们记得的不再是西西弗斯的“人间计谋”，而是“没有上帝内在知识”；甚至不再是西西弗斯为什么被惩罚，而是被惩罚的结果本身。虽然亚里士多德可以担任这个转折的路标，但这个转折本身却包含着更深的神话构造和历史阐释。

---

① Plutarch, *Moralia,* vol. 12, trans. Harold Cherniss and William C. Helmbold, London: Harvard University Press, 1957, p.533.

二、神权与越界的西西弗斯溯源

希腊晚期怀疑主义哲学家塞克斯都·恩披里柯在《反物理学家》中记录了一段公元前 5 世纪的无神论论证《西西弗斯残篇》，对这个残篇的解读能够帮助我们理解为什么西西弗斯的睿智是一种越界，而这种越界为什么是不可接受的。

有人说恩披里柯记录的《西西弗斯残篇》实际上出自古希腊悲剧大师欧里庇得斯之手，也有人称来自古希腊坚持政治独裁的政治家克里提亚斯。但无论是谁，他们都用西西弗斯之名道出了古希腊早期对宗教起源的一种理解。在这个残篇中，西西弗斯先是陈述了人类生活的原初状态：人类如同动物一般生活，彼此分离，没有任何社会组织形式，这正是普罗米修斯给人类带来生存技艺之前的生活。而公元前 5 世纪中叶人类文明崛起，人与动物之所以区分开来，是因为建立了规则、法律、艺术和城邦，通过从自然（physis）向习俗（nomos）的转向完成了道德与治理的建立。但西西弗斯在这段残篇中说：用法律惩罚做错事或狂妄自大的人仅能威慑公开的错事，不能威慑秘密的罪行。这种公共法律与不受约束的秘密自由之间的对比，在同时代的阿提卡演说家安提丰那里就有体现：人会以最有利于自己的方式处理正义，如果有证人，就会高举法律；如果没有证人，则更倾向于本性。这个本性就是动物的本性，即使用强力和诡计，而协定道德只是强加在这个本性上的人为工具。《西西弗斯残篇》中的这种观点可谓史上第一次从启蒙理性转向道德犬儒主义（我们在后面可以将加缪也视为这种类型的转向）的见

被害『人』已于考古层面被明确，以历史学来推断必然是被谋杀，现在要哲学地寻找杀手：现象学、分析哲学、解释学乃至文学已纷纷与谋杀目标苟合，精神分析、人种学、语言学谁更pro？

比较语言学对动词的诞生的贡献：剥除『是』的变位后产生的词根成为主体『动作』词，该『动词』不仅延续了『是』的变位功能，还『无缘无故地（无表征性地）』延续『是』对『存在』的肯定。

证，其来源除了当时社会、政治、理智上的危机，漫长的战争、瘟疫和各种政治过度之外，还有神学怀疑论的兴起。有学者甚至认为《西西弗斯残篇》就是当时不畏惧雅典敬神法的德谟克利特所作，因为德谟克利特并不住在雅典，他和无神论者普罗迪科斯一样敬畏和崇拜的是生存所依赖的自然因素，而不是史诗传统的人化神。①

那么像西西弗斯这样转向道德犬儒主义的无神论者如何解释宗教的起源和存在呢？“一个精明的人为有死者发明了对诸神的恐惧，因此就有对坏人的威慑，即便他们秘密地做、说和想着坏事。由此，人们宣称存在神，一个享有无限生命、可以听到看到一切，其思无处不在。”② 在古希腊批判人化神的自然哲学看来，这并非不可接受，因为古希腊的 theos 与现代的 god 并不相同，theos 不是像 god 那样的专名，而是一种分形，不需要考虑是否有实体存在的问题。阿里斯托芬在《云》中让苏格拉底提出雨和雷电的自然主义解释，以此证明我们不应相信宙斯。古希腊自然神学虽然攻击史诗传统中的人化神，但仍会用神学概念描述基本事实，就像亚里士多德会认为，神圣的阿那克西曼德的神性概念“无定限”就是荷马对大地和海洋的“无边”概念，第欧根尼会把理智的世界秩序称作 theos，希波克拉底会把一切自然力量称作神圣的。在他们看来，神性概念只用来表达敬畏，这与

① Charles H. Kahn, “Greek Religion and Philosophy in the Sisyphus Fragment”, in *Phronesis* , Vol. 42, No. 3 (1997), pp.247—262.

② Sextus Empiricus, *Sextus Empiricus*. 3, Bury, R. G., ed., London: Harvard University Press, 1936, pp.31—32.

《西西弗斯残篇》是一致的。

在这个层面上，我们可以看到西西弗斯神话在古代的意义是罪与罚的必然关联，而不是罪本身或罚本身。史前的西西弗斯可以为了维护科林斯的利益而用诡计与人化神做斗争，史诗传统中的诸神并没有高于日常生活需要的不可违抗性，罪并非不可为。但这种反抗不能没有后果，即使为了善的目的，只要冒犯了具有更大社会功能的神权，就必须接受惩罚。但惩罚超越了对个体的同态复仇，惩罚更重要的意义是彰显神权的威慑，这与现代法律脱离同态复仇、强调法律的社会警示作用是一致的，更应该说后者正是对前者的仿效。普鲁塔克在《"隐士生活"难道是明智的选择？》(*An recte dictum sit latenter esse vivendum*)①中指出为虔诚灵魂准备的区域有三种：一种适合自然中的存在，一种是荣耀，还有一种是恶毒和邪恶的灵魂被抛入的地狱深渊。第三种是受折磨者的容器，是要在永恒无知和遗忘的面纱下。普鲁塔克认为，秃鹫并不像天真的诗人在他们捏造的普罗米修斯神话中所描述的那样，永远吞噬坏人的肝脏，因为人类的肝脏迟早会自然腐烂。而受折磨的身体也不会像西西弗斯那样永远承受沉重负担的辛劳和压力，因为这时筋腱已不再连接肌肉和骨骼，普鲁塔克认为死人身上是不能再施加酷刑的，如果仅仅是为了惩罚西西弗斯，那么唯一的惩罚就是不光彩的默默无闻，这是对某个人的最终废除，通过遗忘被抛入可悲的河流、无底的海洋和黑暗的深渊，让人陷入无用和无所作

拯救你的是你的敌人。

① Plutarch, *Moralia*, vol.14, trans. Benedict Einarson, London: Harvard University Press, 1967, pp.322—344.

知识分子的幼稚病：没流过经血，以为流鼻血就很痛；没被人踩在脚下，连蚂蚁爬到脚上都认为是奇耻大辱。

为、绝对的无知和默默无闻，作为他们最后和永恒的厄运。西西弗斯永世推石的确具有这个惩罚的特征：无用和无所作为、绝对的无知和默默无闻。但有死者的罪与罚都是有限的，如果神话给这个罪与罚加上了一个“永远”的期限，则纯粹是为了“永远”威慑后人。因此我们也不难理解德国路德派神学家赫尔德在18世纪开启“新神话思潮”的时候指出：神话的诗性启迪意味要走向神话传递的可当下存在的生命震撼力。人们投向一个理想国度（Politeia）的情感，不只是要成就惬意的诗性游戏，更是为了这个“当下存在的生命震撼力”成为能够不断在法律和道德之外威慑恶行的力量。

那么西西弗斯和他的石头所代表的这个需要用“当下存在的生命震撼力”威慑的恶行究竟是什么呢？从西西弗斯的古希腊神话中可以看到：西西弗斯的过错不在于睿智本身，而在于这种睿智造成了一种越界，这种越界导致神的权威遭到质疑和动摇。在一个波兰故事中，像西西弗斯那样无尽背负重石者是忘记戴念珠祷告的老妇。但这种不敬神的越界后来波及范围更为广泛，在11世纪僧侣所撰《阿尔贝里克的视界》中，受到无尽背负重石惩罚的人都是贪财者、贪婪者和挥霍者。1777年德雷耶关于日耳曼法律的论文《论负石刑》中说到负石刑一般针对女人，尤其是无故贪欲。在伊朗、高加索、西伯利亚遭受重负天罚的人，在尘世是缺斤少两的掺假者。法国、德国、高加索、伊朗还将无尽重负（或其所置换的边界）天罚与置换边界者关联起来。在这里，贪婪似乎成为了越界的主要动因，因此也成为越界不可分割的因素。换个角度来看，界限其实是欲望的度量，是否越界仅仅在于欲望的界限设在何处。如大多数阿尔卑斯山上的西西弗斯，都是没有帮助牛群登山、厌恶工作的牧羊人，瑞士卢塞恩州谷地一侧压迫臣民的庄园主会受到徒劳滚动巨树的惩罚，古伊朗琐罗亚斯德教的《阿尔达·维拉兹入地狱记》记载遭受背负重石天罚的人是堕胎的女性。牧羊人、庄园主、女性都有特定社会范围内的职责，如果没有履行社会的既定职责，就是越界，就会遭到西西弗斯式的惩罚。界限因特定社会而定还体现在对知识的探寻中。《摩根德耶往世书》记载了一个年轻人擅自离开他的精神导师，独自求取科学，因此获刑在地狱中背负重石。这里就把求知的界限限定在精神导师的传授，而非自我反思。一般认为苏格拉底提出了“知识是否可教?”的问题，但显然在很多必须让既定知识作为规范发挥作用的文化中，这根本不是问题。

西西弗斯的越界还有一个根本的要素是语言，西西弗斯是用语言揭秘宙斯罪行、用花言巧语迷惑死神桑纳托斯、用语言欺骗冥王黑帝斯重返人间。根据伪阿波罗多洛斯的记载：阿斯卡拉福斯也是因为多嘴，揭露没有要他揭露之事，冒犯了神权：大地女神狄蜜特的女儿珀耳塞福涅被黑帝斯劫持，本来可以逃脱，阿斯卡拉福斯却告密珀耳塞福涅吃了冥界的石榴籽，导致珀耳塞福涅无法获救，因此获负石刑。后来的诸多法国行省，直到旧制度终结以及德国南部国家都保留着“多嘴之石”的惩罚。《阿尔达·维拉兹入地狱记》第40章记载的负石刑也是针对在人前说了许多错误、徒劳和有害之事的人。不过，同样越界获负石刑的阿斯卡拉福斯，还在奥维德的记载中有一个平行的惩罚神话：他被大地女神狄

做老师，就像做电视连续剧；做研究，就像做电影。参照美剧和法国电影。

> 『如果通过某种活动，使得诸个体在社会实践的现实中屈从宣称真理的权力机制，且这种活动被叫作治理化的话，那么我要说，通过某种活动，主体给予自身权利去质问真理的权力效应、去质问权力的真理话语，这种活动就叫作批判；批判就是志愿不受奴役的艺术，就是深思熟虑地不顺从。』
>
> ——福柯，何谓批判？

蜜特变成了猫头鹰，也就是黑格尔所说的雅典娜的那只“黄昏起飞”的猫头鹰。古希腊人懂得修辞的品质及其敏感性的危害。也许最根本的越界就是言说，正如亚里士多德所揭示的，言说使得无生命的语言变成有生命的事物，“使得事物活现在眼前”，这在某种意义上扰乱了大自然的存在论法则，也是一种越界。因而西西弗斯的越界本质上表现了人类通过语言获得智慧本身就是对诸神的一种僭越。但这个越界恰恰是人越过动物的界限，超越自身，走向神性的道路。因此，并不是所有的越界都要受到惩罚，甚至惩罚与界限设置在何处也没有关系，这与设置界限者的利益相关。西西弗斯和阿斯卡拉福斯“多嘴”所冒犯的对象指明了这一点。

三、加缪的谬解及其根源

普鲁塔克在《青年应该如何聆听诗人》(*Quomodo adolescens poetas audire debeat*）中曾将骗子西西弗斯和小丑忒耳西忒斯并列起来，认为诗歌像绘画一样都只是模仿，“诗歌是有口才的绘画，绘画是不善辞令的诗歌”[1]，如果绘画和诗歌描绘丑陋的东西，让我们感到高兴和钦佩，那不是因为这些被描绘的事物变美了，而是模仿的艺术本身所制造的相似是美妙的。西西弗斯的古代神话同样是在模仿，西西弗斯所遭受的诸神惩罚是丑陋的，这是惩罚的本义。普鲁塔克认为不应将诗歌中所描绘的不自然行为看作真实的，古希

---

① Plutarch, *Moralia*, vol.1, trans. Frank Cole Babbitt, London: Harvard University Press, 1927, p.93.

腊神话的魅力在于模仿的才能和艺术，但这个才能和艺术所制造的形象则是需要拒绝和谴责的。“美”意味着“恰如其分”，为跛子制作的靴子虽然不完美，但适合它的主人，如果小偷偷去跛子的靴子，不合脚又有什么用呢？亚历山大大帝曾说：“我宁愿是荷马笔下的忒耳西忒斯，也不愿是现代诗人笔下的阿伽门农。”也许亚历山大的意思是：他宁愿在古希腊神话中因反抗而遭受惩罚，也不愿在现代神话中因遭受惩罚而成为英雄。

加缪从1936年5月获得高级哲学研究证书开始就在酝酿哲学随笔《西西弗斯的神话》，其后，1937年，因对共产党在阿尔及利亚的政策持不同意见，加缪被开除出党；1939年，法国对德宣战时，加缪因“健康原因”无法应征入伍；1940年，加缪妻子吸毒成瘾，造成二人离婚。在承受疾病、政治理想破灭、个人生活瓦解的重重磨难之后，加缪在1941年2月完成了《西西弗斯的神话》一书，最后才选择将“西西弗斯的神话”作为此书书名。与诸多西西弗斯的现代阐释者一样，加缪对西西弗斯神话的运用加入了许多自己的错用。古代西西弗斯热爱现实生活，虽然主张人是积极的，但也承认在更高的事物面前人是无力的，有被否定的可能，因此存在敬畏；加缪的西西弗斯对生活充满脱离现实的幻想，沉浸在自身精神世界的矛盾、荒谬之中，以便在有限性中为自己制定生命规则来捍卫最后的尊严。古代西西弗斯斥责诸神的残酷和愚蠢，从而与神法作对，坚决对抗带有诸神面具的命运，反抗不可避免的超验性，终酿悲剧，是反抗诸神触发诸神惩罚；加缪的西西弗斯按照人的样子为自己建

森林里『掌管空间的是动物，掌管时间的是植物』，它们没有语词，但用气味表达；它们用甜美的果实与世界交换生存的机会，它们用世世代代积累的智慧维系种族的持续生存。个体？个体的愉悦或欲望？什么时候变得重要的？

真正与人对峙的是自然的非理性，人本也是其中一部分，但个体意志的诞生与其说使人区别于动植物，不如说使人陷入悖反。

立幻想的世界表征，面对这个构造性的表征与现实世界的差距，坚持人的幻想，将意识引入反抗和革命的状态，是人为构造的荒谬触发自我反抗自我。古代西西弗斯的生命意义在日常生活本身，计谋与反抗是为了维护这个生活，反抗失败后不得已只有用永恒和无效的努力来接受惩罚；加缪的西西弗斯认为日常生活本身就是荒谬的，要永远反抗这个生活，在忠于自我强加的反抗中才能通过数量创造生命的意义。古代西西弗斯是诸神决定的受害者，知道无尽重复是惩罚而不是幸福，毫无逃脱的希望；加缪的西西弗斯成为自己的主人，对无尽重复抱着审美的虚荣，在制造了过多不幸的世界里，幸福变得急不可耐，尽管斗争本身不能避免世界的悲惨，也要通过意志的努力找到为自己和通过自己创造的满足。

虽然加缪犯了普鲁塔克所批评的错误，即把诗歌中所描绘的不自然行为（西西弗斯的惩罚）看作真实生活，而不是剧情需要（对所有可能像西西弗斯那样越界者的威慑），但加缪并非不了解这种殉道式教学思维的逻辑。谢林在索福克勒斯的《俄狄浦斯王》中就已读出了古希腊的这一伟大思想："通过安排主人公同命运的超级强力进行抗争，希腊悲剧推崇人的自由……为了重新确立人的自由的这份卑微，希腊悲剧还必须要主人公为那由于命运而犯下罪行的人认罪。只要他还是自由的，就始终要同宿命的强力抗争。而一旦他倒下，便不再是自由的……希腊悲剧不能够让自由和毁灭成为完全协调一致的。只有被剥夺了自由的本质，才会倒在命运之下。愿意为一桩无可避免的罪行而接受惩罚，以便通过失去自己的自由本身而印证自己的自由，于是怀抱着对自由意志的宣告而覆灭，这真是一则伟大的思想。”① 或许我们还是不能确定加缪是否理解到了古希腊的这个悲剧意图，但可以确定的是加缪把陀思妥耶夫斯基笔下的基里洛夫视作荒谬英雄，加缪深知陀思妥耶夫斯基对他的形而上学英雄基里诺夫的人物设定：逻辑自杀。加缪说：“基里诺夫是为了一种观念、一种思想而准备去死的。这是高级的自杀……我打算自杀是为着证明我的独立以及我的新的而又可怕的自由……基里诺夫应该是因爱人类而自杀的。他应该为他的兄弟们指明一条光明而又艰难的道路……这是一种榜样式的自杀。”② 古希腊神话牺牲人保留神，加缪则牺牲神保留人，但二者都是用殉道想象的方式让死者为自己的主张作证，古希腊人说：看，神多伟大，可以杀死人，要敬畏！陀思妥耶夫斯基说：看，人多伟大，可以杀死自己，因为人是自由的！加缪说：看，人变成了神，世界多荒谬！加缪要从基里诺夫的逻辑自杀中得到的并不是殉道，而是荒谬。

基里洛夫在陀思妥耶夫斯基《群魔》中的人物设定是工程师，受过现代的科学训练，因而认为是人创造了上帝，上帝只在人的想象和意愿其存在的意义上存在。陀思妥耶夫斯基在一篇一开始并未采用的《群魔》前言中曾写道：“在基里洛夫这里，一个流行的观念：为真理直接献身……为真理

高大上的希腊神话从罗马时期就被改为世俗的爱情丑闻，『伦理作为方法（根基）』可能是各类思想文化遗产（文学、哲学乃至历史）的重要线索，这并不是为了提高『伦理』的地位，而是为了给『高大上』去魅。『赋魅』自然有形而上欲求的原因，但贵族、富有者及权贵与美德的关联也许是现实效用、历史观念和统治功能的共同结果。有趣的是这个古希腊的美德在希腊罗马时期的灵性的传承，在4世纪后的基督教僧侣制下就变成禁欲。

---

① 谢林：《关于独断论和批判论的哲学书信》，转引自：杨俊杰：《艺术的危机与神话》，北京大学出版社2011年版，第135页。

② 加缪：《西西弗神话》，杜小真译，人民文学出版社2020年版，第122—125页。

牺牲自我和一切，这就是这一代人的民族特征。”[①]小说《群魔》取材于1869年莫斯科的涅恰耶夫事件，渗透着陀思妥耶夫斯基对19世纪末俄国政治虚无主义极度蔓延后所带来恐怖主义的反思和批判：基里洛夫具有《白痴》中梅诗金般的基督形象，一个简单和直接的人，具有孩子般的笑容和纯粹的心，享受生活、坚持锻炼，高贵、慷慨，乐于助人。这些阳光的形象与基里洛夫自杀的暗淡形成鲜明的对比，逻辑自杀的形而上学自洽在切断一切人类品质的狂暴自杀中崩塌，基里洛夫虽然成为人–神，但却也渗透着福音书的忧伤。在陀思妥耶夫斯基的小说艺术中，既有反对上帝的无神论者，也有强大的宗教本能，二者互为衬里：《卡拉马佐夫兄弟》中卡拉马佐夫对孩子做出了关于灵魂不死的回答，《罪与罚》中无神论者拉斯柯尔尼科夫也会忏悔罪过，《白痴》中梅诗金则将社会的腐败和坍塌归咎于俄国对上帝的放弃。但在加缪看来，这是陀思妥耶夫斯基的形而上学反转，“世界继续运转着盲目的希望，罔顾基里洛夫的牺牲”[②]。而对陀思妥耶夫斯基来说，基里洛夫是某种意识形态的投射，是复杂小说艺术中的一个片段；哲学思辨的疯狂逻辑也要服务于小说艺术：基里洛夫作为一个运动中的影像碎片，只是一个想法、一个态度的闪烁，不是连续和有意义的探险中正在进行的经验——《群魔》中，基里洛夫的引入具有纯粹的功能性，他的自杀是用来掩盖沙托夫的谋杀。不可预期的暴力转

海德格尔在达沃斯论辩中被赋予了『反抗』学术权威，『反抗』世界主义文化、城市文化和资产阶级文化的崇高角色。而海德格尔『反抗』的对象卡西尔也只是在狄尔泰的支持下，才获得了授课资格（venia legendi），于1919年才在汉堡新兴且好斗的大学被聘为教授，其时他已经45岁。该职位也隶属于瓦堡研究所（Warburg Institut），后者与马克斯·霍克海默的法兰克福社会研究所（Institut für Sozialforschung）一起，对老牌德国大学发动了真正的挑战。这种挑战，比起海德格尔的挑战以及他所表达的挑战，更不易复得。

---

① Dostoievski, *Les Demons* (*Les Possédés*), trans. Boris de Schloezer, Paris: Brodard et Taupin, 1955, p.1101.

② 加缪：《西西弗神话》，杜小真译，人民文学出版社2020年版，第128页。

变是小说艺术的表达工具：人总是在变成其所不是的其他人的过程之中。

无论是古代神话中的西西弗斯还是陀思妥耶夫斯基小说中的基里洛夫，都是为跛子量身定做的靴子。加缪并非不知道自己偷来的是跛子的靴子，只是他把正常人都想象成跛子，把跛子的世界视为唯一真实的世界。在加缪的构想中，世人一只脚落在现实世界，一只脚踏在自我意识的世界，二者的落差构成了加缪对世界荒谬的本体论判断。现实世界中，充满支持虚无主义的理由：上帝信仰缺失、人在自然里的中心主义地位丧失、生命脆弱而无尽痛苦、生命短暂无聊和死亡威胁、理性能力的贫乏、意志软弱、与他人共在的困难导致的生命孤独。自我意识的世界中，充满导致荒谬的宗教和哲学预设：人类要么位于自然的顶端，把自然视为服务于人类需要和关心的工具，要么就无处可居；价值要么来自深思熟虑的外在创造，要么来自有意识的意图；失去对上帝的信仰，就失去了任何满足最深层次的宗教渴望和需要的可能性；自然科学的方法和声明具有权威性和终极性；个体人是社会和政治体制的基础和目标；意志具有认识论和形而上学上的首要性。加缪的荒谬存在论是加缪解读西西弗斯时所构造的神话结构的基础，而这个神话结构的两个基本预设即来自对自我意识和现实的跛脚认识。

加缪首先预设人的意识具有不可置疑的确定性和首要性。笛卡尔从 17 世纪开始，从自然科学提供的分析方法和证据中得到了某种确定性，他认为这种确定性只能依赖心灵的内在能力，但同样可以用来寻求绝对可靠的启示性经典和

现代人在行动上充分解放着性，在社会/心理上却仍然把性的『嗜好』作为耻辱。福柯在后期一直追问：性为什么会在历史上某一阶段突然成为道德问题？因为它必然会对应婚外情/无婚姻关系（越界）的性，必然滋扰以家庭为单位的社会秩序/人心幸福。福柯后期将自由与权力的角力转向性，只能说是事业未尽。

奴隶的眼神没有肤色，自由的权力必须和枷锁一样坚硬。

不容置疑的理性命题。这种基础主义诉求在柏拉图那里还是通过持续的辩证推理过程去理解先验的、不可改变的形式，在亚里士多德那里还需要对存在于实体中本质形式的直觉，而笛卡尔基于数学广延和可测量运动的阿基米德点早已剥夺了自然的大多数特征、价值和意义，所以才会有现代人声称："几乎所有我爱的东西，都是想象出来的东西；几乎所有我认为是真的东西，都是冷酷而无意义的东西。"① 这种清楚明白的意识与世界无意义的必然联系在加缪对西西弗斯的理解中表现得淋漓尽致：加缪认为如果西西弗斯对其无意义的行为无所意识，那么诸神惩罚他的意义也就没有了。按照同样的逻辑，如果人死后（无论在地狱还是天堂）还有意识，那死亡的意义是不是也消失了呢？加缪并没有将对灵魂不死的拒斥贯彻到底，反而要让意识成为一切的解释基础。这就会证实陀思妥耶夫斯基的发现："人总是如此偏爱体系和抽象的还原，以至于他已经准备好了去故意扭曲真理，准备好了去否定他的感官能够把握的证据，以便证明他的逻辑的正确性。"② 不无反讽的是，对人类理性意识的痴迷就会导致加缪式的虚无主义荒诞，而这种荒诞正是因理性意识专注于一种单一的推理方法而发生，专横地统治整个生命，这就是加缪的荒谬英雄基里洛夫的逻辑自杀产生的荒谬。

笛卡尔的这种认为自我优先于和独立于所有外在事物的

---

① C. S. Lewis, *Surprised by Joy: The Shape of My Early Life*, New York: Harcourt Brace Jovanovich, 1955, p.170.

② Walter Kaufmann (ed.), *Existentialism from Dostoevsky to Sartre*, Cleveland, Oh. and New York, The World Publishing Company, Meridian Books, 1956, p.68.

唯我论倾向，在康德的批判性“纯粹理性”那里产生了第一个虚无主义的荒谬后果：认识实在是不可能的，以至于宣告黑格尔与康德思想连续性的科普尔斯顿会说：“唯心主义越紧密追随康德所谓科学形而上学唯一可能形式的观念，它对哲学力量和范围的信心就越大。”[1] 胡塞尔虽然试图逃脱笛卡尔和康德建立的“纯粹的自我”，试图通过建立主体间的客观性，去证明其他自我的实在与我自己的自我结构一致，但这无疑只是对唯我论的进一步固化：这个世界不仅是我的主体性的现象，还是像我一样其他主体性的现象，“每个现存的东西都必须且只能从我自己这里，从我的意识范围获得存在感”。[2] 这就不难演化成萨特的结论：各种独立的意义和价值世界，由每一个绝对自由的特殊人类主体重新构成。这导致萨特小说《恶心》中的洛丁根从头到尾被一种强烈而令人腻烦的自我关注所束缚，以至于置身一种凄惨的隔离和孤独状态，没有工作、没有朋友、没有扎根于文化的感受、没有对任何人事负责的感受，每一种超越人的直接自我意识的东西都是异己的，按照加缪的说法就是人是其所生活世界中的“局外人”。认识论上的唯我论也会延伸至语言哲学上的不存在任何沟通桥梁的逻辑原子论，延伸至伦理学上的从坦率的享乐主义到实现任性独特潜能的责任伦理学。洛丁根唯一可依赖的就是通过纯粹的意志行为创造一个属于自己的意义和

有个语言学家说：你在集市里一天学到的修辞比在学院里做五年的研究学到的还要多。在法国有一次与一位卖菜大叔擦肩而过，听到他对一个女顾客说：别这么看着我，我会着火的。

① Frederick Copleston, *A History of Philosophy*, VII, New York: Doubleday and Company, Image Books, 1985, p.10.

② Edmund Husserl, *Cartesian Meditations: An Introduction to Phenomenology*, trans. Dorion Cairns, The Hague: Matinus Nijhoff, 1960, p.150.

价值世界：即不得不自由。加缪之所以认为应该设想西西弗斯是幸福的，就是因为他和萨特一样，认为人在意识中是完全自由的，这种自由可以创造“量的伦理”，推石头的荒谬命运也不能改变这种自由的幸福。赫胥黎的《美丽新世界》就是对这种伦理学的生动指控：在个人层面上，为了获得各种各样丰富的快乐，我们必须愿意忍受许多焦虑和痛苦；在社会层面上，如果整个社会都是由追求最大量幸福的原子构成，那么美丽新世界的优生学、行为调节和药物制造欣快感的技术就非常必要和有效，按照个体的大众化道德标准估计，这个社会只要制造足够多的低级快乐就可以实现加缪所说的“量的伦理”，在一个充满着千篇一律、永远重复的西西弗斯的世界，每个人都是幸福快乐的，可世界进入了永远的僵化、静止和荒谬。“荒谬之墙”其实就是意识的结果，是一个令人窒息的、将人压碎的其实就是封闭和局限于人的世界。

加缪的第二个预设是对和谐、统一和绝对世界的想象和欲求。西方的“世界”（Universe）一词来自拉丁语 universus 的中性形式 universum，而 universus 由 uni（“一”）和 versus（“转变”）构成，universum 的字面意思就是“所有事物转变或结合为一”。西方关于“世界”一词的构词表达了一种基于实体形而上学和符合论的世界观和真理论。亚里士多德《形而上学》的第一句话就是“求知是所有人的本性”，这个“知”不是别的，是对“以自身为目的”“是其所是”的实体的认知；这个“求”也不是一般的欲求，而是构成人与动物之区别的“对无用感觉的满足”的欲求。从所有动

所谓现代理性，就是个体只对自身作为甚至只对自身动机负责，其实蕴涵着主体意识的建构。然而，主体不是绝对的，就像所谓客观世界也不是绝对的。阿伽门农/俄狄浦斯知道用神意解释自己的罪过，但并不因此脱罪；现代人用政治社会集体意识解释个体罪过，并以此脱罪，这便是区别。

物（包括人）感觉的享乐（ἡδονή，伴随所有处于适宜条件的活动），到沉思的幸福（ευδαιμονία，伴随美德和沉思的最高级活动），再到秩序的满足（ἀγάπησις，伴随符号和理论的未来幸福的范式），亚里士多德在这一系列转化中进行了三个意义重叠：人对立于动物的属差代替了人的一般本性（φύσει），沉思幸福作为一般性愉悦的特例变成愉悦作为未来事物的范例，宣告沉思幸福的秩序满足代替了感觉愉悦。通过这些重叠的中介，亚里士多德将对实体的认知欲望纳入人的本性，使之成为人类愉悦的根本；同时给予认知欲望以人的属差，人对实体形而上学的追求成为智慧、以自身为目的、高级幸福的来源。亚里士多德的这项操作建立在人类理性之基上，成功地省略了身体和其他欲望，感觉运动必须朝向平静和非身体性的原因认知。从亚里士多德开始，欲望既不先于也不外在于认知，没有其他欲望的认知、幸福的认知、纯粹的沉思本身已经是认知欲望的原因，已经由认知结构决定。亚里士多德对“知”的实体假设成为“求”的先决条件。

这就不难理解为什么加缪始终坚持对和谐、统一和绝对世界的欲求，因为这个欲求正是和谐、统一和绝对世界的结构所预设的。加缪虽然反对朝向超验上帝和未来希望的跳跃，却不自觉地使用了构成神学想象基础的亚里士多德实体形而上学，并以此构造自己怀念绝对世界的“乡愁”：在“故土”的想象下，人感到自己被“应许之地”放逐，在所在世界中被边缘化，是其所处周围事物的外乡人。在与信仰者共同拥有这份“失乐园”的乡愁基础上，加缪才与信仰者

『科学总是出现于某个先已存在的技术变革框架之中。学者只是参与明晰、精炼或明确一个源自经验的知识。至于学者在反思中可能出现的概念化工作，极少是来自对技术成果的观察，而更多是因陷入无法厘清的将死所做的权宜。』

——卢迪内斯库，风暴中的哲学家

尼采是个大犬儒，「重估一切价值」与第欧根尼从德尔菲获得的神谕「改变币值」如出一辙。战后德国重新重视犬儒主义的研究，也许是出于这个原因。

有所区分：加缪不信上帝存在，但并不是无神论者。《西西弗斯的神话》虽然拒绝对上帝一切形式的信仰，但加缪从来不使用“无神论”或相关术语。加缪通常与无神论保持距离，在 1956 年的一次对话中，加缪说：“我不信上帝，这是真的。但我也并不因此就是无神论者。”① 加缪 1965 年在一次多米尼加兄弟会的报告中也坦言：并不主张基督教真理只是幻象，只是自己没能进入。无神论立场表面上基于理性与信仰的简单对立，但这个对立的共同平台其实就是加缪与信仰者对绝对世界的共同向往，加缪并没有掉入这种对立，加缪对人的爱和对上帝的抛弃是彼此滋养的。信仰不是只反映幻想，信仰从来都需要理性，信仰构成人类面对荒谬还能活下来的方式。在此意义上，问题不在于是无神论还是有信仰，而在于重新抓住支撑生活的事物（信仰），澄清这个事物是在削弱生活还是在加强生活。加缪的荒谬经验诞生于与日常生活的极端断裂、人与世界的对峙和矛盾，人感到与事物、自然没有紧密联系，感到自然是对人的否定：人会死，而世界继续。而这种“局外人”的经验就是宗教信仰的基本特征：“在这个世界上，我是一个陌生人。我不属于这里。”② 与绝对世界相比，现实世界总是初级的、粗劣的、不能令人满意的。尼采认为：人们是在对这个世界的愤恨中寻找理想世界的根源；但也许也可以反过来

---

① Jean Grenier, «Préface» à Albert CAMUS, *Théâtre Récits Nouvelles*. Textes établis par R. Quilliot, Paris: Gallimard, 1962, p.XI.

② Malcolm Muggeridge, *The End of Christendom*, Grand Rapids, Mich, William B. Eerdman's Publishers, 1980, p.29.

说：人们是在基督教的理想世界中发现了愤恨这个世界的根源。

不过，基督教将荒谬概念转化为永恒性的一个跳板，在加缪看来这个概念就不再属于人类的清醒意识。所以加缪拒斥“超越”，认为克尔凯郭尔、胡塞尔、舍斯托夫、雅斯贝尔斯、卡夫卡等人虽然都意识到了荒谬，但他们作弊：不能承受人之状况的痛苦，抛弃了最初的明晰性。加缪要寻求的是明见性世界与抒情性世界的平衡，在这个意义上，加缪与存在主义决裂，因为存在主义没有保持这个平衡，因为他们也进行了跳跃：跳跃意味着逃离，跳跃就是否定人所生活其中的世界，就是逃避，自杀或希望都是极度的逃避。因而对于加缪来说，存在主义无异于哲学自杀，他们杀死理性、缄默了人类情感。但加缪将荒谬本身永恒化，人的制造物成为人的条件，分离、冲突、斗争，都是在人的世界里。相对于基督教诉诸一个从未存在的未来世界，加缪诉诸一个不再存在的完美世界、黄金时代，将柏拉图的回忆说推演至极致：与未来的永恒世界对立的荒谬世界其实是过去永恒世界的产物。

其实都是人制造了荒谬，又迫使自己接受和融入其中，这还是在维护自身的融洽，但这种融洽，恰恰显现了人的本质特征：对立、撕裂、分离。这并不是对人之真实位置的认识，而是对自由人之荒谬预设的道德强制。虽然加缪在解决荒谬的办法中拒绝了不朽的希望，主张接受封闭和被放逐的荒谬世界，抛弃永恒和超自然的世界，将希望的世界和荒谬的世界辩证地联合在一个戏剧性和英雄式的世界中。但加缪

『我的理论和历史分析仅仅以对这些理论和历史提出问题而发挥作用，我总是坚持不让我的理论工作成为现实实践的立法，这个理论工作只是提出问题。』
——福柯，知识分子与诸权力

却把这个“不朽”放在了构成荒谬条件的神话结构中，即加缪对方案上的设想是“在世”的，但对本体论的设想则是“彼世”的：如果没有对彼世的幻想，也不会有此世的荒谬。在此世的荒谬经验面前，信仰者不能承受焦虑和绝望，因而寻求逃脱和否定，进行跳跃，试图从荒谬经验中提取其所不能包涵的“真理”，在这个意义上，理性不仅是有限的，还是障碍、无效和具有欺骗性的，而非理性的信仰在此则可以将荒谬经验逼向超验的难以表达之物和不可思的经验，将世界经验的剩余神圣化。但哲学家肯定荒谬，承受不可承受，在哲学家看来，自杀、回到日常、祭司和先知都是跳跃的逃避方式。哲学家追求的是发现新力量、理性操作的新领域，只是对加缪来说，这个新力量、新领域不是真理、客观性和世界知识，而是人类经验：人不能进入脱离人的意义和原则的世界之中，但人可以制造经验并给出阐释，因此，人类经验本身就可以成为阐释、发明和创造的领域，可以成为意义的领域。生命是认知者的实验，而非他的义务和命运。既然一切都没有意义，哲学家也不必制造永恒范畴，试图在人的有限性中发现神圣的平等，创造经验所能赋予的意义。世界仍然荒谬，但人与世界的关系可以从对永恒世界的焦虑和绝望中走向开放和汲取一切生活和思考的愉快计划。这种新态度基于一切思想都是阐释。加缪否定对上帝或生命意义的信仰，但并未树立一个与之对立的真理，而是肯定了另一个信仰：对荒谬的信仰。这与基督教超越死亡的迷梦一样，信仰者和哲学家都把界限本身看作某种可耻和邪恶之物，某种我们的生命要想有意义就必须要超越的东西。

Epictète说犬儒主义是『人性尖兵』，就像打仗冲锋的战士，他们没有庇护，没有居所，没有家园，因而也没有恐惧；他们用生命探寻生命的土地，用赤裸裸的血肉宣告那些在语词中尔虞我诈、寻欢作乐又说三道四者的空无虚伪和孱弱。福柯死前四个月重新研究犬儒主义，行胜于言的份量不在于他死了，而在于他活过。

研究音乐作为精神治疗技术，看到人们随音乐起舞，才会明白：如果有人听音乐而其身体无『颤动』，不是音乐有病，就是听音乐的人有病。

四、反西西弗斯循环

塞涅卡在一部讽刺作品《神圣的克劳狄乌斯变成南瓜》中让宙斯与河神之女埃癸娜所生之子埃阿科斯去审判罗马帝国第四任皇帝克劳狄乌斯，“如他所为，也如他所愿，这是不玷污的正义”[①]。在讨论克劳狄乌斯该受何种惩罚之时，书中提到西西弗斯的搬运工作足够长，坦塔洛斯如果没有被释放会死于饥渴，伊克西翁的火轮最后会变得缓慢。他们决定不让克劳狄乌斯逃过这些中的任何一个老练之人，必须想出新的惩罚：在一个没有底的盒子里掷骰子。塞涅卡处在被誉为“自我”之黄金时代的希腊罗马时期，对深知“自我”为何物的塞涅卡看来，永远推石头只不过是在重复，哪怕是无用的，但只要重复的时间足够长，西西弗斯完全可以在这种人为的重复中习以为常甚至浑然不觉，“重复”正是锤炼和塑造自我的必要练习。而真正能够惩罚“自我”之自负的则是：必须永远掷骰子，而骰子永远无地可依。希腊罗马时期的哲学家虽然强调“自我”的养成，但还保有古希腊时期对自然根底的深刻觉悟：人有自决，但也要有地可依。

现代人经过基督教和启蒙理性的一系列洗礼，把西西弗斯奉为“自我”的英雄，却忘记了斯多葛对于“无地可依”的警戒，反而将自我完全置身于无底的骰子盒。现代人对西西弗斯神话的理解和阐释完全集中在永世推石的孤立自我，

---

① Seneca, *Apocolocyntosis*, London: W.H.D. Rouse, M.A. Litt. D. William Heinemann, 1913, p.14.

在现代社会，权力并不依靠个人的英勇和声望，而是通过根据抽象规则运作的非人格化的管理机制而实现，为什么『英雄主义』还在被不断意淫？

不再纠结这个形象的大地之源，既不问西西弗斯到底犯了什么罪，更不关心罪与罚的关联，这也许正是现代之疾的病灶所在。正是这个“孤立自我”的形象，使西西弗斯成为了现代人的象征，获得了“自我”的丰富性，但这显然不是一个好的象征，而是一个“病”的象征。西西弗斯的现代神话就是人与其自身黑暗的永恒对峙。正如唐璜不惧怕地狱，对于神圣的愤怒，唐璜只有一个回答：人的荣誉。为了在荒谬感中创造人的意义，反抗永恒的戏剧处境是必要的。天空，即使是空白的，也需要呈现并被抛弃，以此得到荒谬之人生活的神话结构，因为没有这种永恒的对峙、冲突，生命就没有意义。但加缪的神话逻辑，如同西西弗斯一样，是一个永无止息的徒劳循环：为了强调人的价值，而宣告独立于一切；独立于一切，产生局外人的荒谬感，就迫切需要强调人的价值。加缪的西西弗斯神话结构的关键不在于巨人热烈而又固执的努力，而在于石头滚落山脚，那一疲倦的间隙，在这空隙的反思时刻，西西弗斯突然意识到自己的力量与惩罚不相称，意识到自己的困境、形而上的孤独和风险，连放弃都是不可能的，因为不能放弃恰恰是惩罚的一个重要环节。因此，意识是这里的悲剧和英雄色彩所在。加缪的虚无主义与其他虚无主义的区别也在于此，虚无没有转化为失败或放弃，而是悖谬的喜悦。罗兰·巴特评论说：这是“（人间）清醒的极点与（人间）拯救的原点相汇合”①。拯救性的清醒

① Roland Barthes, «*La Peste*. Annales d’une épidémie ou roman de la solitude?» (1955), in *Œuvres complètes*, t. 1. 1942—1965, Paris: Seuil, 1993, pp.454—455.

与清醒的拯救，成为诞生幸福的方式，不是将痛苦升华，而是人固执地对痛苦进行了既不幻想也不绝望的转化。加缪的西西弗斯于是成为某些现代、反叛、荒谬式英雄的知识分子的象征形象，人们从对英雄的惩罚中找到其能量和力量的模糊来源。

然而，这其中似乎蕴含着一种俄狄浦斯式的悖谬：通过对痛苦的理解和同意，从而支配那些被强加和不能理解的痛苦。罗兰·巴特 1978 年在《语言的窸窣》中写道："已经做过、工作过、写过的事情注定要重复：什么？到死我都要写这些文章、讲这些课、做这些报告，只是所针对的'主题'有微小变化（是这个'针对'让我不适）。这种感觉很残酷：因为它迫使我放弃新事物或未来（将到来的事物）；我看到我至死的未来像一列火车：当我要完成这篇文章、这个报告，我除了重新开始另一篇文章、另一个报告，别无他事可做。不，西西弗斯不快乐：他的异化不是因为努力工作，也不是因为虚荣，而是因为重复。"① 显然加缪所鼓吹的内在道德的丰富性不足以阻挡巴特所感受到的"重复"的不幸。巴特指出知识分子的巨人任务受到其自身公众形象、责任、参与的异化，针对加缪的西西弗斯召唤和沉重固执，巴特表达了后现代的怀疑：符号学意义上的西西弗斯建立在社会中不断重复直至石化的图像之上。正如对现代诗歌来说，西西弗斯象征着人永远被石头（语言）束缚，无法走向未来。雨果就在诗集《颂诗与歌谣》中，用永远推石上山的贫乏和令人

作为行为的内在道德控制的反思性关系可以通过威胁和暴力反复灌输而形成，我们所唾骂的正以持续不断的实际威胁和暴力构成我们。

① Roland Barthes, «Longtemps, je me suis couché de bonne heure», in *Le Bruissement de la langue*, Paris: Seuil, 1984, p.321.

窒息的西西弗斯来比喻用同样方法操纵语词和修辞的修辞学者和教师。波德莱尔在《天鹅》（*Le Cygne*）一诗中也将自己等同于西西弗斯：翅膀浸于尘埃，人类的记忆就像西西弗斯的石头一样永远无法摆脱，因此人类世界的一切都只是过去世界的寓言，再无新意。

不过，波德莱尔在此基础上，在《恶运》（*Le Guignon*）中指出有能力承受重负之人与无能力承受重负之人的区别："要承担如此沉重的负荷，西西弗斯，需要勇气！尽管我们有心创作，但艺术很漫长，而时间很短暂。"[①] 波德莱尔与加缪一样，已经开始将西西弗斯神话中孤立出来的赎罪行为上升为具有现代艺术家气质的英雄生活本身：人的本质就是承担时间带来的历史和死亡重负。法国诗人勒内·夏尔就将立体主义发起人乔治·布拉克称作"西西弗斯–鸟"（Sisyphus-bird），人仿佛可以在艺术行为中通过习惯自己的重负，而从重负中解放出来获得自由。这种浪漫主义让巴尔扎克创造了《改邪归正的梅莫特》，让雪莱创造了《解放了的普罗米修斯》，却没能制造出摆脱石头的西西弗斯，因为现代人最浪漫的事就是与自己的石头（自我）一起慢慢变老。晚期象征主义甚至让游荡的犹太人与固守自我的西西弗斯相遇：西西弗斯的苦难感动了游荡者，但当游荡者决定把犹太人的披风、拐杖和历史交给西西弗斯时，西西弗斯认识到古希腊诸神太善良了，比起没有故土的游荡，西西弗斯更爱自己的石

① Charles Baudelaire, *Fleures du mal*, Paris: Poulet-Malasis et de Broise, 1857, p.34.

最早取消『同态复仇』（absolute retaliation）和考察犯罪嫌疑人的人格、犯罪动机和责任能力的是早期犹太法典（Talmud），其中对疯子的定义是：夜出、寝墓、投石、撕衣、弃物。随后亚里士多德在尼各马可伦理学中说：精神病就是弑母并食其肉者、杀友并食其肝者。希伯来圣经（约公元前450年成文）与十二铜表法（公元前451—前449）与其同期。

头。① 阿里斯托芬笔下的迪卡奥波利斯还会使用“西西弗斯计谋”从反战的和平市场中求得美好生活，贺拉斯笔下西西弗斯的睿智还是商人达马西普的崇拜对象，现代人却将犹太人与西西弗斯对立起来，“停滞不前”的诸神惩罚反而成为西西弗斯优于永远游荡之犹太人的优越性。承担重负，抛弃任何形式的超越，承受此世的美丽与痛苦，期待在艺术中重新展开小鸟翅膀，这正是现代人对西西弗斯的理解，而加缪的西西弗斯就是这一理解的当代神话。

正是在加缪对知识分子的当代西西弗斯神话构想上，罗兰·巴特提出反英雄、反巨人、反西西弗斯的质疑②：知识分子被看作是巨人景观、力量的展示和证明，变成自负和夸耀的战斗。知识分子其实是一种用观念生活在观念中的人，是现代观念市场永不停息、不可穷尽之机器的制造者，是某些概念体系持续和融贯的捍卫者，是景观社会中暴露于马戏场（媒体和学院）之贪婪中的角斗士。因而巴特从这种西西弗斯之累中看到的是英雄主义美化下的推动融贯和忠诚于“图像”之石的知识自负，他所要反抗的是在社会想象及其支配性语言中被烹煮的自我。

那么如何反抗被支配性语言烹煮的自我呢？“我实际上让自己处于做事之人的位置，而不是说事之人的位置：我不研究产物，我负责生产；我取消对于话语的话语；世界不是在对象的形式下到来，而是在写作的形式下到来，即一种实

法国知识分子经历了短暂的极权恐怖后随着犹太人的胜利又回到资本主义的恐怖。恐怖总是乐于与另一个可以使其更恐怖的帮凶结盟。

① Isi Collin, *Sisyphe et le Juif errant*, Paris: éditions de la Phalange, 1914.

② Castillo-Zapata Rafael, «La fatigue de Sisyphe», In *Communications*, 63(1996), pp.67—80.

> 福柯强调毛细血管般的『权力存在』，批驳形式化的『知识存在』，其理论意义在于：权力的策略领域是可战斗的，而知识的叠层领域却是不可化约的——如果可见与可述必然交错，那么只有战斗能让它们产生关联：不可化约的分离必有可交锋的纯粹力量关系。
>
> ——德勒兹，《福柯》

践：我走向另一种知识（爱好者的知识）。”① 通过树立一种与巨人知识分子极端对立的表述形象——爱好者（Amateur），巴特要让发生“通货膨胀”的语言去通胀化。巨人知识分子通常过于确信，总是在捍卫自身观念的融贯性、权威性、归属性和恰切性中，失去了本身的自我，而“爱好者（画画、做音乐、搞体育、搞科学，没有精通或竞争的心思），带着他的快乐（amator：爱且仍然爱）；他绝不是（创造、表现的）英雄；他无偿地（无所求）置身于能指之中：在音乐、绘画最后的直接质料之中；其实践通常不包含任何逢迎的发挥（rubato）(为属性而劫持对象)；他是（将是）反资产阶级的艺术家”②。这样的爱好者仍然保有对劳作对象的温度，他们不是无差别、不受干扰、与话语对象和话语材料无涉的苦行式知识分子，他们在充满感性和戏剧性的话语中仍然抓住自己的“幸福”，不会用严格的语词掩盖自己的品味、无能和嗜好。因为爱好者不参与知识的斗争或竞争，不像专业知识分子那样：缚于自身的想象物之中，总是忧心自己的想象物在社会中产生的效果，为社会要求他们给出的答案而活，为持融贯的立场而死，为不知疲倦地滋养某种文化模式无法餍足的机器而像西西弗斯那样无止境地搬砖。

这一反巨人知识分子的反思，揭示了导致主体位置危机的现代断裂：主体失去本意，成为名义上由主体衍生之系

---

① Roland Barthes, «Longtemps je me suis couché de bonne heure», in *Le Bruissement de la langue*, *op.cit.*, p.325.

② Roland Barthes, «L’amateur», in *Le Bruissement de la langue*, *op.cit.*, pp.56—57.

统盲点的猎物，被不由主体控制、不为主体所知的力量重叠所支配。所以巴特说知识分子要从“影响力焦虑”中解放出来，树立一个“不确定的主体”，“你不再可分类，不是人格过多，而是因为你走遍幽灵的所有边缘：你在自身中汇聚了诸多所谓的区分性特征，而它们现在什么也不能区分”。① 知识分子需要摆脱在主体上所能产生的最恐怖之物：固定形象，某个必须和必然做出某种回应的角色扮演。如果没有任何观念属于主体，没有任何特征和最终风格能将主体固定住，那么主体就是纯粹的运动和散布，就能够驻扎在一切系统的间隙之中，从边缘、外围进发，直至插入这些系统的内部结构，通过曲折而行，找到断裂处，并使之摇晃。

拉康在1971年的研讨班上说：也许因为我曾搞过中国研究我才是拉康主义者。

所以西西弗斯真正的石头是图像。如果加缪制造了西西弗斯的现代神话，那么西西弗斯也许还应该有一个当代神话，那就是：“悬搁图像。悬搁不是否定……如果我拒绝图像，我生产拒绝图像的图像。奥古斯丁建议用沉默避免这个疑难。需要得到一种图像的沉默。这不是说这种沉默是一种超级冷漠、克制的安宁：悬搁，这种沉默还是一种感染力：我会继续（被图像）感动，但不会被烦扰。”②

【写于2021年，未刊稿】

① Roland Barthes, «La personne divisée?», in *Roland Barthes par Roland Barthes*, Paris, Ed. du Seuil, coll. «Ecrivains de toujours», 1975, p.147.

② Roland Barthes, «L'image», in *Le Bruissement de la langue*, *op. cit.*, p.395.

运 用 篇

权力问题

反思生命与政治关系的三重空间
——对福柯生命政治的一个扩展理解

“生命政治”这个术语不是福柯首先提出来的，在福柯为“生命政治”开拓特定的论域之前，“生命政治”概念已经在西方发展了近70年。不过，由于福柯有关生命政治的新论域影响巨大，连专门写过《评“生命政治”一词》的让-吕克·南希都认为这个术语是福柯的发明。①西方很多学者已经对“生命政治”概念的发展历史做出了很好的梳理②，其中意大利哲学家埃斯波西托（Esposito）的工作尤为瞩目，因为他不仅澄清了这个术语在福柯之前的发展，还指出了福柯“生命政治”概念所面临的困境（谜，enigma）③。因为法律、主权、民主等传统概念不仅在18世纪以来的政治现实

主体性是权力斗争的场域，笛卡尔式的我思不是主体之中唯一的玩家。

① Jean-Luc Nancy, Note sur le terme de “biopolitique”, *La création du monde*, Paris, édition Galilée, 2002, pp.137—143.

② Cf. Thomas Lemke, *Biopolitics: An Advanced Introduction*, New York and London, New York University Press, 2011; Roberto Esposito, *Bios: Biopolitics and Philosophy*, tr. by Timothy Campbell, University of Minnesota Press, Minneapolis, 2008; Christian Geyer, *Biopolitik*, Francfort-sur-le-Main, Suhrkamp, 2001.

③ Cf. Roberto Esposito, *Bios: Biopolitics and Philosophy*, Chapitre one: The Enigma of Biopolitics, pp.13—44.

面前缺乏解释力，而且它们本身也需要更有穿透力的考察来解释，所以福柯在这些概念框架之外开拓了一个“生命政治”论域，即18世纪以来以个体规训、人口控制乃至自由主义模式所界定的“生命政治”的狭义概念；但福柯的这种转换并没有也不能取消主权（souveraineté[①]）的实际存在，因而在面临20世纪先后出现的种族主义、难民等问题时，福柯先前所定义的“生命政治”狭义概念就在与“主权”发生既交叉又超越的关系时陷入了困境：一方面，如果生命政治成为主权的内部连接，那么这样的主权为什么会走向死亡政治？另一方面，如果主权化约为生命政治的形式范式，那么生命如何回击侵犯它的每个权力？

也许正是在这个意义上，南希才会说福柯的“生命政治”概念是个“窟窿”（creux）[②]，这也暗和了埃斯波西托对福柯“生命政治”概念的“困境 / 谜”之判断。这里问题的关键在于，西方的研究者往往基于福柯对“生命政治”的狭义定义，将“生命”与“政治”置于一个对立联合的线性关系中。然而，福柯对“生命”与“政治”关系的思考是否仅限于“生命政治”的这个狭义定义呢？在这个定义之外，是否有可能展开一个“生命”与“政治”关系的广阔空间呢？

纵观福柯早中晚期的研究，我们可以看到福柯对生命

法国医生Cabanis与康德同时代并持有相同观念：自由与理性的界限相同，达到理性就能约束自由。古罗马12铜表法所制定的疯子无罪来自对其民事权利的剥夺，而自康德以来一旦确定『没有自由就无所谓道德』，心理决定论就可以为一切疯子脱罪，同时，『禁闭疯子』只不过是在法律上剥夺在心理上已毁坏了自由的人的自由。

---

① 该词在历史的发展中有不同的现实对应形式和理论含义，中文语境中又译作主权、王权、最高权力，本文取“主权”的译法，但不局限于狭隘的国家主权之意。

② Cf. Jean-Luc Nancy, La pandémie reproduit les écarts et les clivages sociaux, *Marianne*,（2020-03-28）［2020-06-10］https://www.marianne.net/culture/jean-luc-nancy-la-pandemie-reproduit-les-ecarts-et-les-clivages-sociaux.

与政治相关问题的持续反思：福柯早期讨论了疯子、病人和罪犯因有关劳动、生命和语言的知识（尤其是医学）被界定为边缘性的生命，从而面临极其消极的政治处置；随后，福柯将对生命与政治的考察扩展到特定时期内更为广泛的生命主体，即根据 18 世纪以来的政治需要，所有人都不得不面对个体规训、人口调节和自由主义这些具有生产性的生命权力；福柯在晚期又将前面建立起来的知识与权力、主体与权力的关系深入到从古代伦理到基督教伦理的整个发展进程中去考察，揭示出生命与政治更加细致入微的相互渗透。埃斯波西托评论说："如果与生命政治语义相分离或在其之外去分析，（福柯）这些年每个话语片段所设定的意义就很难被完全体会到。"① "生命政治"的语义离不开"生命"与"政治"的定义，而它们各自的定义更离不开二者关系的展开。如果福柯在其早中晚期的工作中都贯穿着对二者关系的思考，那么在一个广义的生命政治问题域中展开对"生命"与"政治"关系的考察，将是揭开"生命政治之谜"的重要步骤。因此，本文尝试从福柯整体研究框架的几个关键点出发，勾画生命与政治关系的三重空间，以呈现一幅不限于福柯狭义"生命政治"概念的更为多元和广阔的反思图景。

一、知识与权力的关系空间

按照埃斯波西托的划分，在 20 世纪的历史上出现过三

被偷换和忽视的概念和事实还有：疯子毁坏了理性，但达到了更深远的自由，这个纯主体性的自由与理性本身一样来自主体性。康德以来建立的主体性表征世界，只不过是一个比疯子的主体性世界更规正有则的主体性世界，后者将前者命名为非理性，将自身命名为理性。正如其对于自身的不完全性（忽略『物自体』），其对于疯狂亦不完全。

① Roberto Esposito, *Bios: Biopolitics and Philosophy*, p.18.

『现在在我之内这样有两种时刻交替出现：其一是这样的，在其中我漠视外在的命运；其二是这样的，在其中我又渴望外在的自由和安宁，因为我已经厌倦这样的事情了：必须没有自己意愿地执行任何一项命令。』

——维特根斯坦，战时笔记：1914—1917年

组“生命政治”的研究路径：（1）德国20—30年代的有机路径（Organistic），具有种族主义倾向，后来积累成纳粹对“生存空间”（vital space）的理论化；（2）法国60年代的人类学路径，倾向于传统人本主义的“存在政治”；（3）英美70年代的自然主义路径，倾向于社会达尔文主义，将自然作为政治决定的优先要素。① 福柯1974年在里约热内卢的报告中第一次使用“生命政治”概念也是建立在对德国、法国和英国具体状况的分析上②，但福柯从未对先前的“生命政治”阐释路径做任何直接的评论，而是从18世纪初医学介入人类史到19世纪初完成医疗化过程并开始发展健康经济的角度，基于德国国家医疗、法国城市医疗和英国劳动力医疗的发展历程分析政治的新形态，“社会对个体的控制不仅通过意识或意识形态，还在身体中并利用身体。生命政治（le bio-politique③）首先向资本主义社会引入了生物学、躯体和身体。身体是一个生命政治现实，医学是生命政治的策略”④。可见福柯使用“生命政治”概念并改变其论域的研究，就是出于对政治、自然与历史关系的现代性构造方式的不

---

① Roberto Esposito, *Bios: Biopolitics and Philosophy*, pp.16—24.

② Michel Foucault, La naissance de la médecine sociale, *Dits et écrits*, tome III, Paris, Gallimard/Seuil, 1994, pp.207—228.

③ 福柯在1974年的这篇报告中，用的是阳性形式的le bio-politique，但在1976年《性史》（*Histoire de la sexualité*）第一卷中用的是阴性形式的une bio-politique，同年的《“必须保卫社会”》（*«Il faut défendre la société»*）用的也是阴性形式une biopolitique，1979年《生命政治的诞生》（*Naissance de la biopolitique*）用的也是阴性形式。故此处的阳性形式疑为误写。

④ Michel Foucault, La naissance de la médecine sociale, *Dits et écrits*, tome III, p.210.

满，是与随之而来的批判需求相关联的。

那么福柯不满和批判的具体是什么呢？以有机路径为例。瑞典政治学家契伦（Rudolf Kjellén）1905 年第一次使用“生命政治”这个概念之前，首先发明了“地缘政治”（géopolitique）概念，后者与前者并非毫无关系。“地缘政治”概念处理的是国家与土地的关系，当只拥有有限土地的强力国家需要通过征服、融合和殖民扩展边界的时候，这个概念就应运而生了[①]，契伦在此基础上提出的“生命政治”概念并没有为国家提供新的关系对象，而是将国家视为具有本能和自然驱动力的“生命形式”[②]。契伦的“生命政治”概念像社会契约论一样是为国家权力提供合法性，它与霍布斯以来现代政治观念中的对自然的态度是相反的：霍布斯式国家的合法性是通过建立对自然的人工屏障，来避免个体本身无法消除的冲突并以此保存个体生命，在这里，“政治”的意义在于保护“生命”；而契伦式国家的合法性则在于“(像生命那样的）政治”是在另一层面延续的自然，在这里，“政治”就是具有“生命”形式的实体。这种政治自然化的进程在乌克斯库尔（Jakob von Uexküll）的比较生物学理论影响下获得了决定性的加速：“人体-器官”与“国家-职能”“人体的退化-再生计划”与“国家的衰落-复兴”相关联，由此生发的对“寄生虫”的生命政治隐喻直接将人划分为不同种族，并“授予国家医疗技能，通过移除病因和驱逐病菌携带

① Cf. Rodolph Kjellén, *Stormakterna: Konturer kring samtidens storpolitik*, Stockholm, Gebers, 1905.

② Cf. Rodolph Kjellén, *Staten Lifsform*, Stockholm, Hugo Geber, 1916.

研究古典时期歇斯底里与神经衰弱（hystérie et hypochondrie）的意义在于，将笛卡尔的『松果体』假说兑现成整个古典时期精神病学理论和实践——子宫失序可导致心灵紊乱，心灵紊乱又可爆发于身体任何一个部分乃至全部，导致痉挛、衰竭甚至死亡，是所谓『癔病』。然而这一机制，显露『癔病』却又被其『恶之诡计』陷于无能。

『相反地，正如荣格和朱卫各自独立提出的，它们是中枢神经系统自发活动的结果，是包含在重大的生活事件中的模式的超个人的表达——就是说，它们是原型的表现。』

——安东尼·史蒂文斯，二百万岁的自性

者，将国家带回健康状态”[1]。然而，德国生命政治理论在生物学的知识要素中寻找政治权力相应物的努力还远未结束，罗伯茨（Morley Roberts）又迈出了决定性的一步，他从免疫性排斥机制推出种族驱逐，开启了从知识到权力的新一轮操作。[2]然而，基于纯粹理论（如比较生物学）来寻求权力的合法性，国家在这样的道路上到底会走多远？奥斯维辛已经给了我们生动的答案。

这种以“动物政治”界定“生命政治”的路径，一方面启发了福柯去进一步思考生命与政治的关系，另一方面也促成了福柯批判和重置这种关系的研究路径。福柯在 1976 年法兰西公学院讲座《“必须保卫社会”》的一开始回顾了他从 20 世纪 70 年代初以来所做研究的路径：“从 1970—1971 年以来，我试图涉及的是权力的‘如何’（comment）问题，即把握两个定位或两个界限之间的机制：一边是在形式上限定权力的权利（droit，正当性）规则，另一边是这个权力所制造、引导并反过来延续这个权力的真理效果。”[3]这里就呈现出福柯反思生命与政治关系的第一重空间，这重空间需要处理关于生命的“真理”与关于政治的“权力”之间的作用机制。传统政治哲学和实践在这二者之间建立了一个直接和互逆的“证成”与“支撑”关系，像德国生命政治理论中比

---

① Cf. Jakob von Uexküll, *Staatsbiologie: Anatomie, phisologie, Pathologie des Staates*, Berlin, Verlag von Gebrüder Paetel, 1920.

② Cf. Morley Roberts, *Bio-politics: An Essay in the Physiology, Pathology and Politics of the Social and Somatic Organism*, London, Dent, 1938, p.153.

③ Michel Foucault, *Il faut défendre la société*, Seuil/Paris, Gallimard, 1997, p.21.

『他像牲口一样捆住他的合法的妻子，并在集市上展出，不用说，这是得到了法官的许可。』——夏尔·波德莱尔，巴黎的忧郁

较生物学做出的那种简单粗暴的类比联系只是其中一个极端的例子。传统政治哲学的根本问题是“真理话语或被看作真理话语的生命哲学如何确立政治权力的正当（droit）界限”，而福柯的问题则是“权力关系为制造真理话语而采取的权利（droit）规则是什么？甚或：这个易于在我们的社会制造具有如此强大真理话语效果的权力是什么”[①]。福柯追问的是权力与知识之间产生各种关联的正当性规则，而不是得到“知识（真理话语）”证成的权力或得到权力“支撑”的“知识（真理话语）”各自本身的正当性。这也就是说，要避免“生命”与“政治”互为假定起源 / 论题（*petitio principii*[②]），从而保持生命与政治各自的存在和演化进路，即一个它们各自与知识和权力发生关系的空间，从而发现“生命”与“政治”之间比简单的线性关系更为复杂和真实的关系空间。

这个更为复杂和真实的关系空间在福柯对监狱诞生的研究中得到了很好的揭示。《规训与惩罚——监狱的诞生》

---

① Michel Foucault, *Il faut défendre la société*, p.22.

② 拉丁词组 *petitio principii* 最早来自中世纪对亚里士多德《前分析篇》第二卷第十六章中的“τὸ ἐξ ἀρχῆς αἰτεῖν”的翻译，亚里士多德的原意是“假定始源”。但因 αἰτεῖν 还有“请求”的意思，16 世纪英译将这个术语误译为 begging the question，遂产生后来的中文误译如“乞题”“窃取论点”“丐题”等，《拉鲁斯法汉双解词典》（2001 年）将相应的法语词组 Pétition de principe 译作“预期理由”。但 *petitio principii* 在逻辑学上指一种不当预设的非形式谬误，即在论证某个命题时假设了需要论证的命题，由于这个术语本身既不表示某种理由，也没有“乞 / 丐”的意思，所以在表示逻辑谬误的时候译作“假定论题”为宜。本文同时在亚里士多德的原意和逻辑谬误的意义上使用这个术语：权力在作为其“假定起源”的真理知识基础上证明自己的合理性，知识在作为其“假定论题”的政治权力基础上论证自己的真。福柯的工作正是要避免这种深层的逻辑谬误。

（1975 年）中的许多分析在福柯 1973 年的法兰西公学院讲座《惩戒社会》中已初见雏形。《规训与惩罚》要谈的是监狱的诞生，但监狱作为惩罚措施在现代变得过于寻常，容易让人忽略西方监狱实际上是一种现代（19 世纪以来）产物。自罗马帝国以来漫长的西方历史中，监禁（剥夺自由）大多数时候只是作为等待法庭宣判或等待执行的临时措施。而按照启蒙运动的现代理性演绎出来的一系列刑罚类型实际上是侮辱、强制劳动、同态报复、流放①，与监狱没有任何本质关系。启蒙理性为什么没有为现代刑罚实践提供实质的“理论指导”呢②？显然并不只要是“真理（知识）”就会被当权者采用，但所有的权力都以某种“知识（真理）”作为自己的正当性证明。在监狱这个例子中，福柯看到的是这种正当性下的另一种决定性：宗教系谱、政治恰切（pertinence politique）、社会共鸣和经济功能③。就政治恰切来说，所有社会不仅要预设一种公共秩序（由法律理性在形式上予以规范），还必须接受和承认一种社会平衡，即当权者的联盟：某些权力阶层可以绕过法律形成默认协定，甚至制造法律为自己服务。④福柯这种对“政治恰切”的重点关注，其实

英美研究者把笛卡尔的恶魔假设说成是伦常怀疑之外的形而上怀疑，这是不实的。因为『恶魔』在基督教里历史悠久：在人的灵魂里永远住着撒旦，住着使之产生自治幻觉的恶魔，即使历经一生苦行最圣洁的使徒，最终产生的自我『圣洁』，也是因为灵魂里的恶魔造成的幻象。如果这是『形而上假设』，整个基督教就是一个形而上学。

① Michel Foucault, *La société punitive*, Paris, Seuil/Gallimard, 2013, pp.69—74.

② 启蒙理性对于现代政治制度的影响，在福柯看来都是外在形式的影响，即某种意义上的“假定论题”。

③ Frédéric Gros, Y a-t-il un sujet biopolitique? , Nóema, (2013-02-07)［2020-06-10］https://riviste.unimi.it/index.php/noema/article/view/2877.

④ 这一点在阿甘本对“例外状态”的法律和法外之治的探讨中也可得到印证。Cf. Georgio Agamben, *Homo sacer*, II, 1, *État d'exception*, Paris, Édition du seuil, 2003, Gigantomachie autour d'un vide, pp.221—239.

在《疯狂史》中就已经开始了。大禁闭所收容的不仅是神经疾病患者，更多的是流浪汉、妓女、不劳动者、穷人。从宗教改革开始，贫穷失去了作为人类谦卑的荣耀，成为上帝因愤怒而施加的羞辱和惩罚，此时，教会已经开始在国家范畴的有用性下来衡量信徒的捐赠，而穷人因为无所贡献而成为“无序的产物和秩序的障碍”①。这里可见宗教知识的变革已经在为权力的利益张目，在这个关系空间中，生命形式不断被政治需求重造。

这种“政治恰切”不仅提示了知识与权力相互作用的空间，更重要的是体现了这个空间的复杂性，而生命与政治的关系正是在这种复杂性中展开的。福柯在这个复杂空间中，“不是要分析权力在其中心、在其机制中或总体效果中被规定的、合法的形式。而是反过来，把握权力在其末梢、在其最后轮廓成为毛细血管的部分……尤其是权力超出了组织、限制权力的权利法则的地方，从而在这些法则之外延伸，在机构中投入，在技术中显形，并在需要时给予自己物质的甚至暴力的介入工具”②。这里知识与权力的关系不是线性的二维概念空间，而是以双向矢状关系为基础的拓扑性可能空间，这意味着知识和权力虽然表面上互相借力，但谁都不是谁的界限。如果没有这种复杂性，单纯按照主权（souveraineté）框架下的政治理论就完全不可能演绎出17、18世纪开始出现的“规训权

战争，法律，任何超个体表达，必然与个体表达进行博弈，因为后者是任何宏大价值的原型、始出和践行者，是被驯化着却不可同化的生命之本。这是生生不息意愿与不断凝固意志教条的斗争。其根本：争夺正当性，裱装权力，分配自由，许诺安宁。这个斗争，因意愿的独立生命性，将永不停息。

① Michel Foucault, *Histoire de la folie à l'âge classique*, Paris, Éditions Gallimard, 1972, p.83.

② Michel Foucault, *Il faut défendre la société*, p.25.

力”[1]，更不可能从 19 世纪开始出现按照个体规训原则无法想象的“人口调节”[2]。正是从福柯意图建立的这个知识与权力的更为复杂的关系空间来看，不在同一层次上的规训权力与人口调节才能显现为不排斥、可联合的状态[3]，二者都是“权力掌握生命”的方式[4]，权力的这种掌握所依据的并不必然是关于生命的“知识（真理）”，反而是后者需要在“政治”的多样性维度中来把握。反过来也是如此，福柯在《生命政治的诞生》中对自由主义的讨论也说明了生命政治问题不能“与政治理性的框架分离，生命政治正是在这个框架中出现和加重的。尤其不能与‘自由主义’分离，因为通过参照这个理性，生命政治获得一种挑衅的形式。‘人口’现象带着独特的效果和问题，是如何被尊重权利主体和自由选择的系统所考虑的？以谁之名，用什么规则治理他们？”[5]这说明作为“理性知识”的自由主义也不完全是生命政治的内容或枷锁，而是其“挑衅”形式的一个现代代表，是突破知识-权力、生命-政治二元线性关系的一个爆破点和逃逸线。这些都说明福柯的狭义“生命政治”概念正是在知识和权力的复杂关系空间中才是可被把握的，对这个关系空间之复杂性的反思可能比仅仅把握“生命政治”的狭义内容更为重要。

古典时期，气血性精神病治疗用阿魏（assa fetida，印度香料，似芫荽）和琥珀油/皮毛熏烧，以恶臭激醒无谓抵抗的灵魂；闷骚型精神病用匈牙利皇后水（迷迭香酯剂），强烈/安神/增强记忆；更威武的治疗是服用金属，因为金属兼具坚实和易塑的特性，烙铁入水息事宁人，是为『操作性隐喻』，古典医学基本原理，现代医学前身。

① Michel Foucault, *Il faut défendre la société*, pp.32—33.

② *Ibid.*, p.216.

③ *Ibid.*, pp.223—225.

④ *Ibid.*, p.225.

⑤ Michel Foucault, *Dits et Ecrits*, Tome III, Paris: Gallimard/Seuil, 1994, p.818.

二、知识与主体的关系空间

福柯对知识与主体关系的探讨为生命与政治之关系打开了第二重反思的空间，而福柯在《词与物》前言中对乌托邦与失语症的阐释则是理解知识与主体关系的关键点。在福柯看来，乌托邦是能指（signifiant）、所指（signifié），甚至意指（signification）的滑稽混合所伪造的假想世界平面①，笛卡尔哲学中的“我”以及古典时期的“生命”概念都是这个平面的产物。古典时期以表征方式继承文艺复兴时期的世界设定，将无显示标记的“自在存在”视为不以人类语言言说的“第一文本”，留给古典时期的认知任务就是发现沉睡在“第一文本”中的秘密，并使其以人类语言言说。然而由于古典时期的语言（人类语言）不再（不允许自己）呈现在自然标记的秘密之中，这个语言远离了文艺复兴时期语言本身的存在。“古典时期语言不存在”②给认知主体造成的后果就是失语症。

这个知识乌托邦及作为其主体认知后果的失语症空间正是福柯写作《词与物》的原因：博尔赫斯笔下“中国百科全书”③引起的笑声，其“不可思议（可笑）”之处在于，在

人是可以活在人法（真理）之外的，在犬儒主义者（或现代人所称疯子）眼里，这正是人之自由所在，浮士德丢失的正是这种自由，康德将这种自由化作对知识的无尽批判。可鲁迅就真的懂得阿Q吗？作为后犬儒主义的革命与艺术就真的是在为自由呐喊吗？自由可被呐喊吗？

---

① Michel Foucault, *Les mots et les choses*, p.9.

② *Ibid*., p.93.

③ 福柯在《词与物》中引用的“中国百科全书”出自博尔赫斯《探讨别集》（王永年、黄锦炎等译，上海：上海译文出版社 2010 年版，第 145 页）中的《约翰·威尔金斯的分析语言》，该文中这本“中国百科全书”指的是德国汉学家弗兰茨·库恩（Franz W. Kuhn）博士所杜撰的《天朝仁学广览》。经诸多学者考证，这里所提到的“中国百科全书”并不存在。

19世纪一个有趣的精神病治疗法『场景再现』：针对自认是死人而不吃饭的病人，一群医生扮演脸色苍白的死人在他面前饕餮大餐，他就神奇地痊愈了。医生通过在『现实』中『延续』谵妄的非存在，偷偷塞进了理性命令（吃饭）。这种治疗法的成功在哲学上意味着真理游戏的制造『真实』的功能，在纯粹主体性中无往不利，小用成家，大用建国。

抽掉了万物能够并置在一起的静默基底（“最隐秘但又最为坚决的必然性”）的同时，伪造了一个用a、b、c、d这样无意义的字母序列所标示的滑稽的共有场所。“中国百科全书”中所呈现的皇帝所有的、乳猪、美人鱼、野狗、细驼毛笔所画的等事物的并置看似荒诞不经，但却会真实地发生在我们自己身上。如南希在心脏移植手术后第十年写过一本《闯入者》①，他在该书中表达了“别人的心脏成为我的闯入者”“我成了自己的外来者”的自我同一性焦虑：“我是疾病，我是药物干涉，我是癌细胞，我是移植器官，我是免疫能力抑制剂，我是镇痛剂，我是缝合胸骨的一段段线，我是锁骨下面一直疼痛的注射位置，我是臀部上早有的螺丝钉，我是腹股沟里的托盘……我好像科幻小说里的机器人，一半是死的，一半是活的。”②在这种亲身体验的意义上，南希无法确认自己的“生命”，因为现实世界的生命变化与有关“生命”的乌托邦定义不相符。

然而，疾病、药物、癌细胞、移植器官、缝合胸骨的线、臀部上的螺丝钉在“我”身上的并置于“中国百科全书”中对动物的不可思议的并置并无二致。正如福柯对博尔赫斯“创作”的“中国百科全书”所评论的那样，“博尔赫斯没有在不可能性的地图集里添加任何形象，他没有凸显出任何诗意汇合的光芒”③，当代生物科技既没有在器官移植、生殖辅助、基因编辑中增加不可能性（如“方的圆”），

---

① Jean-Luc Nancy, *L'Intrus*, Paris, Galilée, 2000.

② 让-吕克·南希：《闯入者》，郭建玲译，《东吴学术》2012年第4期。

③ Michel Foucault, *Les mots et les choses*, Paris, Gallimard, 1966, p.9.

也没有在其中注入诗意，指导新陈代谢过程或基因编辑的只是一种规范化或者技术性的创造，延长寿命、优生学等计划中没有任何浪漫成分。“自然”是差异的力量，它能够并置真实和无序的存在；只有“人性”（nature humain）才是同一（Même）的力量，总是试图通过想象的游戏将现实与记忆中的事物等同起来。心脏移植中的这种“（技术性的）自然”并置之所以产生自我认同的焦虑，并不是因为在南希那里发生了“范畴模糊”“危险混搭”或“异常相遇”的情况，而是因为南希已经失去（或从未获得）如厄斯怠纳的嘴巴或洛特雷阿蒙的操作台那样的“我”。南希提到心脏移植带来的一系列由陌生和背叛引发的痛苦，正在于那个基于自然身体和记忆建立起来的“我”之乌托邦被生物科技打碎了，“我”的乌托邦“没有真实的地点……在绝妙和平滑的空间充分发展……城市的宽敞大道、栽培良好的花园、简单容易的国家”[①]，而当这一切被“异托邦”（器官移植后的“我”）——它妨碍命名，破坏或混淆通名，并摧毁“句法”——取代时，就会产生南希的痛苦与福柯看到“中国百科全书”时的笑声。

在这个知识与主体的关系空间中所展开的乌托邦与失语症预示了“生命”与“政治”之关系可能引发的一个严峻后果：迷失在认知主体所构造的知识之中的生命丧失了作为政治主体对现实世界进行判别和采取行动的能力。仍然以南希为例，在他接受器官移植30年后的今天，他完全认可

阿奎那说『存在与真理发生了转换』（*ens et verum convertuntur*），每一个思想上的小动作，经过历史的演变，都可能会变成思想上乃至现实中的大灾难。

① Michel Foucault, *Les mots et les choses*, Paris, Gallimard, 1966, p.9.

认识论历史研究中的内在约定主义（conventionnalisme interne，表现为对知识话语的研究）不能解释知识型跳出自身的转换通道（如词与物），外在约定主义（conventionnalisme externe，表现为对认知实践的研究）面临无法进入知识型自身的演化（如疯狂史），福柯前中期的困境在后期通过研究主体得以开释。

了“活着”比“自我”更重要，并以此反驳阿甘本对“一个在相信幸存以外不再相信一切的社会”①的批判。这里问题的关键并不在于为哪种乌托邦辩护，而是要强调当我们不得不依附于某种乌托邦来“观看”世界时，这必然导致某种准失语：南希在反驳阿甘本时说“政府只是可悲的执行者”，可不到一个月南希却与阿甘本一样忧心：“权力机构在强化这些要求的路上要走多远呢？”②同样的情况也发生在阿甘本身上，阿甘本因为对自己所研究的“例外状态”理论过于执迷，而在意大利疫情初期丧失了对现实政治状态的准确观察和判断。南希的失语和阿甘本的误判其实同出一辙，即知识乌托邦编织的“生命”和“政治”世界让人迷茫：“这些线团形成了由粗糙不平的、细碎的微小领域构成的多样性，在这里，无名的相似性将事物凝结成不连续的群岛……所有分组都散开了，因为同一性的平面……仍然太广阔，无法稳定。”③

认知主体与政治主体是“生命”的一体两面，如果前者在乌托邦的构造下固化，就会导致对生命和政治的现实进行双重的盲目判断和错误应对。不同的历史时期与社会形态中迥异的生命形式和政治实践会为当下提供令人不安的异托邦世界，这些异质混杂的世界反思不允许我们“虚构”生命和

① Giorgio Agamben: L’épidémie montre clairement que l’état d’exception est devenu la condition normale, *Le monde*, 24 mars 2020.

② Jean-Luc Nancy, Un virus trop humain, *Philosopher en temps de l’épidémie*, (2020-03-27)［2020-06-10］, https://www.youtube.com/watch?v=Msu0hAJXdhw.

③ Michel Foucault, *Les mots et les choses*, p.10.

政治，让我们不可能去谈论二者井然有序的历史，阻止我们为生命和政治配置传说和秩序。福柯在《乌托邦身体》中就谈到了身体最初被理解为柏拉图那样的主体囚禁地：“我的身体，就是我罪无可逃的所在。无论如何，我想正是为了与之对抗、将之抹除，人们创造了所有这些乌托邦。”①然而在这个“乌托邦”背后还有一个以隐蔽形式前进的“异托邦”，身体远不是那个“我”必须顺服的事物，以“异托邦”形式呈现的各种历史乌托邦让“我”的当下呈现出多样性甚至发生改变，这最终可以让“我”成为自身的他者。在这个意义上来看，异托邦并不是乌托邦的反面或敌对者，失语症并非知识乌托邦的唯一结果。福柯在《别样空间》中以空间问题的异质学路径继续展开这种流动的乌托邦介入政治的可能：空间也有历史，空间正是在这个意义上可以切入政治维度，“空间问题本身也是政治问题”②。因为作为场所（emplacement）的空间是充满素材的、多变和多样的复数空间，我们在这些空间中不仅以各种方式被充斥和规训，也因为诸场所的异质性符号而可能发生转变，被吸引到自身之外，“我们生活在一整个关系群中，这个关系群定义了彼此不可化约且完全不可重叠的诸种场所”③。例如西方历史上修道院、救济院、收容所到监狱的发展，这不只是“场所”的偶然相遇，这种“场所”的重叠所承载的强烈对立或对照，为置身其中的生命和

在笛卡尔说 cogito ergo sum（我思故我在）之前，奥古斯丁已经在《上帝之城》中说过：Si enim fallor, sum（我错故我在）。

---

① Michel Foucault, *Le corps utopique*, Paris, Nouvelle Editions, 2009, p.2.

② Michel Foucault, «Des espaces autres» (conférence au Cercle d’études architecturales, 14 mars 1967), in *Architecture*, Mounement, Conhnuité, n° 5, Octobre 1984, pp.46—49.

③ Michel Foucault, «Des espaces autres», p.47.

政治提供了规训与控制之外别样可能的关联。

三、主体与权力的关系空间

当然，实现这种异托邦所呈现的别样可能绝非易事，福柯在影响生命与政治关系的第三重空间中就呈现了这样一个艰难的主体与权力的关系空间。在这种空间中，使动者能够建立也有可能改变权力关系。德国学者莱姆克（Thomas Lemke）在阐述福柯“生命政治”概念的含义时，引用了福柯在《性史》第一卷最后一章中对“生命政治”的描述：“将生命及其机制带入明确计算的领域，将权力–知识变成人类生命转化的动因”①。也许是为了表现概念定义的简洁明了，莱姆克省去了福柯这句话的前后两部分，使得这个原本是条件句的句子失去了表示假设的前提，也失去了作为结果之二的补充说明。就上面这句话被忽略的部分来说，这个对“生命政治”的描述的前提是：“如果可以将‘生命史’（bio-histoire）称作生命诸运动与历史诸进程借以彼此影响的种种压力，就应该在谈生命政治（bio-politique）的时候指……”②这句不被重视的前提提示了“生命政治”的一个重要维度：生命史。什么是生命史？生命史不是“生命诸运动”，也不是“历史诸进程”，而是“使”二者“彼此影响的

『我』既是主体又是客体的特质，意味着认知与实践、内在与外在共享一个结合体，『我』是知识型内在演化和外在转化的执行者和完成者，这就是福柯从前中期权力和知识的考察转入后期对主体考察的原因。

---

① 参见拉姆克：《生命政治及其他——论福柯的一个重要理论之流布》，《生产》第7辑，汪民安、郭晓彦编，南京：江苏人民出版社2011年版，第56页。

② Michel Foucault, *Histoire de la* sexualité, vol. I, *La volonté de savoir*, Paris, Gallimard, 1976, p.188.

种种压力”。由此，什么是“生命政治”？生命政治不是“生命及其机制”，也不是“明确计算的领域”，不是“权力–知识”，也不是“人类生命的转化”，而是“使”“生命及其机制”进入“明确计算的领域”，使“权力–知识”成为“人类生命的转化”动因的事物。因此我们看到这个“使动”因素的重要性远远超过了“生命政治”狭隘定义的论域。

那么这个“使”动的因素是什么？也许需要从这句话被忽略的结果之二来回答：“这不是说生命已经完全彻底地被纳入支配和控制它的技术；生命在不停地逃脱这些技术。”① 可见，这个“使”动的因素是一种逃脱支配与控制的力量。福柯在稍后一页更明确地说明：对于 19 世纪这个仍然全新的权力（即生命权力），抵抗这个权力的诸力量就在这个权力所投入的生命本身之中。在过去的这个世纪里，与权力体系的斗争不在于回到旧权利（正当性）之中，人们不再期待穷人的帝王、末日王国或正义的重建，生命作为基本需求、人之具体要素、对潜能的实现和可能性的充盈，不仅是生命政治的对象，还是生命政治的“主体”，用福柯的话来说，“作为政治对象的生命……转而反对控制它的体系”②。这也是为什么福柯在《性史》第一卷之后完全改变了研究方向，这个转向与其说是对“生命政治”主题的放弃，不如说是对“生命政治”主题的拓展：首先，福柯在《性史》第一卷里就说明了他提出 19 世纪生命进入历史和政治，并不意味着

『显然，正如一直以来，有人与你做同样的事，但以不同方式去做，你与这些人的关系是艰难的。艰难在于既有千丝万缕的复杂联系，又有明确对立的竞争性。』

① Michel Foucault, *Histoire de la* sexualité, vol. I, *La volonté de savoir*, Paris, Gallimard, 1976, p.188.

② Michel Foucault, *La volonté de savoir*, pp.190—191.

存在论而非社会政治意义上的个人主义在于捍卫个体的界限，既不主体化外在性亦拒绝内在性被侵犯，在双向意义上拒绝使用『我们』。

“只有在这个时刻才产生生命与历史的第一次接触。相反，生物性的事物对历史的压力在数千年来都极其强大”①。其次，可以将福柯对生命政治的关注理解为不（只）是对生命权力的描述，而是确定和探寻生命中是什么在抵抗这些权力。

对生命中抵抗力量的探寻在福柯中期的研究中已初见端倪。在此阶段，福柯首先区分了主权与生命权力：国家至高无上的权力（主权，souveraineté）的特征是“令其死、任其生”（faire mourir laisser vivre）②，而与此相对立的生命权力的特征是“令其生、任其死”（faire vivre laisser mourir）③。不过福柯对前者是这样评论的：“权力不是全能、全知的，正相反！如果权力关系制造了调查、知识模式分析的形式，这正是因为权力不是全知的，而是盲目的……如果我们看到如此多权力力量、控制系统、监视形式的发展，这正是因为权力总是无能的。”④但这不意味着宣告主权权力（pouvoir souverain）失效，而是要表明这种权力本身并无力量，其力量实际上附着在构成“社会体”或“社会”的种种力量中。生命权力不会替代主权权力，但围绕生命权力的生命政治设置会转移主权权力的功能及实现，使后者的奠基问题更为尖锐。生命政治时期的权力关系，并不像主权时期那样是单边的，而是种种个体力量的内在的和策略性的协调，“如果没有抵抗，就没有权力关系。因为一切都只是服从问题。一旦

① Michel Foucault, *La volonté de savoir*, op.cit., p.186.

② *Ibid.*, p.178.

③ *Ibid.*, p.181.

④ Michel Foucault, Précisions sur le pouvoir. Réponses à certaines critiques, *Dits et écrits*, tome III, Gallimard/Seuil, Paris, 1994, p.625.

个体不能去做其想要做的事情，他就必须运用权力关系”①。

在福柯看来，这种权力关系是通过治理术建立起来的。莱姆克就主张将福柯的生命政治与治理术系统性地联系起来，将生命政治分析为“治理艺术”②。这就需要放弃福柯对于“生命政治”的狭义限制，不仅区分生命政治的两个主体（个体和人口），还要区分两种生命形式（zôè 和 bios），从而转向“自我技术”的工作。③那么这种“自我技术”是什么呢？福柯对苏格拉底之死的分析为这种技术提供了一个路径，当然不是“死”的路径，而是“关照自我”（souci de soi）的路径。柏拉图在《斐多篇》中记载了苏格拉底的临终遗言：“克里托，我还欠阿斯克勒庇俄斯一只公鸡，千万别忘了。”（*Phédon*，118a）这个遗言既平凡又神秘，最著名的解读④是尼采的佛教式解读：生命是一场疾病⑤，所以，死亡治愈了生命。福柯借助他的恩师杜梅泽尔（Georges Dumézil）的研究反驳了尼采的解读：难道苏格拉底作为牛虻的一生因为雅典的坏民主而变成不受欢迎的疾病了吗？杜

罗马帝国幅员辽阔，权力关系复杂。由此催生了发达的个体伦理，对生活的审美价值不在于身份地位、财富荣誉，而在于将自己构建成自身行动的伦理主体：能控制住自己的人，也能管好别人，与他人和睦相处。在复杂的权力争夺和得失游戏中，必须守得一条野心和理想的底线。真正的生存模式，是自我节制的自足。

---

① Michel Foucault, Une interview: sexe, pouvoir et la politique de l’identité, *Dits et écrits*, tome IV, Gallimard/Seuil, Paris, 1994, p.741.

② Cf. Thomas Lemke, *Vital-Politics: The government of life*, pp.8—10.

③ Lars Thorup Larsen, Biopolitical Technologies of Community in Danish Health Promotion, Manuscript, 2003.

④《斐多篇》的法文译者罗班（Léon Robin）给出了一种柏拉图式的解读：苏格拉底向医神献祭公鸡是为了感谢医神治愈了灵魂与身体不相容之结合的病，死亡消除了身体，灵魂终得解脱。《斐多篇》的英文译者伯奈特（John Burnet）则认为各种病人到阿斯克勒庇俄斯神庙，是为了请求医神托梦告知治病方法，而苏格拉底则可以通过死亡这个漫长的睡眠中所做的梦获得治病良方。

⑤ Cf. F. Nietzsche, *Le Gai Savoir*, trad. P. Klossowski, Paris, Gallimard, 1939.

梅泽尔的答案是否定的①，他提供了苏格拉底在《斐多篇》里引用的古希腊崇拜俄耳甫斯神秘教理中的一个表述：“我们在世上就像在看护所（*phroura*, φρουρᾷ）中，我们被拘留起来，未经允许不得离开。”（*Phédon*, 62b）Phroura 这个词来自“观看”（*oraô*），表示警觉、审慎注视中的空间，消极理解是“监狱”，积极理解则可以是“看护所”。苏格拉底在引用这个表述之后自己解释道：诸神是我们的看护人，我们是他们的羊群。苏格拉底对此持肯定态度，这表现在苏格拉底后来说无论是在生命中还是在死亡中，他都能找到“好的老师和好的伴侣”（*Phédon*, 69d-e）；这还表现在苏格拉底对阿尔西比亚德的爱中，这个爱没有受身体的污染，这个纯粹的爱在生命中和在死亡中都一样存在，对于活在纯净中的苏格拉底来说，他已经活在死亡的纯净之中，生死并无本质区别。因此没有任何理由认为苏格拉底把生命当作疾病，认为必须逃到死亡中才能获得治愈。这一点在《申辩篇》里也有表现：“任何事都不能伤害一个好人，无论是生前还是死后，诸神不会对他的命运无动于衷。”（*Apologie de Socrate*, 41d）

苏格拉底之死从表面上看是在顺从雅典民主，但实际上却是一种运用自身伦理力量选择拒绝逃亡的政治行为；死亡似乎治愈的是生命这个疾病，但实际上治愈的是包含着“自我灵魂”（soi-âme）的“自我生命”（soi-*bios*）。这一点从杜梅泽尔引入的《克里同篇》的分析中可以看出。克里同为劝苏格拉底逃跑而提出三重背叛：如果拒绝逃跑，就会背叛自

无差别劳动力的『平等』只是资本追求交易效率的遮羞布，是不考虑性、生育负担的更深刻剥削。这个女性的处境其实是人之处境的放大镜：不接受剥削就别想独立。不接受机制的构造，就没有创造自我的可能。在这个意义上，女性主义的真正对手（问题）不是自以为不卑微的男性，女性主义的真正优势恰恰在于比无限膨胀的男性人类更自知人之为人的局限。

① Cf. G. Dumézil, *Le Moyne noir en gris dedans Varennes*, Paris, Gallimard, 1984.

己、孩子和朋友。而苏格拉底认为不应盲目跟从别人的观点，因为正义只与“我们自己的那部分”[1]有关。这个“我们自己的那部分”就是“自我关系”，如果盲从他人，这个“自我关系”就生病了，即“灵魂之病”：这才是对自己、孩子和朋友的真正背叛，因为在盲从别人的同时，我们放弃了自身对真理的责任，我们不再跟随真相，我们的灵魂就处于糟糕状态，从而是病态的。所以，苏格拉底选择坦然接受希腊民主处死的政治行为不是对民主权力的屈服，而是治愈自身“灵魂之病”从而保有“自我生命”的方式。

在这个意义上，福柯晚期的转向只是从生命政治的“斗争模式”转向生命政治的“治理模式”，而“（关照）自我”则是政治吸附的伦理关键。福柯在20世纪70年代关注的生命政治的狭义定义注重的是“斗争模式”，是在用“诸力量的斗争式对峙”来对抗契约和主权下的哲学-法律传统。有关这种权力-抵抗何以可能的反思和批评从那时起就在理论和实践上多有呈现，本文开头所涉及的埃斯波西托以及其他诸多研究者对福柯在生命与政治关系上犹豫不决的判定即来自于此。但这里的问题是：支配（domination）关系是不是人类权力关系的唯一模式呢？即便是像全景敞视那样的单边关系和总体支配是否就能让身体永远处于被支配的地位呢？如果没有毛细血管的配合，怎么会有中枢神经的支配呢？福柯20世纪70年代的生命政治研究将权力分解到了其末梢神经——个体——之处，这其实已经为晚期伦理路径的反思奠定了基础。

塞涅卡借 Demetrius 之口说：应只关注有用的即能改变人的存在方式的知识。如果希腊罗马人可以借此伦理（êthos，人的存在方式）标准从浩瀚的世界转向自身，以求『关照自身』得以自在，那么现代人则无以转身（无处自在），因为拜康德所赐，『知识即伦理』（反之亦然）。然而，人的现实世界既无纯粹的知识亦无纯粹的伦理。

① Platon, *Criton*, 48 a-d.

我们在这里发现，贯穿福柯研究的问题实际上是：怎样理解这些微小的、分散的、异质的权力，以使它们的关系不总是支配或抵抗？为了回答这个问题，可以看到从《性史》第二卷开始，福柯改变了之前“生命政治”的研究路径：“实际上我对道德比对政治更感兴趣，或者，无论如何，政治就像是一种伦理。”① 而在 20 世纪 80 年代对古代及基督教伦理问题进行漫长的探讨后，福柯又论及权力概念时说：“构成我之诸研究一般主题的不是权力，而是主体。”② 由此，我们看到伦理建构使运转权力关系的使动者不仅仅是单一的“保有（生物意义上的）生命”，而是要为“生命”赋予更丰富的涵义，这使得生命与政治的关系不再是单一或单向的抵抗或生产，因为使动者与权力的关系空间也不是单独发挥作用的，它必须与第一重空间和第二重空间同时作用。

四、结　论

本文通过福柯早中晚期的整体研究来对生命政治问题进行拓展理解，这虽然超出了福柯在个体规训、人口控制和自由主义模式下的狭义“生命政治”概念，但也避免了陷

如果整个人类历史中女性扮演的被动驯顺角色不可或缺甚至定义了『女性』概念，那么现代女性解放（甚至可以考古到公元1、2世纪婚姻伦理中男女平等关系的出现）在何种意义上是女性的呢？又在何种意义上造就了一个『被动、驯顺化』的『女性社会』呢？当代社会男性女性化、女性男性化或曰中性人社会只是商品化的祭礼。

---

① M. Foucault, Preface to the History of Sexuality(Préface à l’Histoire de la sexualité), in Rabinow (P.), éd., *The Foucault Reader*, New York, Pantheon Books, 1984.

② Michel Foucault, «Deux essais sur le sujet et le pouvoir. II, Le pouvoir, comment s’exerce-t-il ?», dans H.L. Dreyfus et P. Rabinow, *Michel Foucault. Un parcours philosophique. Au-delà de l’objectivité et de la subjectivité*, Paris, 1984, p.298.

入这个狭义定义所必然导致的生命与政治二元关系的不决困境，因为拓展理解所构造的反思生命与政治关系的三重空间提供了一个更为多元的关系图景，为采取更丰富策略提供可能性。当下世界，经济危机、传染病危机、环境危机等随时可能引发“战争状态”。在面对病毒侵袭的全球化生命危机之时，资本和科技都已经暂时失效，看似对立的制度界定在实际有效的策略选择上并没有本质的区别：法律和权力、法规和合法性、规范和例外、主权与生命政治的二元视角不仅本身就是在同一个考古学层面的统一体——在“权利真空状态”和“主权的纯粹暴力”①可以拯救生命的时候，只能悬搁“民主的假悲伤”②，而且这样的视角也无法观照人类与自然关系的根本问题。对于这一现实，福柯曾有一个非常精到的论述：“当人在技术和政治上获得的可能性不仅能够筹划生命，还能使之增衍、生产活物、制造魔鬼，并最终制造无法控制且具有普遍毁灭性的病毒时，生命权力的过度就出现了……生命权力的这一可怕扩张将会超出所有人类主权的范围。”③

那么如何面对这种超出所有人类主权范围的生命权力的扩张呢？无论是动物政治与政治恰切营造的知识与权力的关系空间，还是乌托邦与异托邦交织产生的知识与主体的关系空间，还是使动者与自我技术制造的主体与权力的关系空间，实际上都在面对从个体到人类总体的生命的问题：“人在几千年

新闻里报道女子拳击，镜头画面是一女选手鼻青脸肿，最后记者应景地说：现在拳击领域也男女平等了。我跟一位男性的法国朋友说：现在我们平等了。谁知他说：是啊，以前你们还没那么蠢，现在和我们一样蠢了。

① Cf. Dominique Rousseau, *Libération*, 13 avril 2020.

② Cf. Alain Brossat, Confiner sans ménagement la bêtise épaisse et gluante de nos gouvernants, *Ici et ailleurs*, (2020-04-20)[2020-06-10] https://ici-et-ailleurs.org/contributions/actualite/article/confiner-sans-menagement-la.

③ Michel Foucault, *Il faut défendre la société*, p.226.

来都保持亚里士多德所看到的样子：一个活着的动物，而且有能力过一种政治的存在；现代人是在政治中的动物，其作为动物活着的生命成为问题。”① 只是我们现在必须追问这应该是什么样的生命？什么样的政治？无论是单独回答“什么是生命”，如朝向控制“生命本身”的现代生物医学和生命科学，还是单独回应“什么是政治”，如朝向赤裸生命或现存诸众的政治模式，二者都不能真正回应“我们自身的历史存在论”。

正如我们在前面所阐述的，生命与政治不是也不应是直接的二元对立或联合关系：首先，它们在关于生命的纯粹理论与关于生命的政治实践之间展开了相互作用的第一重空间，在这一空间中，我们应该关注理论和实践彼此相对独立的历史发展，关注权力超出法则和知识脱离现实的部分，建立这一重反思空间并不需要抹除法律和制度的实际运行，相反，是要澄清其中最高权力真正的运行机制。其次，生命与政治的关系还在意识形态的建立与主体认知的关系中展开第二重空间，福柯对古典时期以来不拥有自身语言的认知世界的反思，揭示了现代人在面对复杂政治现实时的窘迫，福柯试图将我们引向一个不同于乌托邦的异托邦视域，在面对“符号的巨大自治游戏”时，“不安”恰恰是最警醒的姿态。最后，在这种“不安”主体不断制造新权力关系的过程中，生命与政治关系的第三重空间就被展开了，这种使动者的作为不单纯是奴役与抵抗的线性关系，“关照自我”的技术在政治体制之外建立面对权力的策略关系，或者说这种自我技

在普鲁塔克那里，异性婚姻比同性恋的优越性在于：性行为的攻守本质要求必须有一方顺服（charis，专指性行为中意志趋同），而同为自由人的同性恋者在这种关系中培养出来的不是爱而是恨；而异性婚姻则能完美地结合男强女弱的特点，与性关系一起孕育出持久稳固的爱。

① Michel Foucault, *La volonté de savoir*, p.188.

术将政治扩展到伦理领域。

上述三重空间展开的生命与政治关系可以产生诸多矢状交织的张力，它们实际上更新了传统意义上按照实体结构呈现的知识-权力-主体的三点模式：知识理论被改造为以话语实践（pratiques discursives）分析和判真（véridiction）历史形式为基础的真理关系的历史分析，权力理论被改造为以治理术实施过程和技术为基础的他者关系的历史分析，主体理论被改造为注重主体实效模式和技术的自我关系的历史分析。① 以往的“生命政治”理论中那些不可改变的、给定的自然或生命，在这三重空间中都不是预设而是据点，是一系列原因、力量和张力相互作用的游戏。历史与自然、生命与政治彼此是对方的矩阵和临时产物，“生命政治”既是战场又是家园。在这样的三重空间中，自我与他者的治理技术、判真形式以及自我关系之间使得“被构造、定义、组织、工具化的个体在其自由中能够相对于其他策略而拥有某些策略”②，在这样的策略关系中，打开“一整个回应、反应、效果、可能发明的场域”③ 将成为可能。

在荒谬的国度里荒废荒谬的爱，被摁在地上反复摩擦也不发火。

【发表于《安徽大学学报》2020 年第 5 期】

① Cf. M. Foucault, *Subjectivité et vérité*, Cours au Collège de France. 1980—1981, Paris, Seuil/Gallimard, 2014, résumé du cours, p.42.

② Michel Foucault, L'éthique du souci de soi comme pratique de la liberté, *Dits et écrits*, tome IV, Gallimard/Seuil, Paris, 1994, p.728.

③ Michel Foucault, Deux essais sur le sujet et le pouvoir. II, Le pouvoir, comment s'exerce-t-il? , dans H. Dreyfus et P. Rabinow, *Michel Foucault. Un parcours philosophique? Au-delà de l'objectivité et de la subjectivité*, p.313.

从权力技术反思动物伦理困境
——从人类中心主义到生态中心主义

性解放是挣脱作为权力的枷锁，却不是丢弃作为节制的保护。因为只有具有自我控制的人才是自由社会的基石。

一、引言

诸多动物伦理思考者推崇或回应[1]的2003年诺贝尔文学奖获奖小说《动物生活》[2]挑明了当今动物伦理反思的几个主要问题：许多主张动物伦理的人就像旁观集中营大屠杀的无辜邻居那样对肉食工厂的残酷视而不见，用粗陋和问错了问题的科学实验[3]判定人比非人动物高级，从而认为非人动物（至少像鸡和鱼那样的低智商动物）无自我意识、不能像人那样理解生死，而认为只要使用适当的屠宰技术迅速和无痛地杀死动物就是道德的；更进一步，因为人与许多非人动物（如蝙蝠）很少有共同点，所以非人动物不能成为人的朋

---

① Amy Gutmann 引介了《动物生活》，Marjorie Garber, Peter Singer, Wendy Doniger 和 Barbara Smuts 都对该小说做了回应。Bernard E. Morris, Review of *The Lives of Animals*, by J. M. Coetzee, *Harvard Review*, 18, Spring 2000, pp.181—183.

② J. M. Coetzee, *The Lives of Animals*, Princeton University Press, Human Values series, 1999.

③ Wolfgang Köhler, *Intelligenzprüfungen an Anthropoiden*, 1917; *Mentality of Apes*, 1921; *L'intelligence des singes supérieurs*, 1927.

友。《动物生活》的作者约翰·库切（J. M. Coetzee）指出这些观点和做法中包含着物种主义和人类中心主义，指责人类对非人动物的理解和反思缺乏诗意想象。这个“诗意想象”概念的提出并非毫无缘由，巴什拉在《洛特雷阿蒙》中提出的“原动性想象”（imagination motrice）①，德勒兹和加塔利在《千高原》中提出的“成为动物”（devenir-animal）②，以及唐娜·哈拉维在《物种相遇》中对操作性形象（figure）③的分析，都可以为库切理解人与非人动物关系的“诗意想象”路径提供良好注脚。

尽管如此，《动物解放》的作者彼得·辛格认为库切没有真正进入特定动物权利的讨论视域，其虚构小说中的哲学主张并未提供有效的哲学论证，库切提出的“诗意想象”弱不禁风。本文并不打算涉入库切与辛格的方法论争论，而是从与二者研究方法均有所不同的福柯的权力技术运行机制分析角度，重新审视动物伦理思考者所提出的一系列动物福利论、动物权利论和环境伦理论存在的困境。

在进入具体的问题探讨之前，先对本文采取福柯权力技术分析视角的研究方法进行一个说明。首先，采用福柯视角的一个明显但并非本质的理由是非人类动物在人类社会的处境与福柯所关注的边缘人群相似。这一点可能遭到的反驳是：正如在某些动物伦理的讨论中已经涉及的，“疯子（精神障碍者）”仍然属于人这个物种，在对待非人动物的伦理

为什么亚里士多德的『求知本性』和笛卡尔的『良知』可以作为他们哲学的起点而极少被质疑？因为他们利用了『无知听众』安置自身作为伦理主体的诉求：大家都这样，这样是好的，我好像也的确这样。但殊不知这一共同起点包含未经审查的选择：求知之乐从其他乐趣中脱颖而出的理由是什么呢？

① Gaston BACHELARD, *Lautréamont*, Paris, José Corti, 1939.

② Gilles DELEUZE et Félix GUATTARI, *Mille Plateaux*, Paris, Minuit, 1980.

③ Donna HARAWAY, *When Species Meet*, Minneapolis, London, University of Minnesota Press, 2008.

现在的问题是，或者永远的问题是：如何使用智慧？
世界摆在那里，代代智者插满警示牌，来路却永远是一簇簇的迷途羔羊，因为他们只看（研究）招牌不看（操习）路。

思考中，这二者是不能画等号的。其次，从权力理论本身来看，正如一些权力理论家的主张，动物并非人类社会成员（或至少这还是一个有待解决的问题），更根本的是动物不构成“权力主体”（尚未解决的问题），动物不能在“权力关系”的视角中予以考虑，权力关系（*relata*）中的各方不能包括非人动物或无生命物，如主人对狗的控制、科学家对核反应堆的控制就不能纳入权力关系考虑中。① 但也有权力理论的研究者将权力定义为“意向效果的产物”，非人动物可以在这种意向关系中，因此也可以纳入权力关系的思考范围；更甚，人与非人动物的关系本身就构成了权力的范式，“如果权力形式在某个领域最简单的装置中不加掩饰地显现出来，那就是在我们与动物的交往中，因为在这里，伪装和借口都没必要了”②。无论人与非人动物的关系是否可以纳入权力关系，这都会对动物伦理思考需要解决的问题做出一定的预设，而这正是本文需要反思的问题。因此，本文不意图从福柯对疯狂的考察来理解非人动物在人类社会中的地位，也不在预设“意向效果”的意义上理解人与非人动物的权力关系，更不会如此天真地认为在人与非人动物的关系中“伪装和借口都没必要了”。也就是说，本文不会试图用福柯的权力关系模型去契合人与非人动物的关系③，而是要利用福柯

---

① Robert Dahl, “On Power”, in Stephen Lukes, *Power. A Radical view*, New York, Palgrave Macmillan, 2005, p.40.

② Bertrand Russell, *The Forms of Power*, in Stephen Lukes, *op.cit.*, p.20.

③ 当然存在这种思路的研究，如：Clare Palmer, «APPRIVOISER LA PROFUSION SAUVAGE DES CHOSES EXISTANTES» ? Une étude sur foucault, le pouvoir et les relations entre l’homme et l’animal, *Philosophie*, 2012/1 n° 112, pp.23—46。

作为“分析网格”的权力概念[①]，指出动物福利论、动物权利论和环境伦理论中分别包含的物种主义支配陷阱、人本主义规训悖论和生态中心主义治理术效应。换言之，本文利用福柯权力技术理论所指向和反思的对象不是人与非人动物的关系，而是现存的各种动物伦理理论。

建立在共同生活基础上的寥寥数语胜过无共同生活的千言万语。生活中的大多数事情不是用语言去做的，比如爱。

二、动物福利论：物种主义与支配陷阱

动物福利论主张惩罚对动物的残酷行为或虐待，主张为动物安排体面的生活条件。针对伴侣动物[②]和养殖动物[③]，欧洲已有诸多立法支持。[④]禁止虐待家畜的法律在欧洲并不新鲜[⑤]，当代立法的新颖之处在于更为关注家畜的生活条件和屠宰技术，针对动物的感受性，提出了可赋

① Jana Sawicki, “Feminism and the Power of Foucaldian Discourse”, in Jonathan Arac (éd.), *After Foucault. Humanistic Knowledge, Postmodern Challenges*, Rutgers University Press, 1988, p.164.

② 1987 年 11 月 13 日欧盟理事会成员国共同签署的保护伴侣动物欧盟协议 https://rm.coe.int/168007a684 [2021 年 5 月 6 日查阅]。

③ 1998 年 7 月 20 日欧盟理事会（LE CONSEIL DE L’UNION EUROPÉENNE）法案 la Directive 98/58/CE 第四条涉及对养殖动物的保护。

④ Sonia Canselier, «Les grands progrès de la protection animale en droit français et européen», Histoire de la recherche contemporaine, tome IV/1, 2015, pp.54—57, https://doi.org/10.4000/hrc.977 [2021 年 5 月 6 日查阅]。2007 年 12 月 13 日欧盟成员国共同签署的 2009 年 12 月 1 日正式生效的里斯本条约（Traité de Lisbonne）确认动物是有感存在物，能够感受到痛苦。参见：Isabell Büschel et Juan Miguel Azcárraga, «Quelle protection juridique des animaux en Europe? L’apport du Traité de Lisbonne à la lumière du droit comparé», Trajectoires vol. 7, 2013, https://journals.openedition.org/trajectoires/1162 [2021 年 5 月 6 日查阅]。

⑤ 如 1850 年的格拉蒙法案（loi Grammont）。

Epictète的守夜人很有个性，他不需要来者证件上显示三代出身、内心动机，也不揣测来者隐藏着何种险恶或至善，他只判断来者是否依赖于自己、能否由自己决定，如果不能，就拒之门外，无论他再有才财色味，以此捍卫自己的权力和自由。

予家畜的五种自由：免于饥饿，免于恐惧和悲痛，免于物理或热的压力，免于疼痛、病变和疾病，表达正常行为的可能。

对动物福利论及其法律实施的批评在于这些举措仍然是不足够的，暂且不论其只涉及家畜（在动物整体中占极小比例），而仅仅是家畜仍然囚禁在物主范式之下这一点，就足以引起动物福利论与动物权利论之间关于动物到底是物（财产）还是具有人格的争论①：批评者认为这种动物福利论没有充分考虑动物的利益、没有对非人动物内在价值予以充分认识②，物主辩护者则提出“有生命财产（propriété vivante, Living Property）”③的概念予以应对。批评者认为动物福利论虽然关注了对待动物的方式，但没有质疑对动物的剥削

---

① 如关于动物财产还是人格的争论：Richard Epstein认为动物应该继续被看作财产，物种主义是合理的，没有充足理由改变现行行为［Richard Epstein, “Animals as Objects, or Subjects, of Rights”, Cass R. Sunstein and Martha C. Nussbaum (ed.), in *Animal Rights. Current Debates and New Directions*, Oxford New York, Oxford University Press, 2004, pp.143—161.］；而Gary Francione则认为动物有不被视作财产的权利［Gary Francione, “Animals—Property or Persons? ”, Cass R. Sunstein and Martha C. Nussbaum (ed.), *op.cit.*, pp.108—142.］。

② Gary Francione, “Reflections on ‘Animals, Property, and the Law’ and ‘Rain without Thunder’”, *Law and Contemporary Problems*, vol. 70/1, 2007, pp.32—33.

③ Richard L. Jr. Cupp, “Animals as More Than ‘Mere Things’, But Still Property: A Call for Continuing Evolution of the Animal Welfare Paradigm”, *Cinn. L. Rev.*, vol. 84, 2016, pp.1023—1067; David Favre, “Living Property: A New Status for Animals Within the Legal System”, *Marq. L. Rev.*, vol. 93, 2010, pp.1021—1070, http://scholarship.law.marquette.edu/mulr/vol93/iss3/3［2021年5月6日查阅］.

使用本身[1]，将动物作为人的财产予以保护是基于技术手段的工业逻辑，即动物福利是产品质量和可延续性生产的一部分[2]，这将容忍一系列不适用动物福利原则的例外，如动物实验。

动物福利论的问题根源到底在哪里呢？动物福利论的主要代表彼得·辛格[3]从实用主义和功利主义的考虑提出对动物的道德考量只要（只能）减少动物的痛苦、增加动物的幸福感和满足感即可，而动物能够获得这些福利是因为它们具有感知苦乐的能力，这种动物伦理的现实可能性就在于人可以对这种动物诉诸同情。针对辛格的实用主义和功利主义路径，理查德·波斯纳（Richard Posner）有一个尖锐的质问：如果实用主义和功利主义原则允许对动物进行医学实验来解决重大的人类疾病，那么依据同样的原则，是否也应该允许对人类进行医学实验来解决重大的动物疾病？[4]动物福利论中没有物种限制的功利主义还会导向快乐的猪比弱智的人更值得法律保护，其中单纯的实用主义还会因被善待的动物肉质更鲜美，使人产生更多的食肉欲望

如果梦是按照对梦的回忆来与疯狂比较，其实它们不是一个层次，因为作为回忆的梦已经不再是梦本身，而是已经经过『筛选』的梦。就像一个不再发疯的疯子也许能些许回忆起发疯时的情景，但此时的回忆已不再是疯狂本身。

---

① Robert Garner, "Animal Welfare: A Political Defense", *Animal Law & Ethics,* vol. 1, 2006, p.167.

② Donald Maurice Broom, "Components of sustainable animal production and the use of silvopastoral systems", *R. Bras. Zootec*. vol.46 no.8 Viçosa Aug. 2017, http://dx.doi.org/10.1590/s1806-92902017000800009［2021 年 5 月 3 日查阅］.

③ Petre Singer，*Animal Liberation*，London, Jonathan Cape, 1976.

④ Richard Posner, "Animal Rights: Legal, Philosophical, and Pragmatic Perspectives", Cass R. Sunstein and Martha C. Nussbaum (ed.), *op.cit.*, pp.51—77.

笛卡尔对梦的采纳，实际上采纳的并不是真正的梦，而是假想的；笛卡尔声称age sommiemus（来梦吧），可思维主体并不因为这一声称而进入真的梦之中。因而所谓沉思活动改变主体，其实只是改变了主体的观念，并没有真的改变主体的状态。

（需求）。

在动物福利理论中加入物种限制是否就解决了问题呢？辛格并非没有物种限制，他从人类的理性、自我意识和正义感来区分人与非人动物，反而是极为物种主义的考量。如詹姆斯·雷切尔（James Rachels）就提出对动物的福利考量基于动物感受痛苦的能力，甚至这种考量因为建立在动物自我认知、心智理论、记忆复杂性、计划行为、交流复杂性和智力等科学研究基础上①，而似乎具有极强的说服力。但正如柯拉·戴蒙特（Cora Diamond）在《吃肉与吃人》②一文中所指出的，动物福利论必须加入的这个物种限制，恰恰暴露了其对动物的差别对待甚至是物种歧视：在考虑人与非人动物的区别时，不能吃人是因为吃人者的理性会遭到质疑；可以吃动物是因为动物的理性遭到了质疑。戴蒙特也提出了对物种主义的一个尖锐质疑：人对动物苦乐的想象或证据为什么是道德关系的基础？难道非要在黑人皮肤下看到白人品质才能赋予黑人权利吗？

基于以上问题的反思，努斯鲍姆反对辛格的功利主义路径，改进了雷切尔的狭义能力论，提出了超越契约视角和功利视角的一个更为一般的态度：在人类事务中具有指导意义的对自然力量的态度对所有生命形式都有指导意义。努斯鲍姆因而不支持亚里士多德对生命形式的自然等

---

① Lesley Rogers & Gisela Kaplan, “All Animals Are not Equal: The Interface between Scientific Knowledge and Legislation for Animal Rights”, Cass R. Sunstein and Martha C. Nussbaum (ed.), *op.cit.*, pp.175—204.

② Cora Diamond, “Eating Meat and Eating People”, Cass R. Sunstein and Martha C. Nussbaum (ed.), *op.cit.*, pp.93—107.

级划分，不认为某些生命比其他生命更值得支持，不认为物种具有道德相关性（因为相关的是个体能力）。在某种意义上，这似乎意味着努斯鲍姆又回到了无物种限制的动物伦理路径。那么努斯鲍姆致力于所有物种繁荣的社会合作如何应对波斯纳提出的对人类进行医学实验来解决重大动物疾病的尖锐质问呢？在这个问题上，努斯鲍姆却又不能贯彻能力理论中物种无相关性的主张，她认为在精神残疾的孩子与大猩猩之间，物种又是有伦理考量相关性的，物种规范赋予我们判断某个给定生命体是否获得体面的繁盛机会的标准。[1] 所以努斯鲍姆的策略是：不划分等级，但区别对待。这还是物种主义，只不过是双标的物种主义。

那么，物种与道德的关系究竟如何？或者建立道德区分的物种主义实质是什么呢？

对第一个问题的回答，可以从福柯对权力技术的考古学分析中一窥究竟。首先，建立“物种”与道德关系的神学过程从古埃及诸多具有动物形象的神[2] 就开始了，希腊神话中建造克里特岛迷宫的代达罗斯（Daídalos）也在迷宫的中心设置了人、神、兽为一体的弥诺陶（Μῑνώταυρος[3]），福柯

① Martha c. Nussbaum, “Beyond—Compassion and Humanity: Justice for Nonhuman Animals”, Cass R. Sunstein and Martha C. Nussbaum (ed.), *op.cit.*, pp.299—320.

② 如：人面狮身的 Androsphinx、羊头狮身的 Criosphinx、鹰头狮身的 Hieracosphinx, 斯芬克斯（Sphinx）的本义即“拉紧、结合”，到了古希腊神话中，斯芬克斯才变成代表“神之惩罚”的邪恶之物。

③ 即宙斯与欧罗巴之子“弥诺斯”（Minos）和“牛”（Taurus）的组合。

男人花心就像向日葵爱阳光，只是对有的男人来说，只有女人才是阳光，对有的男人来说，发光的不只是女人。

在《疯狂史》中也提到16世纪画家博斯（Bosch）创作的一种半人半兽形象（Grylle）。不过“物种”与道德的关系在这个神学发展过程中有一个由积极向消极的变化。中世纪赋予亚当命名的动物军团以人类的价值，如15世纪的好王勒内（René d’Anjou）所著动物寓言集充满道德教诲。① 但到了文艺复兴时期，这种积极关系消失了，马蒂亚斯·格吕内瓦尔德（Matthias Grünewald）在《圣·安东尼的欲望》中用动物形象表示“在欲望之人那里，灵魂如何变成动物的囚徒”②。为什么会发生这样的变化呢？因为16世纪末17世纪初，正是宗教改革改变了对动物式“苦难”生活的态度。当路德颂扬上帝的恩典和拯救并拒斥人为恩惠之时③，加尔文将人的恩惠视作信仰的见证。④ 人性中只有生产性的价值和秩序才会得到颂扬，而与动物性相关的贫穷等特质不再因显示人类的卑微而具有荣耀，反而成为上帝盛怒下的羞辱和惩罚。⑤ 随后，就发生了“物种”与道德关系的政治哲学演变。继承自基督教对肉体的排斥⑥，标志欲望的动物性在新兴资本主义

从19世纪初『心理学』之诞生，法国医生兼哲学家Lélut就开始把苏格拉底的『守护神』(démon)看作是『精神病』。1924年Nilsson将『希腊人将超自然的人的行为因果性解释为各种神制』看作『心理学』就不足为奇了。

---

① René d’Anjou (1409—1480), *Traité de la forme et devis comme on fait les tournois*, 1451—1452; cf., M. Foucault, *Histoire de la folie à l’âge classique*, Paris, Éditions Gallimard, 1972, p.36, note 2.

② M. Foucault, *Histoire de la folie à l’âge classique*, *op.cit.*, p.35.

③ Confession d’Augsbourg, le texte fondateur du luthéranisme présenté le 25 juin 1530; cf., M. Foucault, *Histoire de la folie à l’âge classique*, *op.cit.*, p.82, note 1.

④ Catéchisme de Genève (1542—1545); cf., M. Foucault, *Histoire de la folie à l’âge classique*, *op.cit.*, p.82, note 3.

⑤ Calvin, *Institution chrétienne*, I, chap.XVI, éd. J.-D. Benoît, p.225; cf., M. Foucault, *Histoire de la folie à l’âge classique*, *op.cit.*, p.81, note 2.

⑥ 对这一点的分析，可参见：Michel Foucault, *Histoire de la sexualité*, tome 4, *Les aveaux de la chair*, Gallimard, 2018。

国家代表着懒惰、不劳动的穷人，这些动物性是人类新社会秩序的障碍。更甚，动物性不易驯服，且揭示甚至触发人的愤怒和爆发，诸如1639年诺曼底赤脚起义（le soulèvement des Nu-pieds）这样针对国家税收制度的民众骚乱，或者达米安刺杀路易十五这样的个体事件①，必然促成以镇压公众暴乱为契机的现代国家诞生。霍布斯提供的理论推导过程是从“一切人反对一切人的自然状态”到制定社会契约形成利维坦，而制度的实际派生过程则是君主权力控制古老的（16—18世纪）司法诉讼制度，利用“武装性司法机构”镇压和消灭统治者的敌人。最后，现代生物学在继承布丰在《自然史》中用包含气候、饮食和生活方式等因素的“渗透力量”（forces pénétrantes）来解释物种的基础上，对历史上掺杂着神学价值、政治倾向的对非人动物的道德判断进行了“自然化”（naturalisation），用“系统”和“方法”将包含着道德判断的物种区分确立下来，如现代生物分类学之父和生态学之父林奈（Carl von Linné）就已表明“不是特征构成类别，而是类别构成特征”②。由此，对物种的道德区分基础似乎就具有了生物科学的价值。

福柯的《疯狂史》研究指出理性与疯狂的现代划分是在人类社会权力运行和知识构造的实际历史中逐渐形成的，问题的重点不在划分本身之上，而在使这种划分成为可能的权力和知识条件。以上的简短分析表明，“物种”与道德关系的建立经历了一个从神学、哲学（尤其是政治哲学）到科学

德勒兹常拿azerty的键盘布局来说福柯的disposition概念。azerty组合本毫无意义，但语言本身的各种习惯：法语单词的组合频率（这又涉及语音、字母和拉丁语的社会历史演变）与手指便捷度等各因素的结合，使得azerty成为一种有意义而且有决定意义的『布局』。人文学科的知识和社会经济政治中的『布局』都是如此。

① Michel Foucault, *Surveiller et punir*, Paris, Gallimard, 1975.

② M. Foucault, *Les mots et les choses*, Paris, Édition Gallimard, 1966, p.157.

> 现代政治技术吸收了原先作为抵抗政治控制的主体技术，使之成为政治控制的基点。然而抵抗的可能性存在于权力与知识的关系之中，那个构成现代性之危险的关系之中。我们不是戴着枷锁跳自由之舞，而是在与枷锁一起跳自由之舞。重点是要清楚，枷锁也在与我们同步。

的发展过程，现代社会认为根据“物种划分”做出道德上的区别对待具有不可逾越的“真理”性质，而这其实只是一个以人类社会为中心的历史发展结果，现代反过来给这个结果提供的非历史论证（如动物福利论的各种理由）实际上忽略了对人之特定理性与非人动物之特定动物性进行的道德区分与功利选择的历史原因。①在此，动物福利论无法排除的物种主义就包含着根本的道德支配陷阱。

对于建立道德区分的物种主义实质，除了可以从以上历史发展的角度予以说明外，还可以从上述过程中镇压式权力技术的实质角度进行分析。这种镇压式权力技术的诞生看似与动物福利论无关，但作为这种权力技术之实质的“人类学吐出”(anthropémie)②——即排斥和驱逐的方法，则是动物福利论以物种名义将非人动物与人对立起来的实质内涵。考察镇压式权力技术处理犯罪的方式有助于我们理解动物福利论为什么一方面主张改善家畜的生活条件，另一方面又不反对食用肉制品。刺杀路易十五的达米安被五马分尸构成了《规训与惩罚》开头触目惊心的段落，这种公开处决之所以可能，因为它在法律意义上是一种司法仪式和政治仪式，在军事意义上是一种作战冲突的胜利展示，在生产制度上因为身体不具有商品价值，在宗教态度上契合基督教对肉体的轻视。应用到对动物福利论的理解，在法律意义上，动物福

---

① 许多基于种族主义和男权主义的现代区分都具有类似逻辑：即将以某个群体为中心，经过神学、形而上学和实证科学的历史发展而来的结果，作为这个群体在现代具有中心地位的前提。

② Lévi-Strauss, *Tristes Tropiques*, Paris, Plon, 1955.

利论提出禁止虐待家畜，避免了暴君形象，这是一种司法仪式和政治仪式；在军事意义上，动物福利论通过严格划分人与非人动物的界限，指明了在处理二者可能冲突时不可逾越的界限，即如果维护动物福利与维护人的福利相冲突时，必然是以牺牲非人动物为选择；在生产意义上，动物本身的生产力显然不能超过食用动物肉制品的人所产生的生产力，前者甚至正是通过后者才体现出来；在宗教意义上，家畜生前的体面生活足以补偿被屠杀后的肉体消灭。最后，所有这些考量都不需要询问动物本身的意愿（暂不论是否存在或可行），因为在镇压式权力技术中，"无需被告出席便能产生事实真相"①。这是动物福利论中物种主义所包含的深层支配陷阱。

三、动物权利论：人本主义与规训悖论

动物本身有意愿吗？康德在《对动物和心灵的责任》中说道："动物没有自我意识，因此只是朝向某个目的的手段。这个目的就是人……我们对动物的责任只是对人性的间接责任。"② 罗尔斯虽然不像康德那样只诉诸对动物的间接责任，但他所提出的对动物的"同情和人性"的直接责任，仍然是在康德人格概念的基础上强调理性和道德选择的能力，甚至基于契约主义的要求，认为因为人与非人动物的契约是不可

如果你是一个不讨好、不讨巧、不讨人爱的人，这其实是世界对你最大的恭维：你不是愉悦他人的器具。用塞涅卡的话来说：上帝爱我的善，才用苦难磨砺我成为自己的主人。

① Michel Foucault, *Théorie et institutions pénal*, Paris, Gallimard, 2015.

② I. Kant, "Duties Toward Animals and Spirits", in *Lectures on Ethics*, Trans Louis Infield. Harper and Row, New York［1963 (1780)］.

能的，所以人对动物的道德责任不是出于正义，因为动物缺乏根据正义原则予以对待的人类属性。① 无论是康德最终导致人类中心主义的逻各斯中心主义②，还是罗尔斯不涉及正义问题的道德同情，在努斯鲍姆看来，二者的契约主义将“谁构造了原则”与“为谁构造原则”混为一谈，理性主体构造了原则，但遭受无辜痛苦的他者（包括无自我意识的非人动物）都是这些原则的对象，虐待动物不仅是道德错误，还是产生正义问题的道德错误，不仅虐待者有道德错误，而且动物本身拥有不被虐待的道德权益。③

但努斯鲍姆并没有卷入动物权理论中关于非人动物是物还是人的争论，而是赞同雷切尔关于越复杂的生命形式具有越复杂的损害、会遭受更多和更不同损害的逻辑，诉诸依据动物能力来考量动物权利。当然，在伦理的理论维度可以进行这样的模糊处理，但在与人性紧密相连的“人格”法律概念上，必须与“物权”严格区分。西方国家的一些宪法和民法改革已经明确将非人动物从“物”的范畴脱离出来，动物是有感知的活物④，不是人的财

柏拉图为拯救男同性恋在男性主导价值的古希腊社会的正当性，创造了纯精神恋爱，即类似于友谊的长久稳固形式。该史无前例的爱情形式被希腊罗马时期的普鲁塔克们借来赋予男女关系（男女关系原来主要用来生育和管理家务），用作证成婚姻唯一正当性的一记重要筹码。

---

① John Rawls, *A Theory of Justice*, Cambridge, MA, Harvard University Press, 1971, p.505, p.510.

② A.W. Wood, “Kant on duties regarding nonrational nature”, *Proc Aristot Soc* 72, 1998, pp.189—210.

③ Martha c. Nussbaum, Beyond—Compassion and Humanity: Justice for Nonhuman Animals, Cass R. Sunstein and Martha C. Nussbaum (ed.), *op.cit.*, pp.299—320.

④ Jean-Pierre Marguénaud, «La modernisation des dispositions du code civil relatives aux animaux: l’échappée belle», *Revue juridique de l’environnement*, vol. 40, 2015/1, pp.259—260.

产。[①] 但随之而来的法律问题必然是非人动物是法律主体或具有司法人格吗？如果进一步对动物进行法律人格化，会引发一系列更为深刻问题的争议：人与非人动物各自的本性是什么？各自的存在论又如何？[②] 因为仅从动物福利维度的立法止痛却无疗效。动物权利论相对于动物福利论的一个进步是认定人与非人动物的物种主义区分是不合法的，人不具有生命体等级的绝对价值，应该给予动物（至少是智商与人可比的海豚）以类似于人的权利。[③] 动物权利论者开始解构人类的特殊性，强调人与非人动物的共同点，诉诸比较分析、边缘案例，如：理查德·卡普（Richard Cupp）认为非人动物与老人或精神障碍者一样，不考虑其理智能力的改变和限制，也能确认其人格身份[④]；汤姆·里根（Tom Regan）则强调动物的“内在价值”，非人动物可以是“生命主体（subject-of-a-life）”[⑤]；简·科特曼（Jane Kotzmann）

---

① Evelyne Langenaken, «L'animal en droit civil: les amorces d'un nouveau statut», *J.T.*, vol. 3, décembre 2016, p.697 et s.

② David Fagundes, "Notes. What We Talk about When We Talk about Persons: The Language of a Legal Fiction", *Harvard L. Rev.*, vol. 114/6, 2001, p.1768; Rémy Libchaber, «La souffrance et les droits. À propos d'un statut de l'animal», D. 2014, p.380.

③ Jean-Pierre Marguénaud, «Actualité et actualisation des propositions de René Démogue sur la personnalité juridique des animaux», *Revue juridique de l'environnement*, vol. 40, 2015/1, p.79.

④ Richard L. Jr. Cupp, "Cognitively Impaired Humans, Intelligent Animals, and Legal Personhood", *Florida L. Rev.*, vol. 69/2, 2017, pp.465—518.

⑤ Tom Regan, *The Case for Animal Rights Updated*, University of California Press, 2004.

R. MacMullen的『罗马社会研究』很值得当今中国借鉴：存在的公共性、垂直化的贫富差距。处于这种时代的人拼命炫示自己的富裕、权威、高尚、可爱，苦难、贫穷、邪恶，因为巨变社会中的个体极具身份差异又极缺身份认同，具备主体行为的欲能却没有主体行为的机会。

在一次采访中，主持人问弗兰克·盖里：你最满意自己的哪个建筑作品？盖里回答：最后一个……因为如果不是和你想爱的人在一起，就爱和你在一起的那个。

主张动物享有尊严的权利。① 批评者则认为动物人格化没有将非人动物放在一个相对于人的正确位置②，取消人与非人动物界限隐藏着拟人倾向（anthropomorphisme）的内在荒谬③，甚至对于人区别于其他生命体的本质问题产生了新的疑问④，而如果人与非人动物是平等的，都具有人格或尊严，那么也会产生何种动物可以要求何种权利的问题。⑤ 最终，人格概念开始成为“自然化概念”，所有争论变成象征性的观念论竞价。⑥ 这些批评的结果就是动物权利论必须转向权利的实用路径⑦，人格化操作属于纯粹法律技术问题，而不具有存在论或道德属性，至少不应囿于这种无谓的概念争论。⑧

---

① Jane Kotzmann et Cassandra Seery, “Dignity in International Human Rights Law: Potential Applicability in Relation to International Recognition of Animal Rights”, *Michigan State International L. Rev.*, vol. 26/1, 2017, pp.1—42.

② Jean-Pierre Marguénaud, «Actualité et actualisation des propositions de René Démogue sur la personnalité juridique des animaux», p.79.

③ Roger Scruton, “Animal Rights”, *Analysis. Claves de Pensamiento Contemporáneo*, vol. 21/3, 2018, pp.1—13.

④ Sonia Desmoulin, *L'animal entre science et droit,* Aix-en-Provence, Presses universitaires d'Aix-Marseille, 2006.

⑤ Leslie J. Rogers et Gisela Kaplan, “Think or be damned: Problematic case of higher cognition in animals and legislation for animal welfare”, *Journal of Animal Law*, vol. 12/2, 2006, pp.151—191.

⑥ Serge Gutwirth, «Penser le statut juridique des animaux avec Jean-Pierre Marguénaud et René Démogue: Plaidoyer pour la technique juridique de la personnalité», *Revue juridique de l'environnement*, vol. 40, 2015/2, p.70.

⑦ Yan Thomas, *Les opérations du droit*, Seuil/Gallimard, coll. «Hautes Études», 2011, p.133.

⑧ Jean-Pierre Marguénaud, «Actualité et actualisation des propositions de René Démogue sur la personnalité juridique des animaux», pp.73—83.

在主张人与非人动物平等“人格”的动物权利论这里，艾萨克·辛格（Isaac Bashevis Singer）和库切所指出的“捕食问题”或“永恒的特雷布林卡”[①]问题依然存在，甚至更为尖锐和突出。但无论是非人动物是否具有法律人格的理论之争，还是在现实中坚持强动物权利论的实操困难，或者弱动物权利论的人类中心主义观念论竞价和让步，都试图把普遍化理论和具体化现实二者孤立起来思考并最终让“真理”妥协于“现实”。福柯抛弃一般化和普遍化理论思考，考察多样权力技术在特定语境、特殊环境在，不同时期、不同人类空间的实际运行，也许能为动物权利论的争论找到一个出口。福柯的“权力”概念不具有形而上学式的存在，不能被某人或某个群体所“占有”，既不“至下而上”，也不“从中心向社会”，而是一个隐藏的关系网络，这种权力总是表现为“由越来越一般化的机制和总体统治的形式所授予、侵占、使用、转向、转化、转移、延展……”[②]的地方形式和机构。这样的权力表现为多样和异质，无所不在，任何关系都在某种意义上是权力显现的瞬间化，而任何权力关系都同时制造着“真理话语”，后者决定什么可以或不可以被思和被说，可以被思和被说的又决定了在现实和实际实践中意图如何被赋予权力的技术和工具。

“为了理解权力关系何在，也许应该分析抵抗形式和为

因为爱真实所以爱你。我们在他者那里寻找的不是自己的另一半，而是其灵魂所联结的真实。柏拉图将与真实（vérité）的关系引入与爱人的关系，对情人的真爱就是对一个主宰自己、热爱真实的人的爱，就是对真实的热爱，两者勾结在真实这个坚固的东西上。

---

① 参见：《李剑，动物为何拥有权利？——兼论强、弱两种动物权利论》，《哲学动态》2020年第11期，注35。

② Foucault, *Il faut défendre la société, Cours du Collège de France (1976)*, Paris, Gallimard/Le Seuil, 1997, pp.25 et 27.

了解除这些关系所采取的努力。”[①] 非人动物也许无法明显表现出它们的抵抗，但这种“无明显抵抗表现”的表现形式也许正是非人动物与人之权力关系的根本。从这个角度思考，就会发现动物福利论还承认人对非人动物的支配关系，承认等级结构的稳定性，承认非人动物没有抵抗或反转的真实可能性，通过削减暴力和物理强迫达到动物伦理的目标。史蒂芬·怀斯（Steven Wise）经常把人类对动物的剥削利用比作奴役[②]，但在福柯看来，即使在奴隶制中，完全的支配关系很少，即使没有有效的抵抗，奴隶还是有“自杀、跳窗和杀人的可能性”[③]，这正是非人动物在支配性的权力关系中所表现的“无明显抵抗表现”，但动物福利论主张的无痛屠宰、改善生存条件等措施实际上使非人动物失去了本能的抵抗能力。尽管这种抵抗能力在动物伦理思考者来看，并不能构成非人动物的实质性自救，但从动物权利论的角度来看，如果非人动物没有或丧失自救的意识或能力，非人动物也不具备享有人格化权利的资格。在这个意义上，动物福利论与动物权利论是相互证伪和否定的：动物福利论的举措使动物丧失自我意识（抵抗），动物权利论以此作为非人动物的能力依据来界定非人动物的权利范围。这一点从福柯对界定精神病人的考古学研究中可以得到说明。在现代医学以科学的

13世纪的医生、炼金术师、神学家和占星者Arnau de Vilanova根据医学之父阿维森纳的内感知理论（包括通感力、想象力、思考力、评估力和记忆力），著有论烈爱（De amore heroico），其中爱的过程是这样的：感知对象—领会愉悦—评估力判断此愉悦巨大—保存于想象和记忆—思考力持续运作以求得获取对象的方式—无歇反思可导致疯狂。

---

① Foucault, «Le sujet et le pouvoir», *Dits et écrits*, tome IV, Paris, Gallimard, 1994, p.226.

② Steven m. Wise, Animal Rights, “One Step at a Time”, Cass R. Sunstein and Martha C. Nussbaum (ed.), *op.cit.*, pp.19—50.

③ Michel Foucault, «L’éthique du souci de soi comme pratique de la liberté», *Dits et écrits*, tome II, N° 356, Paris, Gallimard, 2001, p.1539.

『求真意志』，尼采又称之为『随即被阉割的意志』。

方式对待精神病人之前，精神病人的范围已经由17世纪宗教世俗化、资本主义萌芽等因素决定的大禁闭决定了，穷人、妓女、流浪汉都被关在之后成为精神病院的场所，他们成为精神病学乃至现代医学发展的起点。在福柯看来，关在精神病院里的疯子已经丧失了其疯狂的语境，其所表现出来的疯狂已然不是疯狂本身。对非人动物来说也是如此，实验室、养殖场、人类环境里被观察的动物是否还是动物自身?

18世纪，公开处决的刑罚制度时代结束，因为司法淫威与民众愤怒互为因果，都超出了正当行使权力的范围，启蒙时代改革者批判司法过度的话语不在于惩罚权力的滥用，而在于无规则状态。这正是动物福利论与动物权利论的共同论调。“……适度原则首先是作为一种心灵话语表达出来的……这种个人抒情风格不是表明一种软弱无力吗? 即无力为一种刑罚算术找到一个理性基础? 在将罪犯驱逐出社会的契约原则与令人‘恶心’的怪物形象之间，人们在哪里可划出一条界线呢? 这种界线如果不是在显露出的人性中，即不是在严峻的法律中或残忍的罪犯身上，那就只能是在制定法律和不会犯罪的有理性的人的情感中。……对‘情感’的诉诸……包含一种计算原则。肉体、想象、痛苦、应受尊重的心灵，实际上不是应受惩罚的罪犯的，而是那些加入契约的、有权对罪犯行使集体权力的人的。”① 福柯这段关于启蒙运动以来人本主义者改革刑罚制度的描述也可以用在从动物

① Michel Foucault, *Surveillir et punir*, *op.cit.*, pp.100—101.

什么叫魔幻现实主义？为什么魔幻现实主义会受亲睐？看看 Tentation de Lisbonne 就知道了：欲望的疯狂在兽性中揭示着人的自然，也只有在魔幻的兽性中免受道德和知识的囚禁。它们仍在泥土里滚爬，保存着原番未动的真实，没有理智高高于空的教唆、筛滤、选拔。认知之树被连根拔起，成为疯人船上的桅杆。

伦理论到动物权利论的动物伦理思考，这些理论家最终诉诸的都不是非人动物本身的特质，而是理论家自身的原则，即“那些加入契约的、有权对罪犯行使集体权力的人”的原则。最终这种人本主义动物伦理导向的是什么呢？动物规训。

为什么动物福利论只涉及家畜？因为君主（动物伦理中人的一方）只有在行使杀戮和拘禁的权利时才行使生命权力①（动物福利）。为什么动物权利论总是走向动物能力的评估？正如福柯在《规训与惩罚》中所思考的作为公共景观的酷刑被监禁代替时所提出的问题，我们也可以同样来反问动物权利论：为什么要触碰动物身体以外的东西？为什么刽子手变成了评估动物能力的伦理学家、科学家、饲养员、宠物主人？福柯指出后者其实“作为慈善事业的代表和痛苦的安慰者与那些执行死刑的人共同工作”②。这里的规训悖论就表现在：动物权利论者勉强为非人动物进行“人格化”的理论和实践尝试，以此为非人动物“争取”权利，但与此同时，是否考虑到同时也是在消除非人动物的“非人”本性？“规训是一种有关细节的政治解剖学……在学校、兵营、医院、工厂的环境中，这种细致的规则、挑剔的检查、对生活和人身的吹毛求疵的监督……正是从这些细枝末节中产生了现代人本主义意义上的人。”③现在动物权利

---

① Michel Foucault, *Histoire de la sexualité, tome I, Le savoir de volonté*, Paris, Gallimard, 1976.

② Michel Foucault, *Surveillir et punir*, *op.cit.*, pp.11—12.

③ *Ibid.*, pp.153—160.

论者又要以动物伦理的名义，在人类家庭、养殖场、动物实验室制造现代人本主义意义上的非人动物：是什么？应该在哪里？应该被如何描述？如何辨认？如何以个别的方式区别对待？这些问题正是全景敞视监狱下对规训对象进行强制安排和有区别分配时所要问的问题，现在动物权利论者在用这些问题划分非人动物，以此为它们分配所谓动物权利。动物权利论者正在制造一个动物伦理的全景敞视监狱，在伦理空间中安置动物身体，根据能力等级分配权利，最终权力中心点和渠道、权力干预的手段和方式还是属于人。

四、环境伦理论：生态中心主义与治理术效应

在野生动物领域，旨在保护濒危物种和生物多样性的环境法似乎超越了动物福利论和动物权利论以物种主义或人本主义为特征的人类中心主义。因为环境法不再针对动物个体，而是动物种群，所要保护的是动物演化的生态系统。但批评者指出：环境法的立法目标，即保证人类健康生活条件、可持续性发展和代际公正，仍然基于人类对环境的依赖，仍然陷在人类中心主义视角，没有给予自然以真正的地位。[①] 这促成了具有极端生态中心主义色彩的野生法（Wild Law）和地球法学（Earth Jurisprudence）的发展。这个思潮重新思考“自然”的法律范畴，建立有关权利的新哲

现代哲学如果只处理语言，不管语言有多普世的价值，都会被语言牵着鼻子走，就是钻死胡同，就会演变成专业无知。语言中的确有智慧，但爱智慧不能变成爱语言。各领域都有所精通和融贯思考才是正道，虽然很难，但这也正是哲学区别于其他学科以及其他学科所不及之处，这也正是哲学真正的对象：学科分野并不是世界本真。

---

① Andreas Philippopoulos-Mihalopoulos (éd.), *Law and Ecology. New Environmental Foundations*, Routledge, 2012.

自由不应被视作外在的政治追求，它本是人的自然状态。它在哲学中的角色，不是目的，而是基础。以僵化的形而上学追求自由的主义，其实是本末倒置。

学："人类只是更大范围存在者群体的一个部分，这个群体每个成员的福利依赖于地球总体的福利。在此视角下，人类社会只有作为这个地球上更大群体的一部分进行自我约束，并且以一种与宇宙运行基本法则相符的方式，才能维持和繁荣。"① 地球法学的主张者彼得·伯顿（Peter Burdon）指出人类中心主义在权利理论中无处不在，而地球法学在理解环境、人与非人动物的关系上，发生了存在论上的颠覆。② 这表现在两方面：一方面，人只是更为广泛群体的一部分，所有存在者，包括动物、河流和山川都在生态系统中扮演一定的角色，人类及其活动不能限制和阻碍这个角色③；另一方面，地球被看作主体，而非人类垄断和利用的资源集合体。自然被赋予权利主体的地位并不新鲜，厄瓜多尔早已有宪法规定自然具有不可让渡的权利，如：存在、延续和被尊

---

① Cormac Cullinan, "A history of Wild Law", in Peter Burdon (éd.), *Exploring Wild Law: The Philosophy of Earth Jurisprudence*, Wakefield Press, 2011, pp.12—13.

② Peter Burdon, "A Theory of Earth Jurisprudence", *Australian Journal of Legal Philosophy*, vol. 37, 2012, p.28.

③ Anne Louise Schillmoller et Alessandro Pelizzon, "Mapping the Terrain of Earth Jurisprudence: Landscapes, Thresholds and Horizons", *Environmental and Earth L. J.,* vol. 3/1, 2013, p.132, https://lawpublications.barry.edu/ejejj/vol3/iss1/1/［2021 年 5 月 7 日查阅］. 同时，也有学者指出，这不意味着人类可以以此摆脱其道德身份及义务，也不意味着所有非人类自然形式都具有等同于人类的道德分量。参见：Glen W. Wright, "Animal Law and Earth Jurisprudence. A Comparative Analysis of the Status of Animals in two Emerging Critical Legal Theories", 2012, p.10, https://pdfs.semanticscholar.org/cd21/280805fe02e8b6bc78752cbd219cf9c0bc54.pdf［2021 年 5 月 7 日查阅］。

重。① 不过，布鲁诺 · 拉图尔（Bruno Latour）在《自然的政治》（*Politiques de la nature*）中指出，自然必须（只能）通过“代言人”行使特权和正义价值。地球法学的生态中心主义路径将生态系统看作关系性实体②，所有事物都在一个相互关系的场域或“接触区域”③，世界的存在不再是分离的事物，而是存在者的相互构造的关系。④

那么，有关动物伦理的生态中心主义考量是否因为避免了动物福利论和动物权利论的人类中心主义规范性视域就没有问题了呢？当然不是。首先，地球法学能否做到不以自然名义碾压多样存在形式的复杂性和异质性？⑤ 其次，如何界定生态系统（环境或自然）的“人格”界限？谁可以代言？超越具有人类中心主义内在性的法学实践理论是可能的吗？因为权利最终还是由人构造的，由此，就需要区分“存在论意义上的人类中心主义”和“规范论意义上的人类中心

『当人在技术和政治上获得的可能性不仅能够整治生命，还能使之增衍、生产活物、制造魔鬼，并最终制造无法控制且具有普遍毁灭性的病毒，生命权力的过度就出现了。与刚刚说到的原子能相对，生命权力的这一可怕扩张将会超出所有人类主权的范围。』

——福柯，『必须保卫社会』

---

① Maria Akchurin, “Constructing the Rights of Nature:Constitutional Reform, Mobilization, and Environmental Protection in Ecuador”, *Law & SocialInquiry*, vol. 40/4, 2015, pp.937—968.

② Nia Emmanouil et al., “Can Your Hear the Rivers Sings? Legal Personhood, Ontology, and the Nitty-Gritty of Governance”, *Ecology Law Quarterly*, p.827.

③ Donna Haraway, *When Species Meet*, Minneapolis, University of Minnesota Press, 2007.

④ Baptiste Morizot, «L’écologie contre l’Humanisme. Sur l’insistance d’un faux problème», vol. 13, 2018, p.107, http://journals.openedition.org/essais/516［2021 年 5 月 7 日查阅］.

⑤ Cary Wolfe, “Introduction. Moving forward, kicking back: The animal turn”, *Postmedieval: a journal of medieval cultural studies*, vol. 2, 2011, p.3.

『那解放不是自由：它仍然是一个在需要解脱的自然主体幻象中进行的抵抗，且只是第一层次的改换，一旦幻象消除，又会旧病复发。』

——福柯，1977 年关于性解放运动的访谈

主义”①，后者是需要避免的，前者不可避免也是可以不具相关性的。地球法学家能够清楚地意识到生态中心主义仍然是从人本主义思想中借来的，“基于权利的策略会将法律分析的框架锁闭在一个文化和法律视域中，这个视域预设主客语法，与人权及其人类中心框架保有一个不可避免的关联”②。因此，从人类中心主义到生态中心主义的动物伦理理论发展并不意味着一个线性进步，正如拉图尔所言：没有革命，只有演化。③

如果从福柯对生命政治的权力技术分析来看，生态中心主义可能存在的问题则会更加清晰和深刻。福柯 1974 年在巴西里约热内卢关于社会医疗的报告中第一次使用“生命政治”概念时指出：现代医疗从一开始就不是针对个体，而是针对人口，这在德国的国家医疗、法国的城市医疗和英国的劳动力医疗中都可以说明。17 世纪末、18 世纪初德国出现的医疗公共管理已经从国家层面进行发病观察，在医学实践和知识的规范化上，在对医师活动的行政组织上都已经上升到国家层面。而 18 世纪末法国基于城市结构的扩张发展起来的社会医疗，其实是为了调和诸多异质领域和敌对权力，如工人穷人人口的无产积极政治压力、不同行会的对立

① Alessandro Pelizzon et Aidan Rickets, “Beyond anthropocentrism and back again: from ontological to normative anthropocentrism”, *The Australasian Journal of Natural Resources Law and Policy*, vol. 18/2, 2015, p.116.

② Vito De Lucia, “Beyond Anthropocentrism and Ecocentrism. A Biopolitical Reading of Environmental Law”, *Journal of Human Rights and the Environment*, vol. 8/2, 2017, p.190.

③ Bruno Latour, *La fabrique du droit*, Paris, La Découverte/Poche, 2004, p.258.

平衡。小资产阶级在不具备传统统治权威的情况下，采取隔离（quarantaine）和监视相结合的模式达成公共卫生的医疗政治理想。城市社会医疗已经开始基于公共卫生对城市空间进行布局、控制水和空气的流通、分配和安置不同生活必须要素（喷泉、下水道、水泵、河流清洗）。而19世纪初，英国出现的劳动力医疗正是针对数量日益增多的穷人可能转化为暴动力量而提供的医疗救济。在这些西方历史上实际发生的以公共卫生为中心的权力运行机制中，我们已经可以看到围绕生态中心主义所可能发生在我们身边的具体改变。在此，人不再是目的，而是手段。在国家层面乃至全球层面进行的生态观察将会把规训时代的全景敞视监视扩大到无微不至的层面，人类生活进入一个被精确计算 、跟踪和管理的时代①，住房、城市生活条件、公共卫生和出生率死亡率都会依据河流和山川的生态需要和非人动物一起受到限制。这就是从福柯所论的"公共医疗"自然发展到"生态治理"所要进行的"人口的生命政治优化"。由此，保罗·拉瑟福德（Paul Rutherford）指出对人口的定义和治理同时要求对人口所依赖环境的构造和管理，生态治理的整体性和系统性话语一定会下滑到"生命经济 / 政治"机制，后者即是在提供深耕地球资源的分析工具。②

不无巧合的是，联合国环境与发展大会1992年正是在

---

① Michel Foucault, *Histoire de la sexualité, tome I, Le savoir de volonté*, *op.cit.*, p.140.

② P. Rutherford, "The Entry of life into History" , in E. Darier (ed), *Discourses of the Environment*, Blackwell Publishers, London, 1999, p.45, p.53.

为绝望的爱而疯：因不节制的爱而失望，在致命的死亡中感到被背叛的爱，只有疯狂可以发泄。离开爱的对象而独自一人，就会陷入谵语的空洞之中。无法挽回的缺席使得爱人在场的幻觉生衍，在无知的喜乐和英雄般追随非理性之中，疯狂作为惩罚也算找回自行消解痛苦的形式。

巴西里约热内卢签署了影响至今的《生物多样性公约》。"生物多样性"既是国际环境法的关键概念，也是"自然"的简略表达方式，处于科学与权力决定性的结合点，用福柯的话来说，就是"真理的生态体制"，是集合了知识、权力和生命的概念。正是在"生物多样性"的语境下，生态中心主义视角获得了最深刻的拓展。"生物多样性"来自生物学中"思想的行动主义和战术学派"[1]，这个概念打开了一个"规范科学"[2]或"科学行动主义"[3]空间，就是为"在更广泛政治舞台发挥沟通作用"而生的"组织性概念"[4]，因此可以理解为一个生命政治概念[5]。而这个生命政治概念的治理术效应就是：生物学家爱德华·威尔逊（Edward Wilson）在《社会生物学》中提出的全球生物多样性调查以全景敞视监视的方式致力于将非人类自然全部揽入易于同时"保存和商品化"的框架中。"非人类自然最终在知识和科学的矩阵中调节和理性化，据此，非人类自然就可以作为资本主义生产资源并作为

---

① A. Kotsakis, *The Biological Diversity Complex: A History of Environmental Government* (PhD Thesis, London School of Economics, 2011).

② R. Lackey, "Appropriate Use of Ecosystem Health and Normative Science in Ecological Policy" , in D Rapport et al.(eds), *Managing for Healthy Ecosystems*, CRC Press, Boca Raton, 2002.

③ D. Erasga, "Biopolitics: Biodiversity as Discourse of Claims", in D. Ersaga (ed), *Sociological Landscape—Theories, Realities and Trends* (Intech, Rijeka 2012); A. Vadrot, *The Politics of Knowledge and International Biodiversity*, London, Routledge, 2014.

④ *Ibid.*

⑤ C. Biermann and B. Mansfield, "Biodiversity, Purity, and Death: Conservation Biology as Biopolitics", *Environment and Planning D: Society and Space*, 252, (2014) 32(2).

基因信息的储藏库来开采。”[①] 此外，“生物多样性”概念还蕴含了福柯不断提醒我们的对异己的排斥，“谁需要纠正、谁需要惩罚……谁应该活着、谁应该死掉，什么生命形式应该促进、什么生命形式应该终结”[②]。《生物多样性公约》明确要求控制和消灭威胁生态系统的生物物种，这正应和了福柯在战争的例子中所揭示的生命政治悖论及其治理术效应：同一举动，生命既被保护又被摧毁，既被培育又被杀害。生命政治概念并没有抛弃主权权力技术和规训权力技术，而是一个将二者结合在人口上的更高级权力控制形式。

五、结论

行文至此，动物伦理应该何去何从？这是一个艰难的问题。福柯的权力技术分析为我们展开了从动物福利论、动物权利论到环境伦理中存在的深层理论和现实困境。无论是物种主义、人本主义，还是生态中心主义都在各种程度上既保护又伤害着动物的生存。福柯的权力技术分析其实并不关注统治者的道德，而是被统治者抵抗反应的别样可能。巴里·辛德斯（Barry Hindess）认为这种“反应性”不仅限于人类：“福柯研究中大部分有关权力抵抗的坚持表达的是尼采权力概念的特征：尼采式的权力意志也是抵抗由他者权力所施加约束的意志。而这是所有活物的共同状况：蘑菇在路

尼采的 dionysos 和 Thrace 山上的 dionysos 区别正在于，当人类因孤独和虚弱需要心醉神迷地加入群体行为的时候，我们呼唤的是普遍正确的大神统领还是每人自己的保护神（灵魂）？

① R. Youatt, “Counting Species: Biopower and the Global Biodiversity Census”, (2008) 17(3).

② Biermann and Mansfield, quoting M Dillon and J Reid, T*he Liberal Way of War: Killing to Make Life Live* (Routledge, London 2009).

宗教和爱都是在人极为困惑、脆弱和孤独的时候出现的东西。

砖间隙找到一条路，人类寻求他者对自己的服从或选择为自由而斗争的生活。”①

让我们再回到哈拉维在《物种相遇》中提出的重新认识“成为动物 / 动物未来（devenir-animal）”的现实和想象层面的操作特征。马尔多罗在洛特雷阿蒙的笔下既是自我又是他者，既是人又是猪、马、狗，多种存在模式的张力所表现出的“肌肉的抒情性（lyrisme musculaire）”②表现出一种在德勒兹和加塔利看来完全真实的离心性：个体总是一个“个体化”的过程，包括一系列节奏、速度、能量流、情感（affect）活动，某些实际器官中的固化和构成只是二级的和暂时的。痛苦、舒适，成为人或成为动物，成为生态系统的一分子，这都是个体存在的分子过程，没有纯粹的本己，也没有纯粹的异己。正如哈拉维所强调的，当“我们身体”只有 10% 属于人类基因组，而其他 90% 都是细菌、真菌、单细胞生物、其他共生体时，当人与非人动物通过彼此日常接触，共同运动同时改变彼此的时候（如哈拉维与她的狗），我们还能在完全二分的层面谈论人和非人动物的关系吗？也许我们应该接受共生这一不可避免的存在论条件，接受“自然文化”在共同语言和共同习惯上的移植，接受其中所有可能的痛苦与欢乐、残酷与仁慈、斗争与和谐、死亡与生命。

【发表于《浙江学刊》2021 年第 6 期】

---

① Barry Hindess, *Discourses of Power: From Hobbes to Foucault*, Oxford, Blackwell, 1996, p.151.

② Gaston BACHELARD, *Lautréamont*, *op.cit.*

权力技术的蒙太奇与“当下史”

『语词本身就是诠释，在其整个历史中，它们在成为符号之前就已经在诠释，并且仅当它们诠释基本要素时，它们才能够进行指称。』

——福柯，尼采，弗洛伊德，马克思

“当下”不是一个单纯的物理时间概念，而是一个诸多权力 / 力量（pouvoirs）的蒙太奇。至少在弗洛伊德发现“无意识”概念之后，我们通常说的“当下”只能是一个基于认知主体意识的“现在”，是建构在过去、当下、未来线性连续中的一环。按照让·依波利特的说法，这样的“思想当下”在存在论上就不能与其过去分离，同样按照这个定义，这个“当下”也无法与其“未来”相分离。“当下”所蕴含的反 / 无-历史 / 时间的关系，也就是具有特定时间张力的同时性（synchronique）关系模式，不仅存在于古今，还存在于东西、理性与非理性、大革命与旧制度。

福柯在 1967 年的《别样空间》（*Des espaces autres*）中说道：“现代（époque actuelle）也许更是空间的时代。我们处于同时（simultané）、并置、远近、并排、散布的时代。”更或说，在一个记忆工具更为发达、记忆内容更为丰富的人类世代，如波德莱尔在《天鹅》（*Le Cygne*）一诗中所言：翅膀浸于尘埃，人类的记忆就像西西弗斯的石头一样永远无法摆脱，因此人类世界的一切都只是过去世界的寓言，再无新意。在这样一个空间的时代里，“当下”是一个空间上的堆叠。只是翅膀与尘埃，并非同质，因此波德莱尔还说：“尽管我们有心创作，但艺术很漫长，而时间很短暂。”（《恶运》）当下中国流行的一句感叹就是：时代的一粒尘埃，落在每个人头上都是一座山。这不单纯是《宫娥》中表征者、被表征者和表征活动这样的异质元素在记忆中的堆叠，《宫娥》毕竟也只是一个表征。无数世代有心创作的“技艺”经过漫长的堆积，其落地之处只能是短暂的个体“当下”。

笛卡尔的心身问题与阿尔都塞的意识形态与实践问题虽然在理论上都提出了翅膀与尘埃这样的异质元素不可跨越，但在现实中却如塞缪尔·约翰逊的反驳：“一脚踢块石头过去就能偃息争论。”因此，这个异质建筑的关键，不在于建筑术本身，而在于使用建筑术的人和方式。费孝通在《乡土中国》（1947）中反驳“人治”与“法治”的中西区分：“法治的意思并不是说法律本身能统治……法律还得靠权力来支持，还得靠人来执行。”也正是在这个意义上，我们可以理解福柯对知识与权力问题的考察何以是分析主体与真理关系问题的工具。（DE，N°356）

若人仅仅是实现自然法（thesmos）的建筑师，我们就无需担心《克拉底鲁篇》中的立法者（νομοθέτης）问题，似乎只要在真正“天人合一”的世界散文中就可以悠然自得，“遵礼”和“守法”都是“启蒙”的自然结果。可现在，恰恰是“启蒙”出了问题，曾经为“当下”而斗争的“启蒙者”或“革命者”成了新的“立法者”，福柯在《“必须保卫社会”》中就提醒我们：“知识摆脱奴役之后，有被这些统一话语重新编码、重新殖民的危险，进入它们自身的知识

宋以前，證/証不同音不同义。那么『论证』『辩证』如何以言入实又为据的呢？另，『症』是『證』字病症义的后起专用字，symptôme 是如何演化为 symbol（signe）的呢？

和权力效果之中。”启蒙与批判，往往只是治理术（l’art de gouverner）从一个中心走向另一个中心的轮流坐庄，落在个体“当下”，就有两个可能：教化同一与名实分离。

“教化同一”即从希腊罗马时期“自我的黄金时代”到“启蒙运动”的愿景，也是中国礼教社会的运行方式，“从教化中养成了个人的敬畏之感，使人服膺；人服礼是主动的”。（《乡土中国》）无论东西，人们自我规训 / 自我教化，成为监狱里的自由民。监狱是什么？城邦或乡村。自由是什么？是基里耶夫逻辑自杀的尊严：通过毁灭自己来证明自由意志的伟大主体性；是李密《陈情表》中以“圣朝以孝治天下”为由来“苟顺私情”的“私人道德”。杜赞奇在《文化、权力与国家》中所描述的宗族政治与国家政权的共谋即为一例：并不是闾邻或保甲组织取代宗族组织，而是国家政权的下层组织就是改头换面的宗族组织而已。乡村精英乐于响应国家理性的号召，村中恶霸与衙门盈利型经纪勾结，以此延续“长老权力”得以运行的教化作用，恰恰可以在“名实分离”的基础上提供“异托邦”的前提和基础。

那么“名实分离”是什么呢？“三年无改于父之道”，社会变迁与人事更迭不同步，之前的教化在新情况下仍然主导，“‘反对’被时间冲淡，成了‘注释’。注释是维持长老权力的形式而注入变动的内容……结果不免口是心非。在中国旧式家庭中生长的人都明白：家长的意志是怎样在表面的无违下，事实上被歪曲的。虚伪在这种情境中不但是无可避免而且是必需的。”（《乡土中国》）这可以算是福柯所论异托邦中主体的标准配置，基督教的阐释史也可说明这一点。

『抑郁症』是西医『病症』的诊断，但在中医看来，与情绪有关的头痛症有的产生『肝阳上亢』，有的并不。西医施治『按病』，那么不同的人得了同一种病（抑郁症），（在不同阶段）产生不同的『證』该怎么办呢？中医施治『辨證』，处方、再诊、再处方，依病势变化调整，具有动态和时相性，此谓后结构主义的问题要点。

无论是教化同一还是名实分离，都让我们看到了“当下”不可避免的异质性，但认清“当下”存在论的关键在于把握这种异质性的结合方式，这个结合方式就是福柯所说的“权力机制”（mécanisme du pouvoir）。没有法律时代、规训时代、安全时代的更迭，只有权力技术、领域、机制的不同关联系统。

那么，“我们”如何应对这样的权力技术蒙太奇？在此，我想通过把福柯的“考古学”理解为“当下史”的方式，来试图为这个问题寻找路径。考古学方法下的“当下史”不是对过去的记述，而是针对“当下存在论”的一种思想史。福柯在“考古学”意义上进行的一系列批判操作也许可以为我们指明一些道路：

面对生，与活的牢狱战斗；面对死，与爱欣然共眠。

首先，一般的思想史会淹没在自身给出的无限空间。正如在互联网时代，最大的问题是底层的苦难不但会被官方话语覆盖、抹杀，还会被自身的言说洪流淹没，无论曾经、正在和将会多么惨烈，一切痛苦很快就会被流量时代的时间轮盘抛之度外。互联网时代虽然造就了普通人表达自我的盛宴，却无法形成任何真正的话语，人们常说：互联网没有记忆。那么互联网时代的“当下史”，其功能就不是记忆，而是确立界限：将话语定位在其有限的实践领域，发现它的边界、形成规则和存在条件；“当下史”也不是要通过教化构成主权主体，而是要定位不同“话语性”主体的角色和操作；“当下史”也不追寻无限后退的起源，不企图唤醒遗忘、揭弊、消除（或重建）屏障，而是分析历史已然确立的话语系统，也就是使得官方话语可以确定开端、指定诞生和消失条件的系统。互联网时代的“当下史”就像阿列克谢耶维奇（Svetlana Alexandravna Alexievich）非虚构的复调小说，纪念/记录我们时代的磨难与勇气，以复杂、丰富和多变的方向冲撞、瓦解历史洪流。在这个意义上，没有“真正的话语”才是真正的话语。

其次，一般的思想史基于许多反思不足的对立。如：创新的活力与传统的沉重、知识的平常形式（日常的平庸）与异常形式（天才的独特或孤僻）、稳定时期与动荡时刻（意识陷入危机、感知变形、所有概念都被修成/颠覆/再生/无限废弃）、大众文化与精英文化等。“当下史”则是要建立“同时性差异”（给定时代确立知识的可能散布）和“接续性差异”（确立转化的系列，其层次、等级、依赖）的场域。如费孝通在《乡土中国》中就用文字和语言来区分乡下人和城里人。但互联网时代依赖的就是所谓“乡下人”的本能，它只有一连串的“当前”，正如苏珊·桑塔格所说“它们之所以好就因为它们糟透了。”互联网社会没有生人社会和熟人社会、大众和精英的绝对区分，它甚至可以逆向实现老子的理想：“鸡犬不闻，老死亦相往来”的盛景。甚至在最糟糕的处境中，互联网上仍然有“饮食男女”活色生香的欲望叙事，甚至正是这样的叙事抵御着“商女不知亡国恨”的道德绑架，还提醒着人们什么是生活的本色。那么，在某种程度上，这样的“当下史”摆脱进化论的退化与适应、生物论的惰性与活力、动力学的运动与静止就成为可能。

然后，一般思想史通常否认话语本身。而现在的信息社会则几乎是“话语本身就是一切”的社会。这表现在三个

有一种滑稽的形象是：满身穿戴、满嘴横飙流行/流动的符号，内里却是铁板一块：我总是对的。

方面：第一，正因为“信息”的虚拟性，它才会与“当下现实”无时无刻形成鲜明的对照，那么“当下史”就是在这个意义上要凸显“信息”的话语性：让“信息”的硬度和原生法则表现得淋漓极致（如雷蒙·鲁塞尔）；第二，海量的信息具有淹没话语中的个体心理学、语言学或修辞性、语义学轮廓的功能，会呈现出话语场域的“中性”领域，使得言说和写作的对立系统和功能差异具有多样性；第三，“当下史”所处理的信息不再是思想的理想或静默的实践，不是要为思想的灵敏内在性提供可见和外在的实体，也不是要为事物的坚固性提供重复事物的显现表面，而是要发现话语本身依据某种可确立规则而形成的事物，发现“话语性事物”存在、延续、转化、消失的条件。

最后，一般的思想史会在信息社会更加处于不确定状态，即难以界定自身的领域、确定对象的性质、指明思想或认知事实与历史分析其他领域的关系。“当下史”首先就是要抛弃“传统”“影响”“发展”“目的”“时代精神”这样具有连续性支配功能的概念，“当代史”就是要处理互联网世界中的“爱好者”所构成和连接的“话语”孤岛。罗兰·巴特在反抗被支配性语言烹煮的自我时就主张“爱好者”：“爱好者（画画、做音乐、搞体育、搞科学，没有精通或竞争的心思），带着他的快乐（amator：爱且仍然爱）；他绝不是（创造、表现的）英雄；他无偿地（无所求）置身于能指之中：在音乐、绘画最后的直接质料之中；其实践通常不包含任何散板（为属性而劫持对象）；他是（将是）反资产阶级的艺术家。”（《语言的窸窣》）因此，知识分子不必把自己当作巨人景观、力量的展示和证明，变成自负和夸耀的战斗。知识分子不必在观念市场做永不停息、不可穷尽之机器的制造者，不要在景观社会中成为暴露于马戏场（媒体和学院）之贪婪中的角斗士。

“当下史”本身并不履行“档案”的可表达性、保存、记忆、激活和适应功能，“当下史”是要看到这些话语场域的差异法则：文字和语言、可说的和不可说的，不仅发现它们的存在论，还要建立它们的关系论，因为主体正是要在对知识的真言化（véridiction）关系和对权力的治理术（gouvernementalité）关系中找到其可能性。

【原稿中英对照，为 2022 年 6 月台湾成功大学历史学系和中山大学人文研究中心举办的线上国际研讨会：“当下的本体论：我们到底生活在什么样的时代？”参会论文】

研究哲学就是在习水性，在这个满是陷阱的世界里，用来躲明枪避暗礁。

基督教『我替你受罪』的拯救模式，这种诉诸同情的人生指导，比起塞涅卡左思右想的生活策略要更悲恸戳心，却更易走火入魔。就像中国式『不听老人言吃亏在眼前』，父母老泪纵横地劝你三从四德、成家立业，又何不是一种诉诸同情的宗族宗教呢。

图书在版编目(CIP)数据

当下的骰子:福柯的光与影/汤明洁著. 一上海:
上海人民出版社,2023
ISBN 978-7-208-18691-0

Ⅰ. ①当… Ⅱ. ①汤… Ⅲ. ①福柯(Foucault,
Michel 1926-1984)-哲学思想-研究 Ⅳ. ①B565.59

中国国家版本馆 CIP 数据核字(2023)第 250171 号

责任编辑 于力平
封面设计 零创意文化

当下的骰子
——福柯的光与影
汤明洁 著

出　　版 上海人民出版社
(201101 上海市闵行区号景路 159 弄 C 座)
发　　行 上海人民出版社发行中心
印　　刷 苏州工业园区美柯乐制版印务有限责任公司
开　　本 890×1240 1/32
印　　张 13.25
插　　页 2
字　　数 270,000
版　　次 2023 年 12 月第 1 版
印　　次 2023 年 12 月第 1 次印刷
ISBN 978-7-208-18691-0/B·1726
定　　价 88.00 元